选人用人制度设计与测评技术研究

龚建桥 著

海天出版社（中国·深圳）

图书在版编目（CIP）数据

选人用人制度设计与测评技术研究 / 龚建桥著. —深圳：海天出版社，2016.8
ISBN 978-7-5507-1757-2

Ⅰ. ①选… Ⅱ. ①龚… Ⅲ. ①企业制度－人事制度－研究－中国 Ⅳ. ①F279.23

中国版本图书馆CIP数据核字(2016)第209770号

选人用人制度设计与测评技术研究
XUANREN YONGREN ZHIDU SHEJI YU CEPING JISHU YANJIU

出 品 人	聂雄前
责任编辑	班国春
	李　春
责任技编	蔡梅琴
装帧设计	线艺设计 电话 83460339
出版发行	海天出版社
地　　址	深圳市彩田南路海天综合大厦7-8层（518033）
网　　址	www.htph.com.cn
订购电话	0755-83460202（批发）　83460239（邮购）
设计制作	深圳市线艺形象设计有限公司　0755-83460339
印　　刷	深圳市希望印务有限公司
开　　本	787mm×1092mm　1/16
印　　张	28.75
字　　数	450千
版　　次	2016年8月第1版
印　　次	2016年8月第1次
定　　价	68.00元

海天版图书版权所有，侵权必究。
海天版图书凡有印装质量问题，请随时向承印厂调换。

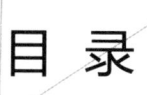

目录

第一篇　用人哲学思考

选人用人之表述的三个向度 …………………………………… 2
论选人用人公开 ………………………………………………… 6
论公平竞优原理 ………………………………………………… 23
竞争性选拔三维定位 …………………………………………… 28
竞争性选拔面面观 ……………………………………………… 32
竞争性选拔制度-技术创新系统的演化 ……………………… 51

第二篇　选拔制度设计

干部选拔任用工作的新走向
　　——2014年版《干部任用条例》解读 ………………… 62
《干部任用条例》拓展性解读
　　——基于竞争性选拔风险治理视角 …………………… 70
风险视域下竞争性选拔规制研究 ……………………………… 83
竞争性选拔制度变迁分析 ……………………………………… 85
竞争性选拔制度结构体系的构建 ……………………………… 96
对深圳市竞争性选拔工作的三点建议 ………………………… 106
PPP模式在竞争性选拔考评中的运用 ………………………… 111
对深圳市公务员录用考试工作的思考与建议 ………………… 117

国有企业选人用人现状及其对策 …………………………………… 122

建立与完善职业经理人制度 ……………………………………… 129

深圳经理人市场化职业化制度化研究 …………………………… 136

第三篇 测评技术研发

干部竞争性选拔考评技术系统研究 ……………………………… 194

领导能力素质模型的建立及其运用 ……………………………… 204

测评技术的结构要素 ……………………………………………… 215

高级经理任职资格综合知识测评 ………………………………… 219

案例测评模式研究 ………………………………………………… 224

测评案例试题的编制与设计 ……………………………………… 266

竞争性选拔测评系统和测试题库系统研发
　　——全国领导干部选拔考试通用题库深圳分题库建设 …… 289

企业高级经理人才管理能力综合测评系统研发 ………………… 304

命题思路与测评反馈 ……………………………………………… 311

领导同志考察后备干部5分钟面谈方案 ………………………… 323

竞争性选拔测试题例326 ………………………………………… 326

第四篇 育人模式探索

干部学习指数研究 ………………………………………………… 372

育人基地研究
　　——地方党校建设四问 …………………………………… 380

从"行动学习"到"商战模拟"
　　——现代企业管理培训新趋势 …………………………… 390

深圳市国有企业经理职业化培训探索与实践 …………………… 395

经理资源开发机制研究 …………………………………………… 409

深圳经理结构变化特征与创新创业培养模式研究 ……………… 415

前　言

《选人用人制度设计与测评技术研究》一书，主要收集了作者自1997年以来有关选人用人哲学、制度、技术、题库、育人等方面的部分论文、研究报告、讲义和测评试题。

全书分为四个部分，分别涉及选人用人公开与系统演化、制度设计创新与风险治理、测评技术研发与题库建设、选人用人育人、国企经理职业化等内容。

第一部分主要是选择收集关于选人用人哲学方面的论文、讲义和研究报告。这部分的内容分别涉及选人用人之表述的三个向度、论选人用人公开、论公平竞优原理、竞争性选拔三维定位、竞争性选拔面面观、竞争性选拔制度——技术创新系统的演化等。选人用人既是一个制度安排问题，也是一个技术性很强的问题，还是一个具有哲学层面的一般性问题，所以第一部分内容对于本书来说，具有引导与概论的作用。这部分的内容使读者能够初步了解有关选人用人制度与技术的一些基础理论与观点，以及我国改革开放以来选人用人尤其是竞争性选拔的演化简史。

第二部分主要是选择收集关于选人用人制度方面的论文、讲义和研究报告。对于选人用人制度问题，在了解与把握关于选人用人的一般性问题与基础理论以及演化简史之后，需要的就是了解与掌握选人用人制度设计、制度创新与风险治理的相关理论与方法。因此，第二部分的内容分别涉及选人用人实践中的问题与对策建议、作者分别在深圳市委党校局级处级干部任职研修班和党性教育专题研讨班等培训班上对于《党政领导干部选拔任用工作条例》的拓展性解读等。这部分的内容分析了竞争性选拔制度变迁，论述了干部选拔任用工作的新走向、竞争性选拔制度结构体系的构建、PPP模式在竞争性选拔考评中的运用、建立与完善职业经理人制度以及深圳经理人市场化职业化制度化研究等方面的问题，以期指导管理者更好地开展选人用人工作，以高效配置领导职位及其人选资源，以充分实现领导职位及其人选价值，降低选人用人风险，提高选人用人质量。提高选人用人公信度，一方面，必须以《党政领导干部选拔任用工作条例》及其选人用人机制创新精神为指导；另一方面，需要以选人用人制度设计、制度创新与风险治理理论与方法为基础。

第三部分主要是选择收集关于选人用人技术方面的论文、讲义、研究报告和测评试题。选人用人系统是一个创新系统，制度创新和技术创新是不可或缺的两个组成部分；选人用人制度和技术构成一个相互联系、相互推进的有机整体，唯有二者整合在一起，相互补充和相互作用，才使选人用人系统得以运行、选人用人行为得以实现；协同互动从总体上概括了制度和技术在选人用人过程中的相互关系；正是由于技术创新和制度创新此起彼伏的矛盾运动、螺旋式上升过程，才构成了选人用人创新系统的不断发展。因此，对于选人用人制度与技术问题，在明确了选人用人制度设计、制度创新与风险治理理论与方法之后，同样重要的问题就是选人用人技术问题。所以，第三部分主要涉及干部竞争性选拔考评技术系统研究、领导能力素质模型的建立及其运用、测评技术的结构要素、高级经理任职资格综合知识测评、案例测评模式研究以及测评案例试题的编制与设计等内容。选人用人测评技术是选人用人的具体实施与关键环节，而面临的重点与难点问题就是选人用人试题命制与题库建设问题。所以，文集的这一部分还涉及竞争性选拔测评系统和测试题库系统研发——全国领导干部选拔考试通用题库深圳分题库建设、企业高级经理人才管理能力综合测评系统研发等内容以及竞争性选拔测试题例。如何把"让干得好的才能考得好，考出干部真水平、真本事，让领导人选不再为分数纠结"等基本精神和要求落在实处，能否解决好选人用人试题命制和题库建设问题十分关键。

第四部分主要是选择收集关于选人用人育人方面的论文和研究报

告。选人用人标准是育人的导向,而育人则既是选人用人的组成部分,也是为了更好地选人用人。因此,不仅要关注被育之人,还要关注育人之人。所以,文集的第四部分主要涉及育人、党校建设、国企经理职业化等内容。这部分的内容论述了干部学习指数研究、育人基地研究、从"行动学习"到"商战模拟"、深圳国企经理职业化培训探索与实践、经理资源开发机制研究以及深圳经理结构变化特征与创新创业培养模式研究等内容。这对于深入理解与研究选人用人制度设计与测评技术的主要内容很有必要。

  本书的编写实际上是一个边实践边研究的长期过程,其间,得到了深圳市委组织部原深圳市高级经理评价推荐中心(深圳市高级人才测评中心)和深圳经理学院所有同仁的支持与帮助,其中,也凝聚着所有同仁的智慧和汗水。班国春对本文集的编辑出版提出了建设性的宝贵意见。本文集的最终出版得到了深圳市委党校、深圳经理学院和深圳海天出版社的大力支持与帮助,在此一并表示诚挚的感谢!由于时间仓促,书中难免会有疏漏与不足,欢迎各位读者批评指正!

深圳市委党校领导干部考评研究中心 龚建桥
2016年5月

第一篇

YONGREN ZHEXUE SIKAO

用人哲学思考

选 人 用 人 制 度 设 计 与 测 评 技 术 研 究

选人用人之表述的三个向度[①]

选人，即选拔人才；唐代称候补、候选的官员，后沿用之。用人，即任用人才，使用人员。选人用人或选拔、用人即选拔任用党政领导干部的简称。在改革开放以来历次党的报告、决定和《党政领导干部选拔任用工作条例》（简称《干部任用条例》或《条例》）中，关于选人用人方面的表述详见下表。

我党对选人用人之表述

党的报告 /决定/条例	关于选人用人方面的表述
十四大报告[②]	选拔任用干部要发扬民主，走群众路线，严格按规定程序办事，坚决防止和纠正用人问题上的不正之风
十四届四中全会决定[③]	选人用人要注意社会公论 要坚持党管干部的原则……逐步形成优秀人才能够脱颖而出、富有生机与活力的用人机制 切实加强对选拔任用领导干部工作的监督检查，坚决防止和纠正用人上的不正之风。要制定和实行《党政领导干部选拔任用工作条例》，使选拔任用干部的工作规范化、制度化。对那些……在用人问题上搞不正之风的，要严肃处理
1995年版暂行条例[④]	为……建立科学规范的党政领导干部选拔任用制度，形成富有生机与活力的用人机制……制定本《条例》

[①] 本文系根据作者在深圳市委党校局级干部任职培训班、党性教育专题研讨班上的讲义改编。
[②] 江泽民：加快改革开放和现代化建设步伐 夺取有中国特色社会主义事业的更大胜利——在中国共产党第十四次全国代表大会上的报告（1992年10月12日）。
[③] 中共中央关于加强党的建设几个重大问题的决定（1994年9月28日中国共产党第十四届中央委员会第四次全体会议通过）。
[④] 《党政领导干部选拔任用工作暂行条例》，1995年2月9日中共中央印发。

续表

党的报告/决定/条例	关于选人用人方面的表述
十五大报告①	选拔干部，必须全面贯彻德才兼备原则，坚持任人唯贤，反对任人唯亲，防止和纠正用人上的不正之风
十五届六中全会决定②	坚持任人唯贤，反对用人上的不正之风 用什么人，不用什么人，对党的作风建设具有重要的导向作用。必须……坚持用好的作风选人、选作风好的人 逐步建立健全干部选拔任用工作责任追究制度，对用人失察失误造成严重后果的要追究责任 考察干部要全面深入……要敢于反映真实情况，自觉抵制用人上的不正之风，以坚强的党性、优良的作风为党和人民把好选人用人关
2002年版条例③	为……建立科学规范的党政领导干部选拔任用制度，形成富有生机与活力、有利于优秀人才脱颖而出的选人用人机制……制定本《条例》 凡本地区、本部门用人上的不正之风严重……应当追究党委（党组）主要领导成员和分管领导成员的责任
十六大报告④	要认真贯彻领导干部选拔任用条例……把那些德才兼备、实绩突出和群众公认的人及时选拔到领导岗位上来
十六届四中全会决定⑤	坚持德才兼备、注重实绩、群众公认，坚持任人唯贤、公道正派，把那些政治上靠得住、工作上有本事、作风上过得硬的干部选拔到各级领导岗位上来
十七大报告⑥	坚持正确用人导向，按照德才兼备、注重实绩、群众公认原则选拔干部，提高选人用人公信度

---

① 江泽民：高举邓小平理论伟大旗帜，把建设中国特色的社会主义事业全面推向二十一世纪——在中国共产党第十五次全国代表大会上的报告（1997年9月12日）。
② 中共中央关于加强和改进党的作风建设的决定（2001年9月26日中国共产党第十五届中央委员会第六次全体会议通过）。
③ 《党政领导干部选拔任用工作条例》，2002年7月9日中共中央印发。
④ 江泽民：全面建设小康社会，开创中国特色社会主义事业新局面——在中国共产党第十六次全国代表大会上的报告（2002年11月8日）。
⑤ 中共中央关于加强党的执政能力建设的决定（2004年9月19日中国共产党第十六届中央委员会第四次全体会议通过）。
⑥ 胡锦涛：高举中国特色社会主义伟大旗帜 为夺取全面建设小康社会新胜利而奋斗——在中国共产党第十七次全国代表大会上的报告（2007年10月15日）。

续表

党的报告 /决定/条例	关于选人用人方面的表述
十七届四中全会决定①	坚持民主、公开、竞争、择优,提高选人用人公信度,形成充满活力的选人用人机制,促进优秀人才脱颖而出,是培养造就高素质干部队伍的关键 坚持德才兼备、以德为先用人标准。坚持正确用人导向,使选拔出来的干部组织放心、群众满意,让能干事者有机会、干成事者有舞台,不让老实人吃亏,不让投机钻营者得利 完善干部选拔任用机制。匡正选人用人风气,坚决整治跑官要官、买官卖官、拉票贿选等问题
十八大报告②	要坚持党管干部原则……全面准确贯彻民主、公开、竞争、择优方针,扩大干部工作民主,提高民主质量,完善竞争性选拔干部方式,提高选人用人公信度,不让老实人吃亏,不让投机钻营者得利
十八届三中全会决定③	全面深化改革,需要有力的组织保证和人才支撑。坚持党管干部原则,深化干部人事制度改革,构建有效管用、简便易行的选人用人机制,使各方面优秀干部充分涌现
2014年版条例④	为……落实从严治党、从严管理干部的要求,建立科学规范的党政领导干部选拔任用制度,形成有效管用、简便易行、有利于优秀人才脱颖而出的选人用人机制……制定本《条例》

上表表明,历次党的报告、决定和《干部任用条例》中,关于选人用人之表述主要包括选人用人公信度、选人用人导向、选人用人标准,选人用人机制和选人用人风气等三个方面。

选人用人公信度、选人用人导向、选人用人标准及其三者内在关联性,是党中央始终关注的面向。十四届四中全会决定指出,选人用人要注意社会公论。十七大报告、十七届四中全会决定、十八大报告则强调,坚持德才兼备、以德为先的用人标准,坚持正确用人导向,提高选人用人公信度,不让老实人吃亏,不让投机钻营者得利。为此,中共中央组织部于2008－2012

---

① 中共中央关于加强和改进新形势下党的建设若干重大问题的决定(2009年9月18日中国共产党第十七届中央委员会第四次全体会议通过)。
② 胡锦涛:坚定不移沿着中国特色社会主义道路前进 为全面建成小康社会而奋斗——在中国共产党第十八次全国代表大会上的报告(2012年11月8日)。
③ 中共中央关于全面深化改革若干重大问题的决定(2013年11月12日中国共产党第十八届中央委员会第三次全体会议通过)。
④ 《党政领导干部选拔任用工作条例》,2014年1月14日中共中央印发。

年，连续5年组织开展选人用人公信度民意调查。

选人用人机制，是较早被关注且关注较多的面向。十四届四中全会决定、十七届四中全会决定、十八届三中全会决定、3个递进版本《条例》，6次提出要建立选人用人机制。从逐步形成富有生机与活力的用人机制，到构建有效管用、简便易行的选人用人机制的递进表述，彰显出党中央不断改进、优化有利于优秀人才脱颖而出的选人用人机制的决心与践行。

选人用人风气、选人用人不正之风、选人用人风险等，是首先被关注且关注最多的面向。十四大报告、十四届四中全会决定、十五大报告、十五届六中全会决定、3个递进版本《条例》、十七届四中全会决定、十八届三中全会决定，9次提出要坚决防止和纠正、反对并自觉抵制用人上的不正之风，坚持用好的作风选人、选作风好的人，把好选人用人关。在用人问题上搞不正之风的，要严肃处理；凡本地区本部门用人上的不正之风严重、对用人失察失误造成严重后果的要追究责任；匡正选人用人风气，坚决整治跑官要官、买官卖官、拉票贿选等风险问题。坚决纠正唯票取人、唯分取人等现象。充分显示出党中央防控、规制选人用人风险的强烈风险意识。

有效规制选人用人风险是提高选人用人公信度的根本保障，而构建完善的选人用人机制则是有效规制选人用人风险的基本前提和机制保障。

本书将围绕我党对选人用人之表述的三个向度，从选人用人哲学、选人用人制度、选人用人技术、选人用人题库和选人用人育人等方面，展开选人用人制度设计与测评技术研究。

论选人用人公开[①]

公开、公平、公正,简称"三公"。公开作为"三公"之首,是公平和公正得以实现的前提基础和保障手段,也是一个关乎选人用人公信度的重大理论和现实问题。唯有公开,选人用人才可能落实群众的知情权、参与权、选择权和监督权,并在合理的框架内实现公平、公正;如果不公开,选人用人在"无知之幕"下就可能由于"暗箱操作"等情形而不公平、不公正。以中共中央于1995年2月9日印发的《党政领导干部选拔任用工作暂行条例》为标志[②],公开在选人用人中已进入制度化时代,公开性原则在选人用人中已走上党纪党规轨道。

一、引论

学界、组织人事实践者对公开尤其是选人用人公开化给予关注和研究、探索与实践,发轫于改革开放,起步于"解放思想、实事求是"思想路线的恢复和落实,深化于经济体制改革的展开、计划经济向市场经济的转型、现实生活各领域日趋公开和政治体制改革的拓展。选人用人公开问题的研究与发展及其探索与实践,在改革开放近40年间,主要经历了以下4个时期:

第1个时期(1978—1992)为选人用人公开破冰试验期。学界、组织人事

[①] 本文系根据作者在深圳市委党校局级处级干部党性教育专题研讨班上的讲义改编,深圳市委党校第一届学术年会(2016)论文。
[②] 1995年2月9日,中共中央印发《党政领导干部选拔任用工作暂行条例》,《条例》第一章总则第二条规定:选拔任用党政领导干部,必须坚持公开、平等、竞争、择优的原则。中共中央于2002年7月9日和2014年1月14日印发的《党政领导干部选拔任用工作条例》均将"公开"列为选拔任用党政领导干部必须坚持的原则。

实践者开始对公开给予关注和研究、探索与实践①，反映了选人用人公开化的趋势和要求。1980年10月，重庆市公用局公开招聘经理干部②。1981年年底，深圳在全国公开招聘干部③。1986年，深圳又两次向社会公开招聘20名局级领导干部④。1985年，宁波市委组织部面向全市公开选拔局级领导干部⑤。吉林省委从1988年到1992年，先后4次公开选拔副厅级干部38名。为肯定并鼓励此做法，中共中央组织部于1992年6月22日转发吉林省委组织部《关于采取"一推双考"⑥的方式公开选拔副厅级领导干部情况的报告》⑦。

第2个时期（1992－2002）为选人用人公开制度——技术创新期。选人用人公开的理论研究和探索实践日益广泛和深入。1994年，中共中央十四届四中全会公报指出："对公开选拔领导干部，要认真研究和总结，使其不断完善。"1995年，中共中央下发《党政领导干部选拔任用工作暂行条例》，规定"选拔任用党政领导干部，必须坚持公开、平等、竞争、择优的原则"。为进一步鼓励选人用人公开，中共中央组织部于1996年1月转发《吉林省公开推荐与考试考核相结合选拔领导干部的暂行办法》（组通字〔1996〕5号），再次确认吉林省委公开选拔领导干部的制度创新。中组部于1999年3月印发《关于进一步做好公开选拔领导干部工作的通知》，又于2000年1月颁布《全国公开选拔党政领导干部考试大纲（试行）》。2000年6月，中共中央办公厅印发《2001－2010年深化干部人事制度改革纲要》，明确提出："要推行公开选拔党政领导干部制度。逐步提高公开选拔的领导干部在新提拔的同级干部中的比例。要加快全国统一题库建设。实现公开选拔党政领导干部工作的规范化、制度化。"⑧在该时期，有关公开选拔领导干

---

① 如，曾海水：《大胆改革用人制度，公开招聘财政干部》，《财会月刊》1985年第2期；沈阳市人事局：《沈阳市是如何公开招聘局级领导干部的》，《中国劳动》1985年第5期。
② 中共中央组织部：《组工通讯（1982）》，党建读物出版社，1983年版，第78页。
③ 1981年年底，中组部专门就深圳在全国公开招聘干部的"游说"，连夜召开了一次特别会议，同意深圳组织招聘工作组，到12个城市去招干部。参见《向中组部要权，开全国揽才先河》，《南方都市报》2010-04-01.AⅡ18。
④ 吕锐锋：《深圳干部制度改革论》，海天出版社，1997年版，第22页。
⑤ 吴瀚飞：《中国公开选拔领导干部制度研究》，中国社会科学出版社，2002年版，第52页。
⑥ "一推双考"，即公开推荐与考试考核相结合。
⑦ 中共中央组织部干部调配局：《干部管理工作文件汇编》，党建读物出版社，1995年版，第358-366页。
⑧ 中共中央组织部研究室，政策法规局：《创造充满活力的用人机制》，青岛出版社，2000年版，第62页。

部制度等方面的文章屡屡见诸报刊。

第3个时期（2002—2012）为选人用人公开技术——制度创新期。随着网络媒体的普及和公开意识的加强，选人用人理论研究与探索实践朝着普遍的、深层次的、高度的公开走向践行。中共中央在2002年7月9日正式颁布的《党政领导干部选拔任用工作条例》中，专门增设第九章"公开选拔与竞争上岗"一章。与此相配套，中共中央办公厅于2004年3月正式印发《公开选拔党政领导干部暂行规定》和《党政机关竞争上岗工作暂行规定》。与此相适应，中央组织部于2004年4月正式颁布《党政领导干部公开选拔和竞争上岗考试大纲》。党的十七大报告指出，要"完善公开选拔、竞争上岗办法"。"国务院"国有资产监督管理委员会于2004年12月16日以中共国资委委员会文件下发《关于加快推进中央企业公开招聘经营管理者和内部竞争上岗工作的通知》（国资党委干一〔2004〕123号）[1]，十届全国人大常委会第十五次会议于2005年4月审议通过《中华人民共和国公务员法》（2006年1月1日正式实施），第一次从法律上确认公开选拔是职务晋升的方式之一[2]。2009年9月召开的中共十七届四中全会《关于加强和改进新形势下党的建设若干重大问题的决定》指出，要"完善公开选拔、竞争上岗等竞争性选拔干部方式，突出岗位特点，注重能力实绩"。与此相适应，中央组织部又于2009年9月颁布新修订的《党政领导干部公开选拔和竞争上岗考试大纲》。2010年4月，中共中央组织部领导干部考试与测评中心组织编写出版《党政领导干部公开选拔和竞争上岗考试测评工作指导手册》。这一时期有关公开选拔领导干部制度问题的研究文献呈井喷式增长。

第4个时期（2012年至今）为选人用人公开系统创新期。选人用人公开的理论研究和探索实践进入新的发展时期。2014年1月14日，中共中央颁布新修订的《党政领导干部选拔任用工作条例》。党的十八大以来，尤其是2013年全国组织工作会议以来，党对公开选拔领导干部及其规制的评估与改革，貌

---

[1] 同时印发了两个附件：《中央企业公开招聘经营管理者工作指南》和《中央企业内部竞争上岗工作指南》。

[2] 《公务员法》第七章职务升降第四十五条规定：机关内设机构厅局级正职以下领导职务出现空缺时，可以在本机关或者本系统内通过竞争上岗的方式，产生任职人选。厅局级正职以下领导职务或者副调研员以上及其他相当职务层次的非领导职务出现空缺，可以面向社会公开选拔，产生任职人选。

似但并非简单地收紧公开选拔,而是在新时期、新的制度环境下对公开选拔的规制范围、规制方式、规制制度的适应性调整,是一种新环境下的再规制和系统创新。

概言之,现有选人用人公开问题研究及其探索实践,立足国情、着眼于现实,不仅相关研究成果丰富且具学术价值,研究领域、层次、水平不断拓展、深化、提高,而且相关研究与相关实践相互推动不断进步,尤其推动了选人用人公开向制度化方向发展。但据本文目力所及,暂未发现将选人用人公开作为一个范畴进行专门研究。本文试图在现有理论与实践成果基础上,从一般性意义上的哲学层面探讨选人用人公开问题。

二、选人用人公开的边界

(一)选人用人公开的内涵

选人,即选拔人才;唐代称候补、候选的官员,后沿用之。用人,即任用人才,使用人员。选人用人或选拔、用人即选拔任用党政领导干部的简称。"公开"虽在诸多领域(包括哲学)都被经常使用,但目前主要还是语言学上的解释。语言学工具书把"公开"的辞源归于"公"字。公:公开,公然;谓显然为之也[①]。公开:不加隐蔽,面对大家(跟秘密相对),公开活动;使秘密的成为公开的[②]。"公开"可作四种词性使用。作为形容词,一般用作"公开(的)",用来修饰名词,意思是"显然的""公然的""当众的"或"不加掩饰的",一般与"秘密的""隐蔽的"相对,表示人或事物的性质、特征或存在状态。作为副词,一般用作"公开地",用来修饰动词,指"显然地""公然地""当众地""不加掩饰地",与"秘密地""隐蔽地"或"暗地里"相对,表示行为的方式。作为动词,表示一种行为、活动,意思是"把某事公之于众",与"隐瞒""保密"相对。作为名词,表示一种行为或活动的名称,意思是"把不为人知的事情公之于众"。本文把选人用人公开作为一个范畴来研究,因此,以作为名词使用的"公

[①] 《辞海》(缩印本·1989年版),上海辞书出版社,1990年版,第315页。
[②] 《现代汉语词典》(第5版),商务印书馆,2005年版,第472页。

开"作为研究对象。

选人用人公开问题，"必定是一个公共性的问题"[①]。因此，选人用人公开是发生在选人用人各主体之间的社会选拔活动。选人用人公开，虽在本质上反映的是用人者、人选、群众等主体间的社会关系，但在形式上则表现为主体间围绕化解选人用人中的知与未知之间的信息矛盾而展开的博弈。唐霄峰博士受美国数学家仙农关于"信息是对随机不确定性的消除"定义的启发，定义"公开是对信息不对称性的消除"[②]。本文受此启发，进一步将选人用人公开定义为，对选人用人信息不对称性的消除。在一定社会条件下，由于基于分工所造成的诸多差异，选人用人各主体间存在着选人用人信息的不对称性；而选人用人信息不对称性的存在，又使选人用人各主体间的权益必然受到影响。因此，为保障选人用人各主体间的权益，各主体间根据相应的选人用人规范并借助于特定媒介，来消除彼此间的信息不对称性，这种活动就是选人用人公开。

把握选人用人公开概念，一方面，要坚持唯物主义，反对唯心主义；另一方面，要坚持辩证法，反对形而上学。选人用人公开活动也是一种对立统一的矛盾体，是选人用人公开矛盾的普遍性与特殊性的统一、绝对性与相对性的统一、无限性与有限性的统一。

既然存在选人用人公开，也就存在选人用人不公开；二者互为条件，缺一不可，是一个问题的两个方面；二者相伴而生、相濡以沫，是一枚硬币的正反面。如果选人用人公开是肯定，那么，选人用人不公开则是对选人用人公开的否定。对于选人用人信息的不对称性，选人用人公开是为了消除这种不对称性，客观上也需要化解选人用人信息不对称性这一矛盾；而选人用人不公开则是为了坚守这种不对称性，客观上也需要维护这种不对称性。选人用人不公开的消极意义即隐瞒；选人用人公开的消极意义即泄密。但选人用人公开与选人用人不公开的对立，完全可以随着历史条件的变化而相互转化。

（二）选人用人公开的类型与特征

根据选人用人公开的组织形态，可将选人用人公开分为正式公开与非正

[①] 陈伟：《阿伦特与政治的复归》，法律出版社，2008年版，第115页。
[②] 唐霄峰：《公开问题的哲学追问》，中共中央党校博士学位论文2009年。

式公开。选人用人正式公开是指在选人用人各主体间通过有组织有计划的方式以消除选人用人信息不对称性的活动。如下发通知、媒体公告、新闻发布会、组织推荐会等。选人用人正式公开是获取选人用人重要信息的主渠道。选人用人非正式公开是指人们为消除选人用人信息不对称性而采取的自发的或无规律的活动方式。如选人用人活动中小道消息的传播等。在选人用人尤其是竞争性选拔中,所谓的应试应考技巧一般源于此渠道。

根据选人用人公开的理性状态,可将选人用人公开分为理性公开与非理性公开。选人用人理性公开是指人们运用理性思维,同时也发挥主观能动性,使选人用人公开更具科学性、合理性、确定性的活动方式。例如,1995年、2002年和2014年3个版本的《党政领导干部选拔任用工作条例》,就是尊重或遵循选人用人客观规律、规范要求和实际需要,从而不断推进选人用人公开。选人用人非理性公开是指人们常常忽视理性,偏重于受个人的动机欲望、习惯本能甚至情感等非理性因素的影响,使选人用人公开活动往往出现随意性、任意性、盲目性和不确定性等现象。例如,在2013年全国组织工作会议的前些年,有些选人用人公开的做法,由于忽视选人用人客观规律、规范要求和实际需要,结果造成了一些消极影响。

诚然,选人用人公开还可作其他分类。但无论哪类选人用人公开,一般都具有以下特征:

一是选人用人公开的实践性。选人用人公开之所以具有实践性,是因为选人用人公开也是一种客观物质性活动,这种活动反映了人们之间的社会关系。选人用人公开作为实践的一种形式,同样也体现了人的本质力量,并推动人的自身发展。选人用人公开不仅是一种客观物质性活动,还是一种人的现实性活动,它既表现为是选人用人公开之主客观的统一,也表现为是选人用人公开之主客体间联系的中介,而这正是选人用人公开具有实践性的本质特征。

二是选人用人公开的主体间性。作为实践的选人用人公开活动,虽呈现为互动主客体关系,但不同于人和自然间的绝对主客体关系,实则发生在选人用人各主体之间,因而具有主体间性。选人用人各主体都会根据客观的历史条件,发挥各自的主体性如积极性、主动性和目的性等,而展开博弈,通过对选人用人信息不对称性的消除,通过对这一矛盾的化解,实现由各主体间相互影响、相互作用而形成的利益。

三是选人用人公开的历史性。马克思、恩格斯曾经指出:"我们仅仅知道一门唯一的科学,即历史科学。[①]"选人用人公开的历史性,不仅表现在选人用人公开生成于选人用人历史——历史性是公开得以实现的方式——并呈现为选人用人的历史过程,而且还表现在选人用人公开的各主体都处于并受制于特定的历史条件,选人用人公开的条件、方式和发展程度,都是由选人用人历史提供的、限定的和制约着的,正如马克思所指出的那样,"人们不能自由选择自己的生产力——这是他们的全部历史的基础"[②]。

四是选人用人公开的相对性。选人用人公开的历史性决定了选人用人公开的相对性。选人用人公开的相对性,不仅表现在选人用人公开的发展状况及其水平,既受制于特定历史条件下的生产力,还受制于特定历史条件下的经济基础和上层建筑,而且还表现在选人用人是否公开、公开多少、由谁公开以及如何公开等,既受到选人用人公开各主体自身以及各主体之间关系的状况的影响,也受到选人用人公开的时间、地点、环境等因素的影响。

五是选人用人公开的时效性。选人用人公开作为一种现实性活动,是对选人用人信息不对称性进行消除的活动;而选人用人信息同其他信息甚至任何事物一样,既有产生,也就有死亡,具有极强的时效性;因此,选人用人公开也就具有极强时效性。在选人用人这一特定的时间段内,选人用人信息不仅具有价值,而且具有极高的价值;但一旦过时,选人用人信息的价值就会过期失效,一文不值。为此,选人用人公开必须在其信息的有效期内进行,以实现选人用人公开的价值和意义;否则,也就丧失了选人用人公开的价值和意义。

(三)选人用人公开的范围与边界

选人用人公开特征的多元性和复杂性,决定了选人用人公开的范围不是无限的,而是有限度的,即边界。所谓选人用人公开的范围,是指在特定许可的界限内,选人用人可以或必须公开的内容。所谓选人用人公开的边界,是指选人用人公开的限度,是指限定选人用人公开之度的关节点或临界点。

选人用人公开既有范围与边界,就有公开范围的界内界外之分。选人用

---

① 《马克思恩格斯全集》第3卷,人民出版社,1960年版,第20页。
② 《马克思恩格斯选集》第4卷,人民出版社,1995年版,第321页。

人公开范围如在边界之内界，就是适度的、良性的公开；如果远离边界之内界，则是失度的、异化的公开；如果逾越边界，更是失度的、恶性的公开。选人用人公开是对选人用人信息不对称的消除，其目的是为了协调人们的社会关系，因此，选人用人公开范围与边界的设置，不能主观臆断，应当规范化、制度化；其设置标准必须科学合理，一般说来应涉及或包括以下三个主要方面。

其一，有利于维护选人用人各主体的利益。既然选人用人公开是通过消除信息不对称以协调各主体间社会关系的活动，其根本意义在于满足选人用人各主体的利益需求，因此，有关选人用人各主体的特定利益的信息必须公开，因为这些信息是否公开，既是开展选人用人活动的基本前提和重要环节，也直接影响到选人用人的成败。为此，《党政领导干部选拔任用工作条例》第一章第二条规定，选拔任用党政领导干部，必须坚持"公开"原则。

其二，严格限定在选人用人《条例》所规定的范围内。例如，《党政领导干部选拔任用工作条例》第九章第五十条规定，一般情况下，领导职位出现空缺且本地区本部门没有合适人选的，特别是需要补充紧缺专业人才的，可以进行公开选拔；公开选拔县处级以下领导干部一般不跨省（自治区、直辖市）进行。不仅如此，由于选人用人是在社会现实中开展的选拔活动，因此，还必须在特定社会规范如法律、法规、政策以及其他社会规范许可的范围内开展选人用人公开实践。唯有如此，才可能保障选人用人公开和选人用人实践运行有序。

其三，不能危害选人用人各主体的利益。例如，国家秘密、党政秘密、个人隐私的相关信息等，不仅一律不得公开，而且还必须受到法律保护。

选人用人公开的边界作为一种客观存在，也可以从科学上得到证明。

例如，哲学上的证明。辩证唯物主义认为，矛盾是普遍存在的，对立统一的矛盾运动是普遍存在的。同理，选人用人公开与不公开的对立统一，是不以人的意志为转移的客观存在；选人用人公开与不公开的矛盾运动，决定了选人用人公开边界的客观存在。

又例如，心理学上的证明。著名的"约哈里窗户"理论[1]认为：自我本

---

[1] "约哈里窗户"理论由约瑟夫·勒夫特和哈里·英厄姆合作提出。

身包括开放、盲目、秘密和未知四个区域。开放区域,既自知之明、亦他知之明;盲目区域,非自知之明、仅他知之明;秘密区域,仅自知之明、非他知之明;未知区域,既非自知之明、亦非他知之明。显而易见,自知之明仅存在于开放和秘密两个区域,他知之明也仅存在于开放和盲目两个区域。于是,当选人用人活动进行时,选人用人信息不对称性的现象,以及选人用人公开的边界问题,必然随之而来。心理学研究还表明,处于隐蔽状态的精神世界往往是根据实际需要而决定是否公开。"路遥知马力,日久见人心""画龙画虎难画骨,知人知面不知心""天然一段风骚,却难知其底细"[①]等,也都说明了"选人用人公开有边界"这个道理。

时间在推移,时代在进步,选人用人不公开的范围在缩小,选人用人公开的范围、程度、层次在不断扩大、提高、拓展,选人用人公开的边界也在拓展,公开度也在提升;虽选人用人公开的边界决非一成不变,但选人用人公开的边界仍将始终存在,永远不可能存在绝对的、无限的公开;换言之,在选人用人活动中,不公开将永远存在,公开与不公开之间的对立统一将伴随着选人用人活动的始终。

三、选人用人公开的生成

选人用人公开的生成,乃在于选人用人公开自身的内部矛盾性及其与外部环境之间的矛盾。其中,与外界之间的矛盾仅仅是选人用人公开生成的条件、外因,而内部矛盾性是选人用人公开生成的根据、内因。选人用人公开的内因与外因、根据与条件共同作用、相辅相成、不可或缺。但是,根据的作用是第一位的,而条件的作用仅是第二位的;根据通过自身起作用,而条件却要通过根据起作用。

(一)选人用人公开的根据

选人用人公开的根据,是选人用人公开生成的根本原因。

其一,选人用人信息不对称性的客观存在必然要求选人用人公开。造成

[①] 我国四大名著之一《红楼梦》第三回中对贾宝玉的描写。参见曹雪芹:《红楼梦》,三秦出版社,2002年10月第2版,第23页。

选人用人各主体间信息不对称性的主要原因：一是由于分工而形成的诸多方面的差异和矛盾；二是各主体间客观存在的利益差异和矛盾；三是各主体间的个性差异和矛盾。选人用人信息不对称性的存在，不利于各主体在相互了解、彼此信任的基础上建立正常的选人用人关系。因此，选人用人公开也就有了现实的必要性。

其二，选人用人公开是社会发展的客观要求。一是社会系统本身进步的客观要求；二是生产力发展的必然要求；三是人类社会文明进步的客观要求。

其三，选人用人公开是选人用人各主体实现其社会存在的客观要求。例如，知情权、参与权、选择权和监督权等，既是选人用人各主体实现其实践存在方式的客观要求，也是选人用人各主体实现其社会性存在的客观要求。

（二）选人用人公开的条件

在选人用人公开形成的过程中，虽然根据起决定性的作用，但是，条件也起到了不可或缺的作用。选人用人公开的条件包括一定的社会关系、生产力、制度和人的主体性意识等。

其一，社会关系，这是选人用人公开的基本前提。事实上，选人用人公开是各主体间围绕信息开展的活动，这本身就反映了各主体间的社会关系。

其二，生产力，这是选人用人公开的根本基础。一是生产力的发展为选人用人公开的实现及其进步提供物质基础，包括交通设施和通信设施等。二是生产力的发展水平决定选人用人公开的进步程度。例如，从手势语言－言传口授－电报－电话－电视到互联网等，从马（车）－汽车－火车－飞机－超音速飞机到磁悬浮列车等，选人用人公开的进步程度归根到底取决于生产力的发展水平。

其三，制度，这是实现选人用人良性公开的重要保障。在选人用人公开活动中，各主体为了自己的利益，往往会在选人用人公开中随心所欲，甚至追求绝对的公开或绝对的不公开，使选人用人活动陷于混乱、无序状态。而选人用人制度才是选人用人公开有序进行的前提和保证，是选人用人秩序的根基，是实现选人用人良性公开的重要保障。《党政领导干部选拔任用工作条例》的颁布实施，标志着选人用人公开进入党规化、制度化时代。

其四，人的主体性意识，这是选人用人公开的主观条件。选人用人公开的真正实现，只有在选人用人各主体形成主体性意识之后，否则，就无法实现。例如，长期处于专制社会条件下，真正的选人用人公开就难以实现；相反，在民主政治条件下，人民当家做了主人，真正的选人用人公开更容易实现。

（三）选人用人公开的生成

选人用人公开的生成同步于选人用人活动的形成，一旦具备其根据与条件，选人用人公开就由可能性到现实性、从无到有，实现其生成。

1. 选人用人公开是其根据与条件共同作用的结果

首先，选人用人公开具有"自我生成的性质"；其次，选人用人公开的生成是一个客观的过程；再次，选人用人公开的自我生成中伴随着条件的辅助。选人用人公开之所以生成，其根据在于：选人用人信息不对称性的客观存在必然要求选人用人公开，选人用人公开是社会发展的客观要求，选人用人公开是选人用人各主体实现其社会存在的客观要求；其条件在于：选人用人公开的基本前提——一定的社会关系——选人用人公开生成的"温床"，选人用人公开的根本基础——一定的生产力——选人用人公开生成的"反应堆"，实现选人用人良性公开的重要保障——一定的制度——选人用人公开生成的"保护伞"，选人用人公开的主观条件——人的主体性意识——选人用人公开生成的"神经中枢"；各种条件相互作用、相互影响，共同辅助选人用人公开的根据促成了选人用人公开的生成。

2. 选人用人公开的生成路径

正是由选人用人公开的内部矛盾与外部矛盾所构成的矛盾系统的运动，推动了选人用人公开的生成路径：处于一定社会关系中的选人用人各主体→由于分工→产生了诸多差异→形成了对选人用人信息的知与未知的矛盾→造成了选人用人信息的不对称性→妨碍了选人用人实践→现实要求化解这一矛盾→选人用人各主体发挥主体性意识→一方面通过发展生产力为消除信息不对称性创造物质条件→另一方面通过建立选人用人制度以消除选人用人信息的不对称性→选人用人公开得以生成。

3. 选人用人公开生成的辩证法

选人用人公开的生成是一个辩证的过程。这一辩证过程首先表现为，它是选人用人公开各主体在知与未知的矛盾运动中消除选人用人信息不对称性的过程。其次表现为，它是选人用人公开的根据与选人用人公开的条件共同作用的结果。最后表现为，它是一个生死对立统一的辩证过程。选人用人公开的生成与选人用人信息的不对称性，两者相生相克：前者生，后者死；后者生，前者死。这种相生相克、生死转换的矛盾运动，将始于选人用人活动的开启，终于选人用人活动的结束。

四、选人用人公开的演化

选人用人公开系统由多个要素组成特定的结构，并具有特定的功能。具有特定结构、特定功能的选人用人公开系统，是一个动态演进系统。

（一）选人用人公开的结构功能

1. 选人用人公开的结构

选人用人公开是一种人的实践活动系统，选人用人公开的主体与客体、内容与形式、目的与手段、过程与结果等要素，相互联系、相互作用，形成一个有机的系统结构。

（1）选人用人公开的主体与客体。选人用人公开的主体，是指因"知"选人用人信息而在信息不对称性关系中处于能动、主动方的人。选人用人公开的客体，则指因"未知"选人用人信息而在信息不对称性关系中处于受动、被动方的人。选人用人公开的主客体也是社会性、群体性和实践性的统一。

（2）选人用人公开的内容与形式。二者表现为作用与反作用的关系。选人用人公开的内容，是指包含选人用人活动的内在信息，它具有效用性、可传播性、不确定性、时效性等特性。选人用人公开的形式，是指选人用人公开活动的外在表现方式，可分为党务公开和政务公开、内部公开和外部公开、全部公开和部分公开、真实公开和虚假公开、有效公开和无效公开、主动公开和被动公开、理性公开和非理性公开、上对下或下对上的公开和平等的公开、对等公开和非对等公开，等等。

（3）选人用人公开的目的与手段。选人用人公开的目的表现为，通过消除选人用人信息不对称性，维护选人用人公平和公正，维护社会关系的和谐。这是选人用人公开的目标指向、基本出发点和内在动力。选人用人公开的目的直接支配选人用人公开活动。选人用人公开的手段体现为选人用人公开的媒介。选人用人公开的媒介，是指在选人用人公开过程中承载信息的物理形式，是公开的内容信息的载体。从语言到文字和印刷术，再到感光媒介，最后到现在的电子媒介等四次媒介革命，深刻影响着选人用人公开的方式及其进步程度。技术洞穿了秘密和沉默之墙[①]。

（4）选人用人公开的过程与结果。选人用人公开的过程，是一个选人用人信息不对称性被消除的过程。选人用人公开的结果，直接体现为选人用人信息不对称性得以消除，选人用人得以实现，社会关系得以协调。选人用人公开的结果具有成败性、正向或负向的主体效应性。

2. 选人用人公开的功能

选人用人公开的各要素，按照一定方式形成一定结构的选人用人公开系统。选人用人公开系统内部各要素相互联系和作用的方式或秩序被称为选人用人公开系统的结构。结构决定功能，因此，与选人用人公开系统的结构相对应，选人用人公开系统与其外部环境相互联系和作用过程的秩序和能力被称为选人用人系统的功能。

（1）选人用人公开有利于促进选人用人的实现及其进步。选人用人公开是选人用人必须坚持的重要原则，是选人用人的基本前提，是选人用人的必经环节，否则，选人用人过程就有缺失；只有坚持选人用人公开，选人用人才能真正得以实现。选人用人公开将经历一个从朴素的公开到异化的公开再到真正的公开这样一个发展过程，选人用人公开在进步，选人用人也在进步。

（2）选人用人公开有利于推动人选的自由全面发展。首先，选人用人公开是人选实现社会化的重要途径。一是人选社会化的起点在于选人用人公开；二是人选是在选人用人公开基础上获得其社会资格和地位；三是人选在选人用人公开中学习适应遵守选人用人制度规范，以实现社会化。其次，选人用人公开是人选自我完善和发展的必经之路。一是选人用人公开是人选实现自我完善和发展的基本手段；二是选人用人公开是人选的能力自我完善和

---

① （英）齐格蒙特·鲍曼：《全球化——人类的后果》，郭国良、徐建华译，商务印书馆，2001年版，第152页。

发展的必要条件；三是选人用人公开是人选认识自我、评价自我的良好契机；四是选人用人公开本身就是人选的自我表现。再次，选人用人公开是社会联系的纽带。一是选人用人公开是人选之间和用人者与人选之间互相沟通的重要途径；二是选人用人公开是人选之间和用人者与人选之间相互协作的基础；三是选人用人公开对人选乃至社会具有重要的导向功能；四是选人用人公开对社会调控具有重要机制作用。

（3）选人用人公开推动选人用人全面进步。首先，选人用人公开能够减少选人用人的不确定性；其次，选人用人公开能够提高选人用人的透明度；再次，选人用人公开能够促进人们对选人用人认识的有序化。从而，推动选人用人全面进步。

（二）选人用人公开的动态演化

1. 选人用人公开的动态

选人用人公开是一个具有特定结构、特定功能的系统。选人用人公开系统的动态，一是指其系统本身处于不断地运动和变化中；二是指其系统运动和变化是在选人用人历史中呈现的，是随着选人用人历史的演进而不断实现自身变迁的；三是指其系统在选人用人历史中的不断变迁，呈现为一个不断从流变性向稳定性、从非固定化到固定化的转变之中，即呈现为一个制度化演进过程。

2. 选人用人公开的制度化演进

选人用人公开的制度化，是指选人用人公开在选人用人历史中的固定化和稳定化。其制度化过程表象为：由于选人用人过程中存在信息不对称性→导致选人用人就存在着不确定性→这就必然影响选人用人→为减少这种不确定性→这就要求消除信息不对称性→形成相对固定的规则或规范框架→实现制度化。其实质则是动态－稳定、变易－固定、主观－客观、自发－自觉的动态转化过程，而且选人用人公开制度本身也不是一成不变的，是随着选人用人历史条件的变化而演化的。例如，《党政领导干部选拔任用工作条例》从1995年到2002年再到2014年的3个递进版本，就是选人用人公开制度在选人用人历史中随其条件变化而演化的变迁演进。

五、选人用人公开的路径

选人用人公开化，即选人用人公开普遍化、制度化。树立理念、确立原则、建立制度、构建机制是全面推进选人用人公开化的基本路径。

（一）树立民主的选人用人公开理念

要全面推进选人用人公开化，必须抛弃不利于选人用人公开的观念，弘扬有利于选人用人公开的理念，为推进选人用人公开化创造有利条件。

一方面要坚决抛弃不利于选人用人公开的观念，如："人治"意识强，法治意识弱；"依附"意识强，权力意识弱；"唯上"意识强，唯实意识弱；"雷池"意识强，担当意识弱，等等。

另一方面要积极树立有利于选人用人公开的理念：首先，要树立民主公开理念。以民主理念推进选人用人公开化，树立民主意识，坚持民主作风。其次，要树立党纪国法理念。以党规理念推进选人用人公开化，树立法制观念、培养法治意识，完善党纪党规，依法依规保障治理选人用人公开活动。再次，要树立平等权利理念。以权利理念推进选人用人公开化，坚持权利平等，实行对等公开，尊重并有效维护选人用人中的知情权、参与权、选择权和监督权。最后，要树立科学公开理念。以科学理念推进选人用人公开化，坚持实事求是，一切从实际出发，按客观规律办事，避免选人用人公开陷于随意性和盲目性。

（二）确立正确的选人用人公开原则

1. 实事求是

"'实事'就是客观存在着的一切事物，'是'就是客观事物的内部联系，即规律性，'求'就是我们去研究。我们要从国内外、省内外、市内外、县内外、区内外的实际情况出发，从其中引出其固有的而不是臆造的规律性，即找出周围事变的内部联系，作为我们行动的向导"[①]。在选人用人公

---

① 《毛泽东选集》第3卷，人民出版社，1991年版，第801页。

开中坚持实事求是原则,就是要从中国特色出发,根据具体的时间、地点、条件而不是抽象的历史条件,界定选人用人公开的范围、广度和深度,划定其边界;根据客观现实的需要选择选人用人公开的方式方法。既要反对教条主义,也要反对经验主义。

2. 公平正义

在选人用人公开中坚持公平正义的原则。一是要坚持公平原则,坚持按照《党政领导干部选拔任用工作条例》及相关规定、办法等实施选人用人公开活动,平等地对待选人用人公开的各主体或主体和客体,给予其同等待遇,使其享受同等权利和履行同样义务。二是要坚持正义原则,坚持按照同一原则和准则,对选人用人公开行为给予评价,一视同仁、不偏不倚地对待选人用人公开活动的各主体或主体和客体。

3. 及时便捷

在选人用人公开中坚持及时便捷的原则。一是要及时,应当在选人用人信息不对称性依然存在,且尚未转化成其他矛盾的时段内实行公开。二是要便捷,应当采用既节省时间又简便易行的快捷手段或方式,借助于适当的媒介迅速消除选人用人中的信息不对称性,以有效化解选人用人各主体或主体和客体之间的知与未知的矛盾。

(三)建立完善的选人用人公开制度

推进选人用人公开化必须将选人用人公开加以制度化,使选人用人公开可操作,可审查,透明度高。制度具有强制性,选人用人公开制度不仅要求选人用人必须公开,而且可以有效减少选人用人信息公开的主观随意性,大幅提高选人用人公信度。

首先,建立完善选人用人公开的基本制度。《党政领导干部选拔任用工作条例》这一选人用人的基本制度,从1995年到2002年再到2014年的3个递进版本,就是一个从建立到完善的过程。

其次,建立完善选人用人公开的责任追究制度。选人用人公开责任追究制度,对于违反选人用人公开法规的行为,如:不遵守选人用人公开权利与义务,不法公开或不当公开、徇情公开、徇私公开、随意公开选人用人信息等行为,具有较强的监督制约、利益调整和外力强制机制作用,而对这些违反法规损害选人用人各主体利益的行为予以责任追究的制度，就是选人用人公开的责任追究制度。

再次，建立完善选人用人公开的救济保障制度。一方面要建立选人用人公开的救济制度。例如，建立行政复议和行政诉讼救济制度，以维护人选、用人单位和群众的选人用人信息权。另一方面要建立选人用人公开的保障制度。包括经济保障、组织保障、人才保障和技术保障等保障制度。

（四）构建科学的选人用人公开机制

机制的"机"是动因，"制"乃约束[1]。选人用人公开过程一般包括生成、调节、监督、反馈、评价等环节；与此相应，选人用人公开的运行机制一般包括动力机制、约束机制和评价机制。

---

[1] 张克生主编：《国家决策：机制与舆情》，天津社会科学院出版社，2004年9月版，第38页。

论公平竞优原理①

一、吴瀚飞的三大运行原理

吴瀚飞在其专著《中国公开选拔领导干部制度研究》中提出了公开选拔领导干部制度的三大运行原理，即公开公正原理、竞争择优原理和人职匹配原理。②

公开公正原理是指公开选拔领导干部制度所具有的把公正作为制度建立的首要目标，并科学地制定规则和程序、公开实施规则和程序、公开运行结果来确保公正目标实现和公正过程展示的原理。这一原理是运用政治学一般原理和马克思主义的公正观分析公开选拔领导干部制度运行过程得出的必然结论。公开公正原理包含了三个要点：公正是公开选拔领导干部制度运行的首要目标；公开是实现公正目标和展示公正过程的必要条件；公开的程度与公正目标的实现和公正过程的展示程度成正比。

竞争择优原理是指公开选拔领导干部制度所具有的把选拔优秀领导人才作为核心目标，并通过竞争的途径保证择优目标实现的原理。这一原理是运用经济学和人才竞争学分析公开选拔领导干部制度运行过程得出的科学结论。竞争择优原理的基本要点是：择优是公开选拔领导干部制度运行的核心目标；竞争是实现择优目标的唯一途径；竞争范围的大小、方法和标准的科学性同择优目标的实现程度成正比。

---

① 本文系根据深圳市委党校深圳创新思想库"领导干部竞争性选拔制度研究——以深圳为例，SXK1121"的阶段性成果（2011年）改编。
② 吴瀚飞：《中国公开选拔领导干部制度研究》，中国社会科学出版社，2002年11月版，第107—125页。

人职匹配原理是指公开选拔领导干部制度运行中所具有的从领导职位的要求出发确定选拔领导人选的标准和条件，保证选拔任用的领导人选与领导职位实现最大程度的匹配，从而提高行政效率的原理。这一原理是运用组织行为学、人才学一般原理分析公开选拔领导干部制度运行过程得出的科学结论。人职匹配原理的基本要点是：人职匹配是公开选拔领导干部制度运行的根本目标；人职匹配度与行政效率的高低成正比。

二、科学理论的简单性[①]

简单性是科学理论的一个突出特色。在前科学时代，就有毕达哥拉斯的万物皆数，奥卡姆的剃刀——"如无必要，毋增实体"。此后，牛顿的节约原理、莫佩尔蒂的最小作用原理、马赫的思维经济原理、彭加勒的力戒特设假设、爱因斯坦的逻辑简单性原则、惠勒的质朴性思想，就是绵绵不绝的简单性思想潮流中的有代表性的浪花。在19世纪和20世纪之交，简单性观念在科学中相当流行，乃至成为一种智力时尚，这种遗风一直绵延至今。

简单性的一种比较简洁、比较直观的涵义是，理论中包含的假设、概念、关系、实体、属性等在数目上比较少。但简单性不是形式简单得容易记忆和书写；简单性也不是内容简单得容易理解和学习。麦卡里斯特以物理学为例，认为科学理论的简单性有四种形式："一是像狄拉克希望的，由于赋予系数和指数以简单性而表现出数字方面的简单性；二是像信奉牛顿学说的物理学家希望的，由于广大范围的现象引用同样的解释性定律而表现出解释方面的简单性；三是像马赫期望的，由于只要求数目很少的不同物质实体而表现出本体论上的简单性；四是像爱因斯坦期望的，由于只以数目很少的独立公设为据而表现出逻辑上的简单性。"[②]

诚然，由于科学理论的简单性或多或少具有某种客观性和价值理性，是能够进行理智评价的；相反地，自然或自然秩序的简单性也许是一个形而上学的论题，退一步说，它至多只能算作一个准科学预设。因此，完全没有必要在科学中把简单性和复杂性对立起来。实际上，这二者在科学发展中是交

[①] 李醒民：《论科学理论的简单性》，《北京行政学院学报》2008年第4期。
[②] 麦卡里斯特：《美与科学革命》，李为译，长春：吉林人民出版社，2000年，第136-137页。

替出现或交织在一起的——科学的发展呈现出分化和整体化、简单性和复杂性的对立统一过程。只是在科学的结果中,应该在其他条件等同时尽可能选择简单的理论罢了。

简单性成为科学理论的禀性,显然与科学家把它作为一个重要的认识论和方法论原则、作为科学的追求目标密切相关。简单性原理的功能在于:首先,它是评价科学理论的标准之一;其次,它是启迪科学发现或科学发明的源泉;最后,它使科学理论更接近实在。

三、公平竞优原理

基于一:原理是对事物的客观必然性的刻画,原理之"原"即"源"、原本、根本的意思,原理之"理"即道理、基准、规律。

基于二:科学理论的简单性。

基于三:对吴瀚飞三大运行原理的进一步综合提炼。

基于四:《干部任用条例》1995年版和2002年版规定:选拔任用党政领导干部,必须坚持"公开、平等、竞争、择优"原则;2014年版虽修订表述为"民主、公开、竞争、择优"原则,但民主包含平等,平等是民主内在结构的基础部分,平等是民主的基本规定性。民主与平等,二者相辅相成,没有民主,就不会有真正的平等;同样没有平等,也就不会有真正的民主。

基于五:根据选人用人(包括公开选拔和竞争上岗等竞争性选拔)理论与实践的进展。

本文将吴瀚飞提出的公开选拔领导干部制度的运行原理,即公开公正原理、竞争择优原理和人职匹配原理,进一步概括提炼为选人用人(包括公开选拔和竞争上岗等竞争性选拔)的公平竞优原理。公平竞优原理即选人用人公开平等竞争择优。公平竞优原理可具体表述为:从平等公正出发,最大化地公开制定实施规则程序,科学确定选拔职位及其条件标准,合理运用现代测试测评考察考核方式方法,建立完善良性竞争机制,动态实现人职匹配择优。公平竞优原理可抽象为公开、平等、竞争、择优的函数,其函数表达式为:公平竞优={公开,平等,竞争,择优},即OECE={O, E, C, EM}。其中:

O是E、C、EM的初始条件；Ef是C、EM的边界条件；C是EM的充要条件。即，公开是平等、竞争、择优的初始条件；平等公正是竞争、择优的边界条件；竞争是择优的充要条件。

$\sum O = P + C + En + Ex + As + Ap - Co$，即公开度$\sum$＝职位＋条件＋报名＋考试＋考察＋任用－暗箱操作。

$O = I/R$，即公开度＝廉政度/腐败度，公开度与任用廉政度正相关，与任用腐败度负相关。

$O \propto F$，即公开度与公正度正相关。

$F = \{Fp, Fg\}$，即公正度＝{公正过程，公正目标}。

$O \propto C$，即公开度与竞争度正相关。

$E \approx F$，即平等≈公正。

$EF: Of \to Lf \to Ff$，即平等公正向量：原始公正→有限公正→完全公正。

$\oint EF = R + H$，即平等公正$\oint$＝相对性＋历史性。

$\oint EF - ES = R + I$，即平等公正均衡状态$\oint$＝现实性＋理想性。

$EF = \{Ru, Pr, Re\}$，即平等公正＝{规则，过程，结果}。

$C = \{G, M, C, A\}$，即竞争＝{目标，动机，条件，行为}。

$\oint C = \{PC, non-PC, non-C\}$，即竞争度＝{完全竞争，非完全竞争，非竞争}。

$BCM = A - P/Ap - R$，即良性竞争机制＝优才脱颖/任用腐败；良性竞争机制与优才脱颖正相关，与任用腐败负相关。

竞争正向量为良性竞争，竞争负向量为非良性竞争。

竞争正向量＝{动机与目标与社会进步相一致，条件平等，行为公正}。

$\oint EM = \{C-Lim., C-Sta., C-Way\}$，即择优度＝{竞争范围，竞争标准，竞争方式}（竞争个体＞2）。

$\oint P-J = \{Job-Pos.; Ind.-Abi., Per.-Cha.; O-P\}$，即人职匹配＝{工作职位；个体能力，个性特征；组织绩效}。

$\oint M = \{St-M, Dy-M\}$，即匹配度＝{静态匹配，动态匹配}。

∮ MEq={ F－M，App－M，non－M }，即匹配均衡状态={完全匹配，接近匹配，非匹配}。

Ex ≠ M－est。即最优≠最匹配。

M－est ≌ ExSe，即最匹配≌最优选择。

M ∝ Adm－Eff，即匹配度与行政效率正相关。

竞争性选拔三维定位[①]

通过对竞争性选拔制度的演化简历、变迁方式以及与其他干部任用制度比较分析，表明竞争性选拔制度的定位是一种三维定位，其一维基本定位是一种非正式制度，其二维从属定位是一种初始提名制度，其三维相对独立定位是一种公开选拔制度。

一、一维基本定位：非正式制度

制度可分为非正式（内在、内生）的和正式（外在、外生）的，两者之间的相互关系共同决定着制度的走向。就干部选拔任用制度而言，委任制是正式制度，改革竞争性选拔制则是非正式制度。之所以这样定位，主要基于以下视角：

一是从制度渊源上看，委任制产生于古代中国，是官员生成的主渠道，即使是竞争性选拔色彩极为明显的科举制"金榜题名"，也只是取得了为官资格，具体职位最终还需要通过委任加以确定。

二是从制度演化上看，中国共产党从产生的第一天起，就采用委任制选拔干部，而竞争性选拔则起源于改革开放时代，尽管发展势头迅猛，但仍然是在委任制的框架下演绎，相对成熟的委任制来说，竞争性选拔制度只是个初生的婴儿。

三是从制度效能上看，现阶段的干部选拔任用的主要方式还是委任制，大多数领导干部尤其是局级以上干部产生的主要途径是委任制，竞争性选拔

[①] 本文系根据广东省党校（行政学院）系统哲学社会科学"十二五"规划2011年度项目（批准号：11ZZ05）"广东领导干部竞争性选拔制度研究"的阶段性成果改编。

制只是委任制的补充、拓展、延伸。而且委任制具有很强的法定效应，而竞争性选拔制则没有，现行的法规制度只是要求或者说是提倡采用竞争性选拔制度，对不采用竞争性选拔制度并没有惩罚性规定。

四是从制度趋势上看，竞争性选拔制度是政治民主化的重要载体，具有强大的生命力，其终极目标将取代委任制成为领导干部产生的主体形式，但至于什么时间、什么范围、什么程度实现这一目标，则取决于实践的发展，人为加速这一进程可能造成"揠苗助长"，效果会适得其反。

1. 竞争性选拔制度变迁方式

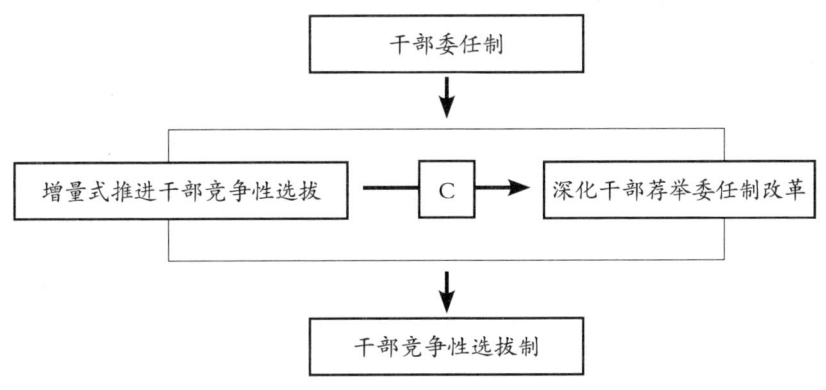

竞争性选拔制度变迁轨迹

过程C，即干部竞争性选拔制度变迁进程中目前所处的非正式制度变迁阶段。竞争性选拔制作为干部选拔任用制度的一部分，其变迁过程既体现了整体要求，又突出了单项制度的特点。

2. 竞争性选拔制度变迁路径

竞争性选拔制度的诱致型渐进式变迁具有显著的路径依赖性。

前提：党管干部的政治属性；主导：自上而下的党委推动；模式：补充委任的主辅并行；选择：现代考评和科举发明。

二、二维从属定位：初始提名制度

竞争性选拔制是对委任制的补充、拓展、延伸，其最显著的功能是改变了委任制的提名方式，从这一视角上看，竞争性选拔制是一种新的干部选拔任用的提名制度。

一是竞争性选拔制的目标指向是"初始提名"环节。初始提名是干部选拔任用工作的第一道关口，也是提高选人用人质量的关键。实践表明，初始提名直接影响和作用于其他环节，干部一旦被提名就基本意味着要被推荐、考察和任用。由此可见，深化干部人事制度改革和组织制度创新，进一步提高干部选任工作质量，首先应该从规范初始提名权、严格初始提名程序入手。委任制是"少数人在有限视野内选人"，而竞争性选拔制则是"多数人在无限视野中选人"，体现了主体正义和程序正义。

二是竞争性选拔制的探索实践都是围绕"怎样提名"逐步展开。近年来，各地在实践中采取了"公推直选""公开选拔""竞争上岗"等方式选拔任用干部，形成了"民主提名制""考评提名制"两种模式，从本质上看，"民主提名制"还是相马，"考评提名制"则是赛马。广东省推出了面试"大评委制"、常委会"差额票决制"等改革措施，都是对竞争性选拔制度的探索、发展、完善，所要解决的核心问题是提名的民主化、科学化、规范化、制度化。

三是竞争性选拔制的比较优势是如何实现"提名准确"。从理性上看，竞争性选拔制明显超越于委任制，但实际上并非所有的竞争性选拔结果都是成功的个案，"高票低品""高分低能"现象，不同程度上引发了人们对竞争性选拔制的置疑。竞争性选拔制实现"提名准确"的要害是"人职匹配"，关键是考试测评技术的开发和运用，这需要很长时间的积累。

三、三维独立定位：公开选拔制度

竞争性选拔制的相对独立定位是一种公开选拔制度，是对传统单一委任制的破冰之解。

一是竞争性选拔制具有显性竞争、公平公开等特点与优势。公开选拔、竞争上岗等竞争性选拔，都面向特定组织、领域、地域所有符合职位要求的特殊人群，打破了封闭化的用人倾向，使每个被选对象公正地经历遴选过程，真正体现了程序公平。

二是竞争性选拔制从评价标准体系上量化了选拔职位的综合素质要求，

是对传统选拔主要依靠定性判断的显性进步。委任制对干部的德才评价主要通过主观判断，基本没有定量分析，决策的依据是定性判断，是粗线条式的总体评价。而竞争性选拔突出岗位特点，考评综合素质，注重能力实绩，评价标准客观，采用定性分析和定量分析相结合的方式评价干部的德才表现。

三是竞争性选拔制普遍运用现代测评技术进行选拔，体现了选拔的科学性。无论是笔试、面试，还是公文筐测验、无领导小组讨论，考试测评工具的技术含量高，客观性强。在实践中，很多地区还突出笔试的实践性，增强面试的开放性，注重考评的公正性，提高了选拔的公信度。

四是竞争性选拔制具有特定的导向功能，有效推动了干部队伍素质整体提升。竞争性选拔注重德才兼备，注重工作实绩，注重群众公认，尊重重视能力，体现"贤能服众者居之"的选人导向，让有志者看到希望和方向，致力于提高自身的综合素质，而不是把心思用在"找某个能帮助自己谋职的人"，这成为有效激励干部队伍提升整体素质的方向标。

竞争性选拔面面观[①]

历史观——前世今生;创新观——协同互动;制度观——三维定位;民主观——推荐测评;科技观——考试测评;主考观——德才兼备;应试观——进京赶考;考察观——去伪存真;群众观——公平竞优;未来观——今生来世。

一、历史观——前世今生

(一)科举制度

科举制度,是历代封建王朝通过考试选拔官吏的一种制度。因采用分科取士,是以谓之科举。科举制从隋代开始实行,到清光绪三十一年(1905年)举行最后一科进士考试为止,经历了1300年。1905年9月2日,清政府废除科举制度。

1. 中国历代选官制度简表

原始社会	禅让制:选贤荐能,试用考察
(公元前1046-前771)西周	世袭制:世卿世禄,子孙相继
(公元前770-前221)春秋战国	客卿制:招贤养士,任能赏功
(公元前206-220)汉朝	察举制:乡评里选,郡县荐举
(206-220)魏晋南北朝	九品中正制:中正负责,选人定品
(606-1905)隋至清末	科举制:统一考试,公开竞争

[①] 本讲义大纲系根据作者的深圳市委党校深圳创新思想库课题(SXK1121)、广东省党校(行政学院)系统哲学社会科学"十二五"规划项目(批准号:11ZZ05)、深圳市哲学社会科学"十二五"规划课题(125B015)有关"领导干部竞争性选拔制度研究"成果于2013年8月编制,并主要参考了由中共中央组织部领导干部考试与测评中心组织编写的《党政领导干部公开选拔和竞争上岗考试测评工作指导手册》(党建读物出版社,2010年4月)和《公开选拔和竞争上岗面试教程》(中共中央党校出版社,2003年9月)等文献。

2. 明清科举简表

科别/内容/项目	院试	乡试（秋闱）	会试（春闱）	殿试
考场	学政巡回案临考场（府县）	京城和各省贡院（省城）	京城贡院（礼部）	皇宫（宫殿）
主考人	各省学政	中央政府特派官员	钦差大臣	皇帝
参加者	童生（儒生）	生员及监生	举人	贡士
中者名称	生员（秀才）	举人	贡士	进士
日期	三年之内两次	子/卯/午/酉年八月桂榜	乡试次年三月杏榜	会试同年四月金榜
第一名	案首	解元	会元	状元
第二名	/	2—10名为亚元	/	榜眼
第三名	/	/	/	探花

3. 状元历史

"状元"之称始于唐代，指进士科终取第一名，原称"状头"，亦称"状元"。宋以后则专指"第一甲第一名"。他们是科举制度造就的明星，其中多数堪称一代才杰，有的更为推动历史进程和文化艺术发展做出过重要贡献。唐至明清，已知举行过文科考试近800次，武举200余次，状元总数当在千人以上。但姓名可考者，迄今并无精确统计。阆中杨林由先生参酌各种文献校订出文状元672人，武状元246人，总计918人，还有百余状元掩埋于历史尘封中。

4. 废除科举

袁世凯（1905年9月2日）会同6位南北封疆大吏、朝廷重臣联名奏请停罢科举。在奏折递上不过二日，清政府即奉上谕，同意停罢科举。谕文如下：方今时局多艰，储才为急。朝廷以提倡科学为急务，屡降明谕，饬令各督抚广设学堂，将俾全国之人咸趋实学，以备任使，用意至为深厚。前因管学大臣等议奏，当准将乡会试分三科递减。兹据该督等奏称科举不停，民间相率观望，推广学堂必先停科举等语，所陈不为无见。著即自丙午科（1906年）为始，所有乡会试一律停止，各省岁科考试亦即停止。其以前之举贡生员分别量予出路，及其余各条，均著照所请办理。

5. 科举负能量

明太祖将源于元朝的八股文体正式定为科举考试文体，使科举成为束缚、控制知识分子思想的枷锁、工具，导致明清以后科学技术落后（中国传统重学术不重技术，重视人文科学轻自然科学）。晚清科场作弊盛行。科举制度导致官场腐败。政治化的师门裙带关系盛行。科举制度也产生了家庭悲剧。科举制度的消极作用主要在不在于制度本身？

6. 八股文

明清科举考试制度所规定的一种文体，也叫时文、制义、制艺、时艺、四书文、八比文。这种文体有一套固定的格式，规定由破题、承题、起讲、入手、起股、中股、后股、束股八个部分组成，每一部分的句数、句型也都有严格的限定。"破题"规定两句，说破题目意义；"承题"三句或四句，承接"破题"加以说明；"起讲"概括全文，是议论的开始；"入手"引入文章主体；从"起股"到"束股"是八股文的主要部分，尤以"中股"为重心。在正式议论的这四个段落中，每段都有两股相互排比对偶的文字，共为八股，"八股文"由此得名。八股文的题目，出自《四书》《五经》，八股文的内容，不许超出《四书》《五经》范围，要模拟圣贤的口气，传达圣贤的思想，考生不得自由发挥。无论是内容还是形式，八股文起到了束缚思想、禁锢人才的作用。

7. 科举正能量

科举制度在中国实行了整整1300年，对隋唐以后中国的社会结构、政治制度、教育、人文思想，产生了深远的影响。科举原本是为政府从民间提拔人才，打破贵族世袭现象，以整顿吏制。相对于世袭、举荐等选才制度，科举考试无疑是一种公开、公平、公正的方法，改善了用人制度。科举为中国历朝发掘、培养了大量人才。1300年间科举产生的进士接近十万，举人、秀才数以百万。科举对于知识的普及和民间的读书风气，亦起了相当的推动作用。明清两朝时，中国的读书人以秀才计，大部分时间都不下五十万人，把童生算在内则以百万计。对知识的普及起了一定作用，亦间接维持了中国各地文化及思想的统一和向心力。

8. 科举辐射

当然，1905年科举考试被永远停止了，但深含着公平精神的考试选才方式并没有而且也不应该因此而销声匿迹。事实上，有人认为当时停罢科举是"因噎废食"。孙中山先生就说，科举考试为"中国良好之旧法"。"往年罢废科举，未免因噎废食。其实考试之法极良，不过当日考试之材料不良也。"维新变法时致力于推动废科举的梁启超在1910年也承认：夫科举非恶制也，所恶夫畴昔之科举者，徒以其所试之科不足致用耳。昔美国用选举官吏之制，不胜其弊。及1893年，始改用此种试验，美人颂为政治上一新纪元。而德国、日本行之大效，抑更章章也。世界万国中行此法最早者莫如我，此法实我先民千年前之一大发明也。自此法行，而我国贵族寒门之阶级永消灭；自此法行，我国民不待劝而竞于学，此法之造于我国也大矣。人方拾吾之唾余以自夸耀，我乃惩末流之弊，因噎以废食，其不智抑甚矣。吾故悍然曰：复科举便！

科举被废除后，仍在中国留下不少痕迹。例如：孙中山－《中华民国临时约法》－五权分立－考试院；高考，如分省取录、将考卷写有考生身份信息的卷头装订起来、称高考最高分者为状元等。对世界的影响：日本、韩国、越南效仿科举。16－17世纪，欧洲传教士在游记中把科举取士制度介绍到欧洲。18世纪时启蒙运动中，不少英国、法国思想家都推崇中国这种公平和公正的制度。英国在19世纪中至末期建立的公务员叙用方法，渐渐形成后来为欧美各国效仿的文官制度。文官制的考试原则与方式与中国科举十分相似。故此有人称科举是中国文明的第五大发明。今天的考试制度在一定程度上仍是科举制度的延续。

（二）毛泽东进京赶考

1949年3月。大地复苏，万物更新。西柏坡，满山碧翠，杏花绽放。23日上午，毛泽东、朱德、刘少奇、周恩来、任弼时5位大书记，率中央机关离开西柏坡。临行前，毛泽东风趣地说："今天是进京赶考的日子，不睡觉也高兴啊。今天是进京'赶考'嘛，进京赶考去，精神不好怎么行啊！"周恩来会意地笑道："我们应当都能考及格，不要退回来。"毛泽东凝视着车队将要开往的方向，坚定地说："退回来就失败了，我们绝不能当李自成。我们一定要考个好成绩。"据说，这是毛泽东在西柏坡说的最后一句话。

1. 毛泽东"金榜题名"当选主席

1949年9月,毛泽东当选为中央人民政府主席。毛泽东在天安门城楼向全世界庄严宣告中华人民共和国成立了。

2. "进京赶考"论

毛泽东把进京执政当作"进京赶考",旨在提醒全党要始终坚持"两个务必",始终保持党的本色。也是告诉大家进京会有两个结果:一个是"金榜题名",一个是"名落孙山"。

毛泽东的"进京赶考"是说给全党听的,而且他所指的"进京赶考"并不是一时的赶考,而是只要共产党执政,都是在赶考。我们的执政理念、执政业绩就是我们的试卷,而考官永远是全国广大的人民群众。

党的这次进京赶考,称得上是史上最浩大的考试了:考场,是幅员辽阔的中国大地,考试时间,1949年至今仍未结束。考生,是有着几千万成员的中国共产党。谁是考官呢?当然是十几亿的人民群众。

中共进京赶考的两张考卷:

第一张考卷——拉开了"中华民族全面复兴"的历史帷幕。

第二张考卷——形成了"执政党建设"的科学布局。

3. 为"赶考"立规矩

规矩1——"六条规定":"根据毛泽东的提议,全会做出六条规定:一、不做寿;二、不送礼;三、少敬酒;四、少拍掌;五、不以人名作地名;六、不要把中国同志同马恩列斯平列。"

规矩2——"两个务必":"务必使同志们继续地保持谦虚、谨慎、不骄、不躁的作风,务必使同志们继续地保持艰苦奋斗的作风。"这是在进京"赶考"之前,毛泽东为了"赶考",在西柏坡讲的两句忠言,一直传颂到今天。还有两句:一是"夺取全国的胜利,这只是万里长征走完了第一步"。二是"我们不但善于破坏一个旧世界,我们还将善于建设一个新世界"。(七届二中全会报告)

规矩N……

中国共产党一直秉持毛泽东的"进京赶考"论和"赶考"规矩……

4. "赶考"远未结束

2013年7月11−12日,习近平选择西柏坡,选择党的群众路线教育实践活动开始的当口，告诫全党，"从实现'两个一百年'目标到实现中华民族伟大复兴的中国梦，我们正在征程中。'考试'仍在继续，所有领导干部和全体党员要继续把人民对我们党的'考试'、把我们党正在经受和将要经受各种考验的'考试'考好，努力交出优异的答卷。"

"'赶考'远未结束"，无疑是要增强全党的"风险意识"和"忧患意识"。与60多年前相比，今天党面临的考验更为严峻、复杂，"四大考验""四大危机""四风问题"，把哪个问题解决好都不容易，不能有丝毫麻痹和懈怠。如果在新的历史考验面前，不能交出令群众满意的答卷，过去在赶考过程中取得的所有成绩，都可能"化归为零"。从这个意义上讲，真的是"'赶考'远未结束，同志仍须努力"！

（三）邓小平设计开考

毛泽东对自己的个人评价是三七开！取缔高考！

邓小平对自己的个人评价是对半开！恢复高考！

1. 高考1977

邓小平力排众议，决定把印刷毛选五卷的纸张调拨来用于印刷高考试卷。

邓小平从报考须知中删去"组织批准"这四个字。

2. 邓小平考试

1980年8月，三天之内两次接受意大利记者法拉奇的采访，向世人展示了中国第二代领导人的风采，让世界更全面地认识了中国！1981年6月27日，十一届六中全会一致通过的《关于建国以来党的若干历史问题的决议》吸收了邓小平谈话中的大部分观点和思想。对自己的评价，邓小平说："我自己能够对半开就不错了。但有一点可以讲，我一生问心无愧。"邓小平给江青的打分是"0分以下"。第二次访谈两个多小时的谈话很快就结束了，邓小平高兴地起身与法拉奇握手告别，临别时他幽默地说："怎么样，我考试及格了吧？"法拉奇说："精彩极了！"

3. 干部选拔考试

1980年8月，邓小平在《党和国家领导制度改革》中指出："随着建设事业的发展，还要制定各个行业提升干部和使用人才的新要求、新方法。将来很多职务、职称，只要考试合格，就应当录用或者授予。"1982年10月，邓小平还在《前十年为后十年做好准备》中指出："招聘也是个办法。我们要开一条路出来，让有才能的人很快成长，不要老是把人才卡住。"这里有两层含义：一是时代的发展必然要求干部选拔任用采用新的方式和方法；二是考试是干部选拔任用制度的一种重要的新的方式方法。邓小平在《党和国家领导制度改革》这篇著名讲话中，曾经三次讲到要用考试的方式选拔干部，这一新思想很快对全国的创新实践产生了影响。

二、创新观——协同互动

创新是一个系统，制度创新和技术创新是不可或缺的两个组成部分。选拔制度和选拔技术同属竞争性选拔系统，构成一个相互联系、相互推进的有机整体，唯有二者整合在一起，相互补充和相互作用，才使竞争性选拔运行得以实现。

（一）破冰试验前（1949－1980）

新中国成立以来的干部选拔任用制度经历了一个建立、运行、破坏、恢复、创新的演变过程。1949－1956年为建立时期，形成了以委任制为主体的干部选拔任用制度的总体格局；1957－1966年为基本正常运行时期；1966－1976年为遭受严重破坏与混乱时期；1976年至今为恢复重建与制度创新时期。其中1979年前为制度恢复阶段；1980年后进入制度创新阶段。主要沿着两个方向进行：一是以扩大民主为主要指向荐举委任制；二是以公开选拔、增加考试环节为主要特征的竞争性选拔制。

（二）破冰试验期（1980－1992）

1980年10月，重庆市公用局在全市公开招聘企业经理和技术业务干部。1981年年底，中组部同意深圳到12个城市去招干部。1983年，蛇口工业区通过竞争，选拔出1名36岁的党委书记。邓小平视察蛇口时称赞说："未来还得靠年轻人。"此后全国各地开始探索公选干部。其标志性事例，是1985年宁波市委组织部通过新闻媒体公布条件，对市计委主任等5个领导职位面向全市公选，首次明确提出"公开选拔"这一概念，把笔试和面试引入其中。1986年，深圳两次向社会公开招聘20名局级领导干部。这一时期还有广州、西安、吉林、江西、湖北、浙江等地先后尝试公选。吉林从1988年至1992年先后4次公选38名副厅级干部，并定名为"一推双考"，即公开推荐与考试考核相结合。

（三）制度-技术创新期（1992—2002）

1. 制度创新 I 阶段（1992—1998）

1992年6月22日，中组部转发吉林省委组织部《关于采取"一推双考"的方式公开选拔副厅级领导干部情况的报告》。

1995年，中央下发《党政领导干部选拔任用工作暂行条例》，肯定公选这一做法。

1996年1月，中组部转发《吉林省公开推荐与考试考核相结合选拔领导干部的暂行办法》。

1996年6月，深圳市企业高级经理人才评价推荐中心成立（后加挂高级人才测评中心）。

1998年7月，中组部、国家人事部制定下发《关于党政机关推行竞争上岗的意见》。

1993—1997年，全国有29个省区市开展了公选工作，20多个省区市制定了有关规范性文件，大庆、长沙、河北、福建等地还建立了公选题库。

2. 技术创新 I 阶段（1998—2002）

1998年8月，胡锦涛在中组部呈报的《关于建立全国统一、规范的公开选拔领导干部考试题库问题的报告》上做出重要批示："赞成建立全国统一的通用题库，这样可以减少各地公开选拔领导干部的工作量，保证考试质量，降低考试成本。"

1999年3月，中组部印发《关于进一步做好公开选拔领导干部工作的通知》。同时筹建中组部考评中心。

2000年1月，中组部印发《全国公开选拔党政领导干部考试大纲（试行）》。

2000年6月，《2001—2010年深化干部人事制度改革纲要》提出："要推行公开选拔党政领导干部制度。要加快全国统一题库建设,完善公开选拔工作的配套措施。"据此,各省市也都制定了公选制度专门规定。

2001年5月,中组部领导干部考试与测评中心正式成立。

(四)技术-制度创新期(2002-2012)

1. 制度创新Ⅱ阶段(2002-2006)

2002年7月,中央正式颁布《党政领导干部选拔任用工作条例》。

2004年3月,中央办公厅正式印发《公开选拔党政领导干部暂行规定》和《党政机关竞争上岗工作暂行规定》,这是公开选拔领导干部的第一个党内法规性文件。

2004年5月,中组部印发《党政领导干部公开选拔和竞争上岗考试大纲》。

2006年1月,颁布实施的《公务员法》,第一次从法律上确认公开选拔是职务晋升的方式之一。至此,从党内法规和国家法律层面,确立了公开选拔领导干部制度。

2. 技术创新Ⅱ阶段(2006-2012)

中组部于2007年年底印发《关于进一步加强全国领导干部选拔考试通用题库建设的意见》,要求按照统一标准、联合建设、分级负责、资源共享的原则,在全国建立统一规范的通用题库。

中组部于2009年9月修订并颁布《党政领导干部公开选拔和竞争上岗考试大纲》。

《2010-2020年深化干部人事制度改革规划纲要》要求,要加大竞争性选拔力度,新提拔厅局级以下委任制党政领导干部中,通过竞争性选拔方式产生的,2015年不少于1/3。

(五)系统创新期(2012至今)

十八大报告指出要"全面准确贯彻民主、公开、竞争、择优方针,扩大干部工作民主,提高民主质量,完善竞争性选拔干部方式,提高选人用人公信度"。

应从经济和社会发展的大背景,干部人事制度改革的大进程,考试-考核-考察的全过程,理性分析、整体谋划竞争性选拔工作。

竞争性选拔改革创新,过去多是从基层做起,是自下而上的试验探索。但其既是一个创新性、突破性实践举措,又是一项综合性、系统性改革工程。因此新时期须加大自上而下的力度,加大"统"的力度,通过顶层设计、系统设计、高端推动、整体推进,规范推进其系统创新,充分发挥其最大效能。

三、制度观——三维定位

竞争性选拔制度的定位是一种三维定位:其基本定位是一种非正式制度;其从属定位是一种初始提名制度;其相对独立定位是一种公开选拔制度。

(一)一维基本定位:非正式制度

非正式制度,或非主导制度,非主体方式。从制度渊源上看,科举制"金榜题名"也只是取得了为官资格,最终还需委任;从制度演化上看,竞争性选拔起源于改革开放,仍然是在委任制的框架下演绎;从制度效能上看,竞争选拔只是委任制的补充,仅是一种提倡,无惩罚性规定;从制度趋势上看,即使可能成为干部选拔的主体方式,也不能"揠苗助长"。

(二)二维从属定位:初始提名制度

1. 初始提名制度构成要素

包括:提名动议、提名主体、提名客体、提名方式、提名标准、提名程序等。

提名动议-不准临时动议决定干部任免;提名主体-由谁提名;提名客体-提谁的名;提名方式-会议推荐、组织部门推荐、单位党组织推荐、领导干部署名推荐、干部自荐等;提名标准-提出什么样的人(资格条件);提名程序-产生意向性候选人的有序操作过程。

2. 考评提名制

竞争性选拔是对委任制的补充、拓展、延伸,其显著功能之一是改变了委任制的提名方式。一是竞争性选拔制的目标指向是"初始提名"环节;二是竞争性选拔制的探索实践都是围绕"怎样提名"逐步展开，从本质上看，"民主提名制"还是相马，"考评提名制"则是赛马；三是竞争性选拔制的比较优势是如何实现"提名准确"。

（三）三维独立定位：竞争性选拔制度（公选竞岗制或公选制）

竞争性选拔制的相对独立定位是一种公开选拔制度，是对传统单一委任制的破冰之解。一是竞争性选拔制具有显性竞争、公平公开等特点与优势；二是竞争性选拔制从评价标准体系上量化了选拔职位的综合素质要求，是对传统选拔主要依靠定性判断的显性进步；三是竞争性选拔制普遍运用现代测评技术进行选拔，体现了选拔的科学性；四是竞争性选拔制具有特定的导向功能，有效推动了干部队伍素质整体提升。

四、民主观——推荐测评

（一）目前民主推荐存在的问题分析

1.参会人员范围。参会范围代表性；参会类别分散性。利益关系体、非利益关系体。

2.参会人员心理。竞争者心态；嫉妒者心态；助推者心态；旁观者心态。

3.信息公开程度。推荐工作信息；推荐对象信息。

4.民主推荐指标。推荐指标单一、唯一；推荐岗位指标缺失。

5.计票的科学性。如何分别统计、综合分析？"三票制"赋权比例的科学性、后遗症。

6.推荐结果的认定标准。相对多数规则过于机械；综合分析法的量化、可比性？

7.民主推荐与其他环节的程序设计、系统性。推荐与任用的联系过于紧密、"功利"；民主推荐与组织考察似本末倒置，使考察的印证式作用强，选择性作用弱。

（二）完善民主推荐制度的对策建议

1.加大民主推荐/民主测评的真实性、科学性研究。既要充分尊重民意，又不简单以票取人。

2.分步组织实施非定向/定向民主推荐，在推荐与考察、任用等程序间设置"缓冲期"。

3.合理确定参会范围。如人大代表、政协委员等，完善参会结构。

4.优化推荐环境。私密性；非文字、符号性；从程序设计上采取规避措施。

5.增加民主推荐中的透明度。如可由组织、第三方进行绩效评估或考察了解，并向参会人员提供评估报告。

6.增加民主推荐信息量。如多项选择、德、能、勤、绩、廉等分项。

7.优化计票办法。如排序打分，强、弱推荐等级投票（赋分值）；优化"三票制"，按"了解程度"分类，优化权重设计。

五、科技观——考试测评

（一）考评技术系统运行问题现状

随意增减程序；职位分析缺位；考评技术局限；效度评估短路；周期长成本高。

（二）改善考评技术系统运行机制

改善考评技术系统运行基础——职位分析；构建考评技术系统运行模型——胜任模型；整合考评技术系统运行体系——评价中心；创新考评技术系统运行载体——OA测评；评估考评技术系统运行效果——信度效度；驾驭考评技术系统运行机制——考任分离。

（三）评价中心

1. 评价中心与工作绩效的相关性

评价方法与工作绩效的相关系数（r）

评价方法	相关系数
评价中心	0.65
行为面试	0.48－0.61
工作实习测试	0.54

续表

能力测验	0.53
现代个性测验	0.39
自撰材料	0.38
推荐信	0.23
传统的非结构化面试	0.05—0.19

2. 评价中心的整合性

技术方法整合。评价中心是一个技术系统，包括行为面试、情景面试、公文练习、领导能力练习、无领导小组讨论、角色扮演、工作模拟、个人与专业成就报告、能力倾向测验、人格问卷、动机和价值观问卷、团队讨论等。

设计实施整合。评价中心是一个组合式的综合测评，一次测评包括多个情景化的测评活动，每一种测评活动又有多个相同或不同的测评要素。其显著优点是将多种功能各异的测评技术进行优化组合，实现测评功效最大化。

评价结果整合。评价中心在测评活动完成后，评价者尚需进行评定成绩、撰写测评总结报告、评价测评结果、提供测后服务等工作，即全面评价、全面反馈、全面总结、全面服务。

评价中心的整合性，从技术方法上可能保证和提高评价中心测评结果的效度。

（四）OA测评

基于计算机网络的OA测评、远程考评将成为选拔考评技术的发展趋势。网络测评能运用声音和录像，设计具有多媒体特征的试题，采用录像提供多种选择问题，更能提供接近现实工作样本的测评材料；可以促进新题型开发，使测验过程高度自动化、测评内容程序化、测试传递与评价快捷化。远程考评所需设备简单，如网络视频会议系统，其软件对硬件的要求非常低，普通的PC机＋麦克风＋摄像头即可。远程考评不仅将考评工具"E"化，而且将考评工具嵌入"IT"技术平台，使考评成本降低、考评效率提高、考评质量提升。远程考评将给选拔考评带来一次新的变革。

（五）考试型/测评型

考试与测评本是一对孪生体，如同一枚硬币的两面。从干部竞争性选拔实践来看，亦存在两条路径，形成两种模式，即考试型与测评型。考试型竞争性选拔考评技术运行系统，是指以职位分析（弱）－封闭命题－纸笔测试－面试实施－考试反馈评估（弱）为主要环节的选拔考试。测评型竞争性选拔考评技术运行系统，是指以职位分析（强）－胜任模型－评价中心－电子测评－测评反馈评估（强）为主要环节的选拔测评。

六、主考观——德才兼备

（一）以德为先

如一根红线贯穿选拔考评始终。又如：听真话，辨走秀，加减法。

（二）选拔设计

竞争性选拔六六制结构体系

竞争性选拔制度	选拔六位一体制	考试六位一体制
1	职位及标准与资格确定制度	职位分析与考试设计制度
2	公开报名与资格审查及履职评价制度	命题与题库制度
3	考试考务制度	考试与考官制度
4	民主测评与民主推荐制度	考务监督制度
5	考察与差额票决制度	质量评估制度
6	公示与试用任用制度	安全保密制度

(三)考试设计

包括:职位分析、工具选择、实施程序、考官组成等。

例如,职位分析。通过对选拔职位所在单位的职能职责、班子现状,以及选拔职位的工作职责、任职资格、工作任务、工作环境等进行全面分析,明确选拔职位所需的能力素质和个性特征要求(这些要求是确定考评要素及其权重的基本依据),明确选拔职位的工作重点难点、困难与挑战等,形成职位分析报告,进而提出职位分析命题建议。

(四)命题设计

1. 命题设计的基本原则

以职位分析为基础;以考试大纲为依据;以技术要求为规范。

2. 命题设计的主要任务

包括:确定测评时限、程序、要素、内容、权重等。

(1)确定测评时限、程序应综合考虑选拔职位类别、层级、特点、应试者人数等。

(2)选择和确定测评要素应综合考虑要素对于该职位的重要性程度、工具对有关要素的可测性程度、测评的时限要求等。

公共科目笔试的测评要素:①理论素养;②公共知识素养;③政策法规水平;④分析解决问题能力;⑤文字表达能力。

专业科目笔试的测评要素:①专业知识素养;②专业政策法规水平;③专业管理能力;④选拔职位需要的其他相关能力。

结构化面试的测评要素:①综合分析能力;②语言表达能力;③组织协调能力;④人际沟通能力;⑤决策能力;⑥创新能力;⑦应对突发事件的能力;⑧选拔职位需要的特殊能力;⑨个性特征。

无领导小组讨论的测评要素:①分析解决问题能力;②人际沟通能力;③组织协调能力等。

(3)测评内容的选择和确定。应根据选拔职位的工作职责、工作任务、工作重点难点、困难与挑战等情况,首先确定测评的主要内容范围,然后结合测评要素,从主要内容范围中进一步选定每道试题的具体内容。试卷中不同难度的试题比例为：较难试题约占20%，中等难度试题约占60%，较容易试题约占20%。测评要素、内容、权重，三者间匹配呈正相关。

笔试内容《大纲》：①政治包括马克思列宁主义（哲学、政治经济学、科学社会主义）、毛泽东思想、邓小平理论、"三个代表"重要思想、科学发展观、中国特色社会主义理论体系总论、中共党史、党的学说和党的建设、党和国家的方针政策及时事政治。②经济包括社会主义市场经济体制、微观经济、宏观经济、国际经济。③法律包括理论法学、宪法、有关部门法。④管理包括管理的基础理论、行政管理、公共政策、领导。⑤科技包括科学技术与社会、科学常识与科学前沿问题、高新技术及其产业化。⑥历史、国情国力、公文写作与处理。⑦专业——基础、管理、政策法规知识等内容按专业分类分别确定。

3. 题型

笔试常用题型：①判断题；②选择题；③辨析题；④论述题；⑤案例题；⑥分析题；⑦申论题；⑧写作题。

结构化面试常用题型：①介绍性试题；②智能性试题；③情景性试题；④行为性试题。

无领导小组讨论的主要题型：①开放式问题；②两难式问题；③多项选择问题；④操作性问题；⑤资源争夺类问题。

（五）命题原则

试题的构成：①题干；②设问；③测评要素；④评分参考。

试题命制原则：①政治性；②实践性；③针对性；④时效性；⑤规范性。

（六）试题编制技术

1. 试题编制要求

（1）按《大纲》对题型、题量、考试内容、能力考查目标的规定命制，不超纲，不出偏题、怪题。

（2）试题内容取样要有代表性，符合考试目的，考查点是既定职务必须掌握的知识和能力，避免选用仅凭常识或猜测就可以判断作答的试题。

（3）各道试题彼此独立，防止一个题目为同卷其他题目提供作答线索或暗示。

（4）试题不应选用陈旧、过时、存有争议的内容，避免涉及民族和性别歧视、风俗和宗教禁忌或个人隐私等。

（5）题干表述准确、简明、规范，所有信息都有意义。

（6）试题难度与相应职位考试的目标相符，不同行业、专业的同类科目考试试题应紧密结合该领域工作实际背景，不采用其他领域或应试者不熟悉的内容。

（7）试题不得照搬有关书刊、材料及互联网上的现成试题。

（8）试题的参考答案或评分参考要明确具体，表述准确简洁，易于掌握和操作，便于控制评分误差。

（9）有关术语、符号、缩写、图表等应准确、规范。

（10）试题格式统一规范，便于组卷、施测、作答、评分。

2. 试题编写技术、技巧

（1）设置问题，力求"情理之中，意料之外"。

（2）试题表述准确、简练、严谨。

（3）题干描述的情境和铺陈的信息要与设问紧密关联。

（4）设问要指向明确，问准、问实、问巧，无歧义，具有一定的开放性和灵活性。

（5）若设有追问，追问应与前面的设问相衔接，具有递进关系。

（6）评分参考应说明考官观察和评判的重点，可虚实结合，便于理解和把握。

（七）考官的德与才

1. 考官的德（政治和道德素质要求）

要有坚定正确的政治方向；要有实事求是的科学精神；要有遵守纪律、保守秘密的自律意识；要有敬业尽职、公道正派的职业品质。

2. 考官的才（业务素质要求）

具备一定的领导科学常识和较丰富的领导工作经验；熟悉面试的基本方法和程序；掌握面试测评的一般技巧。

（1）主考官提问的方法与技巧

提问的态度要和蔼；提问的语速要适当；适当把握面试节奏。

（2）考官评判的方法与技巧

考官小组讨论确定评分标高；注意捕捉有价值的信息；坚持独立评分，不能中途改变标高；要分项评判与综合评判相结合；保持良好的精神状态，避免疲劳效应；防止首因和尾因效应；防止光环效应；防止趋中效应；防止刻板效应；克服个人偏好。

七、应试观——进京赶考

1. 进京赶考观

发扬"赶考"精神；强化"赶考"意识；保持"赶考"状态；别把自己不当干部。

2. 工作学习的积累

工作分析；认识自己；把脉时代；关注民生；把握热点。

3. 自述；答题；小组讨论。

八、考察观——去伪存真

坚持考试"考才"、考核"考绩"、考察"考德"三者科学分工、各有侧重、有机结合。

差额考察。全面考察其德、能、勤、绩、廉，注重考察工作实绩。

采取个别谈话、发放意见征求表、民主测评、实地考察、查阅资料、专项调查、同考察对象面谈等方法，广泛深入地了解情况。

综合分析民主推荐与年度考核、平时考核和民意调查、实绩分析等情况，综合考虑岗位需求和工作实绩、发展潜力等因素，运用专业部门和有关主管部门的专项考核结果，全面准确评价干部实绩。

将"考德"贯穿全过程：建立完善的评价标准，提高"考德"的科学性；综合运用多种方法，提高"考德"的针对性；建立立体式、多视角的考察体系，提高"考德"的有效性；重视德的考察结果的运用，提高"考德"

的导向性。

为有效防控考察失真，须明确9个不等式：能量≠能力；人物≠人才；满票≠满意；考绩≠实绩；破格≠降格；团结≠结团；年轻化≠低龄化；表态快≠落实快；唯命是从≠忠诚服从。

九、群众观——公平竞优

群众既欢呼竞争性选拔，又质疑是否公平竞优。

公平竞优原理可表述为：从平等公正出发，最大化地公开制定实施规则程序，科学确定选拔职位及其条件标准，合理运用现代考试测评考察考核方式方法，建立完善良性竞争机制，动态实现人职匹配择优。

公平竞优原理抽象为一般函数表达式：公平竞优＝{公开，平等，竞争，择优}。

十、未来观——今生来世

竞争性选拔是一项难得的具有公平精神的制度。竞争性选拔干部方式是被"废除"，还是将其作为选人用人的主导或主体化，形成竞争性荐举委任制？

考试作为一种社会历史现象，具有以下几方面的特点：一是考试问题始终为历代思想家、政治家等所重视；二是涉及的考试问题具有延续性和时代性特点；三是考试思想的超前性和考试实践的滞后性并存；四是总是在推荐和考试之间选择，尚未形成新的考试观。

采用考试方式选拔人才是利弊得失并存的一把"双刃剑"。考试就是这样，既是选拔人才的"高明之法"，又是戕害身心的"酷刑"！平心而论，是属于"必需的罪恶"一类，在想不出更好的办法之前，考试还是不可废的。（梁实秋：《谈考试》）

竞争性选拔制度-技术创新系统的演化[①]

竞争性选拔领导干部是指党委（党组）及其组织（人事）部门面向社会（公开选拔）或在本机关本系统（竞争上岗），采取公开报名、考试与考察相结合的办法，选拔任用党政机关、国有企业、事业单位领导干部的一种方式。竞争性选拔制度孕育产生于20世纪80年代初期，正式推行于90年代末期；经过30多年的探索发展，目前已初步形成了比较完善的制度体系。

建国以来的干部选拔任用制度经历了一个建立、运行、破坏、恢复、创新的演变过程。[②]1949－1956年为建立时期，形成了以委任制为主体的干部选拔任用制度的总体格局；1957－1966年为基本正常运行时期；1966－1976年为遭受严重破坏与混乱时期；1976年至今为恢复重建与制度创新时期。其中1979年前为制度恢复阶段；1980年后进入制度创新阶段。干部选拔任用制度创新主要沿着两个方向进行：一是以扩大民主为主要指向的规范化、制度化改革，形成了以民主推荐、组织考察、党委决定任命为基本程序的干部选拔任用制度——荐举委任制；二是以公开选拔、增加考试环节为主要特征的科学化、制度化改革，即逐步探索实行公开选拔领导干部制度——竞争性选拔制。竞争性选拔制度发展大体经历了破冰试验期、制度-技术创新期、技术-

---

[①] 本文系根据深圳市哲学社会科学"十二五"规划课题（课题编号：125B015）和广东省党校（行政学院）系统哲学社会科学"十二五"规划2011年度项目（批准号11ZZ05）的阶段性成果改编。
[②] 吴瀚飞：《中国公开选拔领导干部制度研究》，中国社会科学出版社，2002年版，第35页。

制度创新期三个时期，现正进入系统创新期。①

一、破冰试验期（1980－1992）

竞争性选拔干部发轫于改革开放。1980年8月，邓小平在《党和国家领导制度改革》中指出："随着建设事业的发展，还要制定各个行业提升干部和使用人才的新要求、新方法。将来很多职务、职称，只要考试合格，就应当录用或者授予。"②邓小平还指出："招聘也是个办法。"③这里邓小平讲了两层含义：一是时代的发展必然要求干部选拔任用采用新的方式和方法；二是考试是干部选拔任用制度的一种重要的新的方式方法。邓小平在1980年《党和国家领导制度改革》这篇著名讲话中，曾经三次讲到要用考试的方式选拔干部，这一新思想很快对全国实践产生了影响。

1980年10月，重庆市公用局在全市全民所有制职工中，公开招聘所属企业的经理、副经理和技术业务干部④。1981年年底，中组部专门就深圳在全国公开招聘干部的事情，召开了一次特别会议，同意深圳组织招聘工作组，到12个城市去招干部⑤。1983年，深圳市蛇口工业区通过竞争，选拔出1名36岁的党委书记。邓小平视察蛇口时称赞说："未来还得靠年轻人。"⑥此后，全国各地开始探索公开招考领导干部。其中，最有影响并被认为是公开选拔领导干部制度产生的标志性事例，是1985年宁波市委组织部通过新闻媒体公布条件，对市计委主任、物价局局长、林业局局长等5个领导职位，面向全市公开选拔，并首次明确提出了"公开选拔"这一概念，把笔试和面试引入到干

---

① 吴瀚飞在《中国公开选拔领导干部制度研究》（第66-71页）中将公开选拔领导干部制度创新过程划分为试验探索（1985－1987）、发展改进（1988－1992）、经验推广（1992－1998）、制度推行（1999年以来）4个阶段；中共中央组织部领导干部考试与测评中心在《党政领导干部公开选拔和竞争上岗考试测评工作指导手册》（党建读物出版社，2010年4月第1版，第1-3页）中将公开选拔领导干部工作的发展划分为孕育产生（1980－1987）、试验探索（1988－1992）、经验推广（1992－1998）、制度推行（1999年至今）4个阶段。
② 《邓小平文选》（第二卷），人民出版社，1994年10月第2版，第324页。
③ 《邓小平文选》（第三卷），人民出版社，1993年版，第18页。
④ 中共中央组织部编，《组工通讯》（1982），第74页。
⑤ 向中组部要权，开全国揽才先河，《南方都市报》2010年4月1日，AⅡ18。
⑥ 广东省委组织部，让竞争成为习惯——努力推进竞争性选拔干部工作常态化，2012年全国领导干部考试测评工作座谈会交流发言材料之三。

部选拔工作中。[①] 1986年，深圳两次向社会公开招聘了20名局级领导干部。[②]

这一时期还有广州、西安、吉林、江西、湖北、浙江等地先后开展了公开选拔领导干部的尝试。其中，吉林省从1988年到1992年，先后4次开展这项工作，共选拔副厅级干部38名，并把这一做法定名为"一推双考"，即公开推荐与考试考核相结合。

改革开放初期部分省市对传统委任制的破冰试验，为领导干部竞争性选拔制度发展提供了宝贵经验，采用这一方式选拔干部的地区也逐渐由市一级向省一级拓展，选拔的层次由县一级以下向厅一级延伸，选拔的程序和做法逐步趋于规范和稳定，对公开选拔领导干部的研究也得到重视和加强。在这一阶段，尽管选拔的干部人数还比较少，相关配套措施也比较滞后，但表现出很强的生命力。

二、制度-技术创新期（1992－2002）

这一时期，以选拔制度创新为主，同时展开考评技术创新。

（一）制度创新 I 阶段（1992－1998）

这一阶段，竞争性选拔领导干部的制度创新引起了广泛关注。1992年6月22日，中共中央组织部转发吉林省委组织部《关于采取"一推双考"的方式公开选拔副厅级领导干部情况的报告》[③]，肯定了公开选拔领导干部这一做法，要求各级各部门认真总结前几年干部制度改革的经验，从本部门的实际情况出发，勇于探索，大胆试验，不断改进干部选拔方法，通过改革，逐步为经济建设和改革开放提供坚实的组织保证。1994年，一些地方和部门在机构改革及推行和参照试行公务员制度入轨阶段，为了做好机构调整、领导干部选配和人员分流，在机关内部试行竞争上岗。这项选人用人制度的改革，引起了中央领导同志的高度重视，胡锦涛同志先后几次指示，要求注意总结

[①] 吴瀚飞：《中国公开选拔领导干部制度研究》，中国社会科学出版社，2002年版，第52页。
[②] 吕锐锋：《深圳干部制度改革论》，海天出版社，1997年版，第22页。
[③] 中共中央组织部干部调配局编，《干部管理工作文件汇编》，党建读物出版社，1995年12月第1版，第358-366页。

积累经验，积极在党政机关推行竞争上岗。①此后，这一做法逐步在全国各地推广。

党的十四届四中全会决定指出，要对公开选拔领导干部进行认真研究和总结，使其不断完善。1995年，中央下发《党政领导干部选拔任用工作暂行条例》和《中共中央关于抓紧培养选拔优秀年轻干部的通知》，都充分肯定了这一做法。1996年1月，中组部又转发了《吉林省公开推荐与考试考核相结合选拔领导干部的暂行办法》（组通字〔1996〕5号）。1998年7月，中央组织部、人事部制定下发《关于党政机关推行竞争上岗的意见》，并召开全国党政机关推行竞争上岗工作会议，对党政机关推行竞争上岗工作做出部署。1998年年底，胡锦涛同志在全国组织部长会议上明确提出，要逐步扩大公开选拔领导干部的范围，增加群众参与程度，要求在党政职能部门出现空缺，或新增职位，或机构和人员调整时，应尽可能采用这种办法选人。

这一阶段，公开选拔领导干部的规模不断扩大，选拔程序和方法不断完善。据不完全统计，1993年到1997年，全国有29个省区市开展了公开选拔领导干部工作，20多个省区市制定了有关规范性文件，河北、福建以及长沙、大庆等地还建立了公开选拔领导干部试题库。②

（二）技术创新I阶段（1998—2002）

随着公开选拔和竞争上岗等竞争性选拔制度的推行，领导干部考试测评技术工作也得到了长足的发展。1998年8月，胡锦涛同志在中央组织部呈报的《关于建立全国统一、规范的公开选拔领导干部考试题库问题的报告》上做出重要批示："赞成建立全国统一的通用题库，这样可以减少各地公开选拔领导干部的工作量，保证考试质量，降低考试成本。"③

十多年来，全国组织系统考试测评机构认真贯彻落实胡锦涛同志的重要

---

① 中共中央组织部领导干部考试与测评中心组织编写，《党政领导干部公开选拔和竞争上岗考试测评工作指导手册》，党建读物出版社，2010年4月第1版，第8页。
② 中共中央组织部领导干部考试与测评中心组织编写，《党政领导干部公开选拔和竞争上岗考试测评工作指导手册》，党建读物出版社，2010年4月第1版，第3页。
③ 吴瀚飞：以改革创新精神满怀信心地开创领导干部考试测评工作新局面——在全国组织系统领导干部考试与测评机构负责人会议上的讲话（2009年5月27日）

批示精神，积极探索，大胆实践，领导干部考试测评及题库建设工作进入了一个有序稳步发展的新时期。1998年，中央组织部会同有关单位联合开展全国领导干部选拔考试通用题库建设工作。同年，中央组织部和人事部联合印发《关于党政机关推行竞争上岗的意见》，要求把考试作为重要环节，并规定考试的内容主要是履行竞争职位职责所必备的基本知识和能力。1999年3月，中央组织部印发《关于进一步做好公开选拔领导干部工作的通知》，规定考试作为公开选拔的关键环节，对考试的内容和形式、考务组织和管理、着力提高考试科学化水平都提出了明确要求。同时，中央组织部筹建考评中心。1999年年底，中央组织部、人事部又联合下发了《关于在地方政府机构改革中做好人员定岗分流工作的通知》，要求各地抓住机构改革的机遇，积极在党政机关推行竞争上岗。

2000年1月，中央组织部印发《全国公开选拔党政领导干部考试大纲（试行）》，明确了公共科目笔试和面试的标准和内容。2000年6月，中央办公厅印发《2001－2010年深化干部人事制度改革纲要》，明确提出："要推行公开选拔党政领导干部制度。逐步提高公开选拔的领导干部在新提拔的同级干部中的比例。规范程序，改进方法，降低成本。要加快全国统一题库建设，完善公开选拔工作的配套措施。实现公开选拔党政领导干部工作的规范化、制度化。"[①] 据此，各省市也都制定了公开选拔领导干部制度的专门规定。2001年5月，中央组织部领导干部考试与测评中心正式成立。

2002年7月，中央正式颁布《党政领导干部选拔任用工作条例》，明确规定公开选拔和竞争上岗是党政领导干部选拔任用的方式之一，并把统一考试作为必经程序，并且规范了公开选拔和竞争上岗的适用范围和基本程序。这一阶段，在中央及中央组织部一系列政策和工作的集中推动下，领导干部考试测评及题库建设工作取得了长足发展。考试测评的范围不断扩大，技术不断提高，通用题库作用日益凸显。

---

① 中共中央组织部研究室、政策法规局编，《创造充满活力的用人机制》，青岛出版社，2000年版，第6页。

三、技术-制度创新期（2002－2012）

这一时期，以考评技术创新为主，同时展开选拔制度创新。

（一）制度创新Ⅱ阶段（2002－2006）

根据党的十六大精神和《党政领导干部选拔任用工作条例》有关规定，2004年3月，中央办公厅正式印发《公开选拔党政领导干部暂行规定》和《党政机关竞争上岗工作暂行规定》，这是公开选拔领导干部的第一个党内法规性文件，对竞争上岗的适用范围、选拔程序、考试考察的方法、纪律和监督等做了具体规定。这两个《暂行规定》在总结多年实践经验的基础上对包括考试在内的各个环节和程序做出了比较科学严密、符合实际的规范，规定笔试、面试都要依据《党政领导干部公开选拔和竞争上岗考试大纲》来命题，公开选拔试题一般从全国领导干部考试通用题库以及经认定合格的省级组织部门题库中提取。

与两个《暂行规定》相配套，2004年5月，中央组织部印发《党政领导干部公开选拔和竞争上岗考试大纲》，规范了考试的内容和程序，这标志着在系统总结各地各部门开展公开选拔、竞争上岗考试测评大量探索实践基础上，领导干部考试测评工作走向逐步规范发展的阶段。在这一阶段，领导干部考试测评的理论体系初步形成、标准体系初步建立、方法技术体系不断完善，考试测评工作的科学化、规范化和制度化水平有了较大提高。

2006年1月颁布实施的《公务员法》，第一次从法律上确认公开选拔是职务晋升的方式之一。至此，从党内法规和国家法律层面，确立了公开选拔领导干部制度。

（二）技术创新Ⅱ阶段（2006－2012）

党的十七大报告指出，要完善公开选拔、竞争上岗办法。党的十七届四中全会《关于加强和改进新形势下党的建设若干重大问题的决定》再次强调，要完善公开选拔、竞争上岗等竞争性选拔干部方式，突出岗位特点，注重能力实绩。

根据党的十七大精神，在总结全国题库建设经验和存在问题的基础上，中央组织部以科学发展观为指导，从形成干部选拔任用科学机制的要求出发，于2007年年底印发了《关于进一步加强全国领导干部选拔考试通用题库建设的意见》，要求按照"统一标准、联合建设、分级负责、资源共享"的原则，在全国建立统一规范的通用题库，这标志着领导干部考试测评及题库建设进入整体推进的新阶段。

与此相适应，中央组织部组织力量依据十七大精神于2009年9月修订并颁布了《党政领导干部公开选拔和竞争上岗考试大纲》。领导干部考试测评工作统筹规划、整体推进、全国一盘棋的工作格局初步形成。

《2010－2020年深化干部人事制度改革规划纲要》要求，要加大竞争性选拔力度，新提拔厅局级以下委任制党政领导干部中，通过竞争性选拔方式产生的，2015年不少于1/3。近年来，各地各部门认真贯彻落实中央有关要求，进一步加大竞争性选拔领导干部制度的推行力度，提高了竞争性选拔职位的层次，扩大了竞争性选拔的规模，创新了竞争性选拔的方式方法。

四、系统创新期（2012至今）

在新时期，展开了以制度创新和技术创新并重的竞争性选拔系统创新。

党的十八大报告指出，要"全面准确贯彻民主、公开、竞争、择优方针，扩大干部工作民主，提高民主质量，完善竞争性选拔干部方式，提高选人用人公信度"[1]。并特别强调，改革要努力"构建系统完备、科学规范、运行有效的制度体系，使各方面制度更加成熟更加定型"[2]。围绕十八大对组织工作特别是干部人事制度改革提出的新任务新要求，对未来一个时期的竞争性选拔工作，应从经济和社会发展的大背景、干部人事制度改革的大进程以及考试－考核－考察的全过程，进行深入的理性分析和系统的整体谋划，

---

[1] 胡锦涛：《坚定不移沿着中国特色社会主义道路前进，为全面建成小康社会而奋斗——在中国共产党第十八次全国代表大会上的报告》（2012年11月18日），人民出版社，2012年11月第1版，第52页。

[2] 胡锦涛：《坚定不移沿着中国特色社会主义道路前进，为全面建成小康社会而奋斗——在中国共产党第十八次全国代表大会上的报告》（2012年11月18日），人民出版社，2012年11月第1版，第18页。

理清思路、明确方向、把握重点，始终保持前瞻性，富于创造性，体现科学性。过去的竞争性选拔改革创新，多是从基层做起，自下而上的试验探索。但竞争性选拔干部工作既是一个创新性、突破性实践举措，又是一项综合性、系统性改革工程。因此，新时期的竞争性选拔系统创新，须加大自上而下的力度、加大"统"的力度，通过顶层设计、系统设计、高端推动、整体推进，进行系统化的改革创新，更为有力地循序渐进地规范推进竞争性选拔系统创新，充分发挥竞争性选拔的最大效能。

（一）制度系统创新

一是加强竞争性选拔整体规划。在中央层面，需研究制定进一步完善竞争性选拔干部工作的指导性意见，科学界定竞争性选拔在干部人事制度体系中的地位作用，明确竞争性选拔的指导思想、总体目标、基本原则、运行程序、主要任务和保障措施，为各地各单位正在积极推进的竞争性选拔干部工作指明方向。在省级和部门层面，要坚持上下统筹、联合行动，全面推行公开选拔、竞争上岗，积极探索公推公选、公开遴选等多种竞争性选拔方式，在推进的周期、层次上保持合理节奏，并处理好竞争性选拔与常规性选拔"双轨制"之间的关系，实现竞争性选拔工作的常态化、规范化、制度化。

二是完善竞争性选拔制度体系。竞争性选拔自二十世纪八九十年代起已试行多年，但在操作程序上差异很大、规范不足。在系统创新期应及时总结成功经验，尽快修订2004年印发的公开选拔和竞争上岗两个《暂行规定》，出台正式规定，强化德才、能力和实绩导向，减少随意性、提高科学性，形成考选交织、推选结合等多种方式相互衔接、协调配套的制度化成果。

（二）技术系统创新

针对竞争性选拔考评技术系统运行中随意增减程序、职位分析缺位、考评技术局限、效度评估短路、周期长成本高等现状，应循以下思路创新竞争性选拔考评技术系统运行机制：改善考评技术系统运行基础——职位分析，构建考评技术系统运行模型——胜任模型，整合考评技术系统运行体系——评价中心，创新考评技术系统运行载体——OA测评，反馈考评技术系统运行评估——

信度效度，驾驭考评技术系统运行机制——考任分离。

具体讲，一要加强对考试测评工作标准体系的健全和完善，加大对不同层次类别领导干部能力素质通用标准的研究力度，逐步建立完善分级分类的考试测评标准体系。二要注重不同方法技术和测评程序的优化组合。通过方法、程序的优化组合，增强竞争性选拔的科学性和有效性。三要坚持考试"考才"、考核"考绩"、考察"考德"三者科学分工、各有侧重、有机结合。

切实从题库、程序、成本、分类、机制、制度、针对性、有效性等方面，改进竞争性选拔程序与方法。如：拓展群众"参与度"，更好地体现群众公认原则。增强考试测评"效度"，坚持"干什么考什么"原则，以岗位胜任力素质模型为基础确定考试测评内容，完善评价方法。提高操作过程的"亮度"，真正实现阳光下的赛场选马，严格程序、阳光操作，对竞争性选拔实行全程信息公开和民主监督，增强党员群众对选人过程的深度参与。将"考德"贯穿全过程，落实选拔干部德才兼备、以德为先要求。一是建立细致完善的评价标准，提高"考德"的科学性；二是综合运用多种方法，提高"考德"的针对性；三是建立立体式、多视角的考察体系，提高"考德"的有效性；四是重视德的考察结果的运用，提高"考德"的导向性。[①]

创新是一个系统，制度创新和技术创新是不可或缺的两个组成部分。竞争性选拔制度和竞争性选拔技术同属竞争性选拔系统，构成一个相互联系、相互推进的有机整体，唯有二者整合在一起，相互补充和相互作用，才使竞争性选拔行为得以实现。当然两者的互动关系并不是说在某一阶段矛盾的两个方面是平等的，在不同的时间、不同的地点、不同的发展阶段，矛盾运动的主要方面也会发生变化，任何时期总有一方处于矛盾的主要方面，另一方处于次要方面，但主要方面与次要方面的地位与两者的和谐互动并不矛盾。"和谐互动"从总体上概括了制度和技术在竞争性选拔过程中的相互关系，但具体到某一特定的历史时期，制度和技术在竞争性选拔作用上却存在着某些差异，有时表现为制度因素更为重要，有时表现为技术因素更为重要。正是由于技术创新和制

[①] 中组部党建研究所课题组，如何改革完善竞争性选拔干部工作，中国共产党新闻网http://theory.people.com.cn/GB/49150/17971260.html，2012年5月24日（来源：光明日报）。

度创新此起彼伏的矛盾运动,才构成了创新系统的不断发展,创新系统的螺旋式上升过程,从而推动技术创新和制度创新的水平不断上升。只有实现技术创新与制度创新的协同互动,才能走出一条促进竞争性选拔实现创新驱动的可持续发展路径。

第二篇
XUANBA ZHIDU SHEJI

选拔制度设计

干部选拔任用工作的新走向[①]
——2014年版《干部任用条例》解读

中共中央颁布的《党政领导干部选拔任用工作条例》（简称《干部任用条例》），从2013年5月14日启动修订到2014年1月14日正式颁布，历时整整8个月。本着"有效管用、简便易行"原则修订的《干部任用条例》，新增和变化的内容涉及11个章节35个条目。修订前的2002年版计13章74条9700字。修订后的2014年版仍为13章，新增"动议"一章，拆分"酝酿"一章；共71条11400字；增加了10条，删除了13条；实质性的改动有94处。解读《干部任用条例》，可以看出干部选拔任用工作的新走向：1995年、2002年、2014年3个递进版本，经历了或正经历着从思想到条例、从暂行到正式；从民主到公开、从酝酿到动议；从依据到参考、从选举到推荐；从验证到印证、从GDP到PM2.5；从机关到基层、从出格到红线；从党委到纪检、从党组到监察；从鼓励到限制、从考试到测评；从风险到治理、从命令到集成的与时俱进。本文着重解读以下四个新走向。

新走向一：民主推荐从依据到参考，民主投票从选举到推荐

民主推荐是干部选拔任用工作发扬民主的重要制度安排，使注重群众公认的原则有了制度化的落实措施，有利于选人用人过程和结果得到公认，有效遏制了"个人或少数人说了算"的现象。但民主推荐取得理想效果必须满足3个前提：一是党组织敢于担当；二是参与推荐的人都能出于公心；三

[①] 原文载于《特区实践与理论》2015年第1期。

是信息对称，参加推荐的人对所有被推荐人都比较了解。由于这3个前提还不能完全满足，近年来民主推荐的负面效应越来越突出，一些党组织不敢担当、被票绑架，简单以票取人；参加推荐的人心态复杂，投"利益票""感情票""跟风票"；一些干部因为怕丢票当"老好人"、不敢担当，甚至拉票贿选[①]。

针对此状况，2013年的全国组织工作会议对改进民主推荐提出明确要求：选人用人工作中，民主是手段而不是目的；发扬民主不是只有投票推荐一种方式，推荐票只能作为用人的重要参考，不能作为用人的唯一依据；要正确分析和对待票数，要认真解决唯票问题，让干部不再为票纠结。根据该要求，2014年版《干部任用条例》对民主推荐进行了切合实际的修订（见表1）。

表1 《干部任用条例》民主推荐有关条文比较

2002年版《干部任用条例》	2014年版《干部任用条例》
第十条 选拔任用党政领导干部，必须经过民主推荐提出考察对象。民主推荐包括会议投票推荐和个别谈话推荐。民主推荐的结果在一年内有效	第十四条 选拔任用党政领导干部，必须经过民主推荐。民主推荐包括会议投票推荐和个别谈话推荐。推荐结果作为选拔任用的重要参考，在一年内有效
第十七条 确定考察对象时，应当把民主推荐的结果作为重要依据之一，同时防止简单地以票取人	第二十三条 确定考察对象，应当根据工作需要和干部德才条件，将民主推荐与平时考核、年度考核、一贯表现和人岗相适等情况综合考虑，充分酝酿，防止把推荐票等同于选举票、简单以推荐票取人

民主推荐有关条文比较表明，民主推荐结果已从作为选拔任用的重要依据转变为选拔任用的重要参考，民主投票已从选举票转变为推荐票，这一新走向源于2014年版对民主推荐的合理定位：民主推荐不是民主选举。如果说选举就是"以票取人"，而民主推荐得票则只能作为选人用人的参考。2014

---

① 钱铁军：学习贯彻《干部任用条例》的几点认识，中共深圳市委党校信息处，2014年3月6日。

年版《干部任用条例》，由原来主要依据民主推荐确定考察对象改为根据工作需要、干部德才条件及平时表现、人职匹配和民主推荐等情况综合确定。这就使民主推荐回归到了其应有的合理地位[①]，发挥应有的作用。据此定位，2014年版还在第十一章免职、辞职、降职规定应当免去现职的情形中，删去了2002年版的"在年度考核、干部考察中，民主测评不称职票超过三分之一、经组织考核认定为不称职的"条文。

新走向二：考察程序从验证到印证，考察内容从GDP到PM2.5

近年来考察走过场、失真失实，干部"带病提拔""带病上岗"的问题时有发生。针对此现状，2013年的全国组织工作会议对改进干部考察提出明确要求：要坚持全面、历史、辩证看干部；考察识别干部，功夫要下在平时；加强德的考察，既要在"大事"上看德，又要在"小节"中察德；改进工作实绩考核，不能简单以国内生产总值增长率来论英雄；干部考核要有作风要求，要把作风要求贯穿于干部培养选拔和管理监督全过程。

（一）考察程序从验证到印证

在考察环节中，2014年版前的考察多具验证性，而2014年版则强调考察的印证性。验证更多的是人主动去追求事情的结果，它更多地倾向于过程。印证是随着时间的流逝事情自然发展得出的结果，它更多地倾向于结果[②]。

2014年版改进优化了考察程序和方法，新增了考察程序和方法方面的规定，如"应当保证充足的考察时间"，避免走过场（有个别甚至先上会后补考察）；"实地走访、查阅干部档案和工作资料"，明确了查阅资料包括干部档案和工作资料；"根据需要进行民意调查、专项调查、延伸考察"，将考察拓展到八小时以外；尤其是"综合分析考察情况，与考察对象的一贯表现进行比较、相互印证，全面准确地对考察对象做出评价"，体现了看平时、重一贯的要求，增加了综合分析环节，要求把考察情况与干部的一贯表

---

① 盛若蔚：用好制度选出好干部——专家解读《干部任用条例》四大亮点，《人民日报》2014年1月19日第4版。
② http://zhidao.baidu.com/link?url

现相互比较印证,这就进一步丰富了干部考察方法,强调进行综合比较、相互印证,全面考察干部。

(二)考察内容从GDP到PM2.5

为着力解决考察失真失实问题,2014年版在2002年版强调"全面考察其德、能、勤、绩、廉,注重考察工作实绩"的基础上,对考察内容进行了大量的充实和系统的完善,提出了一系列改进措施,并要求"各级党委(党组)应当根据实际,制定具体考察标准"。

一是突出了对政治品质和道德品行的考察,新增"突出考察政治品质和道德品行",明确要求应"深入了解理想信念、政治纪律、坚持原则、敢于担当、开展批评和自我批评、行为操守等方面的情况"。

二是突出了科学发展实绩,全面细化"注重考察工作实绩"的内容:深入了解履行岗位职责、推动和服务科学发展的实际成效。考察地方党政领导班子成员,应当把有质量、有效益、可持续的经济发展和民生改善、社会和谐进步、文化建设、生态文明建设、党的建设等作为考核评价的重要内容,更加重视劳动就业、居民收入、科技创新、教育文化、社会保障、卫生健康等的考核,强化约束性指标考核,加大资源消耗、环境保护、消化产能过剩、安全生产、债务状况等指标的权重,防止单纯以经济增长速度评定工作实绩。考察党政工作部门领导干部,应当把执行政策、营造良好发展环境、提供优质公共服务、维护社会公平正义等作为评价的重要内容。考察内容从过去片面追求"GDP"而导向为内涵、外延丰富的"PM2.5",详细规定了具体的考察标准和考察内容,提出了改变"唯GDP政绩观"、防止单纯以经济总量和增长速度考评工作实绩,强调着重关注"PM2.5",使干部考察工作更科学、更具操作性。

三是突出了对作风表现等的考察,新增"加强作风考察,深入了解为民服务、求真务实、勤勉敬业、奋发有为,反对形式主义、官僚主义、享乐主义和奢靡之风等情况"。

四是突出了对干部廉政情况的把关,新增"强化廉政情况考察",要求全面"深入了解遵守廉洁自律有关规定,保持高尚情操和健康情趣,慎独慎微,秉公用权,清正廉洁,不谋私利,严格要求亲属和身边工作人员等情况"。

规定对拟提拔的考察对象,应当查阅个人有关事项报告情况,必要时可以进行核实。这些新规定,无疑都有利于提高干部考察质量,客观真实准确地评价干部。还新增了"组织(人事)部门应当就考察对象的党风廉政情况听取纪检监察机关的意见","根据需要可以听取巡视机构和其他相关部门意见",这对正确用人具有重要意义。

(三)从严设置考察"红线"

为了避免确定考察对象失误,2014年版新增第二十四条,明确规定七条不得列为考察对象的"红线":群众公认度不高的;近三年年度考核结果中有被确定为基本称职以下等次的;有跑官、拉票行为的;配偶已移居国(境)外,或者没有配偶,子女均已移居国(境)外的;受到组织处理或者党纪政纪处分影响使用的;其他原因不宜提拔的。首次将所谓的"裸官"明确列入其中。这表明,2014年版着力解决选人用人中的突出问题,回应了人民群众关切。

新走向三:年轻干部从机关到基层,破格提拔从出格到红线

根据干部成长一般规律,年轻干部应当到基层锻炼成长;多数干部应当逐级提拔。诚然,特别优秀的或者工作特殊需要的干部被破格提拔,有利于优秀人才脱颖而出,但破格提拔不能作为普遍情形。2014年版既坚持了年轻干部到基层和被破格提拔等制度安排,又从严进行规范,使之更具操作性。

(一)年轻干部从机关到基层

2014年版不仅在第三条规定了"应当树立重基层的导向",而且在第五十四条的规定中,就"实行党政领导干部交流制度"的内容进行了充实。新提出"经历单一或者缺少基层工作经历的年轻干部,应当有计划地到基层、艰苦边远地区和复杂环境工作""交流的干部接到任职通知后,应当在党委(党组)或者组织(人事)部门限定的时间内到任。跨地区跨部门交流的,应当同时迁转行政关系、工资关系和党的组织关系"。

（二）重重设置破格"红线"

近年来，大多数被破格提拔的干部是优秀的，干部群众是认可的，但也有一些单位接连发生多起"火箭官员"事件，破格提拔出现了不少问题，引发一些争议，突出表现为破格提拔缺少制度规范；有的资格条件把关不严，"破格"变"出格"；有的人选把关不严，存在"拼爹"现象；还有的进行暗箱操作，破格提拔工作不透明等，影响了选人用人的公信度。为着力解决"破格"变成"出格"问题，中央提出了明确的改进要求，如表2所示。

表2 破格提拔存在的问题和中央的改进要求

破格问题	中央要求
一些地方和单位对人选和资格条件把关不严，使"破格"变"出格"	干部选拔要尊重干部成长规律，破格不能"出格"
有些甚至以"破格"之名行谋私之实	不能借"破格提拔"之名行谋私之实
四种人破格多：官二代、秘书、团干部、党外干部	由于担心社会上还以为是要推进破格提拔，故取消了原准备专门撰写破格提拔一章的计划[①]

2002年版对破格提拔的规定相对简单，仅规定：特别优秀的年轻干部或者工作特殊需要的，可以破格提拔。2014年版既坚持了破格提拔这一制度安排，又按照选拔标准更高、审批把关更严、过程更公开透明的要求，从严进行规范，使之更具操作性。2014年版在选拔对象的破格条件和选拔标准的破格情形、审批把关的讨论决定和过程公开的公示环节中都分别设置了重重的破格"红线"，只有严格执行这些规定，严守这些"红线"，才能使破格提拔真正成为促进优秀干部成长的"快车道"。

一是破格条件和破格情形中的基本"红线"。2002年版第八条规定：党政领导干部应当逐级提拔。越级提拔的，应当报经上级组织（人事）部门同意。2014年版第九条对破格提拔在选拔对象和选拔标准方面的规定更加具体更加明确，规定特别优秀的或者工作特殊需要的方可被破格提拔，并新增大量内

---

① 钱铁军：学习贯彻《干部任用条例》的几点认识，中共深圳市委党校信息处，2014年3月6日。

容分别明确具体适用情形。明确规定被破格提拔的"特别优秀"干部，应当德才素质突出、群众公认度高，并且符合下列条件之一：在关键时刻或者承担急难险重任务中经受住考验、表现突出、做出重大贡献；在条件艰苦、环境复杂、基础差的地区或者单位工作实绩突出；在其他岗位上尽职尽责，工作实绩特别显著。因"工作特殊需要"被破格提拔的干部，明确规定应当符合下列情形之一：领导班子结构需要或者领导职位有特殊要求的；专业性较强的岗位或者重要专项工作急需的；艰苦边远地区、贫困地区急需引进的。2014年版不仅规定了哪些"格"可以破，还规定了哪些"格"不能破。强调选拔任用的基本条件和有关法律、章程规定的资格不能破，规定"任职试用期未满或者提拔任职不满一年的，不得破格提拔。不得在任职年限上连续破格。不得越两级提拔"，破格提拔干部必须从严掌握，防止"破格"变为"出格"。

二是讨论决定中的破格"红线"。在审批把关方面，2014年版强调对破格进行严格审核把关，在第三十五条中新增规定：对拟破格提拔的人选在讨论决定前，必须报经上级组织（人事）部门同意。越级提拔或者不经过民主推荐列为破格提拔人选的，应当在考察前报告，经批复同意后方可进行。并在第三十八条中就"逐个介绍领导职务拟任人选的推荐、考察和任免理由等情况"时，"其中涉及破格提拔的人选，应当说明破格的具体情形和理由"。

三是公示中的破格"红线"。在过程公开方面，2014年版强调对破格必须增加增强公开性和透明度，在第四十一条"实行党政领导干部任职前公示制度"中新增规定：公示内容应当真实准确，便于监督，涉及破格提拔的，还应当说明破格的具体情形和理由。

新走向四：纪律和监督从党委到纪检，从党组到监察

从严选拔任用干部，必须严把纪律关。心有所畏，行有所止。

（一）纪律"高压线"

2014年版制定的纪律"十不准"，是干部选拔任用不可逾越的"高压线"。如不准采取不正当手段为本人或者他人谋取职位；不准违反规定程序推荐、考察、酝酿、讨论决定任免干部；不准在干部考察工作中隐瞒或者歪

曲事实真相；不准搞拉票等非组织活动；突击提拔、调整干部；不准封官许愿，任人唯亲，营私舞弊；不准涂改干部档案，或者在干部"三龄、两历、一身份"即年龄、工龄、党龄、学历、经历、干部身份等方面弄虚作假。充分表明2014年版着力解决选人用人中突出的"纪律"问题，体现了"从严治党，从严管理干部"的要求，以刚性的纪律约束保证选人用人风清气正。

（二）纪律和监督从党委到纪检，从党组到监察

2014年版加大了干部选拔任用责任追究。首次将纪检监察机关有关领导成员列入干部任用工作责任追责对象，也就是说，2002年版只追究党委（党组）主要领导成员和分管领导成员的责任，而2014年版还要追究组织（人事）部门和纪律监察机关有关领导成员以及其他直接责任人的责任，详见表3。

表3 《干部任用条例》纪律和监督有关条文比较

2002年版《干部任用条例》	2014年版《干部任用条例》
第六十五条　实行党政领导干部选拔任用工作责任追究制度。用人失察失误造成严重后果的，应当根据具体情况，追究主要责任人以及其他直接责任人的责任	第六十三条　实行党政领导干部选拔任用工作责任追究制度。凡用人失察失误造成严重后果的，本地区本部门用人上的不正之风严重、干部群众反映强烈以及对违反组织人事纪律的行为查处不力的，应当根据具体情况，追究党委（党组）主要领导成员、有关领导成员、组织（人事）部门和纪检监察机关有关领导成员以及其他直接责任人的责任
第六十八条　实行党政领导干部选拔任用工作监督责任制。凡本地区本部门用人上的不正之风严重、干部群众反映强烈以及对违反组织人事纪律的行为查处不力的，应当追究党委（党组）主要领导成员和分管领导成员的责任	

《干部任用条例》拓展性解读[①]
——基于竞争性选拔风险治理视角

　　学习贯彻《党政领导干部选拔任用工作条例》（简称《干部任用条例》），不仅要学习其"有形"规定，更要领会其"无形"精神。唯有如此，才可能更好地完善委任制，更好地把握干部选拔任用工作走向，更好地指导干部选拔任用工作实践。解读《干部任用条例》，可以看出干部选拔任用工作的新走向：1995年、2002年、2014年3个递进版本，经历了或正经历着从思想到条例、从暂行到正式；从民主到公开、从酝酿到动议；从依据到参考、从选举到推荐；从验证到印证、从GDP到PM2.5；从机关到基层、从出格到红线；从党委到纪检、从党组到监察；从鼓励到限制、从考试到测评；从风险到治理、从命令到集成的与时俱进。本文着重拓展性解读以下四个新走向。

一、从思想到条例，从暂行到正式

　　政治路线确定之后，干部就是决定的因素。怎样选什么样的人，历来是我们党高度重视的一个重大问题。《干部任用条例》是党的领导集体用人思想的结晶。毛泽东进行了卓有成效的开创性工作，提出了一系列基本原则和方针政策，为党的干部选拔任用工作奠定了理论基础和基本框架；十一届三中全会后，根据新形势下我们党所面临的新任务和新问题，邓小平果断

[①] 本文系根据作者在深圳市委党校局级处级干部任职研修班上的讲义改编，部分内容系根据广东省党校（行政学院）系统哲学社会科学规划项目（批准号：15GL01）"竞争性选拔风险治理研究"阶段性研究成果改编。

地推进干部制度改革，提出了许多新理念、新观点，为新时期干部选用制度的改革指明了方向；江泽民、胡锦涛、习近平不断总结党的领导集体用人思想（见表1），科学总结改革开放以来干部工作丰富的实践经验，坚持解放思想，与时俱进，不断深化和完善干部选拔任用制度改革，并逐步将其规范化、条例化。

表1 党的领导集体用人思想

毛泽东	邓小平	江泽民	胡锦涛	习近平
任人唯贤的基本路线	坚持党管干部原则	"三个代表"干部标准	"科学发展"干部标准	深化干部制度改革
德才兼备的选拔标准	干部"四化"标准	科学选人选准用准	德才兼备以德为先	新时期好干部标准
善于全面地识别干部	高度重视制度建设	公开平等竞争择优	群众公认注重实绩	从严治党从严管干部
民主集中制基本原则	拓宽选人用人视野	加速干部制度改革	建立全国通用题库	民主公开竞争择优

诚然，为做好干部选拔任用工作，我们党制定了许多政策规定，如中共中央于1953年11月下发《关于加强干部管理工作的决定》、1957年2月下发《中央关于今后干部工作的方法的通知》、1982年2月中央组织部印发《关于中央管理的干部任免工作若干规定的修改和补充通知》和1986年1月中共中央下发《关于严格按照党的原则选拔任用干部的通知》等。但在《干部任用条例》出台以前，还没有一部系统、全面的选拔任用制度，形成富有生机和活力的选人用人机制。十四届四中全会在《中共中央关于加强党的建设几个重大问题的决定》中强调指出："要制定和实行党政领导干部选拔任用工作条例"，为《干部任用条例》的制定和实施指明了方向。1995年2月颁布《干部任用暂行条例》，2002年7月修订颁布《干部任用条例》，2014年1月再次修订颁布《干部任用条例》（见表2）。

表2 《干部任用条例》的与时俱进

	1995年版《干部任用暂行条例》	2002年版《干部任用条例》	2014年版《干部任用条例》
定位/与时俱进	首次对干部任用工作做出系统全面规定的法规性文献，是干部任用工作进入民主化、科学化、法制化轨道的标志。在科学总结和吸收改革开放以来干部工作实践的成功经验基础上，在充分发扬民主、严格工作程序、引入选人用人的激励机制、强化纪律和监督等方面，都有新的探索和发展①	充分吸收了干部人事制度改革的重要成果，如公开选拔和竞争上岗、任前公示制、任职试用期制、考察预告制度、差额考察制度等做法和措施。把干部任用工作的知情权、参与权、选择权和监督权的要求，用党内法规的形式固定下来，使之在干部选任用工作中，具有普遍的约束力②	体现了中央对干部工作的新精神新要求，吸收了干部人事制度改革的新经验新成果，对干部选拔任用制度进行了改进完善，是在实践中总结经验，探索规律，推进干部制度建设的重要成果，是做好干部任用工作的基本遵循，也是从源头上预防和治理选人用人不正之风的有力武器③
作用评价/意义	对于规范干部选拔任用工作程序，提高干部选拔任用工作质量，加强领导班子建设，遏制用人上的不正之风和腐败现象，发挥了重要作用④	在规范干部任用工作，建立健全科学的选拔任用机制，防止和纠正选人用人上不正之风，推进干部工作科学化、民主化、制度化等方面，发挥了十分重要的作用⑤	对于贯彻落实中央精神，解决干部工作中的突出问题，健全科学的干部任用机制，发挥党组织领导和把关作用，把"好干部标准"落实到选拔任用工作中，具有十分重要的意义⑥

《条例》在党内法规体系中的地位仅次于党章和准则。党内法规包括党章、准则、条例和规则、规定、办法、细则，其中，党章、准则和条

---

① 曹毅：党政领导干部选拔任用的法规性文献——学习《党政领导干部选拔任用工作暂行条例》，党建1995年04期24—25。
② 黄海霞：推进干部选拔任用工作制度化——中组部干部一局负责人就《干部任用条例》有关问题答本刊记者问，瞭望新闻周刊2002年9月2日第36期28—29。
③ 盛若蔚：构建科学管用的选人用人机制——中组部负责人就修订颁布《党政领导干部选拔任用工作条例》答记者问，人民日报2014年1月17日第006版。
④ 黄海霞：推进干部选拔任用工作制度化——中组部干部一局负责人就《干部任用条例》有关问题答本刊记者问，瞭望新闻周刊2002年9月2日第36期28—29。
⑤ 盛若蔚：构建科学管用的选人用人机制——中组部负责人就修订颁布《党政领导干部选拔任用工作条例》答记者问，人民日报2014年1月17日第006版。
⑥ 盛若蔚：构建科学管用的选人用人机制——中组部负责人就修订颁布《党政领导干部选拔任用工作条例》答记者问，人民日报2014年1月17日第006版。

例只能由党中央制定。《干部任用条例》集中体现了党的干部路线方针政策，是干部选拔任用工作最全面、最权威的制度规定，具有系统性、全面性；是选拔干部、干部制度建设、干部选拔任用工作监督检查的基本依据，具有规范性、指导性。《干部任用条例》是党的组织工作与时俱进、开拓创新的重要成果，是干部选拔任用工作必须遵循的基本规章，也是从源头上预防和治理用人上不正之风的有力武器。《干部任用条例》的颁布与实施，对于建立健全科学的干部选拔任用机制和监督管理机制，推进干部工作的科学化、民主化、制度化，保证党的事业兴旺发达和国家的长治久安，具有十分重大的意义。

二、从民主到公开，从酝酿到动议

改革开放以来，干部选拔任用制度创新主要沿着两个方向进行[①]。一是以扩大民主推荐为主要指向的规范化、制度化改革；二是以公开选拔和竞争上岗、增加考试环节为主要特征的科学化、制度化改革，即逐步探索实行竞争性选拔领导干部制度。《干部任用条例》2002年版在1995年版规定的"民主推荐－考察－酝酿－讨论决定"程序基础上，增设考察预告制度，新增"任职"章节，规定实行党政领导干部任职前公示制度，进一步向"公开"迈进。尤其是新增的"公开选拔和竞争上岗"章节，正式明确公开选拔、竞争上岗是党政领导干部选拔任用的方式之一（见表3）。变静态选拔为动态选拔，变感性选拔为理性选拔，变单项选拔为多项选拔，变封闭选拔为公开选拔。

表3 《干部任用条例》修订前后章节对比

章	1995年版《干部任用暂行条例》		2002年版《干部任用条例》		2014年版《干部任用条例》	
1	总则	1－5条	总则	1－5条	总则	1－6条
2	选拔任用条件	6－8条	选拔任用条件	6－9条	选拔任用条件	7－10条
3	民主推荐	9－15条	民主推荐	10－19条	动议	11－13条
4	考察	16－23条	考察	20－28条	民主推荐	14－22条

---

① 吴瀚飞：《中国公开选拔领导干部制度研究》，北京：中国社会科学出版社，2002:42。

续表

章	1995年版《干部任用暂行条例》		2002年版《干部任用条例》		2014年版《干部任用条例》	
5	酝酿	24—26条	酝酿	29—31条	考察	23—33条
6	讨论决定	27—31条	讨论决定	32—37条	讨论决定	34—39条
7	依法推荐、提名与民主协商	32—37条	任职	38—42条	任职	40—44条
8	交流、回避	38—39条	依法推荐、提名和民主协商	43—48条	依法推荐、提名和民主协商	45—49条
9	免职、辞职、降职	40—46条	公开选拔和竞争上岗	49—51条	公开选拔和竞争上岗	50—53条
10	纪律与监督	47—50条	交流、回避	52—54条	交流、回避	54—56条
11	附则	51—54条	免职、辞职、降职	55—62条	免职、辞职、降职	57—60条
12			纪律和监督	63—69条	纪律和监督	61—66条
13			附则	70—74条	附则	67—71条

1995年、2002年版《干部任用条例》都将"酝酿"作为干部选拔任用的重要环节，规定党政领导职务拟任人选，在考察前，讨论决定或者决定呈报前，应当充分酝酿。但事实上，酝酿环节在实际运作中，不仅在考察前、讨论决定或者决定呈报前要进行酝酿，在民主推荐之前也会进行酝酿。因此，干部选用的酝酿环节相对于其他环节，酝酿既弥漫于所有环节之前，而在制度设计和实践操作等方面，又是一个最薄弱和最容易被忽视的环节，存在不少突出的问题。一是酝酿环节隐性化与弥漫化并存；二是酝酿程序呈现无序性，临时酝酿现象较为严重；三是酝酿主体呈现单一化，少数人甚至个别人说了算的现象较为普遍；四是酝酿监督呈现空心化，酝酿环节成为少数人权力滥用的隐形平台。

2014年版《干部任用条例》分解"酝酿"章节，新增"动议"章节，并将动议环节列为干部选拔任用所有环节之首（见表3），是干部选拔任用操作流程的最初始环节。动议被规定为，党委（党组）或组织（人事）部门按照干部管理权限，根据工作需要和领导班子建设实际，提出启动干部选拔任用工作意见。新增"动议"一章，强调了党组织从启动环节就应当发挥领导和把关作用，并具体规定启动干部选拔任用工作的主体是党委（党组）或组织人事部门；工作方案的初步建议要有组织人事部门提出；工作方案要以组织人事部门提出的初步建议为基础，在一定范围内酝酿形成。

新增"动议"章节，为动议环节的规范化、民主化、公开化提供了制度保障。但在贯彻落实中尚需正视和突破三个重点问题[①]：一是前提，推进动议公开是前提；二是方向，扩大动议民主是方向；三是核心，健全动议制度是核心。不仅如此，当下急需规范干部动议的基本环节，科学设计动议操作流程。干部动议的规范，一是规范动议主体，解决"谁来动议"的问题；二是规范动议时机，解决"何时动议"的问题；三是规范动议流程，解决"怎样动议"的问题；四是规范动议监督，解决"动议担责"的问题。而动议作为一个过程，应按动议的提出、动议的酝酿、动议的决定等流程进行科学设计。

三、从鼓励到限制，从考试到测评

相对于《干部任用条例》1995年版在民主推荐中孕育竞争性选拔和2014年版对竞争性选拔的限制性规定而言，2002年版是一种提倡式的鼓励性条例（见表4）。这种鼓励性主要表现为：一是选拔范围的"适用性"规定，几乎适用于绝大部分领导职位，而2004年的《党政领导干部公开选拔工作暂行规定》和《党政机关竞争上岗工作暂行规定》则更是将选拔范围扩展到几乎适用于所有领导职位；二是《2001－2010年深化干部人事制度改革规划纲要》要求，"逐步提高公开选拔的领导干部在新提拔同级干部中的比例"；《2010－2020年深化干部人事制度改革规划纲要》要求，"到2015年，每年新提拔厅局级以下委任制党政领导干部中，通过竞争性选拔方式产生的，应不少于三分之一。"在选拔范围的"适用性"规定和《规划纲要》的激励下，近年来全国竞争性选拔态势呈井喷式增长。

面对井喷式增长所带来的竞争性选拔风险逐渐增大的趋势，2014年版《干部任用条例》制定了有针对性的治理措施和限制性规定（见表4）。

[①] 高中伟：《干部选用动议环节的问题考察与流程设计》，新华文摘，2014（16）：28-31。

表4 《干部任用条例》公开选拔和竞争上岗条款比较

条款	1995年版《干部任用暂行条例》	2002年版《干部任用条例》	2014年版《干部任用条例》
民主推荐	推荐党委、政府及其工作部门某些领导成员人选，还可以采取组织推荐、群众推荐、个人自荐和考试、考核相结合的办法		
选拔范围		主要适用于选拔任用地方党委、政府部门的领导成员或者其人选，党政机关内设机构的领导成员或者其人选，以及其他适于公开选拔、竞争上岗的领导职务	应当从实际出发，合理确定选拔职位、数量和范围。一般情况下，领导职位出现空缺且本地区本部门没有合适人选的，特别是需要补充紧缺专业人才的，可以进行公开选拔；领导职位出现空缺，本单位本系统符合资格条件人数较多且人选意见不易集中的，可以进行竞争上岗。公开选拔县处级以下领导干部，一般不跨省（自治区、直辖市）进行
条件和资格		应当符合本《条例》第六条和第七条的规定	应当符合本《条例》第七条和第八条的规定，不得因人设置资格条件。资格条件突破规定的，应当事先报上级组织（人事）部门审核同意
程序		公布职位、报考人员的资格条件、基本程序和方法等	公布职位、资格条件、基本程序和方法等
程序		报名与资格审查	报名与资格审查，参加公开选拔的应当经所在单位同意
		统一考试（竞争上岗须进行民主测评）	采取适当方式进行能力和素质测试、测评，比选择优（竞争上岗也可以先进行民主推荐）
		组织考察，研究提出人选方案	组织考察，研究提出人选方案
		党委（党组）讨论决定	党委（党组）讨论决定
			履行任职手续
新增			应当科学规范测试、测评，突出岗位特点，突出实绩竞争，注重能力素质和一贯表现，防止简单以分数取人

一是基本限制。规定"公开选拔、竞争上岗应当从实际出发，合理确定选拔职位、数量和范围"。这意味着需要对领导职位进行科学分类。只有科学分类，才可能合理确定选拔职位、数量和范围，也意味着"1/3"将不再被鼓励。

二是前提限制。规定"一般情况下，领导职位出现空缺且本地区本部门没有合适人选的，特别是需要补充紧缺专业人才的，可以进行公开选拔；领导职位出现空缺，本单位本系统符合资格条件人数较多且人选意见不易集中的，可以进行竞争上岗"。这些新增内容进一步细化了公开选拔和竞争上岗的必要前提，意味着"凡晋必考"将不再被鼓励。

三是范围限制。规定"公开选拔县处级以下领导干部，一般不跨省（自治区、直辖市）进行"，这意味着近年来动辄兴起的面向全国公开选拔科级干部的做法将不再被鼓励。

四是资格限制。规定"不得因人设置资格条件。资格条件突破规定的，应当事先报上级组织（人事）部门审核同意"。以防止随意突破规定甚至"量身定制"。将原"公布职位、报考人员的资格条件、基本程序和方法等"，修订为"公布职位、资格条件、基本程序和方法等"，实际上是将"报名人员的资格条件"修订为"职位的资格条件"，更准确。"参加公开选拔的应当经所在单位同意。"可以视为是从一个侧面对"考试专业户"的一种限制。

限制，在逻辑学上的基本含义是增加内涵、缩小外延，是从属概念向种概念过渡的一种逻辑方法，与概括相对。就事物的发展而言，限制即是对事物发展的初始条件和边界条件的规定。因此，也可以说，限制性即科学性。

2014年版《干部任用条例》的科学性不仅体现在上述的限制性规定，还体现在竞争性选拔考评将从考试到测评的转型发展。《干部任用条例》2002年版规定，竞争性选拔应当经过的程序之一为"统一考试"，2014年版则将其修订为"采取适当方式进行能力和素质测试、测评，比选择优"，并新增"公开选拔、竞争上岗应当科学规范测试、测评，突出岗位特点，突出实绩竞争，注重能力素质和一贯表现，防止简单以分数取人"。这表明竞争性选拔将更加注重对干部的能力和素质的测评，以防止"考试导向"冲击"干事导向"、简单地"以分取人"和"高分低能"。

考试与测评本是一对孪生体，如同一枚硬币的两面。从干部竞争性选拔实践来看，亦存在两条路径，形成两种模式，即考试型与测评型[①]："考试型"竞争性选拔考评技术运行系统是指以"职位分析（弱）－封闭命题－纸笔测试－面试实施－考试反馈评估（弱）"为主要环节的选拔考试；"测评型"竞争性选拔考评技术运行系统是指以"职位分析（强）－胜任模型－评价中心－电子测评－测评反馈评估（强）"为主要环节的选拔测评（见表5）。

表5 考试型/测评型模式比较

	考试型模式	测评型模式
实施模式	职位分析（弱）－封闭命题－纸笔测试－面试实施－考试反馈评估（弱）	职位分析（强）－胜任模型－评价中心－电子测评－测评反馈评估（强）
考评功能	选择笔试和面试，考试在整个选拔中的权重应较小	选择评价中心（电子测评），形成多角度的综合评价，测评在整个选拔中的权重应较大
综合效果	选拔周期短、成本低，评价的综合性和准确性相对不高	选拔周期长、成本高，但评价的综合性和准确性相对较高，尤其是电子测评将有效降低测评成本

显然，"测评型"竞争性选拔考评技术运行系统是对"考试型"竞争性选拔考评技术运行系统的改进，必将成为干部竞争性选拔考评的主要技术运行系统。

四、从风险到治理，从命令到集成

（一）风险类型

竞争性选拔风险按起因可分为两大类：一是内在/固有风险，包括可预期

[①] 龚建桥：《干部竞争性选拔考评技术系统研究》，岭南学刊，2013（3）:62-67。

和不可预期的领导人选适应性和任用后变化。二是外在/偶然风险，包括民主推荐、考试测评、组织考察等环节中的违规竞争、管理不善、认知局限等人为因素所导致的风险，这类风险属于可控制的风险，可以通过设置合理的机制将其质量风险降至最低。而人为因素所导致的竞争性选拔风险又可分为非制度性风险与制度性风险两类。所谓"非制度性风险"是指不属于制度范畴，选人用人行为中本身存在的风险，主要包括操作风险、诚信风险、政策风险、创新风险等。所谓"制度性风险"是指由于与竞争性选拔相关的制度存在缺陷而导致可能产生的风险。非制度性风险与制度性风险关联紧密，后者以前者作为载体并将作用于前者最终激发其风险点的爆发。正因为制度性风险是竞争性选拔风险的主要风险根源并且通过非制度性风险发生作用，所以制定和实施合理的竞争性选拔制度（控制制度风险）是把握竞争性选拔命脉的关键，而目前出现的竞争性选拔风险偏大的问题也就在于围绕选人用人方式建立的竞争性选拔制度出现的失误和漏洞。

委任制是我国使用最普遍的干部任用形式，是我国领导干部选拔任用制度的基础性制度。委任制亦称"任命制"，与选任制相对应。2014年版《干部任用条例》规定：党政领导职务实行选任制、委任制，部分专业性较强的领导职务可以实行聘任制。根据我国领导干部选拔任用制度的改革实践，委任制又可分为直接委任制、考察委任制、荐举委任制和考选委任制四种。《干部任用暂行条例》1995年版之前主要实行直接委任制和考察委任制，尽管民主推荐和考试测评自改革开放初期就已有破冰与试验、试行之举；1995年版正式向荐举委任制拓展，同时在民主推荐中孕育考选委任制（参见表4）；2002年版新增公开选拔和竞争上岗章节正式向考选委任制即竞争性选拔制拓展。因此，竞争性选拔制度性风险又可分为直接委任制风险、考察委任制风险、荐举委任制风险和考选委任制风险四种风险（见表6）。直接委任制风险主要是指直接任命中的失察和"孙阳－伯乐、伯乐相马、伯乐不常有"等风险；考察委任制风险主要是指考察中的失真失实等风险；荐举委任制风险包括考察委任制风险和民主推荐民意测评中的贿选拉票等风险；而考选委任制风险则包括考察委任制风险和荐举委任制风险以及考试测评中的舞弊和高分低能等风险。

表6 委任制类型与委任制风险类型

	暂行条例前		1995年版《干部任用暂行条例》			2002年版《干部任用条例》				2014年版《干部任用条例》			
委任制类型	A	B	A	B	C	A	B	C	D	A	B	C	D
委任制风险类型	0-A	0-B	1-A	1-B	1-C	2-A	2-B	2-C	2-D	3-A	3-B	3-C	3-D
备注	A——直接委任制（风险）；B——考察委任制（风险）；C——荐举委任制（风险）；D——考选委任制（风险）												
	0——《暂行条例》前风险；1——《暂行条例》风险；2——2002年版鼓励性条例风险；3——2014年版限制性条例风险												

　　这四类制度性风险都是所涉因素较为复杂的风险。一是相关制度缺失或不完备造成的风险；二是制度设计失误造成的风险；三是有效制度未能落实造成的风险。因此，这四类制度都可能运行失灵，从而带来"制度化"的风险和风险的"制度化"。这四类制度性风险关联紧密，后者以前者作为载体并发生作用，从前至后的风险度，将逐步加大增强。竞争性选拔风险给委任制带来一系列挑战：一是"不确定性"的挑战；二是"主观性"的挑战；三是"网络化"的挑战；四是"制度化"的挑战。面对这些挑战，会产生委任制下两种不同的风险观。消极的风险观更加注重竞争性选拔风险会导致损害的一面，或不知所措，采取消极等待观望的态度；或有疑虑，担心改革开倒车、走回头路；或简单地从一个极端走向另一个极端。但最大的风险则是不改革。积极的风险观并不将竞争性选拔风险与损害直接联系在一起，而是强调竞争性选拔风险只反映了损害发生的可能性，从而可以成为决策的依据。由于风险概念反映了对未来预测的可能性，且与选择和决定联系起来，因此既可以选择回避风险避免损害，也可以选择承担风险而获取某种更大的收益。

（二）治理措施

　　竞争性选拔风险治理措施包括《条例》宏观治理措施和《细则》微观治理措施。《条例》宏观治理措施包括前述的从民主到公开、从酝酿到动议和从鼓励到限制、从考试到测评的转型等规定。《细则》微观治理措施则包括下一步在《条例》基础上制定的规则、规定、办法、细则等条款，如职位分类治理、治理机构设置和治理方式集成等。

1. 职位分类治理

领导职位分类是"合理确定选拔职位、数量和范围"的基础。在坚持党管干部原则的前提下，可合理借鉴我国古代"官、僚、吏"的分类和西方现代"政事分类""两官分途"的办法，探索构建领导职位分类和干部分类选拔格局（见表7）。

表7 委任制类型与委任职位分类

委任制类型	直接委任制	考察委任制	荐举委任制	考选委任制
委任职位分类	直接委任职位	考察委任职位	荐举委任职位	考选委任职位

基本思路是命官、荐僚、考吏，即命主官、荐副官、考事官，或任命主官、荐举副官、考选事官。即：实行政治任命直接委任制或考察委任制，精心优选党政班子"一把手"正职干部，以更好地贯彻我党的执政宗旨；实行民主推荐与组织推荐相结合的荐举委任制，荐举搭配班子部分副职干部，以进一步促进领导班子的整体优化；实行考试测评与组织考察相结合的考选委任制，竞争性选拔班子部分副职干部和专业领导干部，以有效坚持人职匹配人岗相适原则。通过合理区分直接委任职位、考察委任职位、荐举委任职位和考选委任职位，并形成科学的领导干部分类选拔格局，以治理近年来在领导干部选拔任用工作中时常发生"眉毛胡子一把抓"的"职位错位选拔"风险。

2. 治理机构设置

委任制分类及其委任制风险分类，不仅对领导职位分类管理提出了要求，而且也为委任机构设置提出了要求。我国正处于委任制从直接委任制向考察委任制、荐举委任制拓展，进而向考选委任制拓展的转型发展时期，与此相适应，组织部门内设机构应当在目前仅适应直接委任制的机构设置基础上，结合委任制转型发展时期的新要求、新特点，增设组织考察机构、民主推荐机构、考试测评机构（见表8）。以分类治理组织考察、民主推荐、考试测评在规范性与科学性等方面存在的问题和负面效应及其考察"失真失实"、推荐"拉票贿选、被票绑架、唯票取人"、考试"舞弊作假、高分低能、唯分取人"等竞争性选拔风险。

表8 委任制类型与治理机构设置

委任制类型	直接委任制	考察委任制	荐举委任制	考选委任制
治理机构设置	目前机构设置	组织考察机构	民主推荐机构	考试测评机构

治理机构应具有权威性、专业性和独立性等特征，才能使得治理机构能够独立、专业、经济地行使党委对干部任用尤其是竞争性选拔的风险治理职能。与此同时，健全对竞争性选拔机构行为的党委政府控制、组织人事控制、纪委监察控制、社会力量控制的制衡机制，避免竞争性选拔权的滥用；强化问责约束机制，减少竞争性选拔机构行为的道德风险。

3. 治理方式集成

治理方式直接影响竞争性选拔风险治理效果与效率，应通过改革目前单一的命令控制型的治理方式，引入多种替代性措施，即采取竞争性选拔风险治理方式的集成，从自我治理和公共治理两方面入手，以提高竞争性选拔风险治理的质量（见表9）。

表9 竞争性选拔风险治理方式集成

治理目标	治理方式		
竞争性选拔风险治理的质量	自我治理	程序性治理	过程治理
			程序治理
		实体性治理	工作指令
			操作准则
	公共治理	社会性治理	信息治理
			标准治理
		经济性治理	激励治理
			威慑治理

竞争性选拔风险治理方式集成是在全面风险管理框架下，通过自我治理中的程序性治理、实体性治理和公共治理中的社会性治理、经济性治理等方式，并使用过程治理和程序治理、工作指令和操作准则、信息治理和标准治理、激励治理和威慑治理对竞争性选拔风险进行分析与研究，综合经济效率、政治权衡、社会价值取向等各方面因素的考虑，尽可能达到将竞争性选拔风险最小化的同时实现选人用人公信度和社会福利最大化的目标。

风险视域下竞争性选拔规制研究①

我国产生国有企业领导人员和党政机关事业单位领导干部的方式，正处于传统委任制（直接委任和考察委任）向现代委任制（荐举委任和考选委任即竞争性选拔）拓展的改革时期，这个过程伴随着大量的选拔风险和选拔规制风险。《风险视域下竞争性选拔规制研究》运用风险理论和规制理论等理论与方法，对竞争性选拔规制问题进行了系统研究。

首先，系统划分、归纳了竞争性选拔规制变迁的四个阶段及其特征，即规制开启与确认、规制规范与实施、规制立法与执行、规制评估与创新阶段。以2002年版《干部任用条例》为分界点，之前为诱致型渐进式变迁过程，之后为供给主导型变迁过程。经过三十多年的改革，规制机构和队伍建设有效加强，规制标准和考试大纲逐步确立，规制程序和方法技术不断完善，通用题库初步建成，规制体系基本形成，规制力度不断加强，规制效果初步显现。

其次，系统辨识了竞争性选拔风险及其选拔规制风险。选拔风险按起因可分为内在/固有风险和外在/偶然风险。人为因素所导致的外在风险又可分为非制度性风险与制度性风险两大类。制度性安排对非制度性风险既有正向作用又有反向作用。制度性风险又可分为直接委任风险（RA）、考察委任风险（RB）、荐举委任风险（RC）和考选委任（竞争性选拔）风险（RD）四类风险。四类制度性风险既是一种包含关系又是一种规制关系。RA→RB→RC→RD，为包含关系，其风险种类逐步增多、风险数量逐步增大，呈递增关系；RD→RC→RB→RA，为规制关系，其风险度则将逐步减小，呈递减关系，而选人用人公信度则将逐步提高。对选拔风险进行规制的同时，又会产

---

① 本文系作者《风险视域下竞争性选拔规制研究》专著摘要，该书由中国社会科学出版社2016年6月出版。

生选拔规制风险：在选拔规制体系中的风险因素主要包括机制性障碍、立法的公开性/参与性不足、机构的独立性/专业性不强、委托代理间的机会主义行为、忽视规制对象的权益等；在规制方式中的风险点主要包括程序性规制中的职位规制/效度评估、实体性规制中的标准规制、社会性规制中的信息规制、经济性规制中的威慑规制等。

再次，构建了全面风险管理框架下的竞争性选拔规制三维结构体系。目标维度即规制的目的，要素维度即对选拔风险进行规制所采取的规制方式，层级维度即规制主体的规制机构。选拔规制方式包括自我规制中的程序性规制（过程规制、程序规制）、实体性规制（工作指令、操作准则）和公共规制中的社会性规制（信息规制、标准规制）、经济性规制（激励性规制、威慑性规制）等方式集成。

最后，提出了竞争性选拔规制改革的政策建议。改革取向是要进一步强化竞争性选拔规制，完善委任制，丰富健全党规国法，提高选人用人公信度。改革的主要措施是：积极应对选拔风险的挑战，建立选拔规制有效性的竞争基础；增强规制机构的独立性；规制选拔规制者；改革选拔规制方式，包括改革职位规制－科学分类选拔职位，改革标准规制－完善指南文件，改革信息规制－改善信息不对称现象，改革激励规制－激励选拔机构选拔优质领导人选的内在动力，改革威慑规制－加大对选拔违法行为的惩罚等。建议建构选拔规制绩效指数，为综合评价选拔规制绩效提供有效工具。

竞争性选拔制度变迁分析[①]

经过30多年的探索发展，领导干部竞争性选拔（公开选拔、竞争上岗、公推公选）制度已初步形成制度体系。本文在分析竞争性选拔制度变迁方式和路径的基础上，剖析其变迁现状和问题，提出其变迁方向和策略。

一、竞争性选拔制度变迁方式和路径

（一）变迁方式

制度变迁方式，是指制度创新主体为实现一定目标所采取的制度变迁形式、速度、突破口、实践路径等的总和[②]。从制度的层次来看，有正式制度、非正式制度及实施机制。正式制度更多地与国家（宏观层次）联系在一起，而非正式制度则更多地与个人、利益集团（微观层次及中观层次）联系在一起[③]。正式制度变迁是一种供给主导式的制度变迁，是在政府主导下强制性地从宪法秩序的创新开始，其发生具整体性和突变性；而非正式制度变迁是一种需求诱导式的制度变迁，是一种诱致性渐进式变迁，是局部变迁过程，更多的是处于制度安排层面上的创新，既可能由政府发起，也可能由社会经济运行过程中内生因素引发。在分析制度变迁时，之所以着力于非正式制度变迁层面，是因为它在技术上更直接地关系到人们的利益和社会经济进步[④]。干

[①] 本文原载于《开放导报》2012年第3期，收入本文集时题目有修改、内容略有补充。
[②] 汪洪涛：《制度经济学：制度及制度变迁性质解释》（第二版），复旦大学出版社，2009年版，第64页。
[③] 卢现祥、朱巧玲主编：《新制度经济学》，北京大学出版社，2007年2月，第12页。
[④] 汪洪涛：《制度经济学：制度及制度变迁性质解释》（第二版），复旦大学出版社，2009年版，第64页。

部选拔任用制度改革的进程既存在正式制度变迁，又存在非正式制度变迁。就目前阶段而言，非正式制度变迁所占比重可能更大。

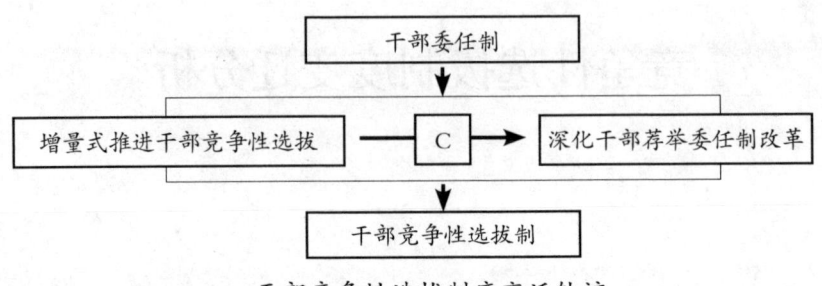

干部竞争性选拔制度变迁轨迹

过程C，即干部竞争性选拔制度变迁进程中目前所处的非正式制度变迁阶段。竞争性选拔制作为干部选拔任用制度的一部分，其变迁过程既体现了整体要求，又突出了单项制度的特点。实践表明，竞争性选拔制度变迁是在已有委任制的外围开展，并且是在不扰动原有委任制的基础上进行。因此，竞争性选拔制度变迁过程相对平稳，竞争性选拔制与委任制之间的交接轨迹平滑，不易引起较大的人事变动和激化矛盾，具有渐进式、体制外、增量型的特点。其优点：一是保证了在变迁过程中委任制继续发挥其功效，保证了党委政府运作的平稳性，同时通过局部变迁、区域试点，形成不同体制绩效的对比，有助于进一步扩大变迁范围和完善竞争性选拔制；二是既具有坚实的组织保障机制和自动的稳定功能，又具有内在的优化演进机制和广泛的决策修正机制，降低了决策失误率；三是激励机制持久起作用，保证了源源不断的变迁动力；四是变迁收益的外溢性和变迁主体的受益性，保证了变迁的不可逆性。

（二）变迁路径

如上所述，竞争性选拔制度的渐进式变迁具有显著的路径依赖性。

1. 前提

党管干部的政治属性。干部选拔任用制度变革坚持中国特色社会主义属性，坚持党管干部原则。竞争性选拔在渐进式的制度变迁过程中，保持与委任制相同的政治属性，保证国家政权的稳定，是竞争性选拔制变迁的前提要求。

2. 主导

自上而下的党委推动。尽管竞争性选拔制变迁是一种客观的社会需求，但这种需求是潜在的、间接的，真正主导变迁具体过程的是党委政府，因此在具体形式上就表现出以自上而下为主导的变革模式。党委政府保持高度的集权能力，在制度供给上处于绝对优势地位，使得党委政府在竞争性选拔制度变迁路径上拥有决策权。

3. 模式

补充委任的主辅并行。在委任制向竞争性选拔制转变的过程中，一方面以"试点－推广"方式逐步扩大竞争性选拔制的变革范围，另一方面坚持两种制度平稳过渡，要求竞争性选拔制度必须充分契合委任制的特点和地区差异。形成了荐举委任制同竞争性选拔制主辅并行不悖的模式，竞争性选拔制在制度结构上依赖保留了大量的委任制结构。

4. 选择

现代考评和科举发明。竞争性选拔制在很大程度上选择参考了现代考评体制的特点，同时，中国科举制等文化背景，极大地影响了竞争性选拔制变迁内容的选择。尽管科举制（被世人誉为"中国的第五大发明"）已经消亡，但作为官员选拔考试制度的雏形，大量宝贵的历史实践为竞争性选拔制度建设提供了重要的参考和借鉴。

二、竞争性选拔制度变迁现状和问题

（一）变迁现状

1. 建章立制

2002年7月中央正式颁布《党政领导干部选拔任用工作条例》，明确规定公开选拔和竞争上岗是党政领导干部选拔任用的方式之一；2004年3月中央办公厅正式印发《公开选拔党政领导干部暂行规定》和《党政机关竞争上岗工作暂行规定》；2005年4月国家通过《公务员法》，从法律上确认公开选拔是职务晋升的方式之一；2007年年底中组部印发《关于进一步加强全国领导干部选拔考试通用题库建设的意见》；2009年9月中组部修订并颁布《党政领导干部公开选拔和竞争上岗考试大纲》；2009年12月中央办公厅印发《2010－2020年深化干部人事制度改革规划纲要》，要求加大竞争性选拔力度，新提拔厅局级以下委任制党政领导干部中，通过竞争性选拔方式产生的，2015年不少于1/3。各地相继制定相关实施意见、实施办法和具体操作规程。

2. 已成气候

2010年的竞争性选拔干部工作呈"井喷式"增长态势。全国通过公开选拔、竞争上岗方式选拔厅局级干部1022名、县处级干部23814名，分别比上一年增长331%和97%，占同期新提拔厅局级和县处级干部总数的39.78%。其中，甘肃、四川、辽宁等17个省（区、市）达到1/3以上，中央和国家机关部委达到31.3%。不少地方和部门开展的竞争性选拔工作都是历年来规模最大的。全国领导干部选拔考试通用题库总题库与31个省区市分题库全部联网开通运行，全年提供考试测评1400多次，命制试卷近6000套，涉及各级各类职位3万多个，为竞争性选拔干部工作提供了有力支撑。[①] 2008－2011年，全国考试测评机构共为竞争性选拔提供考试测评服务4500余次，试题16500余套，涉及职位100700余个（其中厅级职位2200余个），服务对象涵盖中央和地方的不同层级、各个方面。[②]

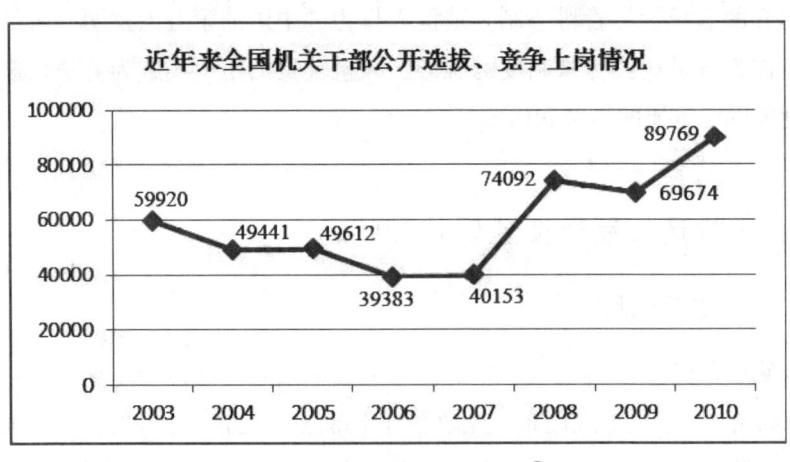

资料图片（单位：人）[③]

[①] 吴瀚飞：在2011年全国组织系统领导干部考试与测评机构负责人会议上的报告（2011年2月25日），《领导干部考试与测评工作通讯》（中央组织部领导干部考试与测评中心）2011年第2期（总第18期）。

[②] 中央组织部领导干部考试与测评中心，党的十七大以来领导干部考试测评工作综述，《领导干部考试与测评工作通讯》（中央组织部领导干部考试与测评中心）2012年第4期（2012年11月2日转自《组工通讯》2012年10月29日）。

[③] 中共中央组织部党建研究所课题，如何改革完善竞争性选拔干部工作，中国共产党新闻网（http://theory.people.com.cn/GB/49150/17971260.html），2012年05月24日（来源：光明日报）。

3. 价值彰显

自2008年起，中组部委托国家统计局在全国独立开展组织工作满意度民意调查，据《关于首次全国组织工作满意度民意调查结果的通报》披露，"关于近年来干部人事制度改革哪些措施比较有成效"的调查结果显示：70.55%的人认为是公开选拔，61.92%的人认为是竞争上岗，分别列14项改革措施的第一位和第二位[①]。在2010年的全国组织工作满意度调查中，有76.84%的人认为公开选拔、竞争上岗是干部人事制度改革成效比较明显的措施，比上一年提高了8.95个百分点[②]。2011年全国组织工作满意度民意调查数据显示，选人用人公信度为76.10分，比上年提高3.73分，满意度指标连续第三次提高[③]。2011年《人民论坛》调查显示，82.0%的受访者认为党政干部晋升应该竞争上岗，90.6%的受访官员有参与竞争上岗的意向[④]。

4. 推陈出新

江苏仅用一年多时间，完成了从公开竞选乡干部到公推公选省管干部的宽幅跨越，并率先推出电视直播选拔过程，成为积极探索竞争性选拔的先发高地[⑤]。广东把竞争性选拔看作"猛龙过江"展示舞台，在2008年实施"双百"领导干部人才计划中，首创"大评委制"，6个测评环节的评委总数超过1万人次，被称为"万人选百官"[⑥]。2010年以来，深圳不断创新竞争性选拔的提名程序和决策方法，受到干部群众的欢迎和好评，如在公选22名副局级干部中，实施四推双测制、综合积分制、差额考察票决制[⑦]。

（二）现存问题

1. 制度供给不足

《干部选拔任用工作条例》和两个《暂行规定》从党内法规角度为竞争

---

① 中共中央组织部领导干部考试与测评中心组织编写，《党政领导干部公开选拔和竞争上岗考试测评工作指导手册》（2010年版），党建读物出版社，2010年版，第4、9页。
② 吴瀚飞：在2011年全国组织系统领导干部考试与测评机构负责人会议上的报告（2011年2月25日），《领导干部考试与测评工作通讯》（中央组织部领导干部考试与测评中心）2011年第2期（总第18期）。
③ http://www.sznews.com，2011年12月21日。
④ 人民论坛问卷调查中心，八成多受访者认为官员晋升应"竞争上岗"，《人民论坛》2011年3月（上）总第320期。
⑤ 《新华日报》2008年12月18日。
⑥ 《南方日报》2010年12月20日。
⑦ 《深圳特区报》2010年11月4日。

性选拔提供了制度供给，但制度的需求缺口仍然较大，尚未健全竞争性选拔"六六制"结构体系[①]，制度不配套、程序不严密的现象比较普遍，达不到运行可控、操作规范的要求。如没有建立职位分析制度，资格条件或过宽或过窄，程序转换比较模糊等，表明制度设计还不够严谨。

2. 技术支撑不力

当前竞争性选拔制度的重大缺失是领导干部考试与测评技术支撑严重不力。一是专业机构不够健全；二是技术开发相对滞后；三是测试手段比较简单；四是考试队伍专业性不强。

3. 公开程度不高

当前竞争性选拔存在的普遍性问题，一是信息公开程度不高，竞争者和外界往往只知道公开选拔的职位、报名条件和考评任用程序等基本信息，而其他关键信息基本上一无所知，难免产生暗箱操作之联想；二是民主公开程度不高，民主失真现象比较严重，损害了竞争性选拔的公信力。

4. 监督约束不强

一是监督机构主体不到位；二是监督机制独立性不强；三是对组织选拔的主体监督缺位；四是对参与选拔的客体监督不力。如当前竞争性选拔不正之风有愈演愈烈之势的突出表现是拉票，工作不扎实投机钻营者拉票，踏实工作者担心吃亏也加入拉票行列；拉票的直接后果是扭曲了民意对干部的正确评价、引发不正当竞争，间接后果是干部平时就注重人情积淀、靠拉关系做期权铺垫。由于监督失效，大大降低了竞争性选拔的公信度。

（三）制约因素

1. 思想观念的影响

当前，直接影响领导干部竞争选拔的思想观念主要有论资排辈、平衡照顾的陈旧观念，程序烦琐、成本过大的错误观念，怕丢面子、怯于竞争的保守观念，怀疑观望、等待时机的消极心理。如一些干部认为人选早已内定，

[①] 竞争性选拔制度的"六六制"结构体系：一是选拔六位一体制，包括职位及标准与资格确定制度、公开报名与资格审查制度、民主测评与民主推荐制度、考试考务制度、差额考察与差额票决制度、公示与试用任用制度；二是考试六位一体制，包括职位分析与考试设计制度、命题与题库制度、考试与考官制度、考务监督制度、质量评估制度、安全保密制度。

选拔程序走过场，因而不愿意参与竞争。只有通过制度设计和流程再造，不断提高竞争性选拔的公信力，才能逐步消除这些思想观念的影响。

2. 路径依赖的制约

竞争性选拔中存在的一些问题，如民主测评的权重设计没有准确区分层次级别，组织考察的谈话范围没有涉及考察对象的生活圈、社交圈等，实际上在委任制时就已存在，特别是党委在干部的管理定位上仍然抱有委任制思维定式。尽管制度在更新，但路径依赖的制约使得竞争性选拔制度没有发挥应有的效率。

3. 渐进变迁的缺陷

一是渐进式变迁路径决定了制度的供给是先一般制度、后核心制度，这个渐进过程必然会有一部分制度供给滞后，使选拔工作处于制度缺乏的被动状态；二是竞争性选拔制度的改革是先试验后推广，先局部后整体，是一种增量改革，不可避免地导致二元体制或"双轨制"的形成，即竞争性选拔制与委任制的长期并存，从而加大了制度实施者的"寻租"空间[①]；三是对于长时间的阶段性变革，原本是改革间隙产生的新偏好、新问题，由于在下一阶段中没有及时予以修正而逐步固定下来，对现有制度的有效性产生影响，且有向后累积的趋势，导致"路径锁定"，成为影响竞争性选拔制度最优化的重要障碍。

4. 制度环境的约束

竞争性选拔制度是干部人事制度体系中的一部分，受制于国家的政治经济文化社会制度。当前干部队伍不同程度存在本地化部门化裙带化现象，人力资源画地为牢，人才地区所有、部门所有的格局尚未完全打破。需有效解决这些问题，为完善竞争性选拔制度创造良好的制度环境。

三、竞争性选拔制度变迁方向和策略

（一）变迁方向

1. 主体化

即通过公开选拔、竞争上岗、公推公选等竞争性选拔方式产生领导干部

---

① 王汉斌：《公开选拔领导干部制度分析》，《长江论坛》2004年第3期。

成为干部选拔任用的主要方式。这主要基于：一是社会主义市场经济发展的客观要求；二是推动科学发展的现实需要；三是党的执政能力建设和先进性建设的内在需求；四是干部选拔任用制度嬗变递进的理性选择。与委任制等其他制度相比较，竞争性选拔制的视野更加开阔，过程更加公开，竞争更加激烈，甄别更加充分。可以预期：副部级以下领导干部，除了纪委书记、组织部长和国家安全部门负责人等特殊领导岗位外，都将采用竞争性选拔方式产生①。

2. 民主化

其展开路径主要有：一是扩大党内民主。有些地方党委实行常委会、全委会差额票决制，扩大了党内民主，是重要的制度创新。二是落实人民代表法定权力。有些地方实行"大评委制"，人大代表、政协委员和党代表担任面试考官，是落实人民代表法定权力的有益尝试。三是实现公众有序参与。须从制度安排上充分尊重群众的知情权、参与权、表达权和监督权，形成公民有序参加，这方面的制度空间还很大。

3. 科学化

民主化强调目的理性，重点要解决的是保障落实人民选择官员的权力；科学化则强调工具理性，是要在保障民主化前提下，运用有更高效度和信度的手段和工具选拔出更合适的人选，解决官员与所选拔岗位适配的问题②。在推进竞争性选拔制度建设中，考评科学化水平将不断提高。一是更加遵循公平竞优原理③；二是测评方法更加科学合理；三是考试组织更加专业规范；四是全国领导干部选拔考试通用题库与省市分题库联网运行，将利于打破技术层面的制约瓶颈。

---

① 吴瀚飞：《中国公开选拔领导干部制度研究》，中国社会科学出版社，2002年版，第237页。
② 许晓平：《竞争上岗：制度空间及走势展望》，《人民论坛》2011年3月（上）总第320期。
③ 在对吴瀚飞提出公开选拔领导干部制度运行的三大原理即公开公正原理、竞争择优原理和人职匹配原理（参见吴瀚飞著，《中国公开选拔领导干部制度研究》，中国社会科学出版社，2002年版，第107-125页）进行综合的基础上，根据竞争性选拔制度运行实践，可进一步概括提炼为竞争性选拔制度运行的公平竞优原理。公平竞优原理可表述为：从平等公正出发，最大化地公开制定实施规则程序，科学确定选拔职位及其条件标准，合理运用现代考试测评考察考核方式方法，建立完善良性竞争机制，动态实现人职匹配择优。可抽象为一般函数表达式：公平竞优＝{公开，平等，竞争，择优}。

（二）变迁策略

主动变迁策略的制定，须强化制度供给意识和改革创新意识，坚持党管干部原则，强化顶层设计理念，遵循合理扬弃方法，形成包容开放的竞争性选拔制度变迁模式。

1. 完善制度，常态推进

竞争性选拔不是岗位出现空缺时的临时措施，而是加强班子建设、干部队伍建设和完善干部职业发展规划的制度安排。从制度层面确保常态推进，须把握好以下环节：一是建立完善竞争性选拔"六六制"结构体系，统筹规划，避免选拔的临时性和随意性。二是扩大选拔适用范围和数量，每年竞争性选拔职位总数高于空缺职位的1/2以上；内设机构全面实行竞岗，并逐步延伸到跨部门跨地区选拔。三是把握好选拔频率和节奏，避免选拔周期过长成本过高。

2. 协调双轨，互补演进

合理定位竞争性选拔制，处理好竞争性选拔制与委任制并存的"双轨制"关系，既要处理好与干部选拔任用制的关系，又要处理好与干部管理体制的关系。进一步明确竞争性选拔制与荐举委任制、选任制、聘任制之间的关系，把握不同干部选拔任用制度之间的不同特点、优势、适用范围等，以利于双轨互补式演进。

3. 专业依托，考任分离

一方面，考试测评是竞争性选拔科学规范的技术支撑、核心环节，须进入制度安排。一是组建考评机构；二是规范考试测评；三是加强考评队伍建设；四是开发考评技术。另一方面，实行考任分离机制。目前各级党委组织人事部门在组织实施竞争性选拔时，仍然采取大包大揽模式，干部群众颇有疑虑。应实行考评实施主体与任用决策主体的分离机制，实现"四个有利于"：一是符合考评科学性原则，有利于推动考评科学研究，如研发电子化考评，提高选拔工作效率；二是有利于提高选人用人的客观性和准确性；三是符合考评公正性原则，有利于提高竞争性选拔的权威性；四是有利于加强竞争性选拔的宏观指导和制度研究，推动其进一步完善和发展[①]。

---

① 王汉斌：《公开选拔领导干部制度分析》，《长江论坛》2004年第3期。

4. 监督约束，良性竞争

一是制定约束性规范。中纪委和中组部发布的《关于严肃换届纪律保证换届风清气正的通知》，明确提出"5个严禁、17个不准"，对制定竞争性选拔约束性规范具有蓝本意义。二是探索许可性竞争。防止和纠正恶性竞争，允许和保护良性竞争；探索许可性规范，如允许在指定的场合和范围发表"施政演讲"、发放经审核批准的自荐材料等。三是实施全方位全过程监督。四是严肃查办违法违纪违规案件。

5. 信息反馈，民主公开

如果信息自成系统，与其他系统之间不能共享，就会成为"信息孤岛"。要确保公开透明，须从制度建设方面做出不懈努力。一是把握信息披露的时间、范围和载体，处理好信息过程与结果、全面与部分、主动与被动公开的关系；二是建立新闻发言人制度回应社会关切；三是有效利用信息反馈，做到及时全面真实准确。竞争性选拔中存在的民主失真，须从制度层面加以解决。一是完善群众参与机制，解决因非当事人身处局外引起的民主失真问题；二是合理划定参与范围，解决因民意代表性不足引起的民主失真问题；三是改进测评推荐方式，解决因信息不对称引起的民主失真问题；四是及时公开推荐结果，解决因参与者消极漠视情绪引起的民主失真问题；五是正确运用推荐结果，解决因决策者简单以票取人引起的民主失真问题。

6. 差额考察，差额票决

应对差额考察和差额票决形成制度安排。一是规范干部选拔初始提名，二是合理确定差额考察对象，三是切实改进差额考察方法，四是完善差额票决制度。竞争性选拔中的考察应注意避免两种倾向：一种是简单地以考评得分取人，把考察仅仅当作是印证干部的能力，难以避免出现"高分低能"现象。另一种倾向是将公开选拔的考察环节简单地等同于荐举委任制下的封闭性考察，形成进入考察即是转入"地下"现象，削弱了竞争性选拔制的公开性。

7. 后续培养，增量发展

为确保增量发展，全面提高竞争性选拔的综合效能，须完善干部后续培养考核机制。一是要严管胜出者，促使他们奋发有为。二是要善待落榜生，促使他们保持激情；对经考察合格的干部，在列为后备干部的同时关键是优先考虑使用。三是完善前馈控制机制。建立助理职务制度、临时代理职务制度、晋升试用期制度等，通过制度化的前馈手段，全面检验其工作能力，在正式晋升之前设置任职程序关口，以补救竞争性选拔考评偏差和失误，防控人职不匹配。

竞争性选拔制度结构体系的构建[①]

竞争性选拔制度结构体系是支撑竞争性选拔制度目标实现的基础保障。制度的结构体系是指把构成制度的各种要素统一起来的现实形态，即制度的形式。对于制度的结构要素有广义和狭义两种分析方法。广义的制度结构要素是指形成或构建起现实制度并进行活动的一切；狭义的制度结构要素是指制度的程序性结构要素，即支撑竞争性选拔制度的具体子制度。本章试图在吴瀚飞[②]的开拓研究和经典架构基础上，综合竞争性选拔制度运行实践，设计构建竞争性选拔制度的"六六制"结构体系。

一、经典的五位一体制

（一）吴瀚飞的开拓研究

正如中国社会科学院马列主义毛泽东思想研究所的沈宗武所说："有关公开选拔领导干部制度的研究，多年来一直都局限在实际的党政应用工作范围内，很少有人对之做出系统的探索。因而，在建构和催熟我国公开选拔领导干部制度的工作中，理论严重落后于实践，这种局面亟待扭转。吴瀚飞所著的《中国公开选拔领导干部制度研究》（中国社会科学出版社2002年11月出版），恰恰填补了这一方面的空白，富有开创性。""该书认为，公开选拔领导干部制度必须包含下列几个子制度：选拔标准与资格条件确定制度、

[①] 原文载于《特区实践与理论》2012年第3期，广东省党校（行政学院）系统哲学社会科学"十二五"规划2011年度项目（批准号11ZZ05）阶段性成果。
[②] 吴瀚飞，博士，2008-2011年任中共中央组织部领导干部考试与测评中心主任。

公开报名与资格审查制度、考试制度、考核制度和任用制度。围绕着统一选拔领导干部的最高目标，此五个制度之间相互依存、相互制约，形成了一个有机的整体。"①

吴瀚飞的开拓性研究，源于其2001年的博士论文《中国公开选拔领导干部制度研究》。论文根据系统论的基本观点，对公开选拔领导干部制度从结构与功能的关系上进行研究，在经过对公开选拔领导干部制度实践总结和西方高级公务员选拔任用制度结构及其方法技术深入研究基础上，构建了公开选拔领导干部制度合理结构体系，即资格确定与审查制度、考试制度、考核制度和任用制度四位一体的制度结构体系②。中国科学社会主义学会会长、中共中央党校教授、博士生导师、论文答辩委员会主席赵曜及论文答辩委员会一致认为，这是一篇具有开拓性的优秀博士论文。③

（二）吴瀚飞的经典架构

1. 制度结构体系构建的基本思路

吴瀚飞认为，构建公开选拔领导干部制度的合理结构体系首先需要解决的是沿着什么思路去构建。④

（1）干部选拔任用制度作为一种政治制度属于上层建筑范畴，它由经济基础所决定并受上层建筑领域其他因素的制约和影响。因而，公开选拔领导干部制度就必须沿着社会主义市场经济和民主政治的方向去构建。

（2）公开选拔领导干部制度是中国特色社会主义的政治条件下的选拔任用领导干部的制度，因而，它还必须符合公开选拔领导干部制度的基本原则，即党管干部、德才兼备和法制原则。

（3）构建公开选拔领导干部制度必须遵循公开选拔领导干部制度的三大

---

① 沈宗武：研究中国公开选拔领导干部制度的开创性力作——《中国公开选拔领导干部制度研究》评价，《政治学研究》2003年第3期。
② 吴瀚飞：《中国公开选拔领导干部制度研究》，中国社会科学院研究生院博士论文，2001年。
③ 吴瀚飞：《中国公开选拔领导干部制度研究》，中国社会科学院研究生院博士论文，2001年，扉页。
④ 吴瀚飞：《中国公开选拔领导干部制度研究》，中国社会科学出版社，2002年11月出版，第127页。

运行原理，即公开公正原理、竞争择优原理、人职匹配原理。①

2. 从四位一体到五位一体

吴瀚飞在其博士论文中，从公开选拔领导干部制度实践探索出发，在广泛吸取古今中外同类制度合理成分的同时，结合自己的研究成果，构建了公开选拔领导干部制度的四位一体结构体系。经过一年的沉淀和检验，吴瀚飞在将该论文付梓出版的专著中又将四位一体结构体系重构为五位一体结构体系。②

（1）选拔标准与资格条件确定制度。这项子制度是公选制结构体系中的起始和基础环节，对于公开选拔领导干部制度能否公正有效地执行有着至关重要的意义。

（2）公开报名与资格审查制度。在确定选拔标准与资格条件后即可进入公开报名与资格审查程序子制度。在公开报名这一环节中，其核心内容是指公布选拔标准与资格条件。

（3）考试制度。考试是公开选拔领导干部的关键环节，考试制度是公开选拔领导干部制度的关键制度，它在公开选拔领导干部制度体系中，具有举足轻重的地位。

（4）考核制度。与考试制度一样，考核制度也是公开选拔领导干部制度结构体系中不可或缺的关键环节和重要组成部分，是对已通过考试取得考核资格的人选进行政治素质和工作实绩的具体考察。

（5）任用制度。所谓"任用制度"就是由干部主管部门根据公开考试考核选拔出的干部状况和选拔职位的需求对干部进行决定任用的制度。

从四位一体到五位一体的显著特征，一是将结构体系的起始和基础环节，从资格条件确定前移至选拔标准确定；二是将四位一体中的资格条件确定与审查制度，拆分为五位一体中的选拔标准与资格条件确定制度和公开报

---

① 吴瀚飞：《中国公开选拔领导干部制度研究》，中国社会科学出版社，2002年11月出版，第107-125页：公开公正原理是指公开选拔领导干部制度所具有的把公正作为制度建立的目标，并科学地制定规则和程序、公开实施规则和程序、公开运行结果来确保公正目标实现和公正过程展示的原理。竞争择优原理是指公开选拔领导干部制度所具有的把选拔优秀领导人才作为核心目标，并通过竞争的途径保证择优目标实现的原理。人职匹配原理是指公开选拔领导干部制度运行中所具有的从领导职位的要求出发确定选拔领导人选的标准和条件，保证选拔任用的领导人选与领导职位实现最大限度的匹配，从而提高行政效率的原理。

② 吴瀚飞：《中国公开选拔领导干部制度研究》，中国社会科学出版社，2002年11月出版，第129-137页。

名与资格审查制度;三是增加了公开报名环节,彰显公开选拔领导干部制度的"公开"特征。

二、"六六制"结构体系的构建

(一)实践对五位一体的突破

1. 拓展制度

竞争性选拔制度是一种诱致型渐进式变迁,而渐进式变迁路径决定了制度的供给是一个渐进过程,渐进过程必然导致制度供给滞后,制度需求缺口较大[①]。实践对竞争性选拔制度运行检验的同时,不断拓展竞争性选拔子制度。如公开推荐、民主测评、民主推荐、履职评价、差额票决等制度。

2. 丰富程序

制度运行实践不断丰富竞争性选拔制度,《党政领导干部公开选拔和竞争上岗考试测评工作指导手册》就提出了考试测评中的选拔职位确定、职位分析、民主测评、民意调查、实绩分析、综合评价等程序性内容,需要正式纳入竞争性选拔制度结构体系。[②]

3. 制度融合

荐举委任制与公开选拔制的融合,如公开推荐选拔、公推比选制度等,在扩大选人视野、拓宽考评主体、丰富测评内容、完善考察程序等方面,沿着荐举委任制的基本走向,形成了制度创新的系列成果,需要竞争性选拔制度结构体系进行吸纳。

(二)制度结构体系构建的基本原则

在吴瀚飞构建公开选拔领导干部制度结构体系基本思路的基础上,综合竞争性选拔制度运行实践,本文提出构建竞争性选拔制度结构体系的基本原则。

1. 坚持党管干部原则

竞争性选拔干部工作作为干部人事制度改革的重要实践,必须首先坚持

---

① 龚建桥:《公务员竞争性选拔制度变迁分析》,《开放导报》2012年第3期。
② 中共中央组织部领导干部考试与测评中心:《党政领导干部公开选拔和竞争上岗考试测评工作指导手册》,党建读物出版社,2010年4月第1版。

党管干部原则。即加强对竞争性选拔干部工作的领导，制定竞争性选拔干部工作的方针、政策，管理好重要干部的竞争性选拔，指导竞争性选拔干部制度的改革，做好对竞争性选拔干部工作的宏观管理和监督。

2. 遵循公平竞优原理

公平竞优原理是在综合竞争性选拔制度运行实践基础上，对吴瀚飞公开选拔领导干部制度三大运行原理的进一步概括、提炼与补充，可表述为：从平等公正出发，最大化地公开制定实施规则程序，科学确定选拔职位及其条件标准，合理运用现代考试测评考察考核方式方法，建立民主开放、良性竞争机制，动态实现人职匹配择优。其抽象函数表达式为：公平竞优＝{公开，平等，竞争，择优}。

3. 实行考任分离机制

目前各级党委组织部门在整个竞争性选拔工作的组织实施过程中，仍然采取的是大包大揽、全程参与管理的模式。既负责策划设计，是"游戏规则"的制定者；又负责全程组织实施，是具体执行者；同时还是任用结果的重要决策者。实行考评实施主体与任用决策主体的分离，符合考评的公正性原则、科学性原则、专业性原则，有利于提高干部竞争性选拔的客观性和权威性，有利于提高选人用人的准确性和公信力，有利于加强竞争性选拔的宏观指导和制度研究，推动竞争性选拔制度的进一步完善和发展。

4. 系统结构动态优化

《公开选拔党政领导干部工作暂行规定》《党政机关竞争上岗工作暂行条例》等对竞争性选拔工作的基本程序都做了规定，但是各地在实际应用中，往往根据需要，增加或者减少了某些环节，又或者对实施的顺序做了调整。"六六制"结构体系包含了竞争性选拔工作的基本程序，在实践中可根据实际需要，动态组合，优化流程，灵活运用。

（三）"六六制"结构体系

根据制度构建的基本原则，综合竞争性选拔制度运行实践，在公开选拔领导干部制度五位一体结构体系基础上，新构建的竞争性选拔制度"六六制"结构体系如下表所示。

竞争性选拔制度结构体系比较

竞争性选拔制度	干部选拔任用制度			
	吴瀚飞的经典架构		竞争性选拔六六制	
	选拔四位一体制	选拔五位一体制	选拔六位一体制	考试六位一体制
1	资格条件确定与审查制度	选拔标准与资格条件确定制度	职位及标准与资格确定制度	职位分析与考试设计制度
2		公开报名与资格审查制度	公开报名与资格审查及履历评价制度	命题与题库建设制度
3	考试制度	考试制度	考试考务制度	考试与考官制度
4	/	/	民主测评与民主推荐制度	考务监督制度
5	考核制度	考核制度	考察与差额票决制度	质量评估制度
6	任用制度	任用制度	公示与试用任用制度	安全保密制度
	干部选拔任用监督制度			

三、选拔六位一体制

（一）职位及标准与资格确定制度

这项子制度是竞争性选拔制度结构体系中的起始环节，这是因为并非所有职位在任何情况下都适合采取竞争性选拔方式产生合适人选。选拔职位的确定是选拔制度运行的前提和启动点。确定的选拔职位是选拔制度运行的对象，是确定选拔标准的载体。进而选拔标准的确定决定着资格条件的确定、考试的内容与形式及测评的手段与工具的选择，从而直接决定着竞争性选拔制度的公平性、择优性及其成本。确定选拔职位以职位空缺为基础，报经党委研究同意，确定公开选拔职位。确定选拔标准一般包括领导干部的一般标准和具体职位要求。确定资格条件必须充分考虑其竞争性。资格条件过高或过低都不利于经济有效地发现和选拔人才，应根据不同层次、不同类别、不同职位领导干部的选拔标准要求，按照干部管理权限，确定适宜的资格条件。

（二）公开报名与资格审查及履历评价制度

公开报名与资格审查制度是基础。采用有效方法，让所有符合条件的人都知道选拔信息，并能调动他们的报名积极性，才能在更大范围选拔人才。资格审查对报名人选作初步筛查，是具体体现竞争性选拔制度公平竞优原理的重要环节之一，不能人为设置进入竞争过程的障碍。资格审查检验资格条件的确定是否具有竞争性，应明确规定竞争程度过低的选拔必须重新组织实施。履历评价则主要是通过对干部的平时表现、获奖情况、工作及学习经历、后备干部等情况进行量化评价，树立在干部选拔任用中注重工作实绩和平时表现、向基层倾斜和备用结合的选人用人导向。

（三）考试考务制度

考试考务制度是领导干部竞争性选拔制度有别于其他干部选拔任用制度的主要标志。考试考务制度又可细分为职位分析与考试设计制度、命题与题库建设制度、考试与考官制度、考务监督制度、质量评估制度和安全保密制度，构成考试六位一体制。

（四）民主测评与民主推荐制度

民主测评与民主推荐主要是对应试者的德才表现及其对竞争职位的适应程度进行评价与推荐。在实际操作中，民主测评可以放在考试之前进行，也可以放在之后进行。在考试之后的，可与考试成绩综合计算作为确定考察对象的依据，对民主测评分数过低的人员，可以不列为考察对象；在考试之前的，对民主测评分数过低的人员，可取消其参加笔试、面试的资格，是对"高分低能"的一种防控。

（五）考察与差额票决制度

考察是对已通过考试取得考察资格的人选进行政治素质和工作实绩的具体考察，包括对"高分低能"或"低分高能"的检测性考察，因此竞争性选拔考察有别于以往委任制的封闭性考察。构建考察制度必须坚持公开考察、差额考察、比较考察、标准考察、延伸考察、客观考察，避免、减少、杜绝考察失真。考察制度的职能在于：通过对鉴别人选在德、能、勤、绩、廉等方面的个体差异，参照考试结果，为任用提供人选以往的信息依据，引导和体现德才兼备人才价值观；通过对人选德、能、勤、绩、廉等个体差异的准确把握，实现人选与组织和职位的合理匹配。差额票决，是指候选人的人数多于应选人数，从而必然有人落选的票决制度。差额票决区别于等额票决（即候选人数等于应选人数的票决制度），其目的是通过增加候选人的人数使得选拔任用有更多的选择，从而增加竞争性选拔的公平性。

（六）公示与试用任用制度

竞争性选拔制的作用主要在于择优，而公示制的作用主要在于汰劣，即把那些不符合党的干部任用标准和不适合职位要求的干部通过群众监督和组织审查的程序淘汰出局。试用是通过实践检测任用干部能力素质的一种方式，从这个意义上看，它仍属于选拔范畴。试用任用前的各环节，都只是对人选能力素质的一种"可能"判断，所以，要通过试用进行实际检测，形成"确切"判断。先试用而后正式任用制度的主要职能在于，通过一定的程序，按照干部任用权限，以组织行为的方式，将已通过考试考察的合适人选委任到适宜的工作岗位，赋予他们相应的权利与义务，以保证发挥他们的才干。

四、考试六位一体制

（一）职位分析与考试设计制度

职位分析制度是考试工作的基础，其成果主要为职位分析报告和双向细目表；职位分析到位，考试针对性则强。考试设计是考试制度的关键环节。考试设计一要坚持从检测领导能力素质出发；二要坚持从科学性出发；三是必须遵循考试测评一般规律，要求必须选择对应试群体具有较高信度和效度的测试工具和手段。考试设计制度是一项对技术依赖性很强的制度，科学性是考试设计制度的一个重要指标。

（二）命题与题库建设制度

命题制度是考试制度的核心制度。命制试题是考试制度的技术核心，必须坚持客观性。一是命题论据客观，主要是根据竞争性选拔领导干部的实际需要确定，而不是主观确定；二是命题标准客观，即度量应试者知识和能力素质的标准准确客观，而不会因应试者和主试者的变化而变化；三是命题内容客观，考试的内容应具有科学价值，符合领导干部工作实践需要，论据可靠；四是试题评判客观，即评判应试者的成绩时必须具有客观性，能准确地反映出应试者领导能力素质的实际状况。题库建设制度是竞争性选拔制度的基础性制度，须认真贯彻落实中组部下发的《关于进一步加强全国领导干部选拔考试通用题库建设的意见》。

（三）考试与考官制度

考试是竞争性选拔制度的必经程序，是考试六位一体制的核心环节。为保证考试质量，公开选拔考试应从全国通用题库提取通用试题，竞争上岗考试逐步实现从全国通用题库提取通用试题。根据考试测评方法技术发展趋势，不断完善笔试面试方法，逐步开发推广评价中心技术及心理素质测试等现代测评工具。建立健全专家选聘制度，整合专家资源，建设一支由领导干部、相关学科（行业）专家和考试测评专家组成的考官队伍。加强"两代表一委员"的大评委和考官培训，不断提高评委和考官的专业化水平。

（四）考务监督制度

考务监督制度是考试制度的保障性制度。考务是指为保证考试工作顺利进行而开展的辅助性工作，有考试就有考务，有什么样的考试就有什么样的考务，考务与考试紧密相关。竞争性选拔制度的公开、公平、公正，在很大程度上依赖于监督主体到位和监督机制独立。在目前的竞争性选拔工作中，监督机构的独立性不强，主要职能是对竞争性选拔的客体进行监督，对于竞争性选拔的组织主体自身的监督缺位。健全竞争性选拔的监督机制，有利于提高竞争性选拔制度的信度，降低竞争性选拔制度实施的摩擦成本。

（五）质量评估制度

质量评估制度是对考试工作的总结和提升。考试成功与否直接决定选拔工作成功与否。对考试结果进行分析评价，是衡量考试是否成功的方法之一。跟踪分析考试测评结果,不断提高考试的信度和效度。

(六)安全保密制度

安全保密制度是公正性的体现。对考试的整个过程进行有效监督,防止敏感信息泄露和关键环节泄密,确保考试测评的公平竞优。

对深圳市竞争性选拔工作的三点建议[①]

深圳特区成立30年来，在干部人事制度改革方面敢为天下先，起到了"先行先试"的示范作用。如1981年到全国12个城市招聘干部；1986年面向全国公开招聘20名局级领导干部；1992年到美国和加拿大招聘高端人才；1996年成立市企业高级经理人才评价推荐中心（高级人才测评中心），承接领导干部竞争性选拔考试测评及题库建设等工作；2001年被中组部列为全国干部人事制度综合改革试点城市；2006年中组部省级组织部门题库认定工作测试组认为，深圳领导干部考试题库建设"位居全国省级组织部门题库建设前列，为全国省级组织部门题库建设创新了方法，积累了经验"。市第五次党代会以来，干部人事制度改革力度进一步加大，公信力不断提高。如不断创新竞争性选拔的提名程序和决策方法，实施四推双测制、综合积分制、差额考察票决制，在干部队伍中树立了良好的选人用人导向，得到了社会各方面的积极评价。

领导干部竞争性选拔呈现三大发展趋势：一是主体化，即通过公开选拔、竞争上岗、公推公选等竞争性选拔方式产生领导干部成为干部选拔任用的主要方式；二是民主化，即扩大党内民主（如实行常委会、全委会票决制），落实人民代表法定权利（如"两代表一委员"组成大评委），实现公众有序参与，从制度安排上充分尊重群众的知情权、参与权、表达权和监督权；三是科学化，即遵循公平竞优原理，考试与测评更加科学，不断提高竞争性选拔信度效度。为适应这种发展趋势，全面提高竞争性选拔质量，建议

[①] 本建议系根据深圳市委党校深圳创新思想库首批课题SXK1121"领导干部竞争性选拔制度研究——以深圳为例"研究报告改编。

如下：

建议一：统筹规划，市区联动，常态推进

（一）统筹协调，市区联动

领导干部竞争性选拔需要统筹协调，把握政策，控制周期，节约成本。FT区和LG区分别在2012年1—2月不足一个月的时间段发布公告面向全国公开选拔区WS局局长等职位，表明其统筹协调还有进一步加强的空间。建议创新深圳市领导干部竞争性选拔工作机制，研究制定《深圳市统筹竞争性选拔领导干部实施办法》《竞争性选拔干部工作报告制度》《竞争性选拔干部考试测评工作方案事前备案制度》等系列文件，既要坚持"干部下管一级"原则，还要下好全市竞争性选拔工作"一盘棋"，切实增强竞争性选拔工作的计划协调性。市委组织部不仅要根据市委要求具体组织实施局级领导干部竞争性选拔，还要加强对各级领导干部竞争性选拔工作的统筹协调，建议成立常设机构垂直指导，建立市区联动工作机制，以进一步降低竞争性选拔成本，节约竞争性选拔时间，提高竞争性选拔效率，走出一条常态化、规模化、集约化竞争性选拔的新路子，促进竞争性选拔工作的有序健康开展。

（二）规划主导，常态推进

规划是主导竞争性选拔工作正常有序开展的前提。领导干部竞争性选拔不应是岗位出现空缺时的临时措施，而应是加强班子建设、干部队伍建设和完善干部职业发展规划的制度安排。从制度层面确保常态推进，须把握好以下环节：一是制订市区领导干部竞争性选拔工作规划，避免选拔的临时性和随意性。二是扩大领导干部竞争性选拔适用范围，每年选拔职位总数高于空缺职位的1/2以上；内设机构全面实行竞岗，并逐步延伸到跨部门跨地区选拔。三是把握好领导干部竞争性选拔频率和节奏，避免选拔周期过长成本过高。

建议二：完善制度，建设队伍，考任分离

（一）完善"六六制"结构体系，与中组部总题库联网运行

《干部选拔任用工作条例》和两个《暂行规定》从党内法规角度为竞争性选拔提供了制度供给，但制度需求缺口仍然较大。竞争性选拔工作的有序开展，有赖于进一步完善竞争性选拔制度的"六六制"结构体系：一是选拔六位一体制，包括职位及标准与资格确定制度、公开报名与资格审查及履历评价制度、考试考务制度、民主测评与民主推荐制度、考察与差额票决制度、公示与试用任用制度；二是考试六位一体制，包括职位分析与考试设计制度、命题与题库建设制度、考试与考官制度、考务监督制度、质量评估制度、安全保密制度。目前深圳市缺少考试考务制度及其考试六位一体制，急需建立完善。《公开选拔党政领导干部工作暂行规定》要求："命题前应当进行职位分析，增强命题的针对性。试题一般从全国领导干部考试通用题库以及经认定合格的省级组织部门题库中提取。"应按照中组部的要求，加强深圳分题库建设，与全国领导干部选拔考试通用题库中组部总题库联网运行，这将有利于打破考试技术层面的制约瓶颈。

（二）培育"三支队伍"，建立"评""委"互补评价机制

"两代表一委员"组成的竞争性选拔面试大评委制，既是一种创新，也是落实人民代表法定权利的一种具体体现。但大评委带来的问题是，如果评价不够专业，可能导致评价失真，甚或只是增加了一次另一种范围的民主测评和民主推荐。应建立"评"（专业性）"委"（代表性）融合互补评价机制。建议在完善大评委制的基础上，进一步建设培育"三支队伍"，即命题专家队伍、面试考官队伍、考务监督队伍。要整合专家资源，完善选聘制度，形成由考试测评专家、各行业专家、优秀领导干部组成的"三支队伍"；建立命题、考官、监督官资格制度，加大培训和考核力度，提高考评队伍的专业化水平。

（三）建设"考评机构"，实行考任分离机制

当前深圳市竞争性选拔工作中的突出问题之一，是考评机构缺失、技术支撑不足，常常"临时抱佛脚"。建议在制度安排层面加强考评机构建设。一是专设考评职能部门（如公选办），二是组建专门考评机构（如考评中心），三是认证社会考评中介机构，以适应各类层级领导干部竞争性选拔考试测评需要。坚持科学合理导向，确保干得好的考得好，能力强的选得上，作风实的出得来。目前各级党委组织人事部门在组织实施竞争性选拔时，仍然采取全程包揽模式，干部群众颇有疑虑。建议实行考评实施主体与任用决策主体的分离机制，实现"四个有利于"：一是符合考评科学性原则，有利于推动考评科学研究，如研发电子化考评，提高选拔工作效率；二是有利于提高选人用人的客观性和准确性；三是符合考评公正性原则，有利于提高竞争性选拔的权威性；四是有利于加强竞争性选拔的宏观指导和制度研究，推动其进一步完善和发展。

建议三：扩大民主、谨防失真，监督到位

（一）谨防民主失真

以扩大民主的方式开展竞争性选拔工作，得到了广大干部群众的积极拥护。但在扩大民主的同时还应谨防民主失真，须从制度层面加以解决。一是完善群众参与机制，解决因非当事人身处局外引起的民主失真问题；二是合理划定参与范围，解决因民意代表性不足引起的民主失真问题；三是改进测评推荐方式，解决因信息不对称引起的民主失真问题；四是及时公开推荐结果，解决因参与者消极漠视情绪引起的民主失真问题；五是正确运用推荐结果，解决因决策者简单以票取人引起的民主失真问题。

（二）全程监督到位

当前竞争性选拔监督方面存在的问题表现有四：一是监督机构主体不明确；二是监督机制独立性不强；三是对组织选拔的主体监督缺位；四是对参与选拔的客体监督不力。如竞争性选拔不正之风有愈演愈烈之势的突出表

现是拉票，工作不扎实投机钻营者拉票，踏实工作者担心吃亏也加入拉票行列；拉票的直接后果是扭曲了民意对干部的正确评价、引发不正当竞争，间接后果是干部平时就注重人情积淀、靠拉关系做"期权"铺垫。由于监督不力，大大降低了竞争性选拔的公信度。要确保竞争性选拔的公平公正，必须建立约束刚性、监督到位、问责有力的保障机制。一是制定约束性规范。竞争性选拔要明确指引，划出红线，具有普遍的强制力。中央纪委和中央组织部发布的《关于严肃换届纪律保证换届风清气正的通知》，明确提出"5个严禁、17个不准"，对制定竞争性选拔约束性规范具有蓝本意义。二是实施全方位监督。要对竞争性选拔实行全过程监督，从报名到资格审查、从命题到考试、从成绩加权到成绩发布、从民主测评到考察录用，每一个环节都有监督，确保规范运行、阳光操作。三是严肃查办典型性案件。严肃查处违法违纪违规案件，对顺利开展竞争性选拔工作至关重要，尤其是及时查处和通报典型案件，具有强大的威慑力，往往能收到"查处一个、挽救一批、教育一片"的效果。

PPP模式在竞争性选拔考评中的运用[①]

本文在综述融资PPP的类型、特征及其优势的基础上，探讨融智PPP运用于竞争性选拔考评的可能性。

一、PPP模式的特征与优势——融资

PPP模式（Public-Private Partnership公私合伙或合营，又称"公私协力"），中文直译为"公私合伙制"，也称"PPP融资"，或者"PPP"。PPP有广义和狭义之分。广义PPP是指公共部门与私人部门以合作方式提供公共产品或服务。双方或多方以特许权协议为基础，签署合同，允许私人资源参与提供公共产品和服务，实现双赢。狭义PPP是对一系列项目融资模式的总称，包含BOT、TOT、DBFO等多种模式。在PPP术语出现之前广为使用的术语是Concession、BOT、PFI等。与BOT相比，PPP的主要特点是，政府对项目中后期建设管理运营过程参与更深，企业对项目前期科研、立项等阶段参与更深。政府和企业都是全程参与，双方合作的时间更长，信息也更对称。在发达国家，PPP的应用范围很广泛，既可以用于基础设施的投资建设，也可以用于很多非盈利设施的建设，包括交通（公路、铁路、机场、港口）、水厂、电厂、卫生（医院）、公共安全（监狱）、国防、教育（学校）、公共不动产管理等。国内的奥运、亚运、大运场馆、大规模建设城市铁路、轨道交通领域、水务领域和垃圾处理领域等，PPP都是一种极好的最有效的运作方式。

[①] 本文系根据作者在"华中科技大学管理学院2015年PPP模式研讨会"上的论文改编，合作者龚绎雪（第一作者）。

（一）PPP类型

PPP可以分为外包、特许经营和私有化三大类。

1. 外包类PPP

外包类PPP项目一般是由政府投资，私人部门承包整个项目中的一项或几项职能，例如只负责工程建设，或者受政府之托代为管理维护设施或提供部分公共服务，并通过政府付费实现收益。在外包类PPP项目中，私人部门承担的风险相对较小。

2. 特许经营类PPP

特许经营类PPP项目需要私人参与部分或全部投资，并通过一定的合作机制与公共部门分担项目风险、共享项目收益。通过建立有效的监管机制，特许经营类项目能充分发挥双方各自的优势，节约整个项目的建设和经营成本，同时还能提高公共服务的质量。项目的资产最终归公共部门保留，因此一般存在使用权和所有权的移交过程，即合同结束后要求私人部门将项目的使用权或所有权移交给公共部门。

3. 私有化类PPP

私有化类PPP项目则需要私人部门负责项目的全部投资，在政府的监管下，通过向用户收费收回投资实现利润。由于私有化类PPP项目的所有权永久归私人拥有，并且不具备有限追索的特性，因此私人部门在这类PPP项目中承担的风险最大。

（二）PPP特征

PPP具有三大特征，即伙伴关系、利益共享和风险分担。

1. 伙伴关系

政府购买商品和服务、给予授权、征收税费和收取罚款等，并非真实的合作伙伴关系。形成伙伴关系，首要的是项目目标一致，且伙伴之间互为对方考虑，并具备利益共享和风险分担这两个显著特征。

2. 利益共享

PPP中公共部门不仅与私人部门分享利润，还要控制私人部门在项目执行过程中形成超额利润。因为PPP具有公益性，利润最大化不是其最终目的，否则，就会引起公众的不满，甚至引起社会混乱。因此，共享利益不仅指共享PPP的社会成果，还包括使私人部门取得相对长期稳定的投资回报。利益共享是伙伴关系的基础之一，否则，PPP就不可持续。

3. 风险分担

利益与风险共存，因此，伙伴关系的另一个基础是风险分担。合理分担风险是PPP伙伴关系的显著特征。例如，在政府采购过程中，双方总是让自己尽可能小地承担风险，因此，政府采购还不能称为公私合作伙伴关系。但在PPP中，双方却总是以自己最善于应对某类风险的相对优势尽可能大地承担其伴生风险或管理职责，使风险得以规避。例如，对于隧道、桥梁、干道建设项目运营中特定时间段的车流量不足的问题，公共部门对其提供现金流量补贴，以控制私人部门的经营风险；而私人部门则承担具体管理职责，以克服"官僚主义低效风险"。

（三）PPP优势

1. 有利于提高效率和降低工程造价。研究表明，PPP项目不仅建设工期大都能按时完成，而且平均为政府部门节约17%的费用，即政府采用PPP投入小于传统方式投入的差值。

2. 有利于转换政府职能，减轻财政负担。政府可以从基础设施公共服务的提供者转变成监管者，在保证质量同时，还可以在财政预算方面减轻政府压力。

3. 有利于促进投资主体的多元化。

4. 有利于发挥公共机构和民营机构各自的优势。

5. 有利于合理分配风险。

6. 适用于各类市政公用事业及道路、铁路、机场、医院、学校等，应用范围广泛。

二、PPP在选拔考评中的运用——融智

如果从PPP管理模式创新的层面上理解和总结，可以将"融资PPP模式"类推到"融智PPP模式"。例如，PPP模式在竞争性选拔考评中的运用——融

智，诚然，这种融智PPP模式，在考评合作项目选择和党委控制或参与的形式、程序、渠道、范围与程度等诸多方面，尚需研究其合理性和有效性，但这是值得探讨的问题。

（一）党委指引

党委指引，党组支持。根据党管干部原则，从责任来讲，提高选人用人公信度的党委责任，绝不能因为PPP合作双方或多方责任随项目不同所产生的差异，而有所改变；从角色来讲，党委作为选人用人的治理者和决策者，绝不能因为融智PPP模式提供了竞争性选拔考评服务的有效方式，而有所替代。因此，在融智PPP考评模式中，必须党委党组总体策划选人用人项目，组织招标，理顺各参与机构权限和关系，降低选人用人项目总体风险，以提高选人用人公信度。

（二）健全党规

健全选人用人党规国法规章制度。选人用人融智PPP项目的运作需要在党规国法规章制度层面上，对党委党组与人力资源考评部门在项目中需要承担的责任、义务和风险进行明确界定，保护双方利益。在融智PPP考评模式下，项目设计、融智、管理等各个阶段都可以通过完善的党规国法规章制度对参与双方（多方）进行有效约束，是最大程度发挥各方优势和弥补各方不足的有力保证。

2011年，中央做出分类推进事业单位改革的决策部署，提出要"抓紧研究制定事业单位领导人员管理办法"。十八届三中全会对事业单位改革做出新的部署，四中全会强调要加强党内法规制度建设。面对新形势新任务，落实中央新精神新要求，迫切需要以法规制度建设为抓手加强事业单位领导人员队伍建设。党政领导干部的管理有《公务员法》和《党政领导干部选拔任用工作条例》，中央企业有《中央企业领导人员管理暂行规定》等，而事业单位领导人员管理长期沿用党政机关干部的模式，没有形成充分体现事业单位特点和人才成长规律的政策法规体系，亟须填补空白。

2012年4月16日，《中共中央国务院关于分类推进事业单位改革的指导意见》发布，首次对事业单位改革进行顶层设计和系统谋划。2015年6月2

日,中国政府网公布中共中央办公厅印发的《事业单位领导人员管理暂行规定》(以下简称《管理规定》)。《管理规定》是中央制定的第一个规范和加强事业单位领导人员管理的党内法规,体现了中央关于干部人事工作的新精神新要求,吸收了干部人事制度改革的新经验新成果,填补了事业单位领导人员管理的制度空白。该《管理规定》分总则、任职条件和资格、选拔任用、任期和任期目标责任、考核评价、职业发展和激励保障、监督约束、退出、附则9章40条,由中共中央组织部负责解释,自2015年5月28日起施行。《管理规定》第十二条规定,选拔事业单位领导人员,根据行业特点和岗位要求,可以采取组织选拔、竞争(聘)上岗、公开选拔(聘)等方式进行,也可以探索委托相关机构遴选等方式进行。《管理规定》第十八条规定,选拔任用工作具体程序和要求,参照《党政领导干部选拔任用工作条例》及有关规定,结合事业单位实际确定。这是参照企业做法推出的新举措,开辟了任用事业单位领导人员新路径,意义重大。关于选拔方式,《管理规定》采取"一般"加"特殊"的方式,明确对拟任人选,可以采取组织选拔、竞争(聘)上岗和公开选拔(聘)等方式进行,同时考虑到一些事业单位领导人员必须是本行业、领域领军人才,需要面向全国甚至全球选拔,在总结一些地方和行业实践经验的基础上,鼓励有条件的也可以探索委托相关机构遴选等方式选拔领导人员。在任用方面,《管理规定》提出区别不同情况实行选任制、委任制和聘任制;为进一步转换用人机制,搞活用人制度,提出对行政领导人员要逐步加大聘任制推行力度。《管理规定》作为第一个专门规范和加强事业单位领导人员管理的党内法规,是党的组织工作与时俱进、开拓创新的重要成果,是依法依规治党、从严管理干部的重大举措,是新时期做好事业单位领导人员管理工作的基本遵循。

《管理规定》确立了相关机构——社会智力可接受委托参与遴选领导人员的制度性创新,被业界默认其为竞争性选拔"融智PPP基本法"。

(三)资源保障

竞争性选拔融智PPP模式的运作,需要专业化机构和人才资源等保障。一方面要求政策制定规范化、标准化的融智PPP流程,为竞争性选拔考评项目的运作提供技术指导和相关政策支持;另一方面需要专业化的中介机构提供具体专业化的服务。

但由于我国融智PPP考评模式推广尚处于起步阶段，相关资料较少，不成体系，不利于开展系统化的培训工作。因此，应组织专家对融智PPP考评模式进行系统化的梳理，编制《融智PPP考评模式培训手册》，使相关人员熟悉融智PPP考评模式的基础知识、政策体系、发展经验、操作实践、法律框架、实施流程和相关案例等。该《手册》应分别阐述相关方面的问题，如：环境概述篇，主要内容包括融智PPP模式的基本概念、发展回顾和发展政经环境，建立融智PPP模式的基本认识；模式研究篇，主要内容包括融智PPP模式的分类和选择、融智PPP合同的分类和优劣势、融智PPP项目的一般实施流程、融智PPP模式的SWOT分析、潜在风险分析与防范措施、融智PPP模式推广的动态；典型案例篇，选取融智PPP典型案例进行深入剖析；项目指引篇，选取有关融智PPP模式推广实施方案和推广项目进行阐述，起到借鉴和指引的作用。开展全方位、多层次的培训，使相关人员熟悉融智PPP的运作模式与管理要点，更好地在竞争性选拔考评实践中运用融智PPP模式。

融智PPP模式的运作目标有两种：一是低层次目标，指竞争性选拔特定项目的短期目标；二是高层次目标，指竞争性选拔一般项目的长期目标。也正因为如此，竞争性选拔融智PPP模式能否成功，很大程度上取决于党委政府的选人用人治理水平。前些年，竞争性选拔如井喷式增长，可融智PPP却是一块短板。从表面看，竞争性选拔很惹眼，一定程度上给选人用人公信度的表面效度带来了改善，但由于过度在乎眼球效应，在乎所谓的超前意识，导致选人用人公信度的内在效度严重滞后，从而影响了选人用人公信度。显然，这种结果与党委政府的选人用人治理水平有着密不可分的关系。《事业单位领导人员管理暂行规定》既是党委政府向社会竞争性选拔考评机构抛出的"橄榄枝"，也是检验党委政府治理水平的试金石，能否经受住考验、经得起检验，从融智PPP模式的推广上，也能比较好地检验出地方基层党委政府的选人用人治理水平。

对深圳市公务员录用考试工作的思考与建议[①]

中央、国家行政机关公务员录用考试制度从1994年开始正式施行。深圳从1988年开始，就率先推行国家公务员（录用考试）制度；2002年年底，又在事业单位中建立了统一公开招聘职员制度。目前，深圳市国家公务员和事业单位职员均实行"凡进必考"制度，并取得了较好效果。深圳市公开招考公务员和职员职位一直受到社会热捧，报考人数屡创新高，但录用考试工作还存在一些问题。因此，有必要对深圳市公务员录用考试工作作一反省。

一、三个问题

（一）公共科目能力测试缺项

录用考试分笔试和面试。笔试分公共科目和专业科目。深圳把在原来《公共基础知识》和《行政职业能力倾向测试》（其题型基本上是直接从国外引进的）基础上发展起来的《综合能力测试》确定为录用公务员和职员考试的笔试必考科目，并划分为教育类、医疗类、护理类和一般类四个类别。但这种确定与国家确定的公务员录用考试应遵循"分类考试、突出能力"的原则还有距离，尤其是对一般类的这种科目确定，其差距就更大。如中央国

[①] 本文系2005年应深圳市委组织部时任主要领导和原深圳市高级人才测评中心时任主要领导之要求而作。

家机关录用考试时A类[①]（相当于深圳分类的一般类）职位的考生公共科目笔试为：《行政职业能力测验》（A）和《申论》两科。《申论》主要通过应试者对给定材料的分析、概括、提炼、加工，考查其运用马克思主义、邓小平理论、法律和行政管理等理论或知识解决实际问题的能力，以及阅读理解、综合分析和文字表达能力，全部为主观性试题。从其他省、市、区来看，各地的公共考试科目与中央国家机关招考科目基本一致，而上海市还有所细化，实行的办法是本、专科考《公共基础知识》《行政职业能力测验》《申论》三科，硕士只考《行政职业能力测验》《申论》两科，博士则无须笔试，直接进入面试。相比之下，深圳的录用考试特点是一般类公共科目虽具综合性，但能力测试缺项。这个缺项就是《申论》科目。而《申论》作为能有效考查考生实际能力的科目，自2000年开始已在中央国家机关公务员录用考试笔试中采用，也是广东省招考国家公务员考试的必考科目。

（二）笔试及格率起伏剧烈

以深圳市党群系统招考参照公务员制度管理的机关工作人员职位的笔试成绩为例，2004年的及格（卷面分60分，百分制）率为92.59%，2005年第一次为33.44%，第二次为53.04%。这种及格率起伏剧烈的现象，让人们对所考内容不免产生疑虑（如考生反映有偏难偏怪的试题），对考试的信度、效度和区分度[②]不免产生怀疑，笔试命题在科学性上是否有问题？抑或是考生素质和大学教育在2004年至2005年间发生了剧烈变化？这也类似于一些落选的博士生[③]在写给中央有关部门的信中所提出的一个二难推理：要么是我们的研究生教育存在着问题，要么是目前的公务员考试命题在科学性、合理性上

[①] 按照职位性质，报考职位分A、B两大类。A类职位主要包括：从事政策、法规、规划等研究拟定工作，指导、监督、检查法律法规和政策的执行情况，以及机关内部综合性管理的职位；B类职位主要包括：从事机关内的专业技术工作，对机关的公共管理提供专业技术支持且对外设有行政管理职责的职位，直接将各项具体规定施于公民、法人和其他组织的行政执法职位。

[②] 衡量考试成功与否的重要指标有三个：信度、效度和区分度。通俗地说，考试的成绩与考生的真实水平相一致，这次考试的信度就大，或者说这次考试的成绩可靠；考试真正测量出它所要测量的东西，这次考试的效度就高；能够让考生成绩拉开距离，这次考试区分度就高。区分度在于试题难易程度与应试者知识、能力、素质的吻合程度。

[③] 据悉，从北京地区的公务员考试情况来看，博士生考不过硕士生，硕士生考不过本科生、大专生，合格率最高的是大专生和本科生。

需进一步下点功夫。是国家的教育制度有问题，培养出来的高学位人才自己反而不能用？还是公务员录用考试本身有问题，命制的考题不利于选拔高学位人才？

以百分制笔试卷面（全部为客观选择题）的绝对得分值60分作为及格线，相对于以标准分值"排序"而言，更让人们对笔试题这把量尺本身的准确性表示忧虑，这把量尺制作得科学准确吗？能满足信度、效度和区分度的要求吗？

（三）考生怀疑面试有猫腻

在面试考官组成上，深圳的做法[①]：面试考官组设5名考官的，招考单位参加3名，组织人事部门在各招考单位上报考官名单中交叉调派2名；设7名考官的，招考单位参加4名，组织人事部门交叉调派3名；计分员由招考单位人员担任，监督员在各招考单位间交叉调派。因此很多考生认为，面试环节可能存有猫腻。考生还以其他省区市的做法[②]和深圳市某些招考职位对报考资格条件的设置存有量身度造之嫌疑为佐证。例如某职位的所需资格条件对最高年龄的设置是30岁，而对与职位要求有关的其他条件的设置是：中共党员，全日制普通高等院校毕业，4年以上行政工作经验，在市级以上刊物发表10篇以上文章。另外，个别主考官的浓厚的白话方言普通话更是让北方考生落第得啼笑皆非，泪流满面。

二、两种原因

（一）能力导向不彻底

深圳的《综合能力测试》既有对要求掌握知识的测查，又有能力倾向的

---

① 仅2004年尝试过采用考前随机抽签的方式确定考官组成，受到考生的欢迎和好评，但遭到部分招考单位的强烈反对。
② 据悉，面对考生的种种疑虑，山东省某处长介绍说，考官得知的只是考生的考试信息，是一个号码，对考生姓名等信息一律不知，而七位考官中只有一人来自招考单位。在评分时还会去掉一个最高分和一个最低分，剩下五个取平均值。在这种情况下，一两个考官是很难左右考试结果的。山东省还准备用在全省范围内随机交流面试考官的做法解决人情关系对考官来说往往很难回避的难题。

测验。但如果仅仅只是因为考虑完全实现答题卡作答、计算机判卷，追求提高判卷效率和公平公正的表面效应，而彻底放弃能有效考查考生实际能力的《申论》科目，实在是太令人惋惜。《申论》主要是用于考查应试者运用理论或知识解决实际问题的能力，以及阅读理解、综合分析和文字表达能力。因此，深圳不应该放弃坚持能力导向的彻底性。而笔试及格率起伏剧烈的现象也与不彻底的能力导向下所命制的试题（容易导致试题偏难偏怪）有直接的相关性。

（二）单位用人本位化

部分招考单位之所以强烈反对采用考前随机抽签的方式确定考官组成，其充要理由是"本单位用人由本单位做主，就像企业老板用人一样"。其实，这是招考单位在录用人员上的本位化倾向。这种理由既不充分也不必要，因为这是党政机关招考"公务员"，党政机关招考单位也不是企业，而党政机关招考单位领导更不是企业老板。

三、一点建议

通过上述对深圳市公务员录用考试工作的简要反省，如就考试本身而言，可以考虑从坚持能力导向和削弱用人本位化入手，以改进考试工作。如增加《申论》科目，实行随机抽签确定考官组成，等等。

诚然，深圳市公务员录用考试是国家公务员制度中的一种考试，但同时也是深圳市人才工作制度中的一种考试，因此，在反省深圳市公务员录用考试工作的同时，有必要审视一下深圳市的人才考试工作现状。25年来，深圳市的人才考试工作基本形成了"学生－技工－干部"的人才考试链[1]。相对而言，人才考试链的最后环节——干部考试工作的系统性还有待改善和加

---

[1] 市教育局下属的招生考试办公室专司普通教育等考试；市劳动和社会保障局下属的工考办专司各类技工技能和调工等考试；市人事局下属的考试指导中心负责专业技术人员职称资格、公务员录用和调干等考试，近年来还承接了部分党政机关竞争上岗考试；市委组织部下属的高级经理评价推荐中心（高级人才测评中心）则以公开选拔党政领导干部和党政机关竞争上岗以及国有企业公开招聘高层经营管理人员等考试为主，近年来还承接了党群系统招考参照公务员制度管理的机关工作人员的录用面试。

强。从承担干部考试工作的机构来看，分属于两个不同部门的两个机构，其工作性质、工作范围、工作内容、工作职责、工作对象[①]等均有重叠和交叉。这就存在着重复建设、浪费资源、增加协调、成本上升、质量下降的极大可能性。甚至其两个机构的名称都值得商榷。"考试指导中心"并不是对所有考试，也不是指导而是实操；而"高级经理评价推荐中心（高级人才测评中心）"则指向不明。

如果将这两个机构整合为"深圳市干部考试与测评中心"或直接率全国之先改革创新为"深圳市干部测评与考试局"，由市委组织部牵头和市人事局共同管理[②]，既可与国家人事部人事考试中心相对应，也可与"中组部领导干部考试与测评中心"相接应。更重要的是可以把公开选拔、竞争上岗和录用考试作为一个系统，这就极有可能提高考试质量、降低考试成本，不断地完善深圳市的干部考试与测评工作。

---

① 报考公务员的考生就曾因参加资格审查而奔跑于两处还摸不着头脑。
② 据悉，已有组织部副部长兼人事局局长之定位设置。

国有企业选人用人现状及其对策[①]

根据我国《公司法》的相关规定，国有企业是指企业注册资本完全由国家投入，或国家投入的资本占控制地位的企业。由于国有企业的这一特殊性，所以此类企业一般都具有双重性。一方面具有企业的属性，以盈利为目的，追求自身效益的最大化；另一方面具有公益性的特点，要执行一部分国家意志，承担一些公共组织应当承担的社会责任。在竞争日趋激烈的今天，人力是至关重要的资源，人力资源管理的核心就是人岗匹配，充分调动人的积极性。选人用人就是选择擅长企业管理的人才和具有专业知识的人才，通过一定的选拔任用程序和机制，放到合适的岗位。

相对于其他企业，国有企业拥有绝对的资金优势和技术实力，而人力资源则是制约国有企业效率的重要因素。在人员配置方面，特别是国有企业经营管理人员既有行政配置方式，也有市场配置方式，并且是以行政配置为主[②]。自我国入世以后，国有企业人力资源管理的重要性不断显现。十八届三中全会，党中央确定要深化经济体制改革，注重市场的决定性地位，大力发挥市场的作用，推进现代化、完善现代企业制度。针对国有企业相对于其他企业的特殊性，必须关注党管干部和市场化选择的结合，建立职业经理人制度。以深圳市国有企业为例，阐述国有企业选人用人机制的创新和有效做法。

一、现状

（一）落实党管干部原则，建立适应现代企业制度要求和市场竞

[①] 本文系根据作者在深圳市委党校培训班上的讲义改编。本文合作者龚绎雪（第一作者）。
[②] 杨昌辉：《国有企业经营者选择机制研究》，合肥工业大学博士论文，2009。

争需要的选人用人机制

1. 完善制度规范，健全现代企业制度

为建立一支富有生机和活力的高素质管理人员队伍，以市委市政府和市国资委的规章制度为指导，先后发布了针对不同管理层级的管理人员管理规定，在选拔任用、任职、考核、交流、回避、诫勉、降职、解聘等各方面进行了详细的规定。拟任人选的选拔方式，明确提出和规范了组织提名、民主推荐、内部公开竞聘和社会招聘、市场猎取等渠道的操作流程，进一步完善了选人用人的规范化，突出了企业领导人员选拔任用的市场化导向。

2. 积极发挥集团党委的政治核心和战斗堡垒作用

一是积极倡导干事创业、优胜劣汰的企业文化，加强思想政治引导，形成广泛共识和强大合力；二是贯彻执行党的干部路线、方针、政策，集团党委参与选拔标准、程序、任职人选等酝酿研究工作；三是强化党内监督，集团党委、纪委对选聘工作全程监督，畅通电话举报、信访举报和网络举报渠道。在管理规定中，明确强调集团党委在中层管理人员的选拔任用中发挥领导、审核和把关的作用，严格落实"党管干部"原则。

（1）中层管理人员拟任人选的产生渠道包括组织提名、民主推荐、内部公开竞聘和社会招聘、市场猎取等，具体采用的方式及实施方案由集团党委决定；

（2）考察对象的确定由集团党委按照管理规定的比例在候选人中确定；

（3）拟任人选由集团党委根据考察小组的考察材料和任用意见确定，公示期满无异议后集团党委安排专人同任职人员进行任前谈话。

3. 强化用人反馈机制，提高选人用人公信度

用人反馈机制作为任用人才的后续工作，具有重大的意义，通过用人反馈机制可以反映出任用人才是否得当，是否合理，及时发现任用过程当中的缺陷和不足，以求及时改正。干部选拔时的考察，个别谈话的人员也都认真、严谨地对被考察人进行评价，提出意见和建议。为进一步完善选人用人的全面考核机制，相关管理规定明确了任职试用期制度，提任的领导干部自聘任之日起试用一年，试用期满后由人力资源部和党务工作部门组成考核小组进行试用期满考核。包括对被考核人的任职单位全体人员进行民主测评，管理人员和员工代表进行个别谈话。形成的试用期满考核报告提交集团领导审核，考核胜任现职的，正式任职；不胜任的，解聘试用职务，一般按试用前职级安排工作。

4. 加强党性教育，坚定党员干部理想信念

国有企业经营管理者的政治取向对巩固党的执政基础具有重要影响，国有企业党组织是党的重要基层组织，加强和改进企业党的建设，是巩固党的执政基础的重要保证。为深入贯彻落实"党管干部"原则，企业党务工作部门积极配合党校，组织领导干部，特别是经营管理人员参加市委党校的教育培训；企业内部也有计划地按期组织党性教育学习。旨在不断强化党的思想政治教育，促进党在国有企业中政治核心作用的发挥。

（二）发挥党委的核心领导作用，实现党管干部与董事会依法选择经营管理者相结合

由于国有企业有别于一般企业的特殊性，在选拔和任命经营管理人员的过程中，上级和企业党委应发挥积极作用。在选拔任用领导干部的过程中，既要做到坚持党的领导，体现党委意图，也要兼顾董事会的合法权益。深圳市国资委2010年12月发布的《关于深化市属国有企业领导人员选拔任用改革的若干意见（试行）》中，提出了"双向进入，交叉任职"，将党管干部原则与完善公司法人治理结构相结合，"通过董事会提名委员会征求企业党组织意见、进入企业董事会的党组织负责人在董事会上正确表达企业党组织意见等方式"，促进企业党委、董事会、经营班子各司其职、协调运行，降低沟通成本。

1. 发挥上级党委在选人用人工作中的领导和把关作用

作为市属国有企业，企业党委书记由市委组织部任命；党委副书记、纪委书记、由市国资委党委任命；副总经理一般由国资委党委研究决定。经营管理人员的人数及任期按照董事会章程的规定执行。

2. 实现党的领导与董事会职权的紧密结合

（1）集团经营班子、党委委员和董事会成员交叉任职。集团董事长、总经理和党委副书记为董事会成员；董事长、总经理、党委副书记、一名分管副总、总经济师和总工程师经过选举成为党委委员；

（2）公司实行董事会领导下的总经理负责制。集团总经理及除财务副

总经理和运营副总经理外的高级管理人员,由市国资委推荐人选,董事会聘任;运营副总经理及财务副总经理由外方股东推荐人选,董事会聘任;

(3)根据企业股权结构,建立和完善适应企业特点的企业与出资人的沟通机制,从而做到"事前沟通、事后报备,并从流程上保障出资人的正确意见通过企业董事会得以贯彻实施"①。

(三)完善市场化选聘,激活企业内部动力

市场化选聘是完善企业法人治理结构的重要内容。领导干部的市场化选聘,包括外部选聘和内部选聘,该形式可以创造公平环境,使优秀的管理人才脱颖而出,促进人力资本的有效配置,实现"人尽其才""位取所需",推动企业健康、快速发展。

1. 强化内部公开竞聘,深化用人机制改革

公开竞聘可以解决信息不对称的问题,给予员工很好的激励,必须要完善的程序加以规范。深圳市委组织部、深圳市国资委于2010年12月联合向市管企业和市国资委直管各企业发出《关于进一步推动市场化选聘市属国有企业领导人员工作的意见》,提出"树立依法选聘意识,规范和完善选聘工作程序,认真严谨地开展选聘工作。"以该意见为指导,国有企业建立和完善适应本企业发展的规章制度,通过民意测评、笔试、面试、集团党委投票和组织考察等方式。以量化的考试、考核结果为依据的候选人选拔过程是在干部选拔制度中引入科学化、民主化和规范化精神的体现;以人才测评甄选和票决制方式决定职务人选的领导集体研究过程则是民主集中制和党管干部原则的体现。②

2. 不断推进博士后工作站建设,引进高端专业人才

博士后工作站是引进高端专业人才的重要平台之一,某国有企业的博士后工作站在行业内享有较高的知名度。建站以来同清华大学、哈尔滨工业大学、中科院等许多知名高校合作,承担的课题多次获国家、省、部级科技

---

① 深圳市国资委:《关于深化市属国有企业领导人员选拔任用改革的若干意见(试行)》,2010年12月。
② 宋涛:《论干部公开选拔制度与党管干部原则》,深圳大学学报(人文社会科学版),2002,19(5):47-52。

成果奖，工作站先后两次获得"优秀博士后工作站"荣誉称号。博士后工作站人员每年通过多种途径招聘博士，主要包括前往高校宣讲、高校研究成果交流以及网上发布招聘信息。博士后出站以后，留深者多数选择在该企业工作，助力推动自主创新发展。

（四）强化考核激励机制，健全领导干部队伍

激励机制是公司治理的重要环节和重要内容，有效地激励领导管理人员这一人力资本，有利于促进其充分发挥潜能、创造价值。企业绩效对薪酬水平的敏感性可以达到激励作用，提高经营管理成效。公司强调以绩效为导向，建立科学合理的绩效考核制度，实施适宜的激励政策和措施，客观实施绩效考核并正向激励，引导全员致力于组织战略目标和业务指标的达成。

1. 完善制度建设，强化内部管理

该企业与时俱进，不断更新完善绩效考核管理实施办法，在此框架下，各分支机构、二级企业制订了适应本单位的更为详细和有针对性的员工绩效管理实施办法，形成了上下一体、纵横结合的绩效管理体系。公司注重考核的有效性和针对性，针对不同单位、不同层级的人员，制定相对应的有针对性的考核办法，做出客观的年度评价。年度考核完成后，按管理权限对人员的当年绩效考核结果进行反馈，并提出绩效改进的建议。

2. 以正向激励为导向，提高主观能动性

该企业强调以业绩为导向，合理奖罚。对高绩效员工在薪酬、职务等方面进行奖励和认可，加以激励；对低绩效员工加强培训并在薪酬等方面有所体现，引导低绩效员工努力提升自己的业务能力与素养，提高绩效水平。根据职级级别设定绩效奖金在薪酬中的比例，职级高的岗位，其绩效奖金所占比例相应提高，体现了鼓励"高职级高绩效"的理念。

3. 注重考核反馈和绩效辅导，不断提升工作业绩

在绩效考核制度中，强调要进行绩效考核的反馈面谈，并重视日常绩效的辅导，以帮助员工不断提升绩效表现。年度考核完成后，按管理权限对员工当年度的绩效结果进行反馈，并提出绩效改进的建议。帮助员工不断改进工作方法和技能，通过培训、日常辅导等方式及时纠正员工行为与工作目标之间可能出现的偏离，激励员工的正面行为，并对目标和计划进行跟踪和修改。

二、问题

（一）选任和监督机制有待完善

国有企业的选拔任用仍然"行政化"，选拔方式仍以上级主管部门或组织部门任命为主。"党委会集体研究决定"常常出现在选人用人工作中，一方面容易导致以此为由淡化个人责任，出现问题时以此为借口；另一方面容易引起企业员工的不满，认为提拔都是领导说了算。合理界定责任，权责统一、职责分明，方可刹住选人用人的不正之风，提高选人用人的公信力。

（二）反馈制度执行不到位

干部选拔时的考察，往往都会下足功夫，虽然很多国有企业的相关管理制度中，有对领导干部试用期满一年进行考核的规定，考核小组也会按时进行试用期满考核，但被考核人员所在单位和相关人员的严肃认真程度则差强人意。参评人思想上不重视，认为试用期考核只是走过场，自己的意见无足轻重，从而导致考核结果不够真实，个别谈话简单随意；企业内部没有形成"能上能下"的风气，部分领导没有压力感，员工不愿意甚至不敢提意见。

（三）体制建立欠缺完善

建立和完善职业经理人制度是市场经济发展和现代企业制度的要求，越来越多的国有企业对职业经理人的市场投以关注，但职业经理人缺乏可信度高的评价体系、市场不完善、信用体系建设滞后、资格认证发展缓慢等一系列问题使国有企业对职业经理人的配置和需求无法与市场经济对接。另一方面，国有企业领导干部的分类和界定，仍然套用党政机构的"级别"进行管理，从而减弱了国有企业领导干部这个群体作为企业人员的特殊性，使企业领导干部难以从观念上建立"职业化"的概念，一定程度上阻碍了职业经理人制度的完善。

（四）人员选择主体制约效率

国有企业经营者的选择主体以政府为主，这样的选择主体使选择的标准更加侧重于"政府官员",而不是"优秀的经营者"。不仅限制了选择的范围,也容易造成选择标准的偏离。

三、对策

(一)聚焦人才队伍建设,培养一批优秀的领导干部

充分重视领导干部作为核心资本的重要地位,大力优化培养和成长机制及环境,建立健全职业经理人制度。结合国有企业的特点创新选人用人方式,坚持党管干部和市场结合、内部培养和外部引进相结合,建立和完善退出机制,有效地激发企业领导干部的激情和创新精神[1]。2016年5月,深圳市国资委发布《深圳市国资委党委关于建立市属国有企业领导人员后备人才库的通知》,拟在市属国有企业推荐选拔优秀干部,列入深圳市属国有企业领导人员后备人才库,旨在进一步加强企业干部队伍建设,建立一支高素质的企业领导人员后备人才队伍。

(二)优化董事会制度,提高经营者素质和选择机制的效率

作为国有企业,党委和董事会的作用需要紧密结合,董事会也必须不断完善、提高效能。早在2004年,国务院国资委就颁布了《关于国有独资公司董事会建设的指导意见(试行)》,并选择了11家试点企业。虽然在实行上仍然存在一些问题,但这意味着董事会的建立已经是国有企业发展的必然,并且在我国开始运作。

(三)推进外部人员选聘,完善职业经理人管理机制

随着国企改革的深入,市场化选聘人员应扩大对外部人员的引进,通过加强对市场化选聘人员的日常管理加以实现。一是建立职业经理人的权益保障制度,给予职业经理人的归属感和认同感;二是完善职业经理人的考核激励机制;三是探索党组织与职业经理人日常的联系机制,逐渐对其进行渗透引导;四是健全责任追究制度,确保"选得准、用得好、干得优"。

---

[1] 深圳市国资委:《贯彻落实创新驱动发展战略的实施意见》,2016年2月。

建立与完善职业经理人制度①

中国经济的发展,亟待建立企业经理人制度。我们不能将公司的命运寄托在某一个人的觉悟上,而要靠制度规范。邓小平同志曾明确指出:制度建设很重要。"制度好可以使坏人无法任意横行,制度不好可以使好人无法充分做好事,甚至会走向反面。"②在国企改革中建立和完善职业经理人制度,即建立一套能够使企业经理不仅为个人,而且为国有资产的保值增值尽职尽责的保障制度,对于推动我国以建立现代企业制度为目标的国有企业改革,在理论与实践上具有重要的现实意义。

一、经理革命－经理职业化－职业经理人制度

伴随现代公司制企业的产生和发展,公司领导体制发生了一场深刻的革命性变革,这一变革的实质是所有权与经营权相分离,公司经理不是凭借所有权,而是凭借经营管理能力在企业经营中取得支配地位。这种变革,就是通常所说的"经理革命"。

经理革命的过程,就是企业经理职业化的过程。所谓"企业经理职业化",即企业经营管理成为一种具有普遍原理、原则和专业技术的专门化的职业。从事这项专门职业的企业经理是靠他的经营管理专业才能来获得他的地位和收入,经营管理才干作为高级的生产要素和人力资本,其重要性已超过资本、土地等生产要素,在企业发展中成为核心力量。经济学家彼得·德鲁克认

---

① 原文载于《特区理论与实践》2000年第7期。
② 摘自《党和国家领导制度的改革》,这是邓小平同志在中共中央政治局扩大会议上的讲话,1980年8月31日政治局讨论通过。《邓小平文选》第2卷。

为,"经理在每一个企业中都是一个生气勃勃的赋予企业以生命的因素。没有经理的领导,'生产'就只是资源,绝不会变成生产。首先,在竞争性经济中,经理的素质和他的工作,决定着一个企业的存亡,经理人员的工作和他的工作能力是一个企业唯一起作用的有利因素"①,"企业中的秩序、结构、动力和领导的根本问题,必须在管理经理人员中加以解决。经理人员是企业的基本资源,是最稀有的"②。可以说,一个国家、一个民族经济的振兴和发展,在很大程度上依赖于该民族是否拥有一大批富有创造性的精明能干的企业经理,"经理体制"的出现和成熟成为一个国家经济发达的标志之一。

我国企业已开始进入经理时代并正在逐渐形成一个经理阶层,但中国的企业经理,作为一个整体,尚不成熟。有关部门曾对全国2000家亏损国有企业进行过一项权威调查,结论是80%以上的企业亏损是由于经营管理不善造成的③。经营管理不善,主要责任者当然在各企业的主要领导人及领导班子。这些亏损企业的领导人是"不能"还是"不为"?由此得出的结论都是极其令人尴尬的,说明不是我们的选拔任用系统出了问题,就是我们的管理制度和激励制度出了问题。一位曾经风云一时的企业经理就说过:在中国社会没有企业家生存的空间。这空间,指的就是一个良性的职业经理人制度。

因此,与其说我国没有大批真正的企业家,不如说我国缺乏培育和促进企业家健康成长的职业经理人制度。如果不从制度建设这个源头抓起,主观随意性太大,经理难以登堂入室不说,即便能够获任用,最终也会出现问题,甚至毁掉一批才华出众的经理。按照经济学家鲍莫尔的说法,一个社会的生产力发展和科技进步是快或慢,主要的不是取决于该社会经理人才资源的多少优劣,而是取决于该社会的制度机制对经理人才资源的引导和发挥。故建立有效的经理人才的评价选择、行为激励、约束和监督等制度,使经理人才资源真正配置在生产经营性用途上,而不是消耗在非生产经营性用途上,使潜在的经理人才资源成为现实的经理,是开发其资源更为有效的途径。

职业经理人制度,是一个由多种制度组成的统一系统,既有正面的激励制度,又有反面的约束、监督制度;既有产权制度,也有市场制度。它们是相

---

① [美]彼得·德鲁克:《创新和企业家精神》,企业管理出版社,1989年版。
② 同上。
③ 转引自刘东华:《善待经营者》,载《中国企业家》1999年第6期。

辅相成、不可缺一的有机整体。实践表明，企业的组织活力和经营效率，不取决于资产为谁所有，也不取决于资产所有者与资产经营者是否同一，而取决于是否存在使所有者（委托人）与经营者（代理人）目标偏差最小（代理成本最低）的有效的经理人制度。这种制度应具备三种功能：一是能极大地激励企业经理长期为谋求企业的最大发展而努力拼搏，像对待自己个人财产一样对待国有资产；二是能极大地吸引具有经营才能的人踊跃加入到企业经理队伍中来，积极参与公平竞争，促进优胜劣汰，使最优秀的经营人才走上企业经理的岗位；三是能最有效地约束经理不利于企业发展的行为，使他们的才能用于生产经营上而不是钻营不正当的再分配性活动[①]。通过建立一种良性的职业经理人制度，靠制度创新来调动经理们的积极性，靠制度规范来监督经理们的行为，用制度的秩序替代个人作用的随意，使人治走向法治，无论经理是谁，都能够比较平稳地领导企业向前发展，实现百年企业的理想。

一般说来，职业经理人制度应该包括对经理人才的市场配置、评价选择、产权确认、合理使用、激励、约束和监督等方面的内容。

二、经理市场配置制度

其实质是职业经理人的竞争选聘制度，竞争选聘的目的在于将经理的职位交给有能力和积极性高的经理候选人，而经理候选人能力和努力程度的显示机制是基于候选人长期工作业绩建立的职业声誉。企业经理市场的"供方"为经理候选人，"需方"是作为独立市场经济主体的"虚位以待"的企业，在"供需双方"存在大量提供企业信息、评估经理候选人能力和业绩的市场中介机构。如果把经理的报酬作为经理市场上经理的"价格"信号的话，那么经理的声誉则是经理市场上经理的"质量"信号。市场如战场。经理市场配置制度以它特有的机制，强有力地约束每一个经理的行为，并激励他们马不停蹄地奋发向上。如果一个经理不能使企业赢利，甚至搞得一塌糊涂，债务累累，那么他的人力资本就会在经理市场上自动贬值，他就会面临被辞退的危险。故从动态的而不是从静态的观点来看，即使不考虑直接报酬

[①] 徐传谌：《论企业家行为激励与约束机制》，经济科学出版社，1997年9月第1版。

对经理的激励作用和其他监督的约束作用，经理也会从长远利益考虑为了给市场留下好印象，保持个人的人力资本在市场上的价值而努力工作。

要实现职业经理人的竞争选聘，必须改革现行的不符合市场经济要求的企业领导班子管理制度，具体地讲，企业经理委任或任命制转变为以市场为依托的契约合同制，职务的变迁由主管部门决定转变为由市场竞争定夺；在选拔范围上，应不受身份、职业、地域、所有制性质等的限制，广开才路。当前，我国还没有建立起有效的经理市场，企业经理的职业化进程十分缓慢，没有形成一套市场价格机制，来保证具有良好声誉的"高质量"的企业经理能够具有高"身价"。因此，在建立和规范经理市场的过程中，要十分重视声誉机制的建立，这就要求对进入经理市场中的每一位经理人员要建立全面的、真实的、连续的、公开的业绩档案记录、信用记录。

三、经理产权确认制度

在我国，"企业经理到底该挣多少钱"还是个纠缠不清的命题。有的企业国家投资几百万元，在经理手中发展为拥有总资产上十亿甚至几十亿元。但是在产权界定时，却没有把人力资本纳入其范畴。

古典经济学家认为，劳动的报酬是工资，土地的报酬是地租，资本的报酬是利息[1]。马歇尔指出，企业经理才能的报酬是利润[2]。熊彼特也指出，利润是企业经理创新努力相应的回报[3]。也就是说，"劳动－工资、土地－地租、资本－利息、经理才能－利润"是各生产要素的所有者进行产权交易的内容。给企业经理以利润回报，是经理同其他产权所有者进行交易的内容，满足这种交易的条件，才能得到企业经理才能。

企业经理和企业进行产权交易的内容主要是剩余索取权和剩余控制权。企业经过一段时间的经营，形成了新的积累，其中也必然含有经理的份额，经理将自己的积累份额转化为投资，事实上视为自己拥有的剩余索取权。如果国家简单地采取对经理自己积累的资产定性为国有资产，将其收为国有，

---

[1] [法]萨伊：《政治经济学概论》，商务印书馆，1963年版。
[2] [英]马歇尔：《经济学原理》上卷，商务印书馆，1964年版。
[3] [美]约瑟夫·A·熊彼特：《经济发展理论》，商务印书馆，1990年版。

其结果会使经理失去创新的动力，或者暗中将资产转移出去。"59岁现象"从反面说明了这一点，企业经理事实上控制了企业的剩余控制权，因为这种权利没有合法化，退休以后就会失去，这就导致转移资产或侵吞利润的动机。改革的方向应是承认企业经理的剩余索取权和剩余控制权。界定剩余索取权和剩余控制权的质和量，需要考虑的最重要的因素是国家或地区的文化积累，而常用的办法之一是"实力界定法"，即产权的界定直接表现为协议双方通过讨价还价来确定各自边界的过程。其结果取决于谈判力量的对比，而起决定作用的力量是谈判者拥有的实力。我国企业经理人力资本产权尚未市场化，经理既不能名正言顺地拥有剩余索取权，也不能名正言顺地拥有剩余控制权。因此需要做出相应的制度安排，推进经理人力资本产权的市场化，从而推动稀缺的企业经理资源的挖掘和发展。

四、经理资格认证和禁入制度

不是任何人都能成为经理，经理作为特定的职业身份和资格，不仅为社会而且必须为法律所认可。认可是有条件的，比方说一定的经历、一定的业绩以及对社会的贡献大小等。有了这些条件还需经过合法的权威机构的考评，认为确实合格，即可以一定形式颁发经理任职资格证书。有了这个证书，即可进入经理市场，同时也为企业录用提供一份起码且较为可靠的依据。目前许多发达国家已建立起了为国际社会所公认的雇员任职资格制度，在我国部分地区如深圳、上海、成都等也开始实行国有企业经理岗位资格认证制度。

经理任职资格不搞终身制，要加强对企业经理的动态管理，对其业绩实行跟踪考核，考核后应将其整个经营生涯的成败得失和资信情况如实记录在案，作为对其资格定期进行再认证的主要依据。同时，建立健全经理禁入制度，对于那些致使企业债务累累、破产倒闭的无能平庸之辈，或一些以权谋私、挥霍、侵吞国有资产，损害股东和员工的利益，甚至以身试法，走上经济犯罪的道路，致使国有资产流失严重的犯罪分子，应列入黑名单，该名单的所有人员，要终身禁止进入经理市场，取消其参与企业经营的资格。另外，要比照国际惯例，尽快建立健全经理注册制度，将注册企业经理的资格取得、注销及其行为规范、权利和责任以法律的形式规定下来。

五、经理激励制度

市场经济是利益驱动的经济，"人们奋斗所争取的一切，都同他们的利益有关"[①]，企业经理也不例外。因此，在所有权和控制权分离的条件下，国有企业经理激励制度的构建，必须适应企业经理的需要和利益，不要压制企业经理对个人利益的追求，而是要引导这种追求产生有益于社会的效果，使经理在实现所有者（股东）的经营目标效力的同时满足自己的追求。

经理的激励制度，实质是对企业经理经营业绩的一种肯定和评价，是在经济利益和社会地位上给予企业经理一定的补偿和确认。激励制度的建立有两种思路：其一是以收入为目标的浅层次激励，如可实行激励性年薪报酬制度，或逐渐引入股票、高额退休金等长期激励项目，激励经理人员的长期化行为，如建立和完善经理持股制度和在有条件的企业中尝试股票期权制度，实施高额退休金计划、给予企业经理高水平的养老和医疗社会保障等。其二是以产权为目标的深层次激励，所谓"产权激励"，就是要让企业经理占有企业的剩余，即剩余索取权和剩余控制权。在不完全合同的情况下，剩余控制权比剩余索取权更重要，因为对企业经理来说，看得见的工资和奖金是小头，而看不见的由控制权带来的好处是大头。故为了创造产权激励，关键是要坚持承认人力资本所有权的回报，针对不同类型的企业，采取不同的做法：如对于创业初期，有一定的国家实际投入的企业，可参照净收益法合理估算国家投入部分，折成国家股，同时承认内部人（企业经理和员工）拥有的部分剩余索取权，由内部人共同持股，国家实行授权经营的制度，或由内部人赎回国家股，转为企业内部人的股权；对于国家实际出资很少，或根本就没有什么实质性投入的企业，允许企业内部人按原始投入的"价格"，用企业公积金或现金"赎回"，转为企业内部人的创业股；对于名义上国有，实际上已经被内部人控制的企业，应该承认内部人的创业利润。

---

① 《马克思恩格斯全集》第1卷，人民出版社，1956年版。

六、经理监督约束制度

监督约束制度要求加强和完善监督机制,把外部监督和内部监督结合起来。要进行企业制度创新,将工作重点放在国有企业公司化改造上,通过构造股权多元化的现代化公司制企业,规范法人治理结构,使董事会、监事会真正起到对经理的监督约束作用。现阶段尤其应考虑建立领导成员之间权责协作基础上的内部制衡机制,在保证企业经理的决策自主权的基础上,发挥党委书记和职代会对经理的监督制约作用;实行企务公开制度,增强透明度;建立企业经理经营业绩考核制度和决策失误的追究制度,实行企业经理任期经济责任审计,凡是由于违法违规等人为因素给企业造成重大损失的,要依法追究其责任,并不得继续担任或易地担任经理;建立两种责任制度:一是经营责任终身追偿制度,二是选择国有企业经理人员的责任制度。前者是为了保证企业经理的长期化行为,对于给企业造成经营性亏损的,不能因为退休转换工作就不承担责任,如果触犯法律,更应追查到底。后者是指履行所有者职能——选择经理的人员要承担选择、任命国有企业经理的风险和责任,如同私人所有者要承担选错经理会使自己的企业和财产遭受损失的风险一样。对由于经理选择不当造成国有资产流失、企业破产的,要追究直接领导或相关决策者政治责任、经济责任,后果严重的要追究法律责任。

虽然职业经理人制度在不同国度中由于情况不同在具体细节上会有所差异,但确立制度的基本原则是大致相同的。良性的职业经理人制度,应该是能最大限度地吸收国外企业经理人制度中一切合理的符合中国国情的因素,又有与中国文化相亲和的某些独特性。制度比"神话"更重要,良性的职业经理人制度,必将能够制造出成千上万的"盖茨",而不仅仅是刻意培养一个或几个"盖茨"。在一个"盖茨"和千万个"盖茨"的选择上,在一个"微软"和千万个"微软"的选择上,制度所维护的,当然只能是后者而非前者。

深圳经理人市场化职业化制度化研究[①]

一、现代经理革命：经理人职业化

现代生物学的研究表明：生物个体的成长过程重演了种族演化的历史。这一研究结果同样适用于企业的发展过程：单个企业由个人独资、合伙，发展到具有相当规模的大型集团公司的过程在一定程度上重演了人类社会整个企业制度的演化发展过程。在这一过程中最值得关注、具有哥白尼革命那样划时代意义的发展阶段，就是企业管理者的非股东化。作为这一过程的直接结果便是经理人的职业化。而经理人职业化是从职业经理人的产生开始的。

职业经理人最早出现在美国。19世纪40年代，由于美国铁路建设的热潮，原有的铁路企业因融资的需要而创新形成了最早期的股份制公司，同时专业化的管理需求诞生了早期的职业经理人。职业经理是伴随着新型的公司制企业的发展而成长起来的。1933年，美国学者伯利和米恩斯（Berle & Means）在《现代公司与私有财产》一书中指出：现代公司的发展，已经发生了"所有与控制"的分离，公司实际上已经由职业经理组成的"控制者集团"所控制。后来人们把这种现象称为"经理革命"（Management Revolution）——由专业经理取代公司所有者成为决策者的公司治理结构运动，也就是经理人职业化。

所谓"经理人职业化"，是指在市场经济条件下，随着社会分工愈益细化和企业法人治理结构愈益规范，企业经营权和所有权发生分离，经营管理者从企业所有者中分化出来成为以企业经营管理为职业的职业经理人的过程。

[①] 本文系根据深圳市科学技术局2003年软科学研究计划项目"深圳经理人市场化职业化制度化研究"结题报告改编，合作者：常虹、樊勇斌等。

职业经理人作为一种社会分工，是在传统企业向现代化企业发展过程中确立的。职业经理人的产生是为解决企业规模不断扩大、社会生产力不断智能化所带来的资本占有与经营才能不对称的矛盾。在传统企业中，企业的投资者就是企业的所有者、经营管理者，企业的所有权与经营管理者是统一的。而现代化企业一般为股份制、集团型企业，企业规模的日益扩大，经营管理工作日趋繁杂，使得资本占有者既要考虑投资决策，又要从事经营管理，容易顾此失彼。一些无法适应社会经济迅猛发展、无法适应市场竞争激烈的资本占有者便把自己投资兴办的企业交给具有相当才能、符合企业发展要求的职业经理人去管理。

可见，经理人职业化是现代企业法人治理制度的产物，同时，它又制约着现代公司法人治理结构的完善与发展。经理人职业化是现代市场经济发展的微观基础。

经理人职业化具有下列基本特点：

1. 企业经理人的非股东化不是个别现象，已成为大多数企业的普遍事实；职业经理人作为一个具有鲜明特征的、独立的群体，已形成了一个对于商业社会稳定与发展有着举足轻重作用的特定的社会阶层。

2. 与股东经理人和企业法人主体存在特殊法律依赖性不同，职业化的经理人依照契约服从股东的利益、遵守企业的章程和制度，但却与企业法人主体保持相对的独立性，他们有重新选择企业的自主性，因此，职业化使得经理人有更大的流动性。

3. 职业化使经理人成为一种特殊职业，因此对经理人有特定的专业化的职业资格要求。这一资格要求不再是某一种工艺或专业技术，而是一定的从业经验、综合性的组织管理能力的要求。这一专业化要求成了许多经理人毕生学习、始终为之奋斗的目标。对于这一资格和能力的研究甚至产生了一门学科。

4. 职业化为经理人逐步形成了作为企业管理者和股东代理人的系统化的一整套职业规范和职业操守。

（一）职业经理人的界定

对于职业经理人的界定，目前主要有如下观点：

1941年，美国经济学家詹姆斯·伯恩斯（Burnham James，1941）在其《经理革命》中认为，"经理"就是指当代社会中在技术上管理着实际生产过程的那部分人，他们是现代技术与劳动分工的产物。

1954年，管理大师彼得·杜拉克出版了《管理的实践》，正式叙述职业经理人的角色与管理方法；后又在其著作《管理的任务、责任、实践》（Drucker Peter，1974）中将经理人定义为"对企业的绩效负有责任的人"，并认为传统的仅将经理人定义为"对他人的工作负有责任的人"是不够的，提出利用"经营团队"的概念可以更恰当地描述经理人的职业地位和功能。

萨缪尔森也是较早提出职业经理人概念的经济学家，他在《经济学》（1987）中这样叙述：谁决定公司的事务？主要决定于日益重要的职业经理阶级——即加尔布雷思所说的"技术专家体制"……一个又一个公司，最初的创建者逐渐被一个非亲属的新型经理所代替，新型经理们往往是哈佛大学商学院的毕业生，而不是由于自我奋斗而从队伍中被提升出来的。他多半已经经受了特殊的训练并具备经营企业的技术。新型经理擅长搞好群众关系，擅长待人接物，他必然是更加"官僚化"，对于保持现状和冒风险都同样感兴趣。

国内对职业经理人的定义有很多，最简单的理解是"以经营企业为职业的人"，比较有代表性的有：

上海市劳动和社会保障局出台的《职业经理人职业标准》中，对职业经理人的定义是：职业经理人是运用全面的经营管理知识和丰富的管理经验，独立对一个经济组织（或一个部门）开展经营、管理的人。

A管理模式创始人刘光起（1999）的定义是：以经理为职业，以企业行政为专业，以契约关系受聘于企业，引导企业盈利的人。

经济学家茅于轼在第二届"中国MBA发展论坛"上认为：职业经理人是一类彬彬有礼、懂得妥协、懂得怎么与合作者谋求利益，但内心仍有强烈的意志和高度原则的管理专业人才（瞿擎华等，2001）。

综上所述，职业经理人乃是在现代企业制度下，代表企业所有者对某一经济组织（或某一部门）进行经营管理，并通过其专业知识和丰富的管理经验，使企业所有者和自身均获得一定的回报的人。职业经理人不但包括我们熟知的企业总裁、CEO、总经理等最高层管理人员，也包括各个部门的经理及负责人,即一般的中高层管理人员。

为了进一步界定职业经理人,还应区分如下几个概念。

1. 职业经理人与MBA

提到MBA我们就会想到职业经理人,但MBA不等于职业经理人。一个简单的区别是MBA是学位,而后者是企业的管理者。MBA是培育职业经理人的摇篮,大部分人通过工商管理的学习,获得职业经理人所需的知识和管理能力。但并不是所有的MBA最终都能成为职业经理人,职业经理人的素质不是通过短短几年学习就可以具备的,除了后天的学习,还需要有与生俱来的一些素质,如领导能力、创造力、坚强的毅力等。MBA要成为职业经理人,一个重要的途径就是企业为MBA们提供一个平台,使其有机会通过实践锻炼自己,从而完成从MBA到职业经理人的转变。在这个过程中,只有一部分的MBA能获得这样的机会,其中少部分的MBA可以成为一个成功的职业经理人。

2. 职业经理人与企业家

职业经理人和企业家在日常使用时经常被当作是同一个概念,而其实严格来讲它们是不相同的。我们平时经常提到的"企业家"大多数都是职业经理人。企业家和职业经理人都管理着企业,所不同的是前者具有资本(货币资本),而后者没有。也就是说企业家是企业的所有者和管理者,而职业经理人只是企业的管理者,他投入的是人力资本。这是严格意义上的企业家和职业经理人的区别。张维迎(1999)指出:货币资本是成为企业家的必要条件,许多潜在的企业家之所以无法正常从事经营活动正是因为他们缺乏启动资本。因此他们多数受雇于其他企业,遵循漫长的自然升迁路线。这里"潜在的企业家"是指具有企业家精神的管理者,企业家精神是企业家和优秀的职业经理人都必须具有的。

因此,在我国目前真正称得上是企业家的很少。国有企业的领导人,股份有限公司尤其是上市公司的经营者都不能称为"企业家",因为他们都不是资本的所有者,只能称为"职业经理人"。从这个意义上讲,只有传统意义上的企业(个人独资或合伙制企业)才有企业家。目前职业经理人成为企业家有一条捷径——MBO,职业经理人通过管理层收购,成为企业的主要所有者或控股者,并仍然担任管理者,则其可称为区别传统企业家的现代企家。随着公司治理结构的日益完善和创新，对经理层进行股权激励以使其自身利益和股东利益相一致已经非常普遍，当其所拥有股份使其不仅具有公司经营权还具有决策权时，我们认为这样的职业经理人已经迈向了企业家的阶层，并且是区别于原有企业家的新型企业家。

（二）职业经理人的特征

由上述分析可知，职业经理人不是资本的所有者，但是，他们能够凭借自己的知识技能，为委托人（资本所有者）经营管理企业并且创造财富和效益，使企业资产保值、增值，并借此获得自己的报酬和社会地位。一方面，他们是企业全部资产的经营管理者，依靠自身的知识技能和管理经验，经营管理企业并承担着由此而来的风险。另一方面，他们以此为职业，成为人力资本市场稀缺的商品，由此获得自己的报酬，赢得社会地位。因此，与其他劳动者相比，职业经理人具有独特的特征：

1. 职业经理人与一般劳动者有着本质区别。职业经理人要对企业的经济效益负责，而劳动者只对岗位的工作效率负责。因而不能把两种劳动要素的质量和价值混为一谈。

2. 职业经理人的劳动是一种特殊的、高级的、最有创造力的生产要素，更是一种高智能、高风险和超时性的劳动，它承担着企业资产增值、社会福利增加的重大责任。职业经理人是一种稀缺的社会人力资本，职业经理人的收益不是劳动收益，而是资本的收益。职业经理人薪金的高低标志着企业经营状况的好坏和经济效益的高低，年薪制就是对职业经理人人力资本进行间接定价的一种企业分配制度。

3. 职业经理人具有独特的能力结构。创造是职业经理人的本质特征，激烈的市场竞争是激发职业经理人创造性的动力。决策是职业经理人的主要职能之一，综合企业的技术专家、智囊群体的建议和可行性方案，进行决策，是一个出色的经理人的必备能力。应变更是职业经理人的不可或缺的重要能力。企业的竞争优势就是在应变中创造的。

4. 经理人职业的流动性。职业经理人是一个职业人，能够自由地进入人力资本市场并合理地流动，因为职业经理主要对自己的职位负责，而不需向传统企业中的雇员那样依附于某个人或某个企业，因此，相对而言，职业经理人对于企业和企业所有者而言是自由的，具有选择性和流通性，这也正是职业经理人的生命力所在。可以说，流动（区别于一般的跳槽）是职业经理人的一种内在需求，它直接由市场所决定。

5. 良好的专业水准。职业经理人是专业化的人才，拥有自己的专业优势，他们依靠自身的经营管理技能而不是资本从事经营活动，为此，他们的一切行为必须符合专业水准。

6. 良好的职业操守。随着市场经济的发展，经理趋向职业化，企业经营管理业已成为一门科学性、专业性极强的社会职业，有其专业化的职业体系与行为规范，其职业标准与成就越来越得到社会的广泛认同。职业经理人必须具备良好的职业操守和道德水准。道德力量的调节是市场的另一只"看不见的手"，只有遵守职业规范、建立良好的个人信用，才能有效避免职业经理人"道德风险"和"逆向选择"。

7. 职业经理人作为一种人力资本，具有稀缺性特征。一方面，作为职业经理人，必须具备必要的能力结构、专业水准和职业操守，因此，职业经理人的培养和选拔是一项长期而必须付出较大成本的工作；另一方面，社会对职业经理人的需求总是大于职业经理人的供给，这就直接导致了职业经理人供不应求的局面。因此，企业之间相互挖墙脚、职业经理人跳槽的现象屡见不鲜。

（三）深圳经理人职业化进程中存在的问题

我国从1979年开始企业改革，历经扩权让利、利改税、承包制、股份制、现代企业制度和企业制度创新等几个阶段，试图提高国有企业的效率。在这个过程中，出现了一批现代意义上的职业经理人。深圳市的企业改革走在全国的前列，也是较早实行经理人职业化的城市之一。一大批职业经理人为深圳市的经济发展做出了较大的贡献，深圳经理人职业化进程取得了较大的成就。但是，由于职业经理人的法律环境相对缺乏；职业经理人培育体系不完善，没有相应的对职业经理人的资质测评与资格认定体系、缺乏与职业经理人相关的法律法规和约束机制、职业经理人的激励与监督制度尚未建立起来；企业人事制度改革滞后导致经理人不能流动、过渡时期双重体制的摩擦导致企业家具有亦官亦商的"两栖"色彩、传统文化背景制约企业家角色的合理定位，这些方面构成了经理人职业化的巨大障碍。

深圳经理人职业化的过程中存在着许多亟待解决的问题，制约了职业经理人的进一步发展。深圳经理人职业化进程中的问题可以归结如下：

1. 经理人选拔的双轨制制约了经理人的进一步职业化。一方面，由于传统经济体制的束缚，深圳市在对国有企业、市属企业的经理人的选拔与培养上，仍然沿用了传统的由政府包揽的做法，市场机制基本上不起作用。国有企业的经理是政府按照党政机关领导干部的标准和模式来选拔和管理的，在国企经理的选拔、考核、评价标准中，往往较多地强调"德、能、勤、绩、廉"中的定性指标，缺乏科学、客观、操作性强的业绩指标；国企经理享有的政治待遇使经理们较多地追求政治资本以谋求职务的连任或升迁，而较少关心企业的经营业绩和长期利益，承担的风险相对较少。可以说，国企经理尚未完全职业化，或者说处在职业化的边沿。另一方面，在深圳市的私营企业、三资企业和外资企业中，经理人的选拔完全按照市场机制来运作。相对于国企的经理人，这部分经理人有着较高的收入，但缺乏国企经理们那样的政治地位和待遇；承担着较高的风险，其职位具有某种不稳定性。

2. 基于选拔制度双轨制之上的经理人培养制度也存在诸多问题。一方面，国企经理多由传统方式培养出来的那批专业过于细化、知识面狭窄、知识结构僵化、创新能力微弱的人所构成。对于这批人，虽然后期采取了一些补救措施，如跨世纪人才工程、发展工商管理硕士等形式，但往往形式主义严重，缺乏针对性。工商管理硕士教育仅仅迎合了一些人捞取硕士文凭的需要，而且在教学中往往脱离实践的需要。另一方面，三资企业、外资企业和私营企业的经理们较难获得进修和培训的机会。究其原因，一是经理职业化培养需要付出较大的成本而企业却不愿作这种长期投资；二是这些企业的经理人迫于工作压力，无暇顾及自身职业素质的提高。因此，尽管深圳市在高级管理人才培训上做了不少工作，但收效不大。据调查，相当多的市属企业班子成员在近三年中仅仅参加过一至两次培训，部分人员甚至从未参加。

3. 目前深圳市现有的经理人尤其是国有企业的经理人在职业素质、职业水准、能力结构、年龄结构等方面存在着较大的不足。

本课题以深圳市15家市管企业及其所属的一、二、三类企业为对象。对这些企业的高级管理人员的调查显示，深圳市高级管理人才呈现出结构性紧缺的趋势，表现在以下几个方面：

（1）年龄结构不尽合理

虽然从总体上看，在班子成员配置上注重老、中、青的合理搭配，但是，部分企业班子成员年龄结构明显偏大，未呈均匀的梯队形排列，老龄化趋势明显，企业一把手年龄偏大更为严重。中层正副职管理人员年龄结构趋大，35岁以下年轻中层管理人员明显储备不足，存在管理断层的隐患（如表1所示）。

表1 深圳市市属企业中高层年龄结构分布（资料来源：课题组调查，下同）

	35岁以下（%）	35－45岁（%）	46－55岁（%）	56－60岁（%）	60岁以上（%）
高层	3.3	29.3	52.7	13.8	0.9
中层	14.8	47.1	32	5.8	0.3

（2）知识结构有待完善

班子成员总体文化水平偏低，知识老化，更新速度较慢。相当多的班子成员在近三年的时间内很少或根本没有参加相关培训，参加培训的人数、次数远远低于中层管理人员。班子成员中已显示出沉淀老化的迹象。中层管理人员总体文化水平也偏低，知识储备明显不足，尖端技术和管理人才匮乏（见表2）。而且，深圳市市属企业缺乏受过系统教育和训练的高素质管理人才，部分企业管理人员为在长期实践工作中锻炼成长起来的"经验型人才"，经验固然可以在一定程度上弥补知识的不足，但从长远来看，并不能适应经济发展的大势。这是制约深圳市国企发展的瓶颈。

表2 深圳市市属企业中高层知识结构分布

	中专以下（%）	中专（%）	大专（%）	大学本科（%）	硕士研究生（%）	博士研究生（%）
高层	4	5	35.5	30	22.1	3.4
中层	9.1	6.3	32.8	32.7	17.4	1.7

统计资料表明，在班子成员中，大学本科以上学历者占总数的55.5%，但是大专以及大专以下学历者也占了44.5%，尽管也有一些高学历者，但比重偏低；在中层管理人员中的情况与前者大体相当，但大专学历者所占比例最高，达32.8%。这些数据印证了前面的观点。

（3）专业结构失衡

在这些企业的班子成员和中层管理人员中，各类型的专业都有分布，但各公司都不同程度地存在专业不对口、知识单一和人才结构不合理的现象，一方面，许多人员学非所用或用非所长，造成人才积压；另一方面，高素质经营型、管理型以及复合型人才紧缺（参见表3）。

表3 深圳市市属企业中高层专业结构分布

	经管类（%）	财金类（%）	党政类（%）	工科类（%）	理科类（%）	建筑类（%）	语言文学类（%）	其他（%）
高层	33.2	13.2	16	15.2	5.3	11.3	5.8	
中层	27.5	17.1	10.8	20.1	6.2	9.4	4.1	4.8

从表3可以看出，在企业领导班子和中层管理人员中，专业结构呈水平分布，专业知识与现从事工作有着较好的相关度，但是，我们仍然可以发现，经管类专业的比例相对偏低，分别是33.2%和27.5%；理科类的比例尤其较低，反映了这类人才流失严重或引进不足的问题。此外，调查发现，具体到每一家企业，还是存在专业不对口和知识单一的现象，复合型人才较少。

（4）职业素质有待进一步提高

在调查组召开的有关会议上，相当多的中高层管理人员意识到有进取心、事业心和责任感的管理人才十分紧缺。由于国有企业的经营与管理机制存在问题，企业经营的好坏与管理人员并无密切利害关系，造成一些管理人员缺乏危机感和二次创业拼搏精神，职业素质相对低下。相当部分中高层管理人员职业道德水准不够，自私自利思想严重，产生腐败之风，忽视思想品德修养与职业道德，损害了企业形象和经济利益。这充分表明，深圳市国企的经理人的职业素质还有待于进一步提高。

4. 深圳市经理人才流失严重。入世以后，我国其他城市纷纷将人才发展战略作为打造现代化国际大都市的重要环节，大胆创新，通过建立"柔性流动"机制等，吸引了国内外大批优秀的经理人才。而深圳在其区位优势和政策优势逐渐弱化的背景下，并未能采取灵活的办法来建立富有吸引力的人才引进机制和营造适应高级管理人才脱颖而出的新环境，导致优秀经营管理人才流失。与此相对照的是，由于机制问题，国企中一批年龄偏大、行政型、经验型的高层管理人员却未能得到及时的调整，使得国企的高层管理人员结构更加失衡。

（四）深圳推进经理人职业化的对策

更新观念，优化环境，重视经理人和企业家。"美国的生命在于企业"，这种理念在美国早已深入人心。所以，美国的商界能集聚最优秀的人才。在中国，由于"学而优则仕"的传统观念在作祟，使得人们还没有真正地重视企业和企业家。因此，一定要转变思想，优化社会环境，树立职业经理人的"人力资本"观念。要在全社会范围内营造起"企业家就是生产力"的舆论环境，提高全民族对企业家社会价值的认识，要在全社会范围内倡导企业家精神，树立企业家的崇高形象，形成人人尊重企业家、处处爱护企业家的社会环境，形成成千上万的优秀人才对企业家职业的主动追求。

1. 创造职业经理的宏观环境。政府有关部门应该对此高度重视和大力支持。在过渡时期，延续中国特色的政府继续介入职业资格标准的做法。尽管在国外是由中介组织和行业协会承担职业资格认证，但在中国目前政府职能转变的过渡时期，确立国家标准，还是暂由政府牵头或委托行业协会，根据各个行业的不同情况，由认证主管部门授权有关行业，承担命题、考务、培训等具体工作，在主管部门的统筹推进下，规范职业资格认证行为，为职业经理的认证创造一个良好的宏观环境。工商、税务和银行等部门应该联建一个评价体系，建立职业经理信用档案；新闻媒体建立职业经理的监督体系，通过舆论对职业经理进行行为约束。

加强法制建设，规范社会管理，切实维护职业经理人及企业家的合法权益。政府对企业家这种特殊人才，不仅要有爱才之心、求才之渴，更重要的是要有识才之眼、用才之能、容才之量和护才之胆，使职业经理在规范的环境下健康成长。

2. 营造经理人职业化的微观环境。采取积极有效的措施，完善对企业经营管理者的激励机制。鼓励并规范采用年薪制、期权、期股制等方式，对企业经营管理人员进行激励，以调动他们的积极性，使他们能把个人的命运同企业的命运联系在一起，减少企业经理人短期行为的滋生；同时，加强对企业经营者的合法监督，对于不法行为，要有积极有效的制裁措施。

一方面，要在企业内部营造产生职业经理人和创造引进"空降兵"的企业用人环境，包括董事长以及董事会应该有一个接纳职业经理人的广阔胸怀，充分理解职业经理流动性强（3-5年的聘任周期）的特殊情况；另一方面，要落实党的十六大会议精神，将管理要素参与分配，使职业经理人根据管理产生的经济效益给予相应的报酬，充分肯定他们的管理价值。企业的员工对职业经理的高薪也应给予充分的认同，用人力资本的观点认识和统一价值观和经营理念，为职业经理在企业发挥作用创造一个良好的团队氛围。与此同时，"空降兵"的职业经理应树立良好的职业道德，充分取得董事会和员工的信任，以诚信赢得企业的信赖和社会的肯定。

3. 加快国有企业改革，促进国有企业市场化进程，使企业成为真正意义上的企业，为职业经理人、企业家群体的形成，培育适宜的土壤。

举世瞩目的党的十六大的报告计划加快推进国有企业经理职业化的进程。这次会议就国有资产改革问题和企业按劳动、资本、技术和管理四要素的分配，作了十分重要的阐述，已经为中国企业经理职业化奠定了理论基础，同时为推进中国企业经理职业化创造了条件，必将加快推进中国经理职业化的进程。中国有望在5-10年内出现职业经理阶层的雏形。我们认为大型国有企业实行所有权与经营权分离，是开展经理职业化的理论依据。改革开放以来，随着现代企业制度的建立，一些企业对其管理者基本实行竞聘制，但国有大中型企业总经理一定是由政府任命，直接从事经营管理工作。这次党的十六大明确提出，国有资产改革由中央政府和省、市（地）两级政府设立国有资产管理机构，制定法律、法规，建立中央政府和地方政府分别代表国家履行出资人的职责，享有所有者权益、权利、义务和责任相统一，管资产和管人、管事相结合的国有资产管理体制，探索有效的国有资产经营体制和方式，坚持政企分开，实行所有权和经营权分离，使企业自己经营、自负盈亏，实现国有资产保值增值。这一重要举措，将为国有企业引进职业经理人提供政策依据。

4. 政府的责任与任务：加快体制改革，尤其是企业领导人产生方式的改革。尽快转变目前的行政化配置企业领导人的方式，要逐步过渡到市场化配置企业经营管理人员，减少政府对企业不必要的干预。真正按照现代企业制度规范的要求，加快企业法人治理结构的建设。政府应逐步退出对部分企业高级管理者的任免，同时应对企业高级管理者持证上岗予以立法；政府有关部门对职业经理确定其有关标准,并制定职业经理资格证书管理办法;政府有关部门还应支持职业经理人才市场的规范建立。

5. 中介组织的责任与任务:中介组织通过学习研究借鉴国外先进经验,探索职业经理的标准并争取立项;探索和建立职业经理的培养体系与成长机制。

6. 企业的责任与任务:改善教育、培训方式,创造条件,大力培训职业经理人,提升他们的综合素质和个人层次。值得指出的是,职业经理人切不可搞所谓的"资格认证制度"。经营管理既是一门科学,更是一门艺术。富有艺术性的东西是难以认定和考核的。市场则是最好的检验者。把职业经理的培养放在企业发展战略的高度,将职业经理的训练列为人力资源开发与人力资本管理的规划之中;创新开展职业经理的理论与能力培训,提高职业经理自我学习的意识。通过各方面努力,为尽快创造中国职业经理阶层做贡献。

总之,经理人职业化离不开经理人市场化和制度化。经理人市场化是职业化的内在要求,经理人制度化是职业化的根本保证,二者缺一不可。因此,积极创造条件,培育职业经理人市场,尽快建立职业经理人的中介机构以及相应民间团体,特别是建立全国一体化的职业经理人市场,使人才合理却自由地流动,以真正实现"企业家才能"这一生产要素的自由流动和优化配置;同时,加强经理人制度建设以确保经理人的合法权益和规范经理人的行为,是经理人职业化的当务之急。

二、经理人市场化:经理人职业化的选择机制

目前在我国不论是国有企业还是民营企业,在其进一步发展过程中都遇到了不少的问题和困难,尽管导致这种局面的缘由众多,但关键在于它们都难以获得一种稀缺性资源——各种经理人才特别是高级经理人才,或者即使获得和拥有该类人才也名不副实。由于发达国家具有相对完善的经理制度[①],

---

① 西方经理制度可以归结为由三个相互联系的部分所构成的有机统一整体:一是通过投资人或其代表与经理的契约来约束和激励经理,即建立经理契约制度;二是通过市场竞争来约束和激励经理,即建立经理市场制度;三是通过法律规范来约束经理和保护投资人利益,即经理法律制度。

其职业经理人才可以通过权威中介组织认定鉴别，然后进入市场，接受聘任，作为市场竞争的主体。首先优化配置职业经理资源，才有利于优化配置其他资源；职业经理市场化，才有利于企业市场化；把职业经理推向市场，企业才能走向市场。因此，根据经理人市场化的历史、现实，借鉴西方发达国家经理人市场化的先进理论和成功的实际运作经验，全面和深刻分析经理市场化的背景、内涵、特征、市场体系、运行机制及其职能，不但对于我们系统了解和把握经理市场化内外诸要素之间的相互作用关系，准确揭示深圳经理人市场化过程中存在的现实问题，而且对于有效地解决这些问题都具有重要的理论和实践意义。

（一）经理人市场化：现代企业制度的根本要求

1. 经理人市场化的背景

对于经理人市场化的背景，依据市场主体规模大小的不同，我们可以从微观、中观和宏观三个层面进行考察。

（1）从微观层面上看，经理人市场化是经理人职业化的内在需求

企业经理人的职业化、市场化，是经理人社会化过程中所必须经历的既相互区别又相互联系、既相互依存又相互促进的两个阶段。从发生时间看，职业化在前市场化在后，或先有经理人的职业化而后才有其市场化；从逻辑上看，经理人的职业化是其市场化的前提条件，市场化则是经理人职业化的内在需求和必由之路，经理人的职业化和市场化两者相辅相成，互为因果。相比较而言，在推进经理人职业化、市场化过程中，职业化是现阶段应该首先解决的问题。因此，当务之急是着重建立、优化配置职业化所需要的软、硬件设施和条件，即社会舆论与观念认同，法律、法规建立健全，人才测评、推荐机构按市场规律运作，信息交流、人事代理先进科学，等等。当然，在职业化过程中，要加快市场化步伐，因为没有市场的职业化更容易造成不思进取的特权阶层。职业化的主体是管理者，应侧重解决体制问题；市场化的主体是企业，应侧重解决机制问题，只有两者的有机结合，才有利于高素质的职业经理人脱颖而出并健康成长。

（2）从中观层面考察，经理人市场化是现代企业制度的根本要求

"委托——代理"制度是现代企业制度中的重要制度之一，"委托——

代理"关系普遍存在：从所有者到高层经理、从高层经理到部门经理、从部门经理到职员，这样就形成了层层的委托代理链①。因此，委托代理关系深刻地影响着企业的发展和经理人才市场的建立。委托代理制度的核心是所有权与经营权的分离，它是在追求效率中得以发展的。在现代企业制度中，所有者、经营者、生产者三方通过权力机构、决策管理机构、监督机构，形成了各自独立、权责明确而又相互制约的法人治理结构，这一法人治理结构需要职业经理人。职业经理人以其英明决策和创新能力激活并保持着企业生命力，成为企业组织结构的设计者、修正者。而职业经理人又是由企业根据其履历、绩效、声誉等指标，按照市场供需法则来进行评价、选择和聘用的。因而，职业经理人的存在及其功能的发挥是现代经济发展的微观基础，即没有职业经理人、没有经理人的市场化，就没有真正意义上的现代企业制度。

（3）从宏观层面分析，经理人市场化是市场经济发展的必然产物

从世界范围看，在工业化的过程中，从一般生产者或经营者中分离出职业经营者或经理人队伍是一个必然过程。企业作为一个经济组织，必须经过资源的最佳配置来实现经济效益，必须通过外部环境的改善来实现企业同社会的和谐发展，必须通过营造企业文化来实现企业对社会的责任。为达此目的，就需要具有特殊素质的人来运作，职业性的经理人因此应运而生。这个过程的出现、发展以及职业化经理人市场的成熟，与一个国家工业化过程基本上是同步的。改革开放后，我国迅速从一个农业大国转化为工业经济大国，并且这个转化过程正处于加速发展阶段。尽管这一过程在新的经济技术条件和外部环境条件下呈现出不同的特点，但是专业化、职业化和市场化的经理人队伍的出现却是必然的。因此，从经济发展史角度看，出现职业化、市场化的经理人队伍是经济发展的内在规律，是市场经济的必然产物。职业经理人才市场既是劳动力市场、人力资源和人力资本市场细分发展的直接结果，又是社会主义市场经济发展的必然产物。

2. 经理人市场化的内涵和基本特征

理论上通常将市场化进程划分为三个层次：一是产品的市场化，这是人们所理解的一般意义上的市场化；二是资金、土地、劳动力、技术、管理等

---

① 王晓媛：《国外公司经理制度立法比较研究》，成都行政学院学报，2002（2）：41-42。

资源要素的市场化，这里的市场化已经演变为了资本化；三是资本权益的市场化，例如所有权与经营权的分离、企业产权的分割上市以及资本使用权的市场化等。显然，职业经理不仅是一类特殊的产品，即经特殊的职业教育、培训和实际经营管理共同锤炼出来的产品，而且是一种特殊的资源要素——人力资源要素，还是一类特殊而稀缺的资本——人力资本。因此，经理人市场化不仅仅涵盖了上述各类市场化的一般意义，并且还具有更复杂和更重要的特殊意义。

职业经理作为一种特殊的商品，是构成市场的主要因素，所谓"职业经理市场"是指以职业经理人为交易对象而形成的人力资本细分市场，是知识经济资源配置和调控的主要方式。经理人市场化是经理人职业化的必由之路。社会主义市场经济体制要求企业进入市场，经理人作为企业的关键要素，理应随之进入市场。只有使经理人进入市场，实现"经理人资源"市场化，企业和经理人作为"经理人资源"市场上的买主和卖主双向自由选择，在市场机制的作用下通过市场竞争由企业决定经理人人选，才能从总体上保证经理人的质量，实现经理人这一稀缺资源的优化配置。

一方面，经理人市场化具有与上述产品、资源要素、资本权益市场化的相同或类似的具体特征：自由化，规范化，法制化，国际化。经理人才市场的建立和运行机制以及其他方面也都具有市场经济的一般特征：一是由供需双方相结合而实现的一种经济活动过程；二是来自市场主体结构对物质利益的追求；三是由市场主体分别根据各种利益来进行独立决策。

另一方面，经理人市场化又具有不同于上述诸市场化的独有特征。一是经理人选拔的市场化；二是经理人收入确定的市场化；三是经理人评价的市场化；四是经理人培养的市场化；五是经理人流动的市场化。

3. 经理人市场化的体系结构、运行机制及其职能表现

经理人才是指具体掌管和处理企业业务，可以在董事会授权范围内代理或代表企业进行经营活动的公司职员。这是一个群体，通常分为总经理、副总经理，或者经理、副经理等，他们执行企业事务管理权、经营代理权和财产控制权。在经理层中还包括了"企业家"。因此，经理人市场化既具有特殊的体系结构，又有着独特的运行机制、职能体现。

（1）经理人才市场化的体系结构

经理人才的人力资本产权的交易市场就是经理市场，其性质是经理人才的人力资本的所有权、使用权和收益权的交易。由此我们可以把经理市场分为三级市场：第一级市场是经理人才的投资及其人力资本的所有权交易市场；第二级市场是使用权的转让市场；第三级市场是运用权和收益权的交易市场。

围绕经理人才的人力资本的交易形成了一个市场体系，即经理人才市场体系，其由三个方面或部分有机构成：一是经理人才的人力资本的形成体系，这包括培育体系和个人（家庭）、国家（政府）等投资主体，形成了具有公共性质的普通教育学校和各类专业技术培育机构，如大中专学校、科研院所等；企业和法人组织对个人的单独的或特别的知识学习、技术实践性培训，接受知识和技能的个人主体和进行投资的家庭。二是经理人才的交易体系，这包括国家（政府）、企业和法人组织、经理人才个人以及介绍经理人才信息的中介机构。三是经理市场的规制体系，这包括人力资本信息显示、监督和法规体系，目的是保护经理市场和交易当事人的公正和合法权益，比如，经理人才的学历认定及其鉴定，人力资本产权界定、转让以及经理人才行为的规范等。

（2）经理人市场化的运行机制

经理人市场化的运行机制，是指经理人才市场内部各要素之间以及内部市场与外部环境之间所形成的稳定的相互作用关系。它是整个市场有序、高效、良性运行的一般规律的具体体现。从经理人市场化过程的各个阶段或环节分析，其运行机制具体如下：

第一实行市场准入制。对企业经营管理人才，视其经营业绩和管理能力，经考核认定后，发给相应的任职资格证书直接进入人才市场。第二实行市场注册制。对获准进入市场的经营管理人才，要按行业、专业、任职资格等级进行登记造册，存入相应的人才信息库。第三实行市场遴选制。企业选拔任用决策层人员，决策层选拔任用经理层人员，都应根据企业特点和职位需要，在人才市场发布需求信息，采取双向选择方式，首先从企业经营管理人才市场中遴选人才，由市场根据双方情况，向用人单位推荐考察人选。第四实行考评制。组织由市场、上级单位和用人单位三方面的专家参加的考评小组，对竞争人选的政治素质、业务水平和经营管理能力等方面进行面试答辩和组织考察，确定录用人选。第五实行合同契约式管理。由用人单位、受聘人和市场三方签订聘任合同，明确三方各自的权利、责任和义务，明确聘任期限，明确违背合同行为的解决办法和各自的法律责任。通过这种方式，逐渐形成经营管理人才市场为企业选人用人进行资源配置的渠道和机制。通过这种方式产生的企业领导人，没有行政化的"退路"，又必须承担风险，一旦经营企业业绩劣化，就可能直接影响其信誉度和社会价值。

（3）职业经理人才市场的职能

市场机制是资源配置的一种十分重要的手段。它能通过供求、价格、竞争之间的相互作用与影响，推动资源的合理流动与分配，提高资源的使用效率，从而促进社会经济的发展。人们通常把市场机制的这种客观作用，形象地比喻为"无形的手"或"看不见的手"。职业经理人才市场这只"无形的手"同样具有巨大的作用。

职业经理人才市场的基本职能具体表现在以下几个方面：一是"信息库"职能。即把具有职业经理资格能力的人员的信息整理后储备在市场信息库中，同时了解收集企业需求信息，及时掌握供需双方各种信息。二是"介绍所"职能。接受企业委托并根据企业实际需要，按不同类别的企业任职条件推荐介绍人选，供用人企业进行选择。三是"仲裁处"职能。职业经理与企业通过互相选择，确定应聘关系后，要依照有关法律、法规签订聘用合同。如在合同期内发生纠纷由市场依法仲裁。四是"培训者"职能。有组织、有计划地开展职业经理人培训、发证、测评和评价工作，对取得资格证书的职业经理人实行动态管理。五是"代理人"职能。接受职业经理委托，保管其人事档案，代理养老保险、医疗保险，并建立业绩档案，为日后推荐提供依据。六是"考核官"职能。定期组织专家对企业管理人员在经营管理中所需要的知识、智力、素质、能力等进行测试、评价、考核。合格者颁发由企业印发的"职业经理知识能力资格证书"，并进入职业经理信息库。

（二）深圳经理人市场化的现状与存在的问题

《人民日报》2000年10月9日报道：人事部近日印发《关于加快培育企业经营管理者人才市场的意见》，要求各地和国务院有关部委人事部门，结合实际贯彻执行。《意见》提出：逐步建立企业经营管理者人才库，按照公开、平等、竞争、择优原则，发挥市场机制在企业经营管理人才资源配置中的基础性作用，优化人才资源配置，打破人才部门所有、条块分割，促进人才合理流动。力争用5年左右时间，初步建立起适应企业改革和发展需要，能为企业和经营管理人才提供优质服务，机制健全、功能完备、法规配套的企业经营管理者人才市场体系。《意见》提出，要加大企业经营管理者人才市场建设工作力度；建立科学的企业经营管理者评荐体系；建立企业经营管理人才信息库；搞好企业经营管理者人才市场招聘工作；加大培训工作力度，全面提高企业经营管理者素质；建立健全人事代理制度，为企业和企业经营管理者提供社会化服务；调整完善政策，大力引进企业经营管理人才。同时，《2002－2005年全国人才队伍建设规划纲要》提出要加快培养造就一批职业化、现代化、国际化的优秀企业家，努力建设一支高素质、职业化的企业经营管理人才队伍。因此，在贯彻落实国家与深圳颁布和实施有关政策、法律、法规，建立相应组织管理机构、创建经理人才市场等方面，深圳经理人的市场化确实取得了不菲的成绩，但在其进一步深化、发展的过程中同时存在着不少的问题。

1. 深圳经理人市场化所取得的成就

深圳处在我国改革开放的前沿，在建立社会主义市场经济体制的过程中，为规范和推动深圳经理人才市场的发展，其早在1996年就颁布和实施了《深圳市高级经理市场管理暂行办法》（以下简称《暂行办法》），并于1996年6月6日率先成立了"深圳市企业高级经理人才评价推荐中心"（以下简称"评荐中心"），运用市场机制开发配置企业经营者人才资源，在推进人才市场建设方面进行了大胆实践与探索。此后，为深入贯彻落实经中共中央批准，由中共中央办公厅印发的《深化干部人事制度改革纲要》（中办发〔2000〕15号）的精神，深圳市于2000年下半年颁发了《关于进一步深化干部人事制度改革的意见》（以下简称《意见》）。其中《意见》第18项规定："推进企业经理人才市场化。研究和制定促进、完善经理人才市场发展的相关政策。高起点、高标准、高水平地办好企业经理人才市场。建设大容量、高质量、网络化的'高级经理人才信息库'。抓紧开发研究国家级'经理人才素质评价系统'软科学课题。要逐步扩大经理人才评价和推荐范围，加大从海外推荐引进年富力强的高素质人才到国有企业工作的力度。"

一方面，深圳市不仅从优化政府政策、法律法规等制度环境方面，而且从精心打造相关组织机构——成立深圳市高级经理人才评价推荐中心等组织管理机构、中介机构，创建经理人才市场并引导、规范其各类活动等方面，积极推动深圳市经理人才的市场化。《暂行办法》第5条规定："深圳高级经理市场的宗旨是：引进各类优秀经理人才，加强与国际、外省市的人才交流，按照资源配置的要求，依法促进经理人才流动，为深圳经济建设服务。"第6条规定："深圳高级经理市场应当在规定的业务范围内开展活动。其主要业务是：组织招聘企业和高级经理人才参加供需洽谈等市场活动；收集、整理、储存和发布经理人才供求信息；经理人才信息网络服务；经理人才推荐；经理人才测评；经理人才培训；法律、法规允许的其他业务。"

另一方面，深圳市各类企业特别是国有企业积极寻求既适合自己特色、能满足自己需求，又符合市场经济发展规律的企业法人治理结构，建立科学的现代企业制度。由此，既推动企业自身的改革和发展，又促进经理人才市场的发展和繁荣。特别值得一提的是，深圳四家市属大型国有企业公交集团、水务集团、天健集团、赛格集团已面向海内外公开招聘集团公司总经理，其公开、公平、公正的高级经理人的考核、选择方式，将深圳市经理人市场化的进程向前大大推进了一步。

深圳在经理人市场化方面的成就具体表现在以下几个方面：

（1）运用"猎头"方式培育"隐形经理人才市场"。"隐形经理人才市场"是指人才中介机构采用"猎头"方式配置经理人才资源、企业经营管理者的流动处于相对隐秘状态的人才市场形态。这种形态的人才市场主要为较高层次的经理职位提供推荐服务。评荐中心自成立以来，把培育"隐形经理人才市场"作为重点，通过各种渠道广泛搜寻储备企业经营管理者信息，建立了存量超过21000人的"经理人才信息库"，并运用"猎头"方式为广东核电集团、盐田港集团、深圳机场集团、开发科技公司等84家企业成功推荐较高层次的经理人才133人，使深圳的"隐形经理人才市场"初具规模。

（2）举办"招聘会"发展"有形经理人才市场"。"有形经理人才市场"是指人才中介机构通过固定的交易场所为招聘企业和经理人才提供"双向选择"服务、企业经营管理者的流动处于相对公开状态的人才市场形态。这种形态的人才市场主要为中低层次的经理职位提供推荐服务。由于深圳企业数量众多，高新技术企业发展迅猛，仅仅依靠"猎头"手段无法满足企业对经理人才的需求。因此，评荐中心从1998年开始截止到2001年年底，先后举办了5届经理人才现场招聘会，共有741家企业进场招聘，招聘职位8557个。据反馈，各招聘企业共接待应聘人员60390人次，接受初步入围人选材料10122份，通过前4届招聘会被企业聘用上岗的经理人才700多人。依托于招聘会的"有形经理人才市场"产生了品牌和规模效应。

（3）依托国际互联网建设"网上经理人才市场"。"网上经理人才市场"是指人才中介机构借助国际互联网开辟的经理人才专业网站、招聘企业与经理人才通过网上自动撮合形成跨空间流动的虚拟形态人才市场。这种形态的人才市场主要为专业性较强的技术经理职位提供推荐服务。评荐中心于1998年开通了网上"中国经理市场"（域名：www.sem_chnia.com）。该市场具有快捷、周详、简便的特点和优势，为各类企业和经理人才在信息交流上提供了一个新的网络空间。

（4）接受企业委托开拓"经理人才测评市场"。"经理人才测评市场"是指人才中介机构接受各类企业委托，通过素质测评技术服务为企业选聘经理人才提供决策依据的人才市场形态。这种形态的人才市场主要为企业对外公开招聘和内部竞争上岗提供服务。评荐中心在对市属国有领导人员进行任职资格测评的同时，先后为深圳市投资管理公司、建设投资控股公司、能源集团、南油集团、深房集团等60多家企业提供人员素质测评服务。"经理人才测评市场"成为企业合理开发利用内部和外部人力资源的重要载体。

（5）发挥基地优势完善"经理人才培训市场"。"经理人才培训市场"是指人才中介机构接受企业委托对经理人才进行继续教育、以提高企业经营管理人员队伍整体素质和竞争实力的人才市场形态。这种形态的人才市场主要为经理人才提供专项培训和综合培训服务。评荐中心是深圳市企业领导人员的培训基地，培训任务由其关联单位——深圳市经理进修学院承担。自1998年以来，该院实施了"经理职业化培训工程"，并成功举办了"国企改革与管理创新高级研讨班""虚拟大学园首席代表技术经纪人培训班"等活动，培训企业经营管理人员10000多人。"经理人才培训市场"成为经理人才在商战征程上的"加油站"。

2. 深圳经理人市场化过程中存在的问题

尽管如此，然而深圳经理人才市场化过程中依然存在着种种问题。总体上看，这些问题主要表现在：目前的深圳经理人才市场还不是一个充分自由、完全竞争和开放的外部市场，其规范性还不够充分；也不是一个完全法制化的市场，而且国际化程度还相当低下等方面。具体地看，这些问题既与全国经理人市场化发展水平、层次及其存在的问题有紧密的联系，同时又体现了深圳经理人市场化过程的特殊性。

（1）从微观层面上考察发现，深圳经理人职业化市场化过程中存在着：经理人队伍的数量增长较快，而真正发挥效用的却较慢；经理人专业学历学位越来越高，而专业经营管理技能却偏低；经理人的外在素质在不断增强，但其价值观念、价值取向及其评价标准等内在素质却日渐减弱，等等。

一是尽管深圳职业经理人队伍在数量上发展壮大迅速，并在全国范围走在前列和居于优势地位，但也存在着与其他地区相似的人才素质偏低、真正能满足市场需求的数量有限等问题。改革开放以来，我国企业家队伍在不断发展壮大，涌现了一些优秀的企业家，同时，企业经营者也认识到，我国企业家队伍的整体水平与社会发展的实际要求之间还存在差距，多数企业经营者认为目前的企业家队伍需要扩大，素质需要进一步提高。根据中国企业家调查系统《2003年中国企业经营者成长与发展专题调查报告》的结果显示，认为目前企业家队伍"数量充足"与"素质高"的分别只占13.3%与10.1%，而认为企业家队伍"数量缺乏"与"素质低"的分别占62%与40%。以上表明经营者的市场选择率仍然很低。经营者的市场选择率是反映企业决策自主性和科学性的一个重要指标。市场选择率低，经营者素质不高，是造成企业管理效率低下的重要原因之一。深圳职业经理人同样存在着与此类似的问题。

二是经理人的外在素质在不断增强，但其价值观念、价值取向及其评价标准等内在素质却有被部分弱化的趋势。根据《2004年中国企业经营者价值取向专题调查报告》结果显示：从总体看，企业经营者在一般价值取向、职业目标价值取向、生活目标价值取向和企业经营与发展的价值取向等方面的价值观是积极的；从不同性别、年龄、学历、地区和经济类型来看，企业经营者的价值观存在不同程度的差异。然而，调查结果同时表明，还有不少企业经营者认为，目前社会上还部分存在着"守法吃亏、违规有利"的情况，存在着过分追求短期利益、企业对社会关系的依赖程度高于客户和市场、国有企业经营者激励不足、部分企业经营者不重视学习和提高自身素质等现象。

（2）从中观层面上分析，与经理人市场化紧密相关的现代企业制度尽管已经基本建立，并得到了一定程度的发展，但深圳企业尤其是国有企业在具体运作现代企业制度时，却进行得既不充分又不彻底，与真正意义上的经理人市场化还有一定距离。其具体体现在：

一是政企不分的老问题并未真正解决。即使在改革开放走在全国前列的深圳，这个问题同样严重存在，特别是有关部门利用干部任免权、稀有资源支配权等对企业的直接间接的干预和索取，并未见其减少。而以"确保所有者在位"和"防止内部人控制"为名，这种现象甚至还在增加。经理人员不能不花大量精力、资源来应付，企业的经营活动不能不受到严重影响。

深圳实行的"国资委——国有资产经营公司——国有独资企业或控股企业"国有资产三级管理体制，探索政企分开的新路子，在全国走在前列。三级管理模式试图在上层实现政府的社会经济管理职能与资产所有者职能的分开；在中层实现国有资产管理与国有资产经营职能的分开；在下层实现资产终极所有权与企业法人财产权的分开；从而为实现产权关系明晰化与建立现代企业制度创造必要条件。人们设想，国有资产经营公司作为企业化的国有资产管理委员会的中介机构，可以起到约束企业的资产经营行为，缓冲国有资产管理部门直接行政干预的作用。

然而在实践中，三级管理模式并未真正解决政企分开的问题。现有的资产经营公司由于担负着相当一部分原先由党、政、群等各大系统担负的行政管理职能，行政色彩浓厚，有演变成"第二政府"的倾向；资产经营公司在政府有关部门与国有企业之间增加了一个环节，而由于它在机构规模、人员的数量和素质等方面条件有限，而且很多事情并不能拍板，反而成为企业与政府有关部门之间的"瓶颈地带"，降低了效率，浪费了资源；由于资产经营公司的设立使管理链条增多了一环，因而也增加了参与"寻租"的管理人员的规模，增加了企业需要打通的"关节"。在深圳的实践中，"客大欺店"（派驻的产权代表或是胡乱干政，或是吃拿卡要）和"店大欺客"（派驻的产权代表或是整日打哈哈，或是根本就不敢到位）的现象、"站得住的顶不住，顶得住的站不住"的现象都普遍存在。说到底，国有股的股东代表终究不会像个人股的股东那样对其经营管理的资产产生那么深的关切度，很难抵挡被"收买"或"同化"的诱惑；更何况，他们有些并不是被动地"被收买""被同化"的。

二是经理人员在公司治理结构中的地位不明确,难以施展身手。深圳企业的法人治理结构远未普遍建立起来,经理人员自身也呼唤现代公司法人治理结构的建立和完善。就经理人员而言,除了前面所说的与国有资产的"假股东"们的关系难以处理之外,与国有企业的董事长这个"假老板"的关系也很难处理。总经理也是由组织部门任命,组织部门才是董事长和总经理的共同的"真老板"。在深圳企业的实践中,董事长与总经理分任,则很难避免互相的矛盾(并不光是董事长制约着总经理,有时董事长还得听命于总经理,否则总经理"活动活动",就能让董事长"挪窝");一身而兼二任,则无法制衡,几乎全靠企业领导者的个人素质和自觉约束。当然在这两种情况下,企业都有做得好的,但全赖董事长与总经理的个人素质,显然无法普遍推行。确实,企业必须真正实行法人治理结构。但是对于国有企业,由于产权结构单一,又都是"假股东""假老板","选举制""聘任制"就都很自然地一概演变成了"任命制";由于"假股东""假老板"几乎不可能对经营者实施国有资产的保值增值所真正需要的那种"指导""授权"和"监督",组织部门就只能通过行政任命以及这种行政安排下的行政性的"指导""授权"和"监督"来取代现代企业所需要的以产权为纽带的治理结构。事实上不这么做恐怕还不行。事实上,经理人员并不是生活在与股东、董事长的矛盾之中,生活在行政关系与产权关系的矛盾之中,而是生活在现代企业制度与企业的单一国有产权的矛盾之中。

三是经理人员的"账面"收益与风险不对称,使"内部人控制"问题很难解决。经理人员虽说在位时"账面"收益比公务员高一些,但其程度远远不能与其比公务员承受更大风险的程度相对称。在深圳,很大一批经理人员来自国家公务员;他们先在党政机关工作几年,在解决了住房、户口、社会关系等问题之后,再辞职"下海",这本身就足以说明问题。深圳市对国有企业领导人的"显性收入"有着种种严格限制。比如说,如果执行深圳市政府制定的现行"年薪制",国有企业老总们的年收入还不如不实行年薪制的副总、部门经理们高,更不能与私企、外企的经理们相比。在这种情况下,一些企业内部人只好在"隐性收入"上做文章,利用所有者的授权谋取自身利益最大化,造成"穷庙富方丈"现象,遵纪守法的反而"吃亏"。特别要指出的是，经理人员存在着严重的后顾之忧：经理人员在位时收入（包括公开收入、"职务消费""无形收入"）虽说比国家公务员高，但从企业领导岗位上退下之后，实际收入与在位时犹如天壤之别，甚至比同级别的国家公务员还低一大截。这不能不使企业经理人员感到做企业风险太大，还是做国家公务员省心、保险。"59岁现象"的产生，更是与此密切相关。

（3）从宏观层面分析，虽然深圳的市场经济在发展深度、广度、强度等方面都领先于全国其他地区，但受各种因素制约，其市场经济的发展与经理人市场化的客观要求仍然存在较大的差距。具体地看，是由于以下几个方面的因素共同作用的结果：

一是有关政策上的"官本位"导向：企业领导人员（包括董事长、董事、总经理乃至副总经理、部门经理）由上级组织部门任命的做法，除了导致政府对企业行政干预的随意性、经常性与非规范性，为政府部门有关人员提供腐败的温床之外，同时也带来动力机制的外部性，在企业造成严重的"官本位"意识和"仕途经济"导向，诱发企业的短期行为。组织部门决定企业领导人员的去留，企业领导人员实际上还是国家机器上的一个"螺丝"，党把你拧到哪里就得到哪里，使国有企业领导人树立"企业家"意识无从谈起。组织部门的"商而优则仕"政策和把企业当作干部分流的一个去处的政策，实际上把进入仕途树立为人生的最高境界和"主渠道"，而企业似乎只是"旁门左道"；政府的一个处长甚至科长，只要握有某种重要资源的支配权，就可以高高凌驾于企业"老总"之上，予取予夺，使企业"老总"们感觉干企业还是低人一等；虽说深圳已明确取消了企业的行政级别，但干部安排时还是不可能不考虑企业"级别"，企业领导人还是有实际上的行政级别，而这种级别与经济收入、社会地位、政治待遇、社交圈子、退休待遇等都密切相关，使你不能不认真考虑。这种情况往往就助长了经营者强烈的短期行为倾向，把企业当作"加官晋爵"的跳板，甚至不惜"拔苗助长"，牺牲企业的未来，只求一时业绩之好看，以换取更高的官位。在深圳，那种在位时佩戴"大红花"，离任审计时才发现"大窟窿"的现象时有发生。

二是缺乏一个完善的企业家评价选拔机制。我国目前企业的经营者的选拔机制及评估机制基本上还是行政性的，企业家还没有职业化。国有企业的经营者是由政府的有关主管部门评价、考察、选拔和任用，使其产生纵向依赖性，不仅难以拒绝政府的各种行政干预，而且遇到困难也不去找"市场"，而是首先去找"市长"；企业经营不善，经营者的责任也说不清楚。这样一来，对企业家的素质、业绩的评估，就不能不带有浓厚的主观性、随意性和暧昧性，"说你行，你就行，不行也行；说不行，就不行，行也不行"，为有关政府官员通过控制企业的人事安排来制造"权力租金"的"寻租"行为提供了很大的空间。在深圳，虽说建立了"高级经理人才评价推荐中心"，在企业家评价方面由行政化向专业化领先于全国而迈了一大步，但其基本上还是组织部门的附属物，行政色彩仍十分浓厚，而且独此一家。这种评价机构能否客观、公正、准确地对企业家的业绩和素质进行评价，仍然有待观察。

三是选拔任用制度的市场化程度在增强，但与企业经营者的期望仍有较大差距。通过考察发现，政府主管部门对国有企业经理的任命和解职的体制在过去的20年中几乎没有发生变化，据历年的中国国有企业调查系统显示，1993年国有企业经理的92.2%由政府主管部门任命，到1997年为90.9%，1998年为89%。其中《2003年中国企业经营者成长与发展专题调查报告》询问了企业经营者获取现任职位的途径，调查结果显示，通过"组织任命"获取现任职位的最多，占45.9%，其他途径依次是："自己创业（24.5%）""职工选举（13.2%）""组织选拔与市场选择相结合（11.1%）""市场双向选择（3.3%）"和"其他（2%）"。与中国企业家调查系统2000年的调查数据相比，"组织任命"的比重有所减少，由56.4%下降到45.9%，"自己创业""职工选举"和"市场双向选择"的比重有所增加。

2000年的调查中曾涉及了"企业经营者期望的选拔任用方式"，调查结果显示，企业经营者期望的方式依次是："组织选拔与市场选择相结合"占45%，"市场双向选择"占29.6%，"自己创业"占13%，"职工选举"占10.6%，"组织任命"仅占0.9%。与之相比，目前企业经营者获取职位的途径中，市场选择的分量太少，组织任命的比重还是太高。

从不同分组来看，企业经营者获取职位的方式有较大的差别。通过"组织任命"方式获取职位者，中、西部企业（分别为49.7%、50.5%）明显多于东部企业（41.6%），大型企业（66.2%）明显多于中、小型企业（分别为44.4%、36.2%），国有企业（90%）大大高于非国有企业（2.6%－30.8%），

45岁以上者（50.4%－50.6%）明显多于45岁以下者（29.5%－38%）。

调查结果显示，被调查者对"企业经营者选拔任用制度改革"的满意程度不是太高，表示"很满意""比较满意"的分别占2.3%和23.8%，而认为"不太满意""很不满意"的分别占26.1%和4.9%，认为"一般"的占42.9%，认为"满意"的比认为"不满意"的少4.9个百分点，满意程度的平均值为2.93，换算成百分制为58.6分。

调查结果还显示，企业经营者对"职业经理人才市场培育"状况的满意程度较低，表示"很满意""比较满意"的分别占2.6%和15.9%，而"不太满意""很不满意"的分别占30.9%和4.7%，表示"一般"的占45.9%，认为"满意"的比认为"不满意"的少17.1个百分点，满意程度的平均值只有2.81，相当于百分制的56.2分，这说明职业经理人才市场还不发达，企业经营者选拔任用制度的市场化程度还较低。

四是经理人的社会地位、政治地位较高而经济地位却偏低。《2003年中国企业经营者成长与发展专题调查报告》了解了企业经营者对自己的经济地位、社会地位和政治地位的满意程度，调查结果显示，企业经营者对自身的社会地位、政治地位相对比较满意，选择满意的（"非常满意"和"比较满意"）分别占35.5%和35.1%，比选择不满意的（"不太满意"和"很不满意"）分别多17.1和16个百分点，而对自身经济地位满意的（30.9%）略少于不满意的（33.4%）。采用5分制计算满意程度的平均值，对经济地位的满意程度为2.92（相当于百分制的58.4分），对社会地位和政治地位的满意程度分别为3.16和3.15（相当于百分制的63.2分和63分）。可以看出企业经营者对自己社会地位和政治地位的满意程度高于经济地位。

从不同分组来看，调查结果显示，无论对经济地位、社会地位还是政治地位的满意程度都存在一致的组间差异，企业经营者对三种地位的满意程度，东部企业均明显高于中、西部企业；大、中型企业均明显高于小型企业；非国有企业均明显高于国有企业，其中私营企业经营者的满意程度最高，股份制企业、外商及港澳台投资企业的经营者次之，国有企业经营者的满意程度相对较低。值得注意的是，与1993年的调查数据相比，企业经营者对经济地位感到满意的比重呈上升的趋势，由24.4%提升到30.9%；对社会地位和政治地位感到满意的比重有所下降，分别由38.4%和38.7%降为35.5%和

35.1%。

（三）解决深圳经理人市场化问题的对策

针对前述深圳经理人市场化过程中所存在的问题，从微观、中观和宏观等三个层面，我们提出如下具体的对策和措施：

1. 在微观层面，主要从不断培养和增大职业化、市场化经理人的数量与规模，同时促使其外在素质与内在素质得到日益提高和加强。

（1）利用专业化职业化的教育和培训机构、多样化的管理艺术和方法，以及科学的教育技术手段，培育、催生经理人市场化的主体性要素——职业经理人才，使其数量不断增加、规模不断加大。由于经理人市场化有一个发展的过程，根据深圳实际情况，应该实行由少数经理人进入市场、多数经理人为政府聘任，逐步转变为由多数经理人进入市场、少数经理人为政府聘任的经理人市场化催生和培育模式。在过渡期可实行"双轨制"，对经理人采取两种选择、配置的方式。

（2）从知识、技能到价值观念和目标理想等，全面提升经理人的外在素质和内在素质。针对前述部分经理人内在素质欠缺的问题，政府和全社会应共同努力，深化改革，强化法制，完善社会主义市场经济体制，大力倡导企业经营者积极、健康的价值取向，提高其综合素养和社会责任意识，促进深圳经理人队伍的健康成长。

（3）分层次、分级别地推进深圳经理人的市场化建设。从人才成长的规律和我国企业纷繁复杂的状况来看，经理人市场拟分一定的等级。一般的经营人才、部门经理应进入初、中级经理人市场；大的控股公司、企业集团、大型企业的企业家应进入高级经理人才和企业家市场。不同等级的市场沟通，会在市场运行中形成约定俗成的办法。通过建构公开、公平、竞争和优胜劣汰的用人机制，让企业到市场上去选择经营者，选择高级经理人才，让高级经理人才在竞争中找岗位，形成企业与高级经理人才双向选择的新机制。只有建立高级经理人才市场，通过市场竞争，优化企业高级经理人才资源配置，才能使优秀人才脱颖而出，实现企业家队伍的自我更新和整体素质的提高。

2. 中观层面上，根据经理人市场对经理人资源的需求与供给进行自动优化配置和合理调节规律，应该从改变目前经理人主要靠行政任命的选聘方式，完善企业法人治理结构等方面着手，系统地、彻底地解决上述问题。

（1）继续强化人事制度改革，改变目前经理人主要靠行政任命的选聘方式。人力资源的开发将在现代企业制度实行过程中起到重要作用。企业在用人上必须任人唯贤，使职业经理人在市场中充分进行竞争，使企业在市场中选择人才。通过市场调节，经理人、企业和经理人市场都能实现有序、高效和健康运转。

（2）继续深化企业改制、完善企业法人治理结构。企业家成长无论是企业内部的产权结构多元化，还是社会范围的产权结构多元化，都将有利于企业家的造就。企业内部的产权结构多元化，有利于形成企业真正的法人治理结构，实现政企分离，减少对经理人、企业家的行政掣肘；有利于"防止内部人控制"；也有利于经理人大显身手。在国有企业的产权多元化中，吸引多家国有资产参股、吸收私人资本参股、吸引外资入股、实行内部员工持股、股票上市发行等，都是可供选择的途径。但是在实行过程中，一是要使参股者在企业的股本结构中占有相当比例，二是要切实保护参股者的权益，特别是保护"小股东"利益，使其在企业治理结构中形成一种有效的、积极的制衡力量，而不能使产权多元化成为一种纯粹的"融资"手段甚至"吞并"手段；否则不仅无助于国有企业自身治理结构的改善，而且会严重挫伤参股者的积极性，甚至于扼杀中国经济的生机。这绝不是危言耸听。

理顺公司治理结构，与理顺国有资产的管理体制相关。首先要把大部分行政管理性职能仍然留给有关的政府部门，使国有资产经营公司真正成为"经营性"公司；并且要在国有资产经营公司建立现代公司治理结构和激励约束机制，使其真正成为自主经营、自负盈亏的独立法人；同时要形成多家资产经营公司良性竞争、相互促进的格局。

3. 宏观层面上，利用社会主义市场经济发展的各种有利条件和经济特区的特色与优势，从物质资源、政治法律制度、社会组织安排直至思想观念等各方面，积极推进深圳经理人市场化的建设、发展和完善。

（1）企业家的聘用、考核与激励和约束手段必须市场化。为了改变我国的经理人员聘用、考核与激励和约束手段的行政化现状，人们认为应当发挥商品市场、资本市场与经理人才市场三重市场竞争机制的作用。但在目前，我国的证券市场和信贷市场都很不规范，企业的重组和破产则由于国有资产产权的封闭性而存在制度性障碍，经理人才市场也很不发达，主要还只能靠商品市场（生产的产品适销对路）来对企业经营者进行考核。同时要按照市场经济要求，逐步规范证券市场和信贷市场，使其能真实反映经营者的业绩；按照"抓大放小"的思路，搞活企业产权交易市场，按照市场经济的要求，该重组的重组，该破产的破产，使其对企业经营者和国有资产的所有者形成一种切实的压力；逐步发展多元化、市场化、规范化的经理人才市场，使其成为独立于政府系统的、没有行政色彩的中介性机构。这样，使商品市场、资本市场与经理人才市场真正起到对企业经理人员的有效的考核、推荐与激励和约束作用。

（2）企业家的身价必须商品化。在美国等西方市场经济国家，曾经经历过这样一个过程：开始时最优秀的人才集中在企业，企业的效率高而政府的效率低；为了解决"政府无能"的问题，政府实行政策吸引优秀人才进入国家机关，提高了政府的工作效率，为企业创造了更好的发展环境。在中国，目前还是处在需要鼓励优秀人才"下海"的时候，特别是国有企业由于体制上的缺陷，更需要大批优秀企业家为之献身。然而现在中国却明显存在一股下海人员"回流"党政机关的现象，国家机关干部也不愿到企业去创业。国家机关作为政策制定者，本来就存在使政策向自身倾斜的趋向，而又缺乏美国那样的有力的社会监督。因此国家应当制定向企业倾斜的政策，有意识地鼓励人才向企业流动。

经理人员的工资、奖金、职务消费、年薪、股份与股票期权等各种手段必须有机结合；与企业短期效益挂钩的报酬与对有利于企业长期发展的企业家行为的鼓励手段必须有机结合；在位时的待遇与退位后的待遇（如退休金计划）、"货币物品"与"非货币物品"（如舒适、豪华、体现其地位与价值的办公条件；公费旅行及休假；住房、公务用车等）、物质手段与非物质手段（如统率大批职员、成就宏伟事业的成就感；良好的同事关系及企业文化；良好的社会声誉等）必须有机结合，妥善、统筹安排，才能起到有效的激励作用；实际上，"非货币物品"、非物质手段，都可以看作是"货币物品"的转化形态，也都可以转化为"货币物品"。比如"良好的社会声誉"，就可以使企业家的"价码"上升，地位稳固；即使在一个企业被排挤

"出局",也能在社会上找到高薪职位。

(3)继续优化外部环境。目前,深圳市上下正致力于为企业创造一个能够公平竞争的环境,可以说职业经理正在迎来一个黄金时代。作为政府来说要进一步建立和健全有利于职业经理市场化的法律保障制度,彻底改变对企业经营活动的干涉和控制或硬性摊派等状况,完善企业的法人治理结构,使有能力的人才更多涉足职业经理领域。

总之,我们针对上述问题所提出的从微观、中观到宏观的三个方面的具体对策,既是培养和造就一支高素质的经理人员队伍、企业家队伍的必要条件,也是实现经理人市场化的重要措施。

三、经理人制度化:经理人职业化的必要保障

经理人制度化,就是与经理人职业化市场化相适应的旨在规范职业经理人的经营行为、保障职业经理人权益的一系列制度建设。它包括经理人法律制度尤其是经理权制度、经理人的测评体系与培养选拔制度、经理人的业绩评价与激励制度、经理人监督约束机制,以及经理人的退出与救济制度等。这些制度是经理市场正常运转的必要条件,也是经理职业化的根本保障。

(一)经理权:经理人法律地位的基本保证

经理权,是指公司经理在法律、章程或契约所规定的范围内辅助执行公司业务所需要的一切权力[①]。当今,科学技术的发展和社会关系的复杂化已使公司管理成为一项专业性很强的工作。当公司经理以此为契机,由单纯的"他人资本的管理人"发展到拥有公司控制权的庞大的"经理阶层"而爆发"经理革命"的时候,法学家和社会各界不得不关注这一影响公司命运的特殊利益阶层的权利结构。

1. 经理权之性质与权能

(1)经理权之性质:商业雇用人

在西方国家,公司是以资本为主导的现代企业的典型形式,经理受聘

---

① 经理权有广狭两义,广义经理权系指一般商事代理权,狭义经理权仅指公司经理权,此处的经理权系指狭义经理权。

于公司，属于雇员范畴。如英国公司法规定，董事、经理、秘书等在公司里面担任一定职务的人都是公司的高级职员。日本、韩国《商法典》则称之为商业使用人（或商业雇佣人），实则亦为雇员。根据"雇员理论"，经理以公司名义营业时，系公司的代理人，经理权究其实质乃商法上的代理权。然而，商法上的代理权是一种特殊的代理权，它以民法上的代理权为基础，但又有自己的特殊性质。鉴于此，多数国家（地区）除允许民法有关代理权的一般条款原则上适用于经理权以外，还以商法、公司法等立法形式对经理权的授予方式、权限范围、行使方式、撤销或解除等问题加以特别规定，从而使经理权带有浓厚的法定权利色彩。

（2）经理权之权能：管理权与代表权

经理权作为商事代理权，主要表现为两大权能：管理权能和代表权能。管理权能是指经理在公司内部所享有的可以用来对抗股东、董事或监事，并以之处理一些特定事务的能力。管理权能的依据在于公司与经理之间所存在的基础关系，如雇佣关系、任用关系等。代表权能是指经理以公司名义进行活动，并与第三人缔结契约，使公司直接承担该契约的法律后果的能力。代表权能的依据在于公司与第三人之间的外部关系。尽管对代理权的本质，在理论上仍存有争议，但不容否认的是，代理权是一种具有强大法律效力的权力。

2. 经理权之范围

多数国家所确认的经理权范围有如下共同特点：

其一，经理权带有法定权利的性质，其权限范围多由法律规定。

其二，经理权是一种特殊的身份性权力。由于经理权带有法定性，经理只是一种具有特殊身份的雇员，所以，西方国家多将经理权视为基于特定身份而产生的身份性权力。如大陆法系国家的常任代理权或法定代理权；英美法系国家的"表面权力"或"寻常权力"[①]，而经理的表面权力则是管理公司的正常商业事务，这是经理最大的权力[②]。

其三，经理权具有广泛性。各国对经理权范围之界定多采用富有弹性的概括式授权术语，从而使经理权（尤其是其中的代表权、代理权）的范围拓延极广。

---

① 陈万灵：《经理人才的特性与经理人才市场的培育》，中国人才，2002（2）:22-24。
② 金祖岩：《市场化职业化社会化加入国企人才建设的必然选择》，前线，2002（2）:39-41。

3. 经理权之限制

尽管各国（地区）法律所规定的经理权的权限范围十分广泛，但在实际生活中，经理权往往受到各方面的限制。

（1）在大陆法系国家（地区）经理权往往受到三方面限制：

其一，法律的限制。以法律限制经理权之范围是大陆法系国家（地区）广为采纳的限制方式。如德国《商法典》、意大利《民法典》[①]，我国台湾"民法"[②]等。各国法律对经理权范围之限制集中体现在不动产方面，因为不动产是企业的核心部分和本质，通过这一限制，商人可以始终保留着企业核心部分的处分权，从而使企业不会轻易被他人夺走，其对企业转让和申请破产权利的限制，也有异曲同工之效。

其二，公司章程或合同的限制。实践中，除法律对经理权所设限制外，不少公司还以章程或合同对于其所授予的经理权的权限范围加以限制。如德国《商法典》第50条第1款规定："有关经理权范围之限制对第三人不生效。[③]"这一规定以商事交往的便捷性为出发点，据此，第三人可以完全信任经理人在商事交易过程中所从事的各种活动，从而大大提高了商事交易的效率。

其三，通过授予共同经理权限制。公司将其经理权同时授予数人共同行使，这虽非直接限制经理权之范围，但经理权之行使实际上已受到限制，故亦被各国视为限制经理权的一种方式。如在德国，授予共同经理权，被学者称为间接地限制经理人的代理权。

（2）在英美法系国家，经理虽然具有十分广泛的表面权力，但也受到三方面的限制：

其一，职位本身的限制。经理的职位权力是管理公司的正常商业事务，但根据司法判例，不论他的权力如何广泛，只能限于管理，除了在正常业务过程中以按揭货物借款以外，经理无权替公司筹款，亦无权把公司的资本退还给股东。职位本身的限制，为经理权圈定了一个可能拓及的最大外延边界，任何经理权均不得超越这一范围。

[①] 王伯成等：《我国职业经理人市场发展的几个制约因素》，企业经济，2003（2）：55-57。
[②] 孙光焰等：《美国公司的治理机制与法律规制》，中南大学学报，2003（3）：331-334。
[③] 范健：《德国商法》，中国大百科全书出版社，1993年版，第175页、第178页。

其二，反面推定察觉原则限制。一般而言，由职位所确定的表面权力即为经理权之范围，表面权力独立于章程而存在。但表面权力规则适用于公司时，受反面推定察觉原则限制。反面推定察觉原则是为保障股东和公司利益而设置的特殊规则。依据这一规则，任何与公司进行交易的人都被推定为知悉公司公开文件的内容。此与大陆法系国家不同。

其三，内部行政条规限制。内部行政条规，又称"蒂尔康德"条规，是为保障交易第三人利益而制定的特殊规则。"蒂尔康德"条规实际上是对反面推定察觉原则的补充，它本身并未对经理权范围施加限制，只是使经理权之授予与经理权本身在一定程度上发生分离，从而使反面推定察觉原则得以公平适用，以达到间接限制经理权之目的。正是在这一意义上，我们将其视为经理权的限制方法。

4. 公司经理权的微观结构内容

为确保经理权代表功能之实现，多数国家赋予公司经理以广泛的权力，同时，为实施权力的控制，各国又通过多种手段限制经理权之范围。考察西方国家公司立法、公司章程以及合同所规定的经理权的微观结构内容主要有以下七类：代表公司签订业务合同，有些国家将其限定为一定金额的合同；任免经理以外的其他公司职员；执行董事会制订的经营方针和计划；定期向董事会报告业务情况；向董事会提交年度经营报告和分配方案；负责管理公司日常事务；代表公司参加诉讼。

（二）深圳市职业经理人制度中存在的主要问题

1. 经理权制度的缺陷

与西方国家经理权制度相比，我国《公司法》中的经理权制度存在诸多缺陷，亟待完善。这些问题在深圳也不例外。

（1）经理权授予方式的制度缺陷

我国《公司法》规定，经理由董事会聘任，显然，经理权之授予亦由董事会代表公司进行，此与多数国家立法一致。但经理权之授予具体应采取何种方式进行，是否以明示授予为必要？《公司法》并无明确规定。而且，经理权之授予与聘任合同这一基础法律行为之间关系如何？是否适用代理法中的"抽象原则"？经理权之授予是否需进行登记，以及登记行为的法律效力如何等，这些问题均不明确。此外，我国《公司法》未对共同经理权和分经理权的授予做出规定，在公司营业过程中，公司经理（或总经理）与副经理（或经理）之间系何种关系？能否成立共同经理权以及共同经理权如何授予？这些问题均值得研究。而这些问题的解决取决于我们对公司经理地位的重新界定。按我国现行立法，经理是与董事会几乎并列的公司机关，而非公司的雇员代理人，这从《公司法》在立法体例上将"经理"与"董事会"并列置于公司"组织机构"一章中可见一斑。由于经理并非以代理人面貌出现，因此，代理法的许多规则尤其是代理权授予规则对经理制度难以适用。鉴于此，我们建议恢复经理人的本来面貌，并参照国外立法对一般经理权以及共同经理权、分经理权的授予规则做出明确规定。

（2）经理权范围界定的制度缺陷

我国《公司法》所规定的经理权范围存在以下缺陷：

其一，经理与董事会之间的权力界区不甚合理，经理的权限范围过大。与西方国家一样，我国《公司法》赋予了公司经理广泛的职权，根据该法第50条、第119条之规定，经理权包括以下内容：第一，组织经营权（执行权）；第二，公司内部规章制订（定）权；第三，人事任免权；第四，其他权力，即公司章程和董事会授予的其他职权。此外，经理作为董事会领导下的负责公司日常经营管理活动的机构，为便于其了解情况，汇报工作，《公司法》还规定经理有权列席董事会会议。显而易见，在我国，公司内部规章的制订（定）权是公司经理的重要权力，而这些权力在西方国家公司立法和公司实践中多由董事会行使。就此而言，我国公司经理的职权显然要大于其他国家（地区）所规定的经理权。因此，经理权在实践中趋于膨胀，首先在于制度安排的不合理。之所以会出现这种情况，究其原因有三：一是立法者对公司经理的性质和地位存在认识偏差；二是由上述错误认识所致，立法者对公司机关的权力构造设计不当；三是传统企业制度所积淀下来的观念误区的影响。当然，形成这种局面，也有其客观原因，毕竟企业制度改革和产权体系的重建难以一蹴而就。

其二，某些迫切需要赋予经理的权力未予明确。我国《公司法》在将某些本不应由经理享有的权利划归其享有的同时，对某些应由经理行使的职权却又未做明确规定，这主要表现在两方面：第一，未明确规定经理在执行业务时有代表公司签字的权力。在实践中,为解决经理的签字权问题,由董事长兼任经理的现象十分普遍,董事长一旦与经理身份合二为一,势必进一步扩大经理权范围,从而使经理人变异为公司权力阶梯的顶层,这显然是制度运作失当的后果。第二,未明确规定经理在执行业务时有代表公司为诉讼行为的权力。这种诉讼代理权即准法定代理权[①]。当然,对于代表签字权和代表诉讼权,公司可通过董事会或在其章程中授予经理行使,但若董事会未予授权,公司章程也未作规定,则势必影响经理执行业务,因为这些权力内容与公司的业务经营活动联系密切。鉴于此,建议在经理权内容中增设代理公司签字权和代理诉讼权,以避免实务操作上的困惑。

其三,经理权的限制方式不明确。经理权为法定性质的代理权,其权力内容受法律或委托人的限制,此为多数国家立法通例。我国《公司法》未明确规定经理权的限制方式。公司能否在其章程中限制经理权(尤其是法定权力)之范围,理论上鲜有探讨。若许可限制经理的职位权力,这些条款对第三人是否产生拘束力?这些极为重要的问题在《公司法》中均未予以规定,亟待立法完善。此外,对于经理从事某些与公司命运休戚相关的行为,还应以立法的形式加以严格限制,以防止经理滥用代理权。例如经理处分公司的不动产、为他人(尤其是法人)债务提供担保、以公司名义举借大笔债务等,均应由公司以书面形式特别授权,否则不得行使。

(3)经理权行使方式的制度缺陷

经理权行使方式的制度缺陷主要表现在两方面:

第一,我国《民法通则》和《公司法》都未对经理行使职权的方式以及签名的方式做出原则规定,一旦赋予经理签字权,经理如何行使这项权力即显得极为重要。根据我国《工矿产品购销合同条例》第4条之规定以及国内现行商事交易惯例,经理在代表公司从事国内商业活动时,应签署自己的姓名(或盖章)并加盖公司印章,至于经理人之职衔则可略去不写,此为便捷交易程序之所需,当务之急是应在《公司法》中对经理的签名方式予以明确。

第二,由于《公司法》未对共同经理权做出明确规定,因此,共同经理

[①] 范健等译:《德国商法典》,《中德经济法研究所年刊》(1995),第244页。

权之行使应遵循何种特殊规则尚付之阙如。而在实践中，共同经理权并不少见，若肯定其合法性，则急需对其行使方式补充立法规制。

（4）经理权解除方式的制度缺陷

我国《公司法》亦未对经理权之解除做出明确规定，实践中，对不合格之经理一般可由董事会随时撤销，至于董事会撤销经理要依何种程序，是否须说明理由，公司章程能否限制撤销权，以及经理权解除不当如何救济等问题现行立法均乏明文，应当补充规定。在立法修改之前，必要时可通过公司章程予以明确。

改革开放以来，我国逐步实行以放权让利为特征的企业改革，经理人员的经营自主权日益扩大，从现实情况看，尽管有些权力并没有完全到位，但一个不可否认的事实是经理人员实际上已经掌握了相当一部分的国有资产的处置权，一些企业已成为无主管企业。由于制度变迁具有自我增强和路径依赖性，国有企业改革走上这一道路后会自我增强并对这一路径产生依赖。经理人员的自主权就会越来越大，日益扩大的自主权却缺乏必要的约束和制衡，经理权力的行使处于一种近乎零约束的状态。

2. 激励不足

针对经济生活中激励不足的问题，改革开放后我们逐渐在分配领域引入竞争机制，人们的生产积极性有了很大的提高。但在经理人员的激励机制的建设方面却改进不大，存在很多的不合理因素，表现在以下四点：

（1）货币收入低且与贡献脱钩。由于经理人员的官员身份、国家机构的臃肿、国家财政的拮据以及传统分配体制惯性的影响，我国经理人员的货币收入是较低的。这与改革开放以来私人、三资企业经理人员收入的大幅度增长形成了强烈对比。

（2）金融市场发育不完善，期权交易、职工股的交易在深圳和上海两个交易所是被禁止的，这样，即使为激励经理人员实行了股票期权或股票奖励，但这些奖励的价值无法在市场得到实现，导致这种激励的作用微弱。

（3）在职消费模糊。国有企业经理人员的在职消费有以下特点：一是在职消费往往采用实物形式，如私人用车、公款吃喝等，其数量难以确定，价值难以计算；二是在职消费与企业生产成本之间界限不清，在职消费很容易被摊入企业的生产成本之中，这就是所谓的"个人消费成本化"；三是对于什么样的企业的经理人员享受怎样的在职消费,国家缺乏明确的规定,只是号召经理人员勤俭节约、艰苦奋斗,道德感召胜过制度约束,规定过于模糊,难于操作。这三个特点表明,我国国有企业经理人员的在职消费成为一种界定不清的产权,具有很强的外部性。

(4)精神报酬不合理。一是社会荣誉感不高。在美国等发达市场经济国家,经理人员特别是其中的优秀分子——企业家,是受人崇尚的阶层,被认为是美国的精英。在我国,经理人员的重要作用远未被人们认识到,他们的超常劳动与巨大贡献没有得到应有的尊重。据北京大学有关专家进行的一项调查,国有企业经理人员的职业声望在所调查的100个职业中排第70位以后。二是控制权激励不足。企业的控制权对于经理人员有很强的激励作用,在物质收入不高的情况下,它可以起到弥补物质激励不足的作用(周其仁,1997)。1997年《中国企业经营者成长与发展专题报告》的调查数据表明,将经营管理权力亦即控制权作为自己重要追求目标的约占被调查人数的46.5%,然而我国经理人员的经营自主权受到很大的束缚,与企业有关的许多决策自己都无权参与,由这一职业所带来的成就感不高。三是"官本位"观念受到冲击,官员身份的激励作用弱化。随着市场经济的深入和政治体制改革的深化,经理人员作为一级行政官员的身份给他带来的社会地位上的满足减小;并且由于行政体系中职位的递减性决定了这必然是一个收益递减的过程,这与市场经济中个人财富的累加形成鲜明的对比。这不仅不利于调动经理人员的积极性,反而会降低经理人员行为的机会成本,在其他变量不变的情况下,理性的经理人员就会倾向于采取机会主义行为。

3. 经理选拔、考核、奖惩制度不当

(1)"廉价投票权"的后果。在传统体制下,企业的经理人员是由并不承担企业风险的党的组织部门提名而由企业的主管部门加以任命,在身份上是一级政府官员。随着国有企业改革的深化,虽然引入了投票规则,但从现实看无论是董事会成员还是经理人员都是上级主管部门内定名单,由企业主管部门加以任命的,经理人员的政府官员身份仍没有改变。选择范围定在国有经济部门及行政机构,基本上不面向社会选择,国有企业经理人员任期满后或因违反纪律被撤职后,可以几乎不受限制地流向政府机构或其他国有经济部门。

根据中国企业家调查系统的资料显示（见表4），我国的高层管理人员的选拔多由上级主管部门任命，这部分的比例高达75.1%，其中，国有企业的比例最高，达90.9%。真正有市场配置的比例很小，仅占0.3%。这种选拔制度引导经理人员为获得"廉价投票"而采取各种手段。

表4 中国企业经营者任职方式的调查结果

	主管部门任命（%）	董事会任命（%）	职代会选举（%）	企业内招标选举（%）	社会人才市场配置（%）	其他（%）
总体	75.1	17.2	4.3	1.3	0.3	1.8
国有企业	90.9	4.4	2.2	1.2	0.3	1.0
集体企业	73.3	11.7	11.7	1.2	0.3	0.8
私营企业	27.6	37.9	3.5			31.0
联营企业	47.1	47.1	2.9	2.9		
股份制企业	27.2	60.8	8.1	1.5	0.3	2.1
外商投资企业	31.3	62.7	1.5	1.5		3.0
港澳台投资企业	17.1	80.5	2.4			

资料来源：中国企业家调查系统：《素质与培训：变革时代的中国企业经营管理者》，《管理世界》1998年第4期。

对经理人员的考核也往往采用行政办法，对成绩突出的经理人员的奖励也以行政性为主，对经营不力甚至有某些违纪行为的经理人员的处罚也主要是行政处罚，给以行政处分，有的还可以易地做官。经理人员的任期跟政府官员同步，实行承包制的企业则由通过一对一谈判形成的契约规定，经理人员能否连任，在很大程度上取决于主管部门对其的评价。这种廉价投票权导致了一系列不良后果：它引导经理人员"经营领导"而不是精细经营企业。在民主制度不健全和经理市场不到位的情况下，在经理人员的任用及去留的问题上起决定作用的往往是组织部门及主管部门的某些主要领导甚至是某个领导，由于这些领导本身的利益并不与国有资产的增值、保值直接相关，这样他们所掌握的就是一种廉价投票权。很大程度上，经理人员要保持自己的职位并不需要刻苦经营、努力创新，而只要通过一定的"手段"搞好与这部分人的关系获得这种廉价投票权就行。任命的主观随意催化经理人员的短期行为。在服从党的需要的口号下，经理人员随时都有可能被调走，使经理人员老觉得自己的位置不稳固。从博弈论角度看，这种做法减弱了重复博弈这样一种事后惩罚机制的作用、助长了经理人员的机会主义行为。

国有企业的择人机制缺陷的负面影响主要表现在以下三个方面：第一，致使国有企业经营者的总体能力不高，经营者的实际平均能力，大概不会比总人口的平均能力高多少；第二，不利于经理人市场运行质量的提高，给大量的冒牌经理能与确实有能力的经理在同一起跑线上竞争当经理留下了很大的空间，使得经理人市场"假货"横行，弱化了优胜劣汰的市场机制，甚至假货驱赶良货，从而使经理人市场蜕变为一个"二手车"市场；第三，可能导致价格信号失真。国有企业作为买方在机制上有抬高市场价格的倾向，例如在竞争同一经理时，国有企业由于其软约束机制，往往可以非理性地抬高竞价，使成交价格大大偏离均衡价格。

（2）我国的国有企业的目标是多元的，承担了很多的社会责任。我们缺乏一个对经理人员进行考核的明确标准。在这样的情况下，我们很难弄清楚企业亏损原因何在。经理人员很容易将因自己的机会主义行为而给企业造成的损失推脱出去。即使信息很多，我们也无法从中找出经理人员从事机会主义行为的信息。

（3）刚性的退休年龄强化了经理人员的过关意识。所谓"有权不用、过期作废"，"59岁现象"由此发生。

4. 公司治理结构不规范导致监督不力

我国国有企业经理人的监督约束机制，可以用下表描述：

表5 我国国有企业的监督机制一览表

各类机制	描述指标			
	监督形式	监督内容	机制的使用情况	监督效果
政府作为所有者对经理人的监督	1. 政府的任免权 2. 政府的审计权 3. 稽查特派员或财务总监制 4. 公司制企业的董事会和监事会	对高层经理人员的全面监督约束,确保经理人追求企业利益最大化	第1、第2两种形式较普遍;中央直属企业采用了第3种;公司制企业存在第4种监督	第1、第2两种形式仍发挥主要作用;第3种有待验证;第4种因治理结构不规范较难发挥作用
党组织的监督约束	1. 上级党组织对经理人的管理 2. 企业党委会对经理人的监督约束	从党的组织原则角度对经理人的行为进行考核、评价	所有国有企业都建立了党组织的监督约束机制	在非公司制企业中相对有效,而在公司制企业中效果有限
工会和职工代表大会的监督约束	1. 民主评议、民主管理、民主监督 2. 股份制企业的职工持股会 3. 公司制企业中的职工董事、监视制度	评议、选举经理人,监督企业业务费用的使用和经理人的工资外收入	第1种形式在国企中不同程度地存在;第2、第3种形式存在于一些试点企业中	由于企业党政领导兼职等原因,此种监督常流于形式
市场竞争机制约束	1. 产品市场的信息显示和竞争机制 2. 资本市场的信息显示和竞争机制 3. 经理市场的信息显示和竞争机制	市场可以真实地显示经理人的能力和努力程度,强化危机感,从而使经理人自觉约束自己的行为	国有企业主要受产品市场的约束;资本市场和经理市场的约束作用基本上不存在	在规范的公司制企业中有效;但由于我国市场体系不完善,此种约束的效果不明显
债权所有者的监督约束机制	1. 银行的监督约束 2. 其他非金融机构的监督约束	从债务的清偿角度监督经理人的行为	所有国企中都存在	随着金融改革的深入,此种约束会更有效
法律的监督约束机制	法律中关于各类违法犯罪的规定对经理人的约束	此种约束主要在于惩罚经理人的犯罪行为	所有国企中都存在	随着法制建设的不断完善,此种约束会更加深入和有效

从表5可以看出当前我国国有企业对经理阶层的监督中存在的不足之处。这些问题同样也存在于深圳市的国有企业之中。

（1）国有企业的分级管理的体制形成了多层代理的格局，使从初始委托人到最终代理人（企业经理人员）之间的代理层次有六层之多。在委托人与最终代理人之间，存在着庞大的中间行政代理层，他们具有独特的部门利益，具有隐匿、篡改信息的动机。

（2）传统的"老三会"（党委会、职代会、工会）与改革后的"新三会"（股东大会、董事会、监事会）并存的局面，导致监督不力。各监督主体的自身利益与国有资产的增值、保值的关联度较小，而认真监督所需付出的努力却较大，作为理性的"经济人"，他们在进行成本与收益的比较后往往做出的是放弃认真监督的选择。

在各类监督机构缺位的情况下，依靠企业职工来监督是不可能的。其一，职工与经理人员在企业组织体系中处于不同的层次，搜集信息有成本较高、获得的信息准确性较小的问题；其二，职工向党委会、职代会等组织反映问题，可能会有较多的渠道不畅、信息失真等问题，以至最终反映到主管部门那里的信息与原来反映的问题大相径庭；其三，职工与经理人员存在严重的权力不对称；其四，职工也是一个利益群体，也存在搭便车问题。

在现有体制下企业中并不存在真正维护所有者利益的主体，出现了严重的所有者虚位问题。在现有的经理制度环境中，经理权重，从事扭曲行为可得巨额的额外收益，经理监督的缺陷又使经理的扭曲行为不能为有处理能力的机构发现从而风险较小；而报酬制度及选拔、任用及奖惩制度的不合理因素又使其从事正当行为付出较大的成本而收益较小。经理行为扭曲愈演愈烈有其必然性。

（3）我国市场经济刚刚起步，各类市场发育很不完善，产品价格、股票价格等市场参数所含有的信息量偏小且充满噪声，对经理人员进行监督的成本过高，以至于降低了监督效果。

（4）行政处罚及低退出壁垒淡化了经理人员机会主义行为的风险意识。经理人员是行政官员，其机会主义被发现后，受到的多是行政处罚而不是经济处罚，不会被解聘，降职后正常薪金减少不多。随着经济市场化改革的深入，经济生活的自由度提高，尤其是经理市场的双轨制，存在着"内部经理市场"和"外部经理市场"，经理人员产生了这样一种预期：只要有才能，即使被开除公职也可以很容易地在"外部经理市场"找到一份工资较高的工作。

5. 外部制度缺位导致信用缺失

以上讨论的是经理人职业化的内部制度，它的良性运行还需要一个健全的外部制度来保障。这些制度包括相关的法律制度、中介制度等。但在我国，这些制度不健全或者尚处在建设之中，这种状况必然阻碍经理人职业化的进程。

（1）法律制度不健全。职业经理人受聘于资本占有者，两者之间的关系应该是一种在法律状态下的制衡关系。如前所述，我国《公司法》中对经理人与所有人之间的关系界定模糊，资本占有者与职业经理人的职责不明，职业经理人没有明确的制度规范，职业经理人与所有者之间的法律关系也有流于形式之嫌。

（2）中介机构缺乏。在职业经理人和资本所有者之间，应该存在着一个成熟的中介市场，它负责对职业经理人进行能力测评、业绩评估和行业性管理。但是，在我国，目前还缺乏这样一个成熟的中介市场，职业经理人的工作业绩没有一个公正的评价机构给予评价，导致了资本占有者与职业经理人之间工作互相干扰，互相猜疑，互不信任，从而失去双方合作的机会，造成不欢而散的局面。

（3）由于法律制度不健全和中介机构的缺乏而产生的信用问题一直困扰着企业所有者和职业经理人。所有者和经理人相互炒鱿鱼的事件频频发生，表明信用缺失问题必须解决。

（三）构建深圳市职业经理人基本制度

职业经理人的基本制度应该包括：职业经理人的能力测评体系与选拔机制、职业经理人的业绩评价与激励机制、职业经理人的监督约束机制、职业经理人的退出与救济机制。这几个方面，缺一不可，否则，职业经理人制度就无法运行。

1. 职业经理人测评体系

人才测评可以追溯到古代，我国古人就尝试了很多人才测评的方法和手段，并进行了广泛而卓有成效的实践。《吕氏春秋》中对人才的考察提出了对内用"六戚四隐"，即通过考察其对亲戚朋友等的态度来达到识才目的；对外用"八观六验"，即将其放在各种情境中（贫富贵贱顺逆等）来全面测评一个人的品德、才学、志趣、意志等。三国时刘劭在其《人物志》中系统地提出了

"八观""五视""七缪"的鉴定方略,从多方面系统地考察人才。

现代经理革命向人们昭示了经理人举足轻重的地位。因此,人们越来越重视对职业经理人的测评和选拔。不但出台了职业经理人职业标准,而且还开发出一些有针对性的测评软件。我国国家人才管理系统已将国际经理人联合会(IMU)推行的职业经理人资质认证IPM体系纳入系统中,通过对经理人的测评来规范和发展职业经理人市场。我国第一家人才测评机构——上海市任职资格评价中心,近年来已先后接受了100多家大中型企业、三资企业的委托,运用人才测评手段来选拔中高级管理人才。1996年6月,深圳市委、市政府批准成立了深圳市企业高级经理人才评价推荐中心,主要承担全市厂长、经理的资格认定和培训工作,各大中型国有企业任用中高级管理人员都要以人才测评报告作为参考依据。因此,对经理人的能力测评是其中的重中之重。

一般来说,职业经理人的能力体现在以下几个方面:运用专门知识、技能和经验;合理利用资源,即如何组织、调配、监控各项资源;有效利用人力资源,选拔、任用、激发员工潜能以实现企业发展目标;综合运用才智和想象力决策并解决问题。依据这几个方面,我们可以建立职业经理人的测评指标标准(如表6和表7)。

表6 现代企业职业经理人测评指标体系

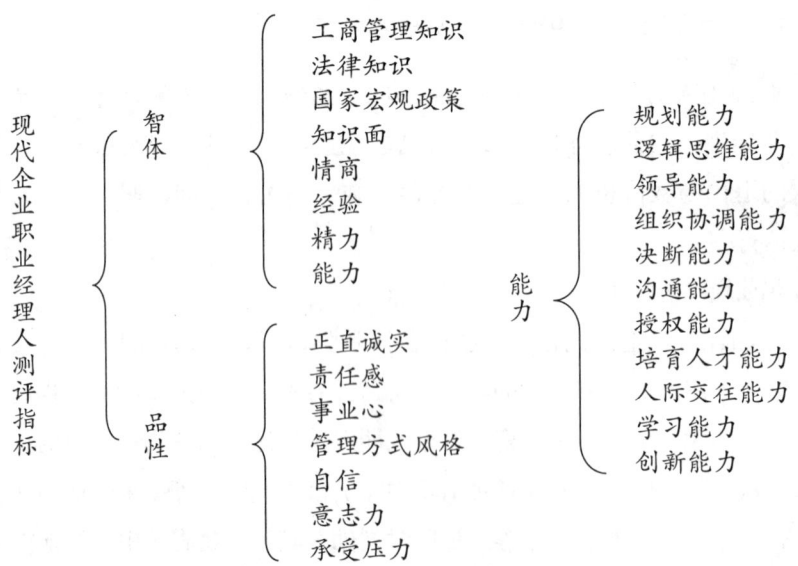

表7 现代企业职业经理人测评标准

内容	测评要素	测评标准			
		优秀	良好	一般	差
智体	工商管理知识	精通	掌握	了解	不熟悉
	法律知识	精通	掌握	了解	不熟悉
	国家宏观政策	精通	掌握	了解	不熟悉
	知识面	博学多才	知识丰富	具备常识	知识贫乏
	情商	很高	较高	一般	较低
	经验(从业年数)	7年以上	3—7年	1—3年	不足一年
	精力	异常旺盛	精力充沛	一般正常	精力不足
品性	正直诚实	品质超人	品质良好	基本可信	不可信
	责任感	极强	富有	勉强承担	不能承担
	事业心	拼搏进取	进取向上	顺其自然	不进取
	管理方式风格	极适宜工作	适合工作	可从事	需改进
	自信	很自信	自信	比较自信	不自信
	意志力	很强	强	一般	较差
	承受压力	很坚强	坚强	比较坚强	不坚强
能力	规划能力	善于规划	规划得当	有规划	规划不足
	逻辑思维能力	很强	强	一般	较差
	领导能力	很强	强	一般	较差
	组织协调能力	很强	强	一般	较差
	决断能力	英明果断	恰当立断	尚能决断	少断错断
	沟通能力	极善沟通	易于沟通	沟通尚可	不能沟通
	授权能力	精于授权	有效授权	适当授权	授权不当
	培育人才能力	善于培养	有效培养	能够培养	不善培养
	人际交往能力	善于交际	恰当交际	基本交际	不善交际
	学习能力	很强	强	一般	差
	创新能力	善于创新	富有创新	偶尔创新	墨守常规

依据表6和表7所建立的职业经理人的测评指标标准,可采纳相应的测评

方法。

(1) 传统测评方法

纸笔考试。纸笔考试是通过预先设计的题目和相应的标准用纸笔进行的测试方法，主要用于测量人的基本知识、专业知识、管理知识、相关知识以及综合分析能力、文字表达能力等素质及能力要素。它成本低，可以大规模地进行，且成绩评定比较客观，往往作为人员选拔录用程序中的初期筛选工具。

履历分析。履历分析是借助个人履历档案，了解其成长历程和工作业绩，从而对其知识、能力、背景等有一定的了解。履历分析客观、成本低、使用面广，但准确性不高，信息量小、无法定量等。目前国外通过设计履历表的项目和权重来达到定量测评的效果，使履历分析可以定量测量，更客观、更标准和更有效。

面试。面试是一种通过考官和考生直接交谈或将考生设置在特定情境中进行观察，了解考生的经验、个性、能力及求职动机等情况，从而完成对考生适应职位的可能性及发展潜力评估的一种十分有用的测评技术。它可以提供被试者与测试者双向交流的机会，具有其他测评方法无法取代的特点。其中，结构化面试依照预先确定的内容、程序、分值结构进行，较之非结构化面试更严谨更标准，受到企业和测评公司的青睐。

心理测验。心理测验简单地说就是对个体行为样本的客观、标准的测量。实际上，人才测评起源于一百多年前的心理测验运动。心理测验已经比较成熟，是一种非常重要的测评技术，在国外被广泛地用于各类企业、部门的员工招聘、选拔和提升过程中。

(2) 新型测评方法

情境模拟方法。该方法使被试者处于某种假设或真实的情境下，通过观察其行为表现来判断其能力品质等综合素质。具体方法有角色扮演、公文筐测验等。这种方法具有较高的可信度和有效度，尤其适于对高级人才的测评，其测评效果很好，在国外被广泛使用，目前国内也开始接受。

评价中心技术。评价中心技术是在测评过程中采用测评多种技术组合，从而达到综合测评的目的。评价中心综合了纸笔测验、心理测量、管理游戏、公文筐测验、角色扮演、面谈等多种测评技术。评价中心目前在国外被广泛用来对各类企业的各级管理人员的素质能力进行测评,是人才测评领域一种较为独特的方法。

360度反馈评价法。该方法通过一个组织中各个级别、了解和熟悉被试者的人员(如其直接上级、同级、下属等),以及与其经常有来往的外部顾客和其自身对其绩效、工作能力和特定的工作行为与技巧提供客观真实的反馈信息,以实现对其评定和改进。与传统的绩效管理相比,360度反馈评价具有更多的信息渠道,更加全面。另外,该方法使组织成员能够参与其中,个人能全面地认识自己,从长远来说有利于改善团队工作,促进组织发展。

才能评鉴法,又称"工作能力评鉴法(JCA: Job Competence Assessment)"。该方法源于1973年管理心理学大师McClelland的"才能"运动。通过才能研究,采取"行为事件访谈"(BEI)法建立才能模式,然后将之运用于人力资源管理的各个环节。该方法创立20多年来,为超过24个国家的100多位研究人员所使用,目前已发展出一个世界通用的"才能模型"的资料库。其优点在于可以依据相同的原理建立本土化的才能模式并直接运用于本土人员的甄选、绩效考评等各方面,而不需考虑修订量表或常模,因此该方法是一个适用性很广,非常具有潜力的人才测评新方法。

人－机对话。人－机对话是信息时代的产物,确切地说它更是一种测评方式的革新。人－机对话又叫"系统仿真测评""人工智能专家系统",被测者置身于信息技术构成的模拟实际系统的动态模型中,并扮演特定的角色,由电脑根据其答案或"工作实绩"来进行预测评定(郭庆松,2003)。计算机的利用将常规测评技术的计分系统、解释系统、常模等整合为一个系统中,使测评结果的综合分析成为可能。人－机对话是对传统测评方式的一个突破,是测评行业在高科技时代发展的结晶,将成为日后的人才测评发展的一个主流方向。

综上所述,对经理人员的测评方法可以归纳如表8:

表8 现代企业职业经理人测评方法

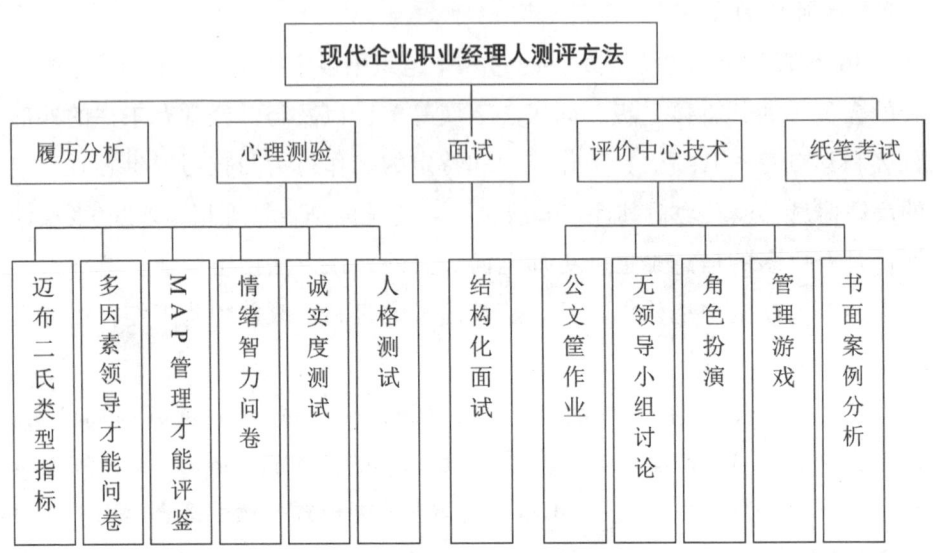

在这些测评方法中，履历分析、面试和纸笔考试较为简便而通用。但心理测验、评价中心技术等方法技术性较强，值得推广。

心理测验。心理测验就是通过观察人的少数有代表性的行为，依据确定的原则对人的行为心理特征进行推论和数量化分析。根据职业经理人的测评指标，可选择迈布二氏类型指标（MBTI）、多因素领导才能问卷（MLQ5X）、MAP管理才能评鉴、情绪智力问卷（EIQ）、诚实度测试、管理人员人格测试等心理测验量表。

面试。面试是一种评价者与被评价者双方面对面的观察、交流的互动可控的测评形式，是评价者通过双向沟通方式来了解面试对象的素质状况、能力特征以及应聘动机的一种人员考试技术（王继承，2001）。结构化面试是一种相当重要的面试技术。结构化面试是相对于传统的非结构化面试而言的。它依照预先确定的内容、程序、分值结构进行面试。其结构体现在：一是考官的构成结构；二是测评的要素结构；三是测评标准有结构；四是面试程序和时间安排有结构。通过结构化面试，可以了解所有被试者共同的一些要素内容，如工作学习经历、社会适应能力、语言表达能力、反应能力、逻辑思维能力、人际交往能力、创新精神、个人兴趣爱好及风度礼仪、责任感、忠诚感、知识面，等等。

评价中心技术。评价中心技术是一系列测评方法的组合，这些测评方法以情境模拟类测评为主，包括：公文筐作业、无领导小组讨论、角色扮演、管理游戏、书面案例分析等。评价中心最初都是用于军事人才的选拔。通过一系列科学测评手段对候选人的心理和行为特点进行评价的活动和方法。它的作用主要有两个：一是人员选拔，尤其是管理人员的评价选拔；二是培训，通过测评可以检测出被测者的优点和不足，以期更好地发展。

表9 各种评价中心形式使用频率表

复杂程度	评价中心形式名称	实际运用频率（%）
更复杂	管理游戏	25
	公文筐作业	81
更复杂	角色扮演	没有调查
	有领导小组讨论	44
	无领导小组讨论	59
更简单	演讲	46
	案例分析	73
	事实判断	38
	面谈	47

公文筐作业（in-basket）。参与者被要求假定为接替或顶替某个职位的工作，在其办公室的桌上堆积着一大堆急待处理的文件，包括信函、电话记录、报告和备忘录等。它们分别来自上级和下级、组织内部和组织外部的各种典型问题和指示；既包括日常琐事，也包括重要事件。所有这一切信函、记录与急件都要求在2－3个小时内完成。处理完后，还要求参测者填写行为动机问卷，说明这样处理的理由。此外，评价者还会与参测者交谈，以澄清模糊之处。然后评价者把有关行为逐一分类，再予以评分。公文筐的优点是较好地模拟了多任务性的管理挑战。它可能包括顾客投诉、销售机会、内部冲突、请求离职、生产问题、财务状况，等等。它主要用于评价参与者的计划和组织能力、决断能力、授权能力，以及书面沟通、洞察力、人际敏感性等。

无领导小组讨论（Leadless Group Discussion）。在5至8人的小组中，不指定负责人，大家地位平等，即"无领导"。要求被参与者就某些争议性大的问题进行讨论，最后形成一致意见，并以书面形式汇报。每个组员都应在上面签字，以表明自己同意所作的汇报。评价者不参加讨论，而是通过观察看谁善于驾驭会议，善于集中正确意见，并说服他人，达成一致决议。为了增加情景压力，评价者可以每隔一段规定时间，给讨论小组发布一些该议题的各种变化信息，迫使他们不断改变方案并引起小组争议。当情景压力增加到一定程度时，应征者内在素质常常会表露无遗。无领导小组讨论主要考察被测者的组织协调能力、领导能力、分析解决问题能力、人际交往能力、辩论说服能力等，同时也可考察被测者的自信心、进取心、责任感、灵活性及团队精神等个性品质方面。

角色扮演（Role-Play）。角色扮演是评测人际关系处理能力的情境模拟活动。在这种活动中，主试者设置了一系列尖锐的人际矛盾与人际冲突，要求被试者扮演某一角色，模拟实际工作情景中的一些活动，去处理各种问题和矛盾。面谈模拟是一种特殊的情景模拟，在这种模拟当中，被试者要求与另一个下属、同事或顾客进行对等性的谈话。一般是由评价者的一名助手扮演与被试者对话的人，该助手应经过培训，其行为应遵循一定的标准化模式。按照事先设定的情景，这个与被试者对话的人向被试者提出问题、建议或反驳被试者的意见，拒绝被试者的要求等。被试者必须与这个人进行交谈以解决他所要解决的问题，有评价者对面谈的过程进行评价。这种测试方法主要考察被试者的说服力、表达能力和冲突处理能力以及思维的灵活性和敏捷性等。

管理游戏（Business Game）。在这种测试方法中，被试者被组织成一个小组，该小组被分配一定的任务，如购买、供应、计划或搬运，小组成员必须合作才能解决好问题，有时也在人物中引进一些竞争因素，如三四个小组同时进行销售或进行市场占领，以分出优劣。该测试可以有效地观察被试者的领导能力、协作能力、组织能力及智力等一些个性品质，还有相关方面的专业技能。

书面案例分析（Case-Analysis）。书面案例分析通常让被试者阅读一些关于组织中的问题的材料，然后让其准备一系列的建议，以提交给更高级的管理部门。这种测评方法可以考察被试者的综合分析能力和做出判断决策的能力,既可以考察一些一般性的技能,也能考察一些特殊性技能。

2. 职业经理人选拔机制

建立在现代企业制度基础之上的职业经理人选拔机制,必须扬弃上级主管部门任命制,也应扬弃企业改革后一度出现的承包经营责任制后经理由上级提名、职代会选举产生的方式。在现代企业里,职业经理人必须由董事会通过人才市场,在公开、公平、公正的原则下选拔任用,这样才能保证优秀的职业经理人脱颖而出,保证企业聘用到适合企业自身发展需要的优秀的职业经理人。

(1) 建立以市场为依托的契约合同制。改变传统的国有企业体制下的那种党政组织部门管人事、国有资产管理局负责管理资产、重大经营决策由上级主管部门定夺的传统体制,将管人、管事、管资产三个方面合而为一,完全交给企业,由董事会和总经理负责。特别是经理人的选拔,应该由企业董事会在经理市场上选拔、考察、任命。

(2) 扩大选拔范围,使经理人的选拔不受身份、地位、职业、地域、所有制性质等的限制,广开才路。

(3) 大力建设各类中介机构,如高级经理人才评价推荐中心、经理学院等这类评介机构,将经理人员的能力测评、业绩评价考核等任务交由独立的中介机构完成,从而达到对职业经理人的客观、公正的评价。

3. 职业经理人业绩评价与激励机制

我国始于1979年的企业改革,历经扩权让利、利改税、承包制、股份制、现代企业制度和企业制度创新等阶段,取得了令人瞩目的成就,但企业效率问题并没有从根本上得到解决。这显然与缺乏对企业经营者的有效的激励和约束密切相关。据中国社科院工业经济研究所课题组一份问卷调查表明,被调查的企业高层经理中认为现有的激励方式有效的仅为36.4%,而48.6%的人认为不大有效,11.4%的人认为无效,国有大中型企业经营者认为有效的仅为29.3%,认为不大有效的占47.9%,认为无效的占29.6%(中国社科院工业经济研究所课题组,1999)。激励机制包括两个紧密相连的部分:对企业经理绩效的评价体系和对经理的激励体系(Fraja,1993),评价体系是指所有者根据可观测到的经济绩效来推测经理的行为,激励体系则是所有者根据经理所实现的所有者的目标来对经理进行支付。一般而言,职业经理人为追求个人效益最大化,往往隐瞒其私有信息,因此选择什么样的考核指标体系,才能恰当地评价职业经理人的才能,全面、客观地反映其经营绩效,以便设计有效的激励机制是一个值得研究的问题。

(1) 评价指标体系的建立

指标体系的结构和内容。评价指标体系如表10所示:

表10 职业经理人业绩评价指标体系

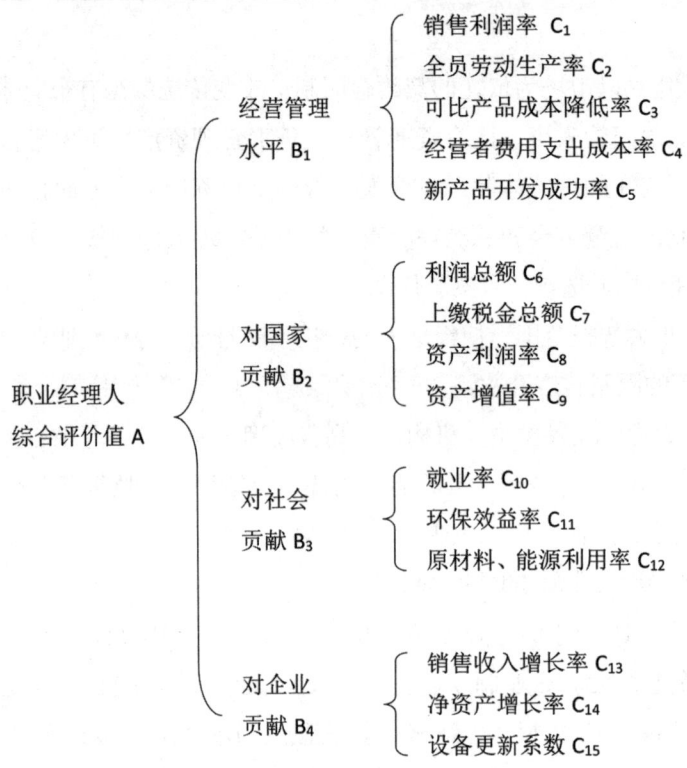

评价指标权重的确定——采用层次分析法(AHP)

在综合评价指标体系中,各指标对综合评价效果的影响程度不同,其重要程度可用其在指标体系中的权重(W)来表示,在专家调查的基础上,采用AHP法确定出每个指标的权重(W_j)。

职业经理业绩综合评价模型

$$Ri = \sum_{j=1}^{m} Z_{ij}W_j \qquad (i=1, 2, \cdots, n)$$

式中：Ri为i职业经理人也即综合评价值

Zij为第i个人第j项指标无量纲化处理后的指标值

Wj为第j项指标在指标体系中的权重（$\sum Wj = 100$）

利用职业经理人员业绩综合评价模型计算出职业经理人业绩的综合评价值，就可以了解该职业经理人的经营水平、对国家贡献、对社会贡献和对企业贡献四个方面的综合情况。根据职业经理人综合评价得分情况，作为有关部门对职业经理人进行奖励的依据。

（2）职业经理人激励机制的设计

激励体系有赖于评价体系，评价体系越有效，激励体系就会越有效。一个好的激励机制应该具有如下特点：一是使经营者安心工作；二是使经营者承担一定风险；三是使经理人追求企业的长期效益及加强企业的盈利能力；四是对有才能的经理人有很大的吸引力；五是符合企业的最大利益。为此，职业经理人的激励机制应该包括三个部分：其一，基本工资和基本福利；其二，效益资金；其三，与长期盈利能力挂钩的奖励（如股票、股票期权等）。

职业经理人的激励合同要兼顾保险与激励两个方面，既能克服职业经理人潜在的可能的道德风险，防止其为获得个人的高收入而采取过分冒险行为，又能激励职业经理人努力工作，积极追求企业市场价值最大化，追求企业的长期发展能力。

（3）建构深圳市经理人激励约束机制

职业经理人的业绩评价强调对职业经理人的经营水平、对国家贡献、对社会贡献和对企业贡献四个方面的综合考察，职业经理人的激励机制强调激励合同在保险和激励之间保持必要的张力，这样，能够有效地防止职业经理人的逆向选择和道德风险，如"内部人控制"（合谋）与权力寻租等。因此，在建构深圳市经理人的业绩评价——激励模式时，应该充分考虑这些方面。

一是围绕经理人的经营水平、对国家贡献、对社会贡献和对企业贡献等四个方面，建立严格科学的业绩评价指标体系，形成符合深圳实际的业绩评价机制。

二是实行激励性的年薪报酬制度，正确把握经理人报酬水平与职工平均工资水平的倍数关系，建立有效的国有企业高层经理人的报酬激励机制。

第一，经理人的报酬中既要包括单一报酬结构，即完成经营目标后一次性给予一定数量的报酬，又要包含多元报酬结构，即由固定的基薪收入、与业绩挂钩的风险收入（当期奖励与远期收入如股票、股票期权等）共同组成。第二，逐渐引入股票、高额退休金之类的长期激励项目，激励经理人的长期化行为。如何激励经理人的长期化行为是一个十分棘手的问题。单一结构的报酬方案通常容易引发短期行为，而多元结构报酬体系注重风险收入，能够比较有效地引导经理人的行为长期化。因此，高额的退休金计划、给予经理人高水平的养老和医疗社会保障，既能够激励经理人的长期化行为，又有助于解决国企中存在的"59岁现象"。

三是改善公司治理结构和控制权机制。与企业所有者具有剩余索取权相对应，经理人应具有经营控制权。一方面，深圳应该利用全国人大关于地方立法权的有关规定，制定符合深圳市实际情况的企业法规，对企业的治理结构和经理人的经理权做出相应的法律界定，以弥补我国《公司法》在这方面的不足。并且根据相关法律和公司章程的有关规定，对经理人进行充分授权，使经理人的经理权得到尊重，激发他们的积极性。另一方面，还要根据经理人的业绩状况决定控制权的授予与否、何时授予、授予多少。掌握控制权不仅有利于经理人施展才华、体现其"企业家精神"、满足其"自我实现的需要"，而且使经理人享受一定的职位特权，满足其权力需要，并为其带来享受一定职位消费的便利。这种制度安排能够形成对经理人的有效激励与约束。

四是充分发挥产品市场、资本市场和经理市场的作用，建立经理人的声誉机制。产品市场的竞争情况可以反映出职业经理人的能力和努力程度；资本市场的信息披露制度以及企业的市场价值不仅在一定程度上反映了职业经理人的能力和努力程度，而且资本市场的兼并破产以及接管机制直接威胁到经理人的控制权；经理市场的优胜劣汰强化了职业经理人的危机感。因此，各市场的信息的充分披露和竞争机制，可以激发经理人发挥自己的才能以期在竞争中取胜从而建立自己的良好声誉，这种声誉不仅影响对经理人当期的评价，也会影响后期对他的选拔和评价。

五是完善深圳市的金融市场，增加金融工具如期权交易、职工股的上市交易等，确保职业经理人所获得的股票期权和股票的价值能够在市场上得到承认。

总之,对经理人的业绩评价——激励应该充分发挥市场的作用,政府应该有条件、有选择地从这项工作中退出,从而确保现代企业制度的建设和经理职业化进程的良性发展。

4. 职业经理人监督约束机制

没有监督和约束的权力必然走向腐败,因此,对职业经理人的监督非常重要。

一般来说,监督方式有三种:"第一方监督",又称"道德舆论的监督",即经理人的道德自律问题;"第二方监督",即法律、政府对财产的保护;"第三方监督",即企业通过对经理人的内部激励让经理人自己监督自己,也就是契约的"自我执行机制"。对于上市公司而言,还存在一个资本市场的监督,即来自因收购兼并导致公司被接管的威胁。

在对经理人的监督中,以上三个层面缺一不可。我国国企之所以出现大量的"内部人控制"导致国有资产流失的现象,根本原因就在于国企所有者不到位,同时又不受市场约束,使国有资产成为"内部人"的寻租对象。只有进行企业制度创新,使企业所有者确实到位,真正行使出资人的监督职能。因此,按照经理人职业化市场化的要求,建立符合深圳市实际情况的经理人监督机制显得非常重要。

职业经理人的监督机制,应立足于建立规范的公司治理结构。具体来说,主要是在以下几个方面建立监督渠道:国家有关监督机构对企业执行国家法律法规、经济政策、财务制度的监督;资本占有者或董事会、监事会、股东会对企业盈利情况的监督,让所有者监督到位;通过产品市场、资本市场、经理市场的充分信息来加强对经理人行为的监督;企业职工对企业实行民主管理的监督;制定职业经理人职业标准,促进经理人的自律;成立各行业的经理人协会,加强对本行业经理人的管理;由中介机构定期对经理人进行考评、审计,并公示结果,加强对经理人的他律。

5. 职业经理人退出与救济机制

(1)优胜劣汰的竞争选择机制

充分利用产品市场、资本市场和经理市场的公开信息,对经理人做出客观公正的评价。对于能力欠缺者或虽有能力但不能完成企业目标者,必须按照优胜劣汰的原则辞退。这种选择机制,既能淘汰市场经济中的劣败者,打破国有企业中的领导终身制,又对后来者具有警示作用。

(2)设置退出门槛,并对经理人实行责任终生追索制

一方面,经理人员经营才能的获得,不仅本人付出了大量的努力和金钱,国家和社会也付出了高昂的培训、试错费用,经理人员人力资本产权中应有一部分归国家和所在企业所有。现行的制度安排缺乏经理人员的退出门槛。在外部经理市场已经出现,三资企业、私营企业很需要有经营才能的管理人员的情况下,他们很容易在外部经理市场上找到一份更好的职位,这实际为其机会主义行为准备了一条退路。因此,经理人员,尤其是国有企业经理人员在退出企业时应酌情付给国家或所在企业一定的补偿费用,这成为其退出时的门槛。退出门槛的设置,使经理人员时时刻刻考虑自己采取某种行为的机会成本,减少机会主义行为。另一方面,在经理人员退出企业时,要进行严格的离任审计,并且实行责任终生追索制。

(3)设立非竞争性条款,保护企业的知识产权

非竞争性条款即竞业禁止条款,就是要求经理人在退出某一企业后,在一定时间内不得到原所在企业的同行业公司中任职,以保障原所在企业的知识产权和其他商业利益不受侵犯。当年苹果公司在其创始人乔布斯离开苹果后,要求乔布斯新推出的产品必须经过苹果公司的检查,确保没有侵犯苹果公司的知识产权后才能上市。这个案例提醒我们用非竞争性条款保护企业的商业秘密和技术秘密的重要性。深圳的企业中,高科技公司较多,更加应该在这方面有所作为。

(4)职业经理人的救济机制

一般来说,在职业经理人与资本所有者之间,前者处于相对弱势的地位。尤其是在我国,缺乏相关的立法来保护职业经理人的权益,职业经理人在与资方的对话中,实际上处于更加脆弱的地位,常常受到资本的"伤害"。这些年来发生了一系列侵害经理人权益的事件,但是,由于法律的保护不到位,又没有相应的社会救济措施,职业经理人除了在媒体上大吐苦水之外,连个申诉的地方都找不到。这大大打击了职业经理人的积极性,同时又促使他们较多地采取短期行为以迎合资本所有者的需要,甚至做出违背社会良知的决策。因此,建立职业经理人的救济机制刻不容缓。

职业经理人的救济机制应包括:司法救济,即制定相关的保护职业经理

人的合法权益的法规，设立职业经理人申诉程序，并且在经理人的权益受到侵害时，为他们提供有力的法律援助。行业救济，即由行业协会为受到侵害的经理人提供援助，包括调解经理人与资方的矛盾、为受到侵害的经理人提供经济救济等。道义救济，社会应该对侵害经理人权益的行为进行公开的谴责，直到资方停止对经理人的侵害。

结语

在现代市场经济体制中，所有者、经营者、生产者三方通过权力机构、决策管理机构、监督机构，形成了各自独立、权责明确而又相互制约的法人治理结构，这一法人治理结构需要职业经理人。职业经理人以其英明决策和创新能力激活并保持着企业生命力，成为企业组织结构的设计者、修正者。职业经理人的存在及其功能的发挥是现代经济发展的微观基础，没有职业经理人，就没有真正意义上的现代企业制度。因此，推动深圳市经理人职业化进程刻不容缓。

经理人职业化是一项系统工程，经理人职业化、市场化、制度化是三位一体、不可分割的。经理人职业化是现代企业制度的重要基础，经理人市场化则是经理职业化的内在要求，良好的经理制度则是经理职业化、市场化的根本保证。但是，我国的传统经济体制制约着经理人职业化的进一步发展。因此，深圳市在推进经理人职业化的同时，必须利用自身的区位优势，加强国际交流，借鉴国际经验，进一步完善市场体系，确保产品市场、资本市场、劳动力市场的有效运行，从而使经理人完全市场化，形成一个有效的经理市场。这是经理人职业化的内在要求，没有经理人的市场化，经理人职业化就会成为一纸空谈。但是，市场的良性运行离不开制度的保障，经理市场的健康发展需要一整套的制度诸如保障经理人权益的经理权制度、经理人的测评体系与培养选拔制度、经理人的业绩评价与激励制度、规范经理人行为的监督约束机制以及经理人的退出与救济制度等与之配套。

总之，推进经理职业化、建立完善的经理市场、设计相应的经理制度，是当前深圳市企业人事制度改革的根本任务。

参考文献

[1] 艾建华. 西方经理制度：契约、市场与法律[J]. 经济纵横, 1994（5）: 54-56.
[2] 王晓媛. 国外公司经理制度立法比较研究[J]. 成都行政学院学报, 2002（2）:41-42.
[3] 王旭峰. 委托代理制度演变与我国经理人才市场建设分析[J]. 重庆商学院学报, 2001（3）:37-39.
[4] 有形与无形的手：建立完善社会主义市场经济体制[J]. http://news.xinhuanet.com/newscenter/2003-02/18/content_734062.htm.
[5] 陈淮, 等. 市场化、市场机制与资本市场[访谈]. 市场经济论坛第6期, http://report.drc.gov.cn/work/DOMDISC.NSF/0/ADE290E2DAF717A74825670B000468EA?OpenDocument.
[6] 尤建新, 等. 加快建立经理市场, 推进其职业化、市场化进程[J]. 中国煤炭经济学院学报, 2003（1）: 20-23.
[7] 陈万灵. 经理人才的特性与经理人才市场的培育[J]. 中国人才, 2002（2）:22-24.
[8] 金祖岩. 市场化职业化社会化加入国企人才建设的必然选择[J]. 前线, 2002（2）:39-41.
[9] 曹韵. 关于建立职业经理市场的探讨[J]. 江南论坛, 2003（6）.
[10] 王志国. 加快培育高级经理人才市场[J]. 特区理论与实践, 2001（5）:40-42.
[11] 刘刚. 职业化培训, 市场化评荐[J]. 江西行政学院学报, 2002（1）:72-74.
[12] 王伯成. 我国职业经理人市场发展的几个制约因素[J]. 企业经济, 2003（2）:55-57.
[13] 孙光焰. 美国公司的治理机制与法律规制[J]. 中南大学学报, 2003（3）:331-334.
[14] R·E·G·佩林斯, A·杰弗里斯. 英国公司法上海翻译出版社, 1984:438.
[15] 龙田节. 商法略说. 甘肃人民出版社, 1985:30.
[16] 范健. 德国商法. 中国大百科全书出版社, 1993:175-178.
[17] 梁慧星. 民法总论. 法律出版社, 1995年版, 第214-215页.
[18] 罗伯特·霍恩, 等. 德国民商法导论. 中国大百科全书出版社, 1996:248-257.
[19] 弗里德曼. 代理法第48页; 转引自施米托夫. 国际贸易法文选. 中国大百科全书出版社, 1995:391-392.
[20] 何美欢. 香港代理法（上册）. 北京大学出版社, 1996:394-400.
[21] See Cf Re County Palatine Loan and Discount company, Canmell's Case （1874）LR 9Ch App 691. 转引自何美欢. 香港代理法（上册）. 北京大学出版社, 1996:398.
[22] 范健, 等译. 德国商法典. 中德经济法研究所年刊. 1995:244.
[23] 费安玲, 丁玫, 译. 意大利民法典. 中国政法大学出版社, 1997:547.
[24] 陶百川. 最新六法全书. 三民书局, 1981:117.
[25] 卞耀武. 当代外国公司法. 法律出版社, 1995:413.
[26] 张龙文. 股份有限公司法实务研究. 汉林出版社, 1977:190.
[27] See Hawtayne V Bourne（1841）7 M&W595, Brown V Byers（1847）16 M&W252; Cf Mercantile Bank of India Ltd. V Chartered Bank of India（1937）1All ER 231; Re county palatine Loan and Discount company, Canmell's Case （1874）LR 9Ch App 691; Kreditbank Cassel GmbH Vschenkers（1927）, 1KB 826, 843, 驳回（1926）2 KB 450. 转引自何美欢. 香港代理法（上册）. 北京大学出版社, 1996:398.
[28] See The Royel British Bank v Turquand （1856）6 EL & EL 327, P.332. 转引自何美欢. 香港代理法（上册）. 北京大学出版社, 1996:400.
[29] 甘培忠. 公司代理制度论略. 中国法学, 1997（6）.

第三篇

CEPING JISHU YANFA

测评技术研发

干部竞争性选拔考评技术系统研究[①]

竞争性选拔干部是我国干部选拔任用制度改革的成功实践,考评技术是竞争性选拔科学化、制度化、规范化建设中的突破口。推进竞争性选拔,需要先进的竞争性选拔考评理论,需要健全的竞争性选拔考评制度,更需要创新竞争性选拔考评技术,不断完善考评技术系统运行机制。竞争性选拔考评是由一系列具体考试与测评方法技术组成的一个考评技术系统,实践表明,竞争性选拔考评技术系统在竞争性选拔制度中运行有序,成效显著,也有不足,突出表现在五个方面:一是随意增减程序,降低了竞争性选拔的公信度,削弱了竞争性选拔的公信力;二是职位分析缺位,极大影响其科学性;三是考评技术局限,不利于提高竞争性选拔质量;四是效度评估短路,无法监控考评结果是否准确可靠,降低了应有功效;五是周期长成本高,直接影响竞争性选拔效率。针对这一现状,本文就如何完善竞争性选拔考评技术系统运行机制的基本思路进行探讨。

一、改善考评技术系统运行基础——职位分析与胜任模型

(一)改善考评技术系统运行基础——职位分析

职位分析也称"职务分析"或"工作分析",是竞争性选拔考评技术系统运行的逻辑起点。竞争性选拔职位分析是指对选拔职位的人(隶属关系、任职资格)、事(职责任务、工作程序)、物(工作环境、使用资源)等要素进

[①] 原文载于《岭南学刊》2013年第3期,本文系广东省委党校(行政学院)系统哲学社会科学"十二五"规划项目(批准号112205)和深圳市哲学社会科学"十二五"规划项目(编号125B015)阶段性研究成果。

行调研与分析，提炼出该职位胜任者应具备的素质与能力，并编制成职位说明书，为该职位人选的选拔考评工具确定和考评命题设计等工作提供参考依据。职位分析是竞争性选拔干部考评的一项基础性工作，其核心是要为解决职位与干部之间的动态匹配关系打好基础。它是整项工作的一个重点和难点。

在以往的竞争性选拔考评工作中，由于忽视了职位分析在领导干部考评中的作用，领导干部的考评没有具体的能力素质标准，缺乏针对性，只能从大的一般分类方面来选用所谓的领导干部通才。而职位分析的功能，则像一根红线，将职位所涉及的人、事、物串联起来，贯穿于选拔职位能力确定－选拔考评－干部考察的全过程。其具体作用的体现，首先是编制选拔职位说明书，明确职位定位及胜任者所需的素质、能力和个性特征要求；其次是建立选拔职位能力素质模型，并运用人职匹配原理，细化能力素质模型的维度、指标及其具体要求；再次是为考评工具选择和考评命题设计提供基本依据，即根据该职位能力素质模型，确定其考评工具、考评要素，编制考评命题双向细目表，制定考评命题方案；最后是为任用前和任用后的干部考察工作提供参考依据。

在竞争性选拔考评工作中，职位分析一般综合运用资料分析法、访谈法、问卷调查法、关键事件法和能力要求法等方式，提炼出选拔职位人选所需能力素质和个性特征要求，形成职位分析报告，为竞争性选拔考评的工具选择、命题设计等工作提供重要依据。选拔职位分析报告一般应包括四个方面的主要内容：一是拟选拔职位所在单位基本情况（包括班子团队工作分析）；二是拟选拔职位职责任务、工作重点难点及机遇与挑战等；三是拟选拔职位的任职基本条件包括素质、能力和个性特征要求等；四是设计适宜的考评工具和考评方法并提出考评命题建议。但从总体来看，职位工作分析以定性分析为主，存在定量分析不足的问题。因此，还需进一步构建考评技术系统的胜任模型。

（二）构建考评技术系统运行模型——胜任模型

胜任模型研究和应用，作为考评技术系统的重要内容正日益受到青睐。胜任模型，又称"胜任力模型""岗位胜任模型""胜任能力模型""胜任素质模型"等。一般来说，同一组织中的不同职位或不同组织中的相同职位，所要求胜任者应具备的胜任力要素指标和胜任力特征不尽相同。胜任模型一般是指胜任某一特定职位所必须具备的胜任力总和。对胜任力的研究源远流长。但它真正起源于胜任力创始人美国著名心理学家哈佛大学教授麦克里兰德（David C.McClellend，1917－1998）博士的研究。1973年，麦克里兰德教授在《测量胜任特征而非智力》（发表于《美国心理学家》杂志）论文中指出，胜任素质是指从第一手材料直接发掘的能真正影响职位业绩绩效的个人条件和行为特征，并提出了著名的"素质冰山模型"。1993年，美国学者莱尔·M. 斯潘塞和塞尼·M. 斯潘塞博士（Lyle M. Spencer, Jr.& Signe M. Spencer）则扩展了胜任力定义，认为胜任素质是指与参照效标有因果关系的深层次特征，必须是可指导、可观察和可测量的；并从特征的角度提出了胜任素质体系的"冰山模型"。

素质冰山模型把个体素质形象地描述为漂浮在海洋中的冰山，其中裸露在水上部分的基本知识和基本技能，是对任职者基础素质的要求，可谓基准性素质。基准性素质是外在的，与工作所要求的资质直接相关，容易被了解、观察与测量，如可以通过考察简历、资质证书、考试、面谈等具体形式来测量，能够在较短时间使用一定的工具进行测量，也可以比较容易模仿习得或通过有针对性的培训、锻炼等来改变、提高和发展这些素质。但不能区别优异者与一般者。其中潜藏于水下的深层部分是角色定位、价值观、自我认知、品质、动机等素质，是区分绩效优异者与一般者的关键因素，可谓鉴别性素质。选拔考评职位越高，鉴别性素质的作用越大。相对于基准性素质而言，鉴别性素质是人内在的，少与工作内容直接关联，不容易被了解、观察和测量，往往很难直接度量、准确表述和考评，也很难通过外界的影响（如培训）而改变，其对工作的影响，只有其主观能动性影响到工作时才会体现出来，且对个体行为与表现起着关键性作用。

有效运用冰山模型的步骤：一是确立"标杆"。即从绩优者的过往业绩中，以高绩效标准确立影响绩优者绩效高低的关键特征，即胜任素质。确定胜任素质需遵循有效性和客观性这两条基本原则。有效性原则要求，必须以能显著区分工作绩效的指标作为判断胜任素质的唯一标准；客观性原则要求，必须以客观数据作为判断胜任素质的依据。二是选取对照组。即选取绩效优异者与一般者两个对照组，而所确定的胜任素质必须能有效测量出两个对照组之间的显著差异性。三是调查访谈。即运用行为回顾式调查技术，要求被访者开放式地回顾工作中关键事件的发生背景、描述当时的思维活动和行为过程，进行调查访谈。四是分析归纳。即分析对照组的两组要素指标，分析其发生频次和相关程度，抽取权重较大者并归类其特征。五是构建胜任力模型。确定胜任素质后即构建胜任素质模型，并在经过客观数据检验且能有效区分工作绩效显著性差异的基础上，对胜任素质模型考评系统的运用进行具体的可操作性设计。胜任模型为竞争性选拔考评提供了一种视角和工具。它要求以建立的胜任力模型为依据，提出选拔职位的关键胜任力考评要素指标和考评内容设计，运用胜任模型双重分析人选与职位之间的人职匹配性，既能有效识别最合适的选拔职位人选，也能有效衡量拟任职位人选的潜能与选拔职位能力要求的匹配性，使其具有较高的使用价值。但对鉴别性素质准确测量、对关键胜任力特征的准确测量，绝非易事。因此，在测评胜任力时，最适宜使用的考评方式是"评价中心"。

二、整合考评技术系统运行体系——评价中心与电子测评

（一）整合考评技术系统运行体系——评价中心

"评价中心"这个概念，容易被人们误认为是人才测评的某类机构或场所。实际上，评价中心是一种综合性的人才测评方法，主要用于领导人才、管理人才和专业技术人才综合素质的测评。评价中心通常采用一系列科学测评活动和技术方法，根据候选人心理和行为特点由评估小组根据多重评估参与者的分析数据进行评价。第28届评价中心国际会议将评价中心描述为：由对多次行为的标准化评估构成的，由许多受过专门训练的观察者运用技术手段，对被评价人主要从专门设计的模拟情景中表露出来的行为做出判断，这些判断被提交到评委参加的会议上或经过统计方法加以分析整合。显然，评价中心不是某种单一的技术和方法，也不仅仅是一个过程或一种程序，其应用更不会局限在管理素质测评的范围内。因此，评价中心，确切地说是评价中心技术，是在模拟情景中测量和评价应试者所具能力素质与岗位匹配程度的技术系统。在评价中心的技术系统中，包含了对多种职位工作情景的模拟技术方法，在模拟情景中测量应试者能力素质的技术方法，对应试者的行

为反应进行评价的技术方法，解释评价结果的方法，以及应用这些方法时必须遵循的操作程序和要求等。它比拟任职位工作分析的结果和胜任模型为依据，在尽可能真实的模拟情景中，能全面地测评应试者的素质，能准确地评价应试者与拟任职位要求的匹配程度，是评价中心测评理念的核心。

这种测评理念贯穿评价中心技术设计、实施全过程，进而决定了评价中心具有较强的整合性。一是技术方法整合。评价中心是一个技术系统，仅测评方法就有行为面试、情景面试、公文练习、领导能力练习、无领导小组讨论、角色扮演、工作模拟、个人与专业成就报告、能力倾向测验、人格问卷、动机和价值观问卷、团队讨论等，而且还在不断地丰富和发展中。

二是设计实施整合。评价中心的测评，是一个组合式的综合测评，一次测评包括多个情景化的测评活动，每一种测评活动又有多个相同或不同的测评要素。这些测评方法，其设计、实施的程序规范和要领技巧虽互有特殊，但强调测评场景、测评内容的拟真性和实施规程的严密性，又是这些测评方法的共同特征。所以可以从测评流程诸环节操作规程的共性方面，对评价中心设计、实施的程序、方法和要领进行整体把握。评价中心作为一种综合性测评的显著优点是将多种功能各异的测评技术进行优化组合，从而实现测评功效最大化的功能。

三是评价结果整合。评价中心的测评，并不因为测评活动的终止而结束。在测评活动完成后，评价者尚需进行评定成绩、撰写测评总结报告、评价测评结果和提供测后服务等工作，即全面评价、全面反馈、全面总结和全面服务。评价中心的整合性，不仅使它在测评形式上明显区别于其他测评技术，更为重要的是，这些特点从技术方法上能保证和提高评价中心测评结果的效度。据英国心理学会的研究结果，评价中心在人才选拔上的预测效度远远高于其他单一的测评手段（见下页表）。毋庸置疑，评价中心同样也有其局限性和不足之处，其中最突出的有三个方面：一是测评成本高。与其他测评技术比较，评价中心的测评活动往往要持续3—5天，需消耗大量的资源。虽说所选人才创造出的长期收益和价值将远远大于一次测评的费用，但就近期而言，评价中心对人、财、物和时间等资源的大量占用，仍然是妨碍其在竞争性选拔考评中普遍推广的主要问题。二是操作难度大。评价中心对评价者要求很高，必须有丰富的管理经验并受过专门训练；同时，测试需要的模拟案例和材料也需要花费相当的时间和精力才能准备好。三是模拟情景仍有差距。评价中心以模拟事件考察应试者的工作能力，但模拟事件毕竟不是实际工作，测评中的能力表现也不能完全等同于实际工作能力，特别是在模拟的工作内容与实际工作有误差时，这一差距更明显。但这些不足，将会在随着信息技术的不断进步而发展起来的电子测评即电子评价中心中得到有效改善。

评价方法与工作绩效的相关系数（r）

评价方法	相关系数
评价中心	0.65
行为性面试	0.48－0.61
工作实习测试	0.54
能力测验	0.53
现代个性测验	0.39
自撰材料	0.38
推荐信	0.23
传统的非结构化面试	0.05－0.19

（二）创新考评技术系统运行载体——电子测评

目前的竞争性选拔考评主要通过纸笔测试与面试完成。随着无纸办公的实现，电子沟通、网络沟通技能变得越发重要。在信息技术驱动下，组织要求竞争性选拔考评系统更加"多、快、好、省"。越来越多的选拔测试开始利用录音电话、计算机和互联网完成。项目反应理论（IRT）是计算机自适应测试的理论基础，在其相关的研究中，比较了分层自适应测试与纸笔测试，结果发现两者相关系数为0.93，比较CAT中的一般认知能力测试与纸笔测试，结果也类似，降低了成本和易于管理。其主要特点：一是试题内容紧密联系领导干部工作实际，具有较强的实践性；二是采用计算机自适应测试形式，系统根据应试者作答所体现出的能力素质水平，自动从题库中抽取与其能力素质水平相当的试题进行测试，实现因人施测；三是应试者只需通过点击鼠标进行作答，测试完成后系统自动生成成绩，整个过程避免了人为因素影响，操作简便高效。因此，在竞争性选拔测评方法的思路上，基于计算机网络的电子化测评和远程考评将成为竞争性选拔考评技术的发展趋势。计算机网络测评能够运用声音和录像，设计具有多媒体特征的试题，采用录像提供多种选择问题，更能提供接近现实工作样本的测评材料。网络测评可以促进新题型的开发，使测验过程高度自动化、测评内容程序化、测试传递与评价快捷化，会使其迅速推广。

三、驾驭考评技术系统运行机制——评估与机构

（一）反馈考评技术系统运行评估——信度效度

从考评结果中获取有关考试测评的适用性、有效性、可靠性和试题的难易度、区分度等有效信息，对于考评设计者来说，通过考评质量评价的反馈信息，可以了解本次考评的命题质量；对于考评实施者而言，可以了解本次考评的测试质量，以便今后有效地控制测试误差；对于考评使用者，则可了解被试群体或个体的成绩状况和发展潜能。

考评结束之后的试卷分析主要包括试卷结构分析和试卷质量分析：试卷结构分析是指对试卷的组成成分及各组成成分的比例与相互关系进行分析，其结果反映的是构成试卷的结构要素种类、比例及要素的排列组合方式等是否合理；试卷的结构分析主要包括内容结构分析、题型结构分析、赋分结构分析、难度结构分析、时限结构分析等。而试卷质量分析，一是信度分析。信度指的是测量结果的可靠性或一致性程度。对于笔试卷，信度就是试卷能否稳定地测量到所要考查的能力要素的程度。在实际应用中，信度主要包括重测信度、复本信度、分半信度、评分者信度等。二是效度分析。效度指的是测量结果的真实性和有效性程度。对于笔试卷，效度就是试卷在多大程度上反映了想要考查的能力要素的真实含义。效度越高，即表示考评结果越能显示出考查对象的真实特征。在实际应用中，检验效度的方法主要包括效标效度、构思效度、内容效度等。三是难度分析。难度是指试题的难易程度，难度分析就是对试题的难度进行估计以确定适宜的难度。四是区分度分析。区分度也叫"鉴别度"，是指试题对应试者的能力素质的区分程度或鉴别能力。区分度的分析和确定可以使用题目鉴别法、方差法和相关分析法等方法。

面试结束之后的面试质量分析主要包括以下内容：一是面试考官评分一致性信度分析。对面试考官评分一致性信度进行分析，有利于把握面试考官

的评判质量，为改进面试考官选聘和培训工作提供依据。二是效标关联效度分析。面试结束后，以应试者平时的工作能力和实际表现等为效标，进行效标关联效度分析，为提高面试命题质量提供依据。还应对已完成的选拔考评进行问卷调查。问卷调查的对象包括委托命题单位项目负责人代表，考官和应试者代表。调查内容主要包括：试题的针对性、有效性、鉴别力和难度；考试的准确性和效果；考试管理的规范性；对照测评要素对选拔任用的干部任职期间的能力、行为表现及实际业绩的评价等方面。问卷回收后即进行数据统计分析，以便发现问题，提高考评技术水平。考评要素和试卷结构是根据职位说明书等确定的，因此考评质量评价，还要把职位分析说明书、职位分析综合报告作为参照系，分析测评的难度、信度、效度和区分度，对考评质量进行实事求是的分析，总结经验，改进不足；同时还要根据质量分析的结果检验职位分析的科学性，修改和完善职位说明书等，实现职位分析与选拔考评的良性互动。

（二）驾驭考评技术系统运行机制——考任分离

考评技术是专业性工作，必须交由专业机构和专业人员去完成。同时，要通过制度安排，建立考评技术系统良性运行机制，实行组建专业考评机构和考任分离的制度。专业考评机构的主要职能：一是承担干部竞争性选拔考评业务，重点做好信息发布、试题命制、考务组织、测评实施、考试评估工作；二是建设干部考评专家队伍，建立高素质的命题专家队伍、面试考官队伍、考务专员队伍；三是开发考评技术，要点是广泛应用现代考评技术，推进题库建设，创新测评技术，为干部竞争性选拔提供技术支持。实行考任分离机制，是指考评实施主体与任用决策主体的分离。目前各级党委组织部门在整个竞争性选拔工作的组织实施过程中，仍然采取全程参与管理的模式。既是"游戏规则"的制定者，负责竞争性选拔策划设计；又是具体执行者，负责竞争性选拔全程组织实施，即信息发布、接受报名、资格审查、试题命制、考务组织、考评实施等；同时还是决策者，决定最后的任用结果。因而缺乏公平和科学性。实行考任分离机制，一是有利于提高干部竞争性选拔的客观性和权威性，有利于提高选人用人公信力，符合考评的公正性原则；二是有利于提高干部竞争性选拔工作效率，有利于推进实施主体的考评科学性，提高干部选拔质量，符合考评的科学性原则；三是有利于任用决策主体加强干部竞争性选拔的宏观指导和协调，提高决策的科学性和准确性，符合科学发展原则。

四、考评技术系统运行机制展望——考试型与测评型

（一）竞争性选拔发展走向——三大趋势

探讨干部竞争性选拔的发展空间，预测未来干部人事体制的变化和影响，对完善干部考评技术系统运行机制建设很有必要。从制度的内生性和自适应性规律来看，干部竞争性选拔有向主体化、民主化、科学化发展的三大趋势。

竞争性选拔方式主体化。即通过竞争性选拔方式产生干部成为干部选拔任用的主要方式。这不仅是干部选拔任用制度嬗变递进的理性选择，是党的执政能力建设和先进性建设的内在需求，也是推动科学发展的现实需要，更是中国特色社会主义市场经济发展的客观要求。与任命制、委任制相比，竞争性选拔制的视野更开阔，过程更公开，竞争更公平，甄别更科学。可以预期，在不久的将来，副部级以下干部都将采用竞争性选拔方式产生。竞争性选拔制度民主化。干部选拔任用制度必须体现社会主义民主政治的本质要求，其发展趋势必将是民主化程度稳步提升。竞争性选拔民主化的展开路径主要有：一是扩大党内民主。党内民主是执政党履行执政职能的重要制度保障，执政党向国家推荐干部，是执政的实现方式，必须从制度安排上去扩大党内民主。有些地方党委实行常委会、全委会差额票决制，扩大了党内民主，是重要的制度创新。二是落实人民代表法定权力。干部选拔任用必须在现行宪法的框架下实现干部竞争性选拔与宪政治理结构的契合。从制度安排上完善人民代表的法定权力，才能增强其合法性。三是实现公众有序参与。在完善干部竞争性选拔制度中，须从制度安排上充分尊重群众的知情权、参与权、表达权和监督权，形成公民的有序参与，这是增强其合法性的必然要求。竞争性选拔技术科学化。如果说，竞争性选拔制度的民主化追求的是目的理性，强调的是如何保障和落实人民选择官员的权利，那么，竞争性选拔制度的科学化追求的则是工具理性，强调的是运用更高信度和效度的手段和工具选拔出更合适的人选，解决领导干部与所选拔职位相适配的问题。因此，一是更加遵循"公平竞优原理"[①]。公平竞优

---

① 吴瀚飞：《中国公开选拔领导干部制度研究》，北京：中国社会科学出版社，2002：107-125。

原理即是从平等公正出发，最大化地公开制定实施规则程序，科学确定选拔职位及其条件标准，合理运用现代考试测评考察考核方式方法，建立完善良性竞争机制，动态实现人职匹配择优。可抽象为一般函数表达式：公平竞优＝{公开，平等，竞争，择优}。二是建立完善竞争性选拔"六六制"结构体系[①]。三是中组部领导干部选拔考试通用题库与省市分题库联网运行，实现资源共享，将有利于从考评技术层面打破竞争性选拔的制约瓶颈。

（二）考评技术运行系统选择——考试型与测评型

考试与测评本是一对孪生体，如同一枚硬币的两面。从干部竞争性选拔实践来看，亦存在两条路径，形成两种模式，即考试型与测评型。考试型竞争性选拔考评技术运行系统，是指以职位分析（弱）－封闭命题－纸笔测试－面试实施－考试反馈评估（弱）为主要环节的选拔考试。测评型竞争性选拔考评技术运行系统，是指以职位分析（强）－胜任模型－评价中心－电子测评－测评反馈评估（强）为主要环节的选拔测评。从实施程序来看，两者都以职位确定、方案制订、信息发布、资格审查为选拔起点，以组织考察、差额票决、任前公示、正式任命为选拔终点，不同的是采用什么样的方式方法和技术运行系统来评价竞争者的综合素质和发展潜能。从考评功能来看，两者都要求以职位分析为基础，进而评价竞争者的综合素质、发展潜能和人职匹配性，不同的是考试型往往只选择笔试和面试，考试的权重在整个选拔中分量不大。测评型则选择多个测评工具，如公文筐测验、心理素质测试、无领导小组讨论、情景模拟等电子评价中心，形成多角度的综合评价，测评的权重在整个选拔中分量较大。从综合效果来看，两者都实现了选拔目标，挑选了领导干部，不同的是考试型选拔周期短，参与人员少，选拔成本低，评价的综合性和准确性相对不高。测评型选拔周期长，参与人员多，而且考官要经过专业培训，投入成本高，但评价的综合性和准确性相对较高，尤其是电子测评将有效降低测评成本。显然，测评型竞争性选拔考评技术运行系统是对考试型竞争性选拔考评技术运行系统的改善，必将成为干部竞争性选拔考评的主要技术运行系统。

---

① 龚建桥：《竞争性选拔制度结构体系的构建》，特区实践与理论，2012（3）。

领导能力素质模型的建立及其运用[①]

一、领导能力素质模型的建立

（一）高级经理胜任力模型的建立

1. 以推行任职资格证书制度为依托，建立高级经理评价指标体系

深圳市高级经理评价推荐中心于1996年6月成立以后，为在深圳市市属国有企业领导人员中顺利推行高级经理任职资格证书制度，采用查阅文献、企业访谈、国外考察、专家论证等方法，制定了国有企业高级经理任职资格评价的指标体系：

（1）知识：该要素旨在考察高级经理的知识结构与知识面，包括专业知识和相关学科知识，如经济、管理、法律、财务、计算机等方面知识。

（2）能力：该要素旨在考察高级经理的能力结构与潜能，包括一般能力和管理能力，如判断能力、推理能力、决策能力、组织能力、协调能力等。

（3）资历：该要素旨在考察高级经理的阅历层次与经验，主要包括任职经历和专业资质，因为职位层次与管理经验对任职资格来说不可或缺。

（4）绩效：该要素旨在考察高级经理的经营业绩与管理成果，绩效指标主要包括资产负债率、净资产收益率、利润增长率、总资产周转率等。

[①] 本文系作者于2004年年初上报中组部领导干部考试与测评中心领导的汇报材料，材料中所包含的成果凝聚了深圳市高级经理评价推荐中心（深圳市高级人才测评中心）所有同仁多年的智慧和汗水。在此次汇报基础上，中心于3月24日至29日，承办中组部全国第二期面试考官骨干培训班，分别来自各省（自治区、直辖市）委组织部及副省级城市市委组织部具体负责公开选拔和竞争上岗考试工作的领导人员和业务骨干，共80人参加。由作者主持制作的无领导小组讨论案例教学片受到中组部考试与测评中心和学员的好评，并作为中组部以后举办考官培训的必备教材。

（5）体能：该要素旨在考察高级经理的体能状态与承受力，此要素不进入测评程序，以相关检测数据与结论为准。

在所设计的高级经理任职资格评价指标体系中，根据职位要求，设定不同的要素权重，总的原则是突出绩效，综合评估。

2. 以承担国家级课题开发为契机，建立高级经理胜任力模型

1998年，中心向国家科学技术部和深圳市科委分别申报了《国有企业高级管理人才综合素质评价系统的理论与方法研究》课题，被批准列为国家软科学研究项目。

课题的主要内容是构建国有企业高级经理职业化、市场化的理论框架和评价机制，研究国有企业高级经理的素质构成和基本特征，分析经理素质与经营业绩之间的相互关系，研究制定科学的评价系统与测评方法，设计开发测评工具以及可操作化平台，建立科学的评价标准体系和实施办法。研究方法主要是采用多门学科、多种技术系统综合的方法，根据设定的职位层次、产业类型、企业规模等参数，建立国有企业高级管理人才的素质模型，制定相应的检测方法，开发高水准的测评工具，使素质测评更加客观、科学、公正。

课题研究开发工作在中组部的直接指导和参与下，组织了北京大学、浙江大学、华中理工大学（现华中科技大学）、深圳大学等研究机构，聘请了国内著名的心理学、管理学、人力资源开发等领域的专家学者和资深企业家担任顾问，研究开发历时5年，试测采样横跨9个省市，试测高级经理1000多人。经过艰苦的努力，终于完成了课题的研究开发工作。该课题为科学评价企业高级经理人才提供了技术支撑，为优化配置国有企业领导创造了有利条件。

3. 以公开招聘大型国企总经理为突破口，建立特定职位的能力素质模型

2004年年初，按照分管国企工作的市领导的指示，受资产经营公司委托，中心承担了面向国内外公开招聘水务、公交、天健、赛格集团的总经理工作。通过职位分析，分别建立了各职位的能力素质模型，以此指导公开招聘的命题、笔试、评卷、面试与考察工作。

4. 以企业委托测评为切入点，分类建立管理职位的能力素质模型

企业委托测评主要包括内部竞争上岗和对外公开招聘两种类型。在测评实施前，运用高级经理胜任力的通用模型，设计委托测评职位的能力素质模型。所涉职位包括行政总监、财务总监、营销总监、人力资源总监、资产管理部长、法律事务部长等管理岗位。这些职位的能力素质模型还有待进一步完善。

(二) 党政领导干部能力素质模型的建立

1986年以来，深圳多次面向社会公开选拔副局以上党政领导干部，特别是深圳市委于2000年4月颁布了深化干部人事制度改革的一系列配套文件，简称为"1+10"，对干部人事制度改革进行了整体规划和设计，并由组织部牵头对公开选拔党政领导干部工作进行了政策层面和技术层面的探索，推进了党政领导干部的公开选拔考试和竞争上岗考试工作。

2000年，我们在全市党政机关、事业单位副处以上干部中进行了一次问卷调查，通过对问卷的统计，归纳出党政干部能力素质要素。随后，对部分重要的市直机关负责人进行了抽样访问，对有关能力素质要素结构进行了修订，另外又专门组织专家对所获得的能力素质要素结构模型进行了研讨，初步获得了深圳地区党政干部能力素质模型。

调研结果表明，党政干部的能力素质概念是非常宽泛的，管理学、领导学、人力资源管理与开发等相关学科里都有着非常经典的定义，但与选拔、考试、测评相关的能力素质，又是非常具体的概念，它与职位是紧密相连的，离开具体的职位，素质模型就是一个庞大的体系。但通过统计，实际对党政干部的能力素质进行了分层厘清，深圳党政干部能力素质模型主要分为四个层次，即局级、处级、科级、科以下。其中局级干部的能力重点在决策能力、战略思维能力；处级干部能力重点在协调能力、创新能力；科级干部能力重点在执行能力、应变能力。据此我们在笔试中，以职位分析获得的具体履职能力作为考试依据，笔试、面试各有侧重，测试相关能力素质。如，面试要素分类如下：

（1）局级公务员的面试要素：战略思维能力、领导能力、决策能力、知人善任能力、创新能力。

（2）处级公务员的面试要素：逻辑思维能力、组织管理能力、协调能力、计划能力、创新能力。

（3）科级公务员的面试要素：逻辑思维能力、沟通能力、执行能力、应变能力、创新能力。

（4）科以下公务员的面试要素：逻辑思维能力、执行能力、应变能力、沟通能力、创新能力。

在通过调研并初步建立党政干部能力素质结构模型的基础上，进一步在测试与测评实践中检验党政干部能力素质结构。2000年以来，我们在公开选拔与竞争上岗考试工作中，根据党政干部素质要求，不断改进考试与测评方法，在依规运作和科学司考两个方面均获得了成效。

二、能力素质模型在测评实践中的运用

（一）主要做法

1. 以模型为指导，从职位出发

确定选拔职位之后，以通用模型的基本素质结构为前提，对具体职位进行深入细致的分析，正确把握岗位职责及履行岗位职责所必需的素质与能力。

职位分析的做法是：

（1）单位提供职责要求和基本素质要求；

（2）组织部组织专人到选拔单位进行调研；

（3）组织部门与公选单位经多轮研究，制定职位说明书初稿；

（4）组织专家论证，正式确定职位说明书。

职位说明书既是选拔信息发布的主要内容，又是考官命题与考生考前准备的主要依据。

如公交集团总经理职位，通过职位分析，我们列出了该职位能力素质要素，重点要素包括：

①国际视野：公交集团已经引进了香港九龙巴士作为战略投资伙伴，作为总经理必须熟悉国内外公交企业的经营现状与发展趋势，能够运用国际惯例和先进管理理念推动公交集团的经营管理上升到一个新水平。

②效益优先：公交企业关系到全市居民的出行利益和深圳作为国际化城市的外部形象，因此，必须正确处理经济效益与社会效益的关系。

③环保意识：公交企业汽车排放的尾气与环境保护密切相关，作为公交集团的经营首脑，必须树立环保意识，大力推进先进技术的开发与应用，走绿色公交之路。

④大公交理念：深圳地铁即将开通，大公交理念要求公交集团与地铁有机接驳，此外，还必须与出租车企业紧密合作，形成合理的公交网络。

⑤决策判断能力：作为公交集团的总经理，要将经营管理中的问题提炼出来，形成科学的判断，参与董事会决策，为经营管理创造良好的条件。

⑥关系协调能力：公交集团的总经理首先必须与董事长形成协调的工作关系，其次要善于带好班子，此外，还要与政府机构、关联企业、行业协会等组织建立起良好的工作关系。

⑦授权运用能力：公交集团面临的一个重大任务是尽快调整现有的组织结构，对集团本部和下属企业进行资源整合，必须合理授权、有效激励，充分调动和发挥各级管理人员的积极性。

⑧经营监管能力：公交企业经营监管的难点在于经济效益和安全生产，作为总经理必须在解决这个难点问题上大有作为。

⑨创新能力：管理活动的本质在于激励与创新，创新是企业家的特质，公交集团的总经理必须通过创新，使企业管理与效益整体得到提升。

⑩表达能力：公交集团的总经理必须有很强的口头表达能力和文字表达能力，这是公交企业的特殊性和员工整体素质偏低所直接要求的。通过职位分析，我们对公交集团总经理这一特定职位的能力素质要求有了比较全面的把握，对各要素的权重有了比较明确的分布。最后，把各要素分别安排在笔试、面试和考察等环节中，从而挑选出与职位要求相匹配的人选。

2. 以模型为基础，突出能力测试

素质模型只是一通用的基本框架，不能在操作上完成所有的测评。因此，每次测评与考试都需要从职位出发，组织命题和考试。我们认为，不能把领导干部的选拔考试变成记忆能力测试。客观题可能淡化对职位能力的要求，可能是有害的。主观题基本覆盖各职位的重点、难点、疑点问题，仅靠书本知识而没有相应的经验积累与履职能力，是不可能取得高分的。因此，我们按照"考能力不考纯记忆题和纯理论题"的原则，对笔试和面试内容进行了较大改革，考题紧扣职位要求，旨在测试竞职者的知识与能力，而不必去背条条框框、记数字、抄概念。题型上，以主观题为主，逐步减少直至取消客观题。如在2000年的公选笔试题中，保留了20分的客观题，2002年、2003年的公选中则取消了客观题，以分析题、论述题为主。

3. 以模型为背景，开发测评工具

为了满足测评的实际需要，提高测评的信度与效度，我们以党政领导干部能力素质结构和企业高级经理胜任力模型为背景，研制开发测评工具，加强题库建设。中心成立以来，先后开发出一系列测评工具，包括：一般能力测验、管理能力测评、心理素质测验、公文筐测验、结构化与半结构化面试、无领导小组讨论、管理案例测评、民主考评量表测评等。与此同时，我们加强题库建设，通过编题、征题等方式扩充题库总量。在2000年的公选试点工作中，就面向全市处级以上干部征集试题。最近，委托深圳市委党校、西安交通大学、华南师范大学、深圳大学等高校征集管理能力笔试、面试、情景模拟测评试题，目前正组织评审和录入工作。

（二）存在的问题

1. 模型不够完整

从严谨、科学的角度来说，每个岗位，要建立一个素质模型，并配备相应的测评工具和手段。目前我们研发的领导人员的胜任力模型还不够完整、成熟。此外，不同的企业，对领导人员的要求差异很大，通用的模型很难"以不变应万变"。一个企业集团内部，多种具体岗位，有不同要求，需要建立具体模型。但要达到这样的要求，工作量很大，成本也很高。

2. 工具不完全配套

要满足模型的要求，必须有配套的测评工具。测评总是针对具体职位，但在实际工作中，要把模型中的素质与能力要素全部包容，只有使用全套的测评工具。但是，这样做要同时满足两个前提条件：一是测评工具应有尽有，二是委托单位不计成本，这事实上是行不通的。此外，一些隐性的但非常关键的要素目前很难测量，如：品德中的诚信问题很重要，但测评的难度很大。

三、胜任力结构模型与胜任力－绩效模型

（一）领导胜任力结构模型

领导胜任力结构模型由三个部分组成，每部分包含若干个要素，因此，

我们对模型进行分块验证。验证性因素分析结果表明，领导胜任力由三个成分组成，即认知因素、特质因素和过程胜任力，并且它们之间相互独立。

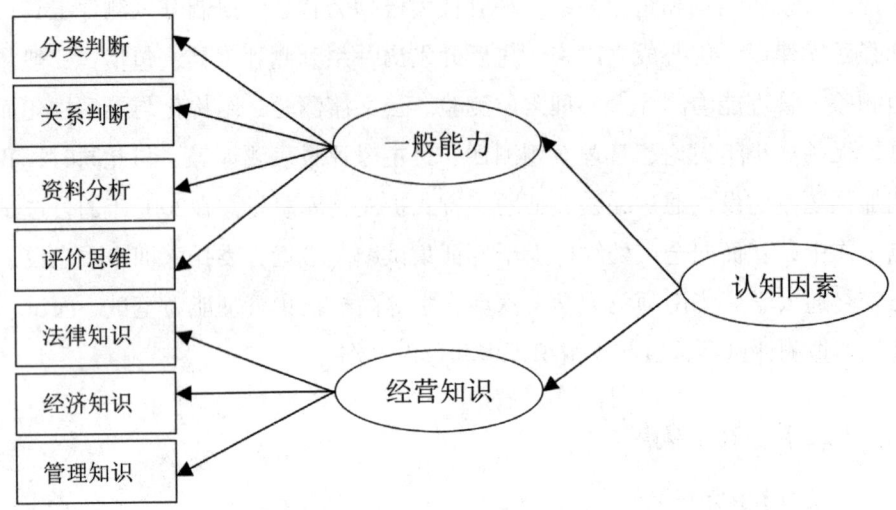

图1 认知因素的二阶因素结构模型

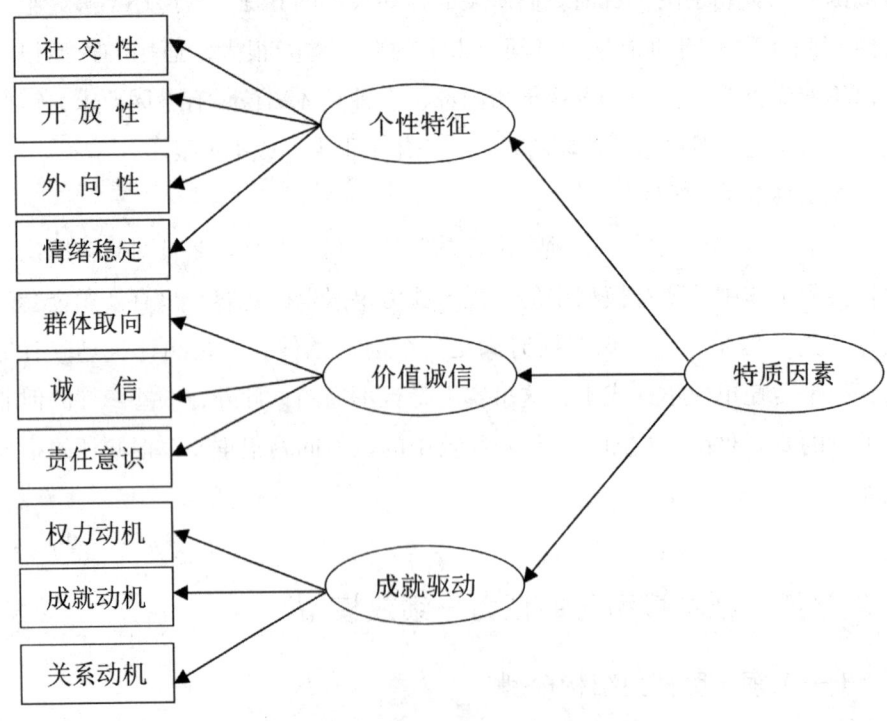

图2 特质因素的三阶因素结构模型

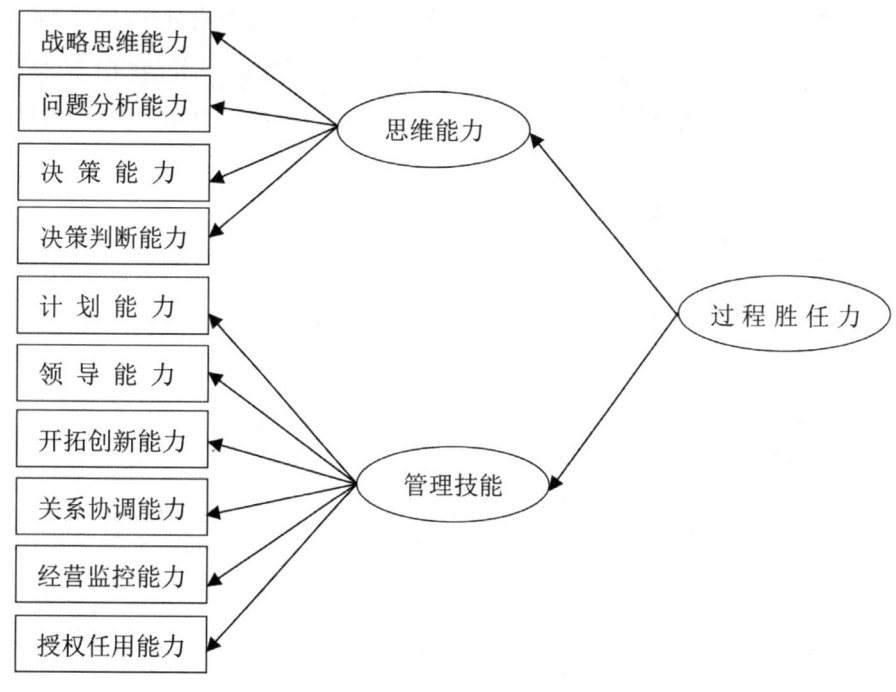

图3 过程胜任力的二阶因素结构模型

（二）领导胜任力－绩效模型

为了进一步对各个要素与绩效的关系进行验证，明确各个要素之间的关系，我们进行了领导胜任力－绩效模型验证。结果表明，一般能力、个性特征、管理技能对总体绩效的预测力最大，而经营知识、价值诚信、成就驱动、思维能力对总体绩效没有显著性影响作用，但经营知识与一般能力有显著相关，成就驱动与个性特征、价值诚信与成就驱动有显著相关，思维能力与管理技能有显著相关，因此经营知识、成就驱动、价值诚信、思维能力对绩效的影响作用可能是间接的。

结合领导胜任力因素与管理绩效回归分析，发现胜任力因素与管理绩效有着不同的相关模式。在把总体绩效、工作表现、管理推动、任务组织作为因变量进行回归分析中，个性特征和管理技能始终能解释更多的变异。同时，也注意到经营知识、价值诚信、成就驱动与工作表现有一定关系，一般能力与管理推动有一定关系，思维能力与任务组织有关系。

根据以上分析结果，我们可以用图表示胜任力与管理绩效之间的网络关系。该图有理论上和实践上的意义。三种绩效所对应的预测指标是不同的。个性特征、成就驱动、管理技能较好地预测工作表现,一般能力、个性特征、管理技能较好地预测管理推动,而个性特征、思维能力和管理技能能较好地预测任务组织。

通过领导胜任力结构模型以及领导胜任力-绩效模型的验证,可以为理性评价企业经理素质特征提供实证依据,同时也为评价工具的组合及测评结果的解释分析提供整体性科学指导,提高综合预测效果。

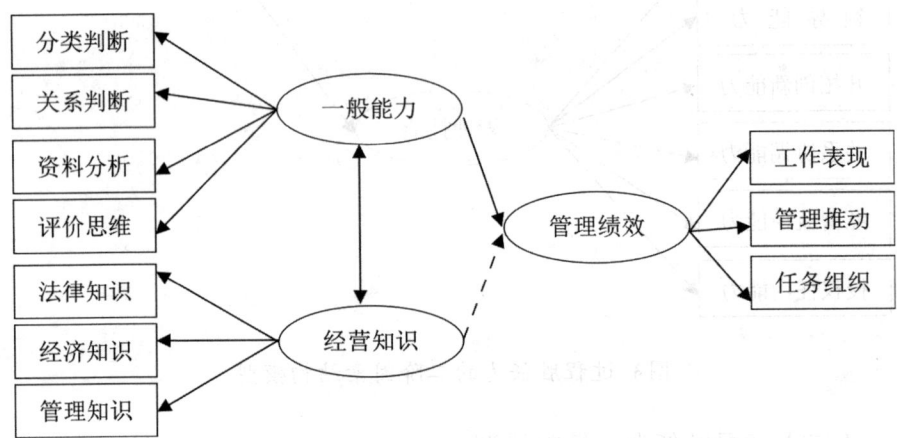

图4 认知因素-绩效的结构模型

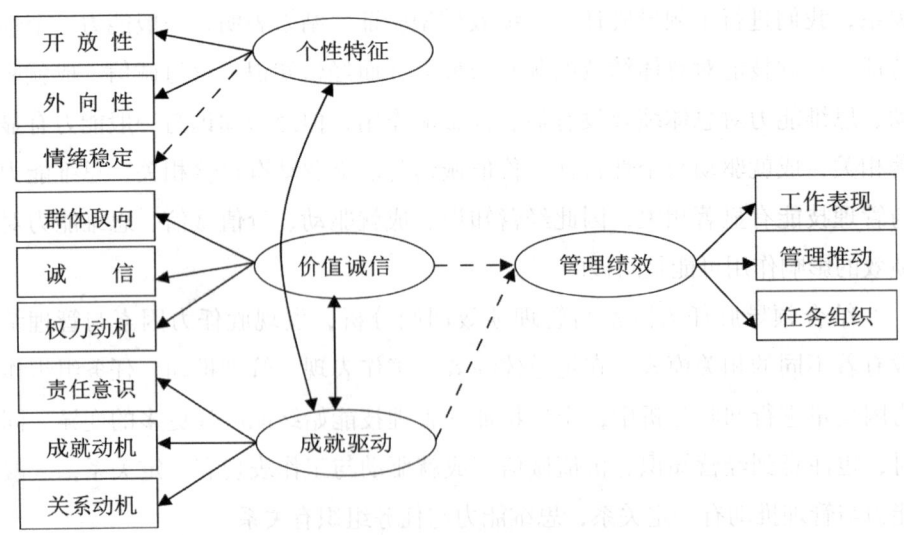

图5 特质因素-绩效的结构模型

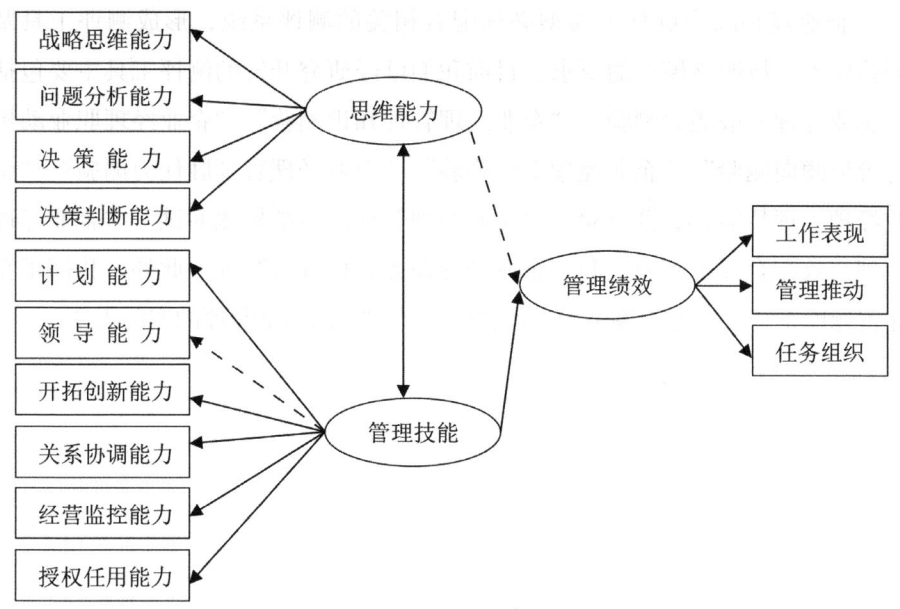

图6 过程胜任力－绩效的结构模型
（注：虚线表示不显著）

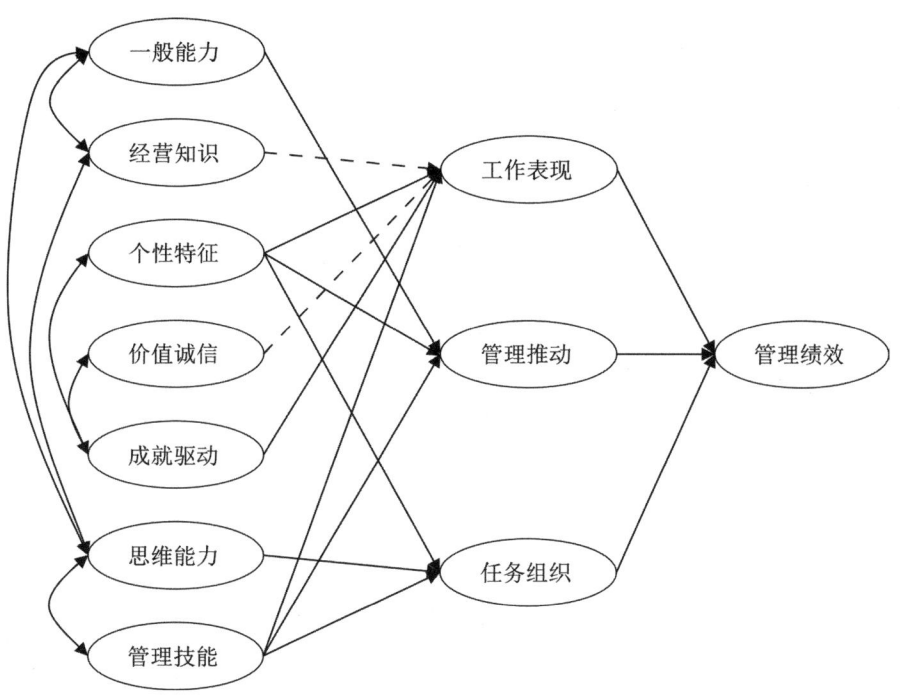

图7 领导胜任力与绩效关系

企业经理综合胜任力模型必须配有相关的测评系统，形成测评工具及测验题本。按照该模型的要求，目前我们已经研究开发的测评工具主要包括"企业经理一般能力测验""企业经理管理知识测验""企业经理职业动机与价值倾向测验""企业经理个性测验""企业经理管理胜任力测验""企业经理管理技能公文筐测验""企业经理管理能力结构化面试""企业经理管理绩效综合评价测验"和"企业经理职务分析方法"等。此外，我们正在完善题库系统，扩充题库总量，优化题库结构，以满足测评的实际需要。

测评技术的结构要素[①]

测评技术的本质特征或内涵应包括物质技术和观念技术两大部分。测评技术的物质要素，主要是指用于测评的各种工具。这些工具是人类自身的某些行为和观点的表现物，是人把自己的活动，以一定的知识理论为基础，交给物去完成的承受者和体现者。测评技术的精神要素，主要包括经验形态的技术和知识形态的技术。测评技术的精神要素往往会被人们所忽视，而从目前测评技术的实践来看，忽视测评技术的知识理论及方法论是造成工作被动的重要原因。因此，在注重测评工具开发、更新的同时，更需要重视测评技术知识理论要素的研究和掌握，重视方法论对实践的指导作用。

从技术哲学的角度来分析，测评技术的构成要素可由三大类组成，即经验形态的技术、实体形态的技术和知识形态的技术。

一、经验形态的要素

测评技术中经验形态的要素，是指在测评技术的实践中应用并总结的经验、技能等主观性的技术要素。所谓"经验"是人们在长期实践活动中的体验，是对工作方式方法的直觉体验的积累和综合。例如，有些测评人员并不曾系统地学习过测评设计的基本理论，但在测评实践中不断总结和探索，仍然可以归纳出一套如何选择测评工具、如何有效地使用各类工具的测评模式；可以了解测评过程的规律性，合理运用测评工具。通过这种方式掌握测评技术，是一个从不自觉到自觉的变化过程，这种变化的结果就形成了经

[①] 原文载于《特区党的生活》1999年第8期。

验形态的测评技术。所谓"技能"是指在工作中表现出来的主体活动能力。这种能力是由若干行为组成的体系，它把一系列行为按照一定的关系组织起来。测评人员对测评信息的设计、开发、利用和管理的技能，以及测评人员的现场测评技巧等都属于技能的范畴。由此可见，经验形态的测评技术是一个最基本的测评技术要素。

二、实体形态的要素

测评技术中实体形态的要素，是指以测评工具为主要标志的客观性技术要素。也就是说，人们将测评的某些活动和行为交给工具去完成，赋予物体某些人的功能，从某种意义上说，有了测评活动，就有了测评手段和工具。古人的"目测"就是以人为工具进行测评，后来出现了人的替代物，如题本、量表，继而又发展出计算机等测评工具。自20世纪20年代以来，人们不断地探索如何更好地借助现代信息工具进行有效测评的方法。时至今日，计算机终于能够大规模地进入测评实践的领域，为测评技术的实体形态要素注入了新的活力。计算机优越的交互性，即双向交流性，可以进行"人－机对话"，特别是目前发展迅速的多媒体技术、虚拟现实技术、人工智能技术等，提供了一个真正意义上的个别化测评的机会。当然，也应该认识到计算机作为现代信息技术进入测评技术领域，它只是众多测评工具中的一项，是测评人员所选择的测评工具之一。计算机只能是有条件地发挥测评作用，它在测评中的意义绝不是无限的。那种似乎只要在测评中使用了计算机就能包打天下的思想，盲目夸大计算机的测评作用的倾向是片面的。

在此需要特别强调的是，应该全面系统地认识实体性测评技术要素。以工具为主要标志的实体性要素应包含两个因素：一是作为技术成果的"死技术"，它是一种被动性因素；二是作为技术手段的"活技术"，它带有主动性。所谓"死技术"是指硬件技术或设备，而"活技术"是指对各类测评工具的运用技术。如何在测评中根据实际情况和具体的约束条件有效地利用测评工具，将硬技术主动地、巧妙地整合到测评中去，最大限度地发挥测评工具的作用，这些都是"活技术"的范畴。由此可见，"活技术"是占主导地位的。测评技术常常被人们理解为在测评中使用工具，于是就出现对测评技术的批评，认为用无生命的工具不能对活生生的人进行有效测评。但测评技术实体性要素的关键不在于使用什么工具，而在于怎么使用和为什么使用这些工具。测评工具本身不能直接或必然产生理想的测评效果。因此，要强调对"死技术"的活用，怎么把"死技术"用活，这是应该研究的重要内容之一。

从测评技术的实体要素来看，它在测评中的应用是依赖于其他两个要素来实现的。有了测评工具，怎么合理地使用？怎样测评才能符合测评规律和被测评者的特点？怎样才能最大限度地发挥工具的测评功能和作用？显然，这些问题单靠实体技术是无法解决的。因此，必须借助于测评技术结构中其他两个要素。

三、知识形态的要素

测评技术中知识形态的要素，是指以技术知识和技术理论为特征的主体化技术要素。它是测评技术长期发展的结果，是对客观的测评活动的规律性认识。它的主要特征是以理论知识为中心，包括规则、原理、策略及方法等因素。知识形态的要素并非像实体形态的要素那样是有形的，是以一定的物质形态表现出来的。知识形态的技术要素是一种非物质性的，具有抽象性的，甚至是具有方法论意义的技术要素。在现代测评技术的内涵中，知识形态的要素——知识技术和理论技术是三要素中最重要的、具有主导性的要素。纵观测评技术的发展历程可以看出，伴随着测评工具的不断革新，新工具不断涌现，测评技术的知识理论要素也在不断地丰富和深化，从经典测验理论到现代测验理论（潜特征理论）、项目反应理论，直到测评系统理论都可视为知识形态的测评技术。因此可以认为，现代测评技术是在测评实践中孕育，在测评理论中产生和成长的。它始终受到测评理论的指导，它自身则带有"先天"的理论因素。

测评技术的知识形态要素具有两个重要功能。第一个功能是可以为测评技术的具体实践提供理论指导。任何工具只有在测评实践中加以应用，才可称为测评工具或测评技术。在测评中使用工具或对测评进行开发和设计，都必须符合测评规律，适应被测评者的特点，自觉接受测评理论的指导。必须认识到任何测评工具都不能自动地产生好的测评效果，只有将这些"死技术"赋予真正的测评意义，各种工具才能在测评实践中发挥作用。而赋予工具测评意义的重要途径，则是要充分发挥测评技术中知识形态要素的作用，将实体技术和知识理论技术有机地、主动地结合起来。

知识形态要素的另一个功能是能够直接为测评技术的实践领域提供各种解决测评问题的具体方法和策略。不论是经典测验理论，还是现代测验理论，它们在测评实践中除了提供方法论的指导外，还可提供各种具有可操作性和实效性的运作方法和策略。例如：现代测验理论为人事测验项目的分析、工作成绩与能力测评表的设计和态度问卷的编制等方面提供了具体方法，在对人事心理测验项目进行分析时，可以作出近似的项目特征曲线，确定测验项目的难度、辨别力和猜测参数，为设计和选用适当测验项目提供依据。

总之，测评技术就是在经验形态、实体形态和知识形态这三个要素的相互作用之中不断发展提高的。它们的关系主要表现为相互关联、相互影响又独立存在的相关性和独立性，以及它们是以一个有机整体的形式发挥各自功能，其中各类要素的变化都可影响其他要素的变化。三要素的发展是不平衡的，在一定时期或一定条件下有的要素处于主导地位，它的发展制约着其他要素的发展。

从系统的观点来看，测评技术的结构模式是一个三相技术结构。现代测评技术结构是由测评技术三大要素，即经验形态技术、实体形态技术、知识形态技术组成的有机整体。也就是说，在现实的测评活动中，三大测评技术要素是同时并存的。测评技术不仅包括实体技术，还包括测评经验和测评理论。这是现代测评技术发展的一个重要特征。

从人类社会发展过程来看，人类的生产技术经历了手工业化、工业化直到信息化技术，而信息技术的突出特点是强调理论知识性技术的重要性。因此，现代测评技术在接受和吸收现代信息技术成果的同时，更应重视知识形态和经验形态的技术。现代测评技术强调系统方法，用系统观点分析测评问题、解决测评问题，并追求测评效果的最优化。而测评工具的现代化并不等于测评最优化，使用了最现代化的工具，并不一定能提高测评质量，也并不一定能使测评达到最优。测评实践表明，在测评条件有限的情况下，同样可以进行测评技术的开发工作。因为在测评技术结构中除了实体形态的技术之外，还有经验的和知识的要素。而提高测评质量的根本，并不在于表面上的测评工具使用，关键在于测评观念的更新和测评方法论的科学化，以及从根本上掌握知识形态的测评技术。

高级经理任职资格综合知识测评[①]

高级经理任职资格综合知识测验的试题必须经过严密的科学分析,其实施程序及评分也须符合严格的规范,必须标准化,对测验的分数解释及测试评价更须科学有效。但目前的高级经理任职资格综合知识测验与这种要求还有相当的差距。正因为如此,经知识测验所体现的高级经理综合知识得分的可信程度、可靠程度如何,一直是备受关注的话题。

只有明确高级经理任职资格综合知识测验的目的和性质,并在此基础上建立适当的测评目标和测评指标体系,研究、选择和改善相应的测评方法和数学工具,逐步形成适应企业高级经理任职资格评价规律的综合知识测评理论,才能保证企业高级经理任职资格评价工作健康发展,在促进国有企业组织人事管理体制改革方面,在推动深圳市高级经理任职资格证书制度的顺利实施方面取得应有的效果。

一、知识测验的目的和性质

借鉴教育测量学有关论著中提出的关于教育测量的分类思想,有助于我们分析高级经理任职资格综合知识测验的性质。

根据测验的目的,教育测量学将测验分为预测测验、形成性测验、总结性测验、诊断性测验、难度测验和速度测验。

高级经理综合知识测验的目的主要在于测量高级经理人员所具备的知识与技能水平,对照高级经理任职资格的要求,衡量其是否达到了高级经理任

[①] 原文载于《深圳商报》1998年11月23日,1998年获深圳市"高级经理人才职业化市场化的理论与实践"征文一等奖。

职资格所要求的必须达到的标准；同时，对下一阶段的高级经理任职资格培训（以补缺性培训为主）和培训质量评估，以及对高级经理本人的后继学习活动提供重要的反馈信息。因此，高级经理任职资格的综合知识测验具有形成性测验和诊断性测验的双重性质。

测验的目的决定了对测验结果（分数）采用什么样的解释方法。

根据解释分数的方法，教育测量学将测验分为常模参照测验和标准参照测验两大类。

所谓常模参照测验，是指以常模作为参照系进行解释的测验。其目的是通过与其他被测试者的分数进行比较，判断每个被测试者在团体中所处的位置。也就是说，这类测验是相对评分，个人的分数是和整体相比较而言的。分数高低除了反映被测试者彼此之间的差别之外，并没有什么别的意义。

所谓标准参照测验，是指利用某种既定的标准作为参照系来解释的测验。其目的是通过与事先规定的标准进行比较，判断应试者是否达标或达到什么程度。即，这类测验是绝对评分，个人的分数是同一个固定标准相比较而评定的，反映被测试者某方面能力的度量结果。

高级经理任职资格的综合知识测验，是测量被测试者是否达到高级经理任职资格的知识要求，是以基本达到高级经理任职资格的要求为及格分数，而并非是以分数排序达到某一位置以上为及格。因此，高级经理任职资格的综合知识测验应当属于标准参照测验之类。

二、知识测评中存在的问题

到目前为止，高级经理任职资格综合知识测验方面的研究工作，还主要侧重于被测试者分数比较和及格率分析方面，关注的是用测验分数解释被测试者的知识水平和评价测验效果，使用的方法主要是沿用经典的教育测量学方法。对测验本身的评估工作以及对试题、测验方法、实施程序和分数解释等方面的研究显得很薄弱，更缺乏对国内外最近发展起来的测验理论和新方法进行研究和实验。

在这种情况下，难免存在一些模糊认识。例如，将常模参照测验的研究方法与结论用于高级经理任职资格的综合知识测验分析；在评估试题质量时简单地以及格率论优劣；在命题时为追求某项指标（如及格率）而削足适履……这无疑会给高级经理任职资格的综合知识测评工作带来不利影响。

如前所述，对解释分数的不同方法，教育测量学提出了不同的理论和评价指标体系。相应地，常模参照测验和标准参照测验二者的试题编制、题库建设等各方面的原则、方法也不尽相同。经典的测量学理论是针对常模参照测验的，其规定的试题质量标准，如难度、区分度等的概念和计算方法，并不完全适用于标准参照测验，因此也不适用于高级经理任职资格的综合知识的测验命题、试题评估和题库建设等项工作。

但是，当以测验分数为一方面的依据来开展评价活动和进行任职资格评审时，需要将个人的成绩相互比较，判定其在整体中的位置，这时，使用常模参照测验解释分数的方法还是有效的。但实际情况往往也会很复杂。例如，测验目的与评价目标是联系在一起的，从经典的测量学理论出发，一个理想的、可靠的测验，其分数分布应呈正态分布；而站在任职资格评价和评审的立场，如果被测试者的综合知识水平普遍较好，其通过率（及格率）就高，测验的分数分布肯定呈负偏态。二者显然有矛盾，这样很可能导致对同一套试题有截然不同的评价。

由于经典的测量学理论在解决标准参照测验的问题时一直困难重重，其提出的试题质量指标不能为确定达标分数和选择试题提供科学的理论依据，这使得高级经理任职资格的综合知识测评工作面临着较大的难度。但另一方面，这也表明这项工作有极其广阔的前景和深远的意义，值得大力投入。

三、评荐需要什么样的测验

有人提出应当加强综合知识测验和任职资格要求的一致性；也有人就知识测验的及格率之低而对命题指导思想提出疑问；还有人怀疑是否在测试前就已经确定了一个及格率上限……这些问题的提出，不能不使我们深切地感到，加强高级经理任职资格综合知识测评工作的研究和改革，已是迫在眉睫，刻不容缓。

高级经理任职资格的评价究竟需要什么样的测验？

其一，既然高级经理任职资格的评价和评审是对各类（如一、二、三类）企业的正、副职评定其相应的A、B、C、D、E、F及Ⅰ、Ⅱ、Ⅲ之等级，也就是说要"因材施评"，因此，其测验也就应该能体现相应的"因材施测"的特点。这就要求综合知识测验试题的适用面要广，无论被测试者知识水平高低，都能高效率而准确地测量其真实水平。

其二，既然高级经理的任用从搜寻到推荐具有典型的个别化特征，就应当提供一种条件和手段，实现个别化测试。

其三，高级经理任职资格的测试应当与"深圳市"相适应，与"高级经理"相适应，与"深圳市高级经理任职资格证书制度"相适应，与现代化的测试手段相辅相成，符合标准化测试的要求。也就是说，从确定测验目的、进行测验设计、编制测验试题、评价试题质量、筛选试题、搭配试卷，到评分、解释测验分数、评估测验效果的整个程序，乃至测验的实施环境、条件的控制等方面，均应当实现标准化。

诚然，要满足上述要求，就必须加强高级经理任职资格综合知识测评工作的研究和改革，积极采用和开发现代化测试手段，统一规范测验分数统计分析工作。同时还必须在学习、引进国内外有关测量学新理论、新方法的基础上，加以研究与开发。

四、研究与开发自适应测验

由于经典测验理论的局限性，尤其是它在指导标准参照测验方面所表现出来的无能为力，20世纪50年代以来出现了许多新的测验理论，题目反应理论即是其中有突出影响者。而建立在题目反应理论基础之上的自适应测验模式，就很值得高级经理任职资格综合知识测评工作借鉴。

所谓自适应测验，是使测验本身自动地适应被测试者的具体情况，试题难度和数量可根据被测试者的特点灵活变通，以与其实际水平相适应。尽管不同水平的被测试者所接受的试题难度和数量都不同，但是测验分数仍可比较，并能可靠地表明被测试者的实际知识水平。

自适应测验的实施分为两个阶段：一是试验性探查阶段，从中等难度试题开始，根据答题正误情况逐步给出一系列探查性试题，判断被测试者水平；二是精确测试阶段，根据第一阶段判断的结果，组合适合被测试者水平的一组试题，实施测验并评定分数。

使用计算机实施自适应测验，只需被测试者在计算机屏幕前操作键盘答题，答卷结束，立即可以评定出分数。这样来组织高级经理任职资格的测验，不仅速度快，反应灵活，保密性强，而且不需要统一的测试时间和地点，随时可以安排对个别应试者的测试。这正是"猎头"高级经理从搜寻到推荐必须实施个别化评价的测试环节所梦寐以求的。

高级经理评价工作应尽快开展相应的研究和测试工作，可以考虑按以下步骤进行：

第一，根据不同类级高级经理的任职资格要求和深圳的实际情况，科学确定不同类级高级经理任职资格的综合知识标准。

第二，按相应要求和标准编制试题，建构题库。题库试题要能恰当地覆盖高级经理任职资格综合知识要求所应包含的知识和技能。

第三，按题目反应理论的要求，将题库中所有试题的质量参数都在同一单位系统上估出，并进行模型－资料拟合检验；同时依据高级经理任职资格综合知识要求和专家建议确定及格标准并计算及格时应有的特质水平值。

第四，确定测验分数所允许的误差范围，按照题目反应理论提出的有关公式选出若干最佳试题，组合成适用的试卷，进行小规模实验。

第五，经实验验证和专家论证通过后，组织编写适用于利用计算机实施测验的程序；同时研究利用计算机网络组织测验的相应管理办法和技术问题。

案例测评模式研究[①]

随着我国干部人事制度的改革与深化,公开选拔党政领导干部已经成为各级党委选贤任能的重要方式。当案例分析的方法作为一种测评手段引入到公开选拔、竞争上岗考试中,即得到了各方面的广泛认同。近年来,党政领导案例测评的研究开发及其应用,在公开选拔的测评工作中发挥了很好的作用,为选拔各级领导干部,扩大知人用人渠道提供了新的途径,受到了组织人事部门、广大领导干部以及测评界的关注和好评。

实践证明,在公开选拔党政领导干部工作中,运用案例的方法对应试者实施测评、优胜劣汰,已经成为公选工作中一个不可替代的重要环节。为切实体现案例测评所具有的信度与效度,改变以往较为简单的、不够规范的测评方式,就必须按照《党政领导干部公开选拔和竞争上岗考试大纲》的规定与要求,结合我国公开选拔各级领导干部的实际,研究开发一套分职级、分层次、较规范的案例测评模式。本文试图通过追溯测评历史渊源、分析测评类型和特性、总结案例测评实践经验,进一步研究科学适用的、具有可操作性的案例测评模式。

一、案例与案例测评模式

(一)案例

"案例"(case),在英语中具有状况、情形、事实、事例、与某人某事有关的环境及特殊情况等含义。"案例"一词,在我国最早运用于法学

[①] 本文系根据原深圳市高级人才测评中心"党政领导案例测评开发研究"子课题——党政领导案例测评模式——深圳市委组织部研究报告(2005年11月)改编,研究报告合作者:孟艾芳、蒋丽华、赵瑜。

领域，是指对罪犯作案过程以及判决过程的具体描述，俗称"案件""判例"。我国最早的编年史《春秋》曾如实地描述了"弑君三十六，亡国五十二，诸侯奔走，不得保其社稷者，不可胜数"的典型事例，收到了使"乱臣贼子惧"和"半部《春秋》治天下"的社会效果，堪称以案证理的先河；中国历史上第一部纪传体通史《史记》，被后人誉谓"史家之绝唱，无韵之离骚"。不仅翔实记录了三十世家、七十列传兴衰成败的史实，而且以浓重的笔墨给予了"不虚美、不隐恶"的点评。史学家司马迁其用意不外乎以史为镜，让人们去"究天人之际，通古今之变"，这种"点评"实录的写作与我们当今的案例分析极其相似；司马光主持编写的《资治通鉴》，也是宋王朝为了吸取历代统治阶级的经验教训，系统研究前朝社会兴亡盛衰的因果关系，旁征博引，耗费19年时间才完成的，其意在"资鉴"大治和大乱的历史经验，以案论理。

现代意义上的案例实际上是20世纪初才确立的。当时，哈佛商学院受"病例""判例"以及"战例"教学的启发，率先在企业管理中采用了案例教学法，到40年代初具规模，后逐渐形成当今世界上影响最大、最完整的案例系统。该学院第一任院长是由法学院转来的，"案例"这一用语也是从法律工作和法学研究方法移植而来。法学院的案例给答案，而商学院的案例则没有答案，他们的答案就是尽可能地认真分析案情，从中找到最佳方案，管理人员只能通过各种实例去培养解决复杂的实际问题的能力。哈佛商学院自从首开案例教学之风，迫使学生像主管经理一样去思考，为日后进入领导层打下坚实的基础，反映了哈佛人的远见卓识。

美国密西根理工大学史奈尔教授认为，案例就是叙述一连串的事件，是实际发生情况的记录；汪达·史璞芝教授认为，案例是一个组织情况的书面描述，它提供了这个组织有关人员、行动、目标及环境等方面的资料，但描绘者对事实或情况不作任何分析；加拿大西安大略工商管理学院教授迈克尔·林达思和詹姆斯·厄斯金教授认为，在管理领域，一个案例是关于一个管理问题或管理决策的描述。

20世纪70年代，大连理工大学将现代案例及其方法引入中国。1986年11月，国家经委正式确定在大连成立"案例研究中心"，开创了我国管理案例研究与教学的先河。根据以上分析，结合我们的研究与探讨，我们认为，案例是指对特定的对象进行研修、培训与考核为目的，对以往或正在发生的典型事物的客观描述（及其评析）精制而成的情景模型，是典型事物的客观再现。中科院院长周光召曾评论说：案例作为典型化了的真实情景的载体，集理论与实践于一体，具有针对性、实践性，易于"专业"对口，"能级"适应，有利于提高领导干部的综合、分析、决断、组织等方面的能力，提高对各种环境的驾驭能力，提高对各种问题的处置能力，增强群体配合的效果。

早在1987年，中央组织部为探索干部教育的新方法，组织和协调了一项重要课题，即"地方县级党政领导案例开发及教学研究"。从此，管理案例方法便开始运用于我国党政领导干部的研修与培训。通过这些年教学、科研与测评工作的实践，我们认为，党政领导案例，是根据党政领导干部的领导行为和管理工作的特定需要，运用特定的技术方法，对党政领导工作中具有典型意义的特定情景所作的客观书面描述或介绍。具体说，就是根据一定的目标需要，经过实际调查研究和精心设计，有计划、有选择地表现领导思想、领导心理、领导活动、领导关系以及领导背景等，再加以客观真实的描述与技术处理后，所形成的一种典型化情景模型。它为提高领导者智能，提供了一种新的科学的方法。案例运用于干部培训、干部选拔和干部考核，具有十分重要的现实意义，它可以借助问题分析法启迪思维、开发智力，科学地评价考察对象，准确地选贤任能。

党政领导案例是党政领导工作的记录，也是一种科学的知识、方法体系。党政领导案例研究与应用的根本指导思想是实践第一的马克思主义认识论。因为离开领导者的实践，案例就成了无本之木、无源之水。因此，唯物辩证法是案例研究的方法论基础。马克思主义的政治学、领导科学、行政学是领导案例研究的理论支柱。而现代科学的新方法、新手段则是党政领导案例研究的方法论依据。首先，党政领导案例通过对领导活动场景的描述，对许多个别的、具体的个案进行推理、判断和概括，达到对领导者一般事物的共同本质的认识，在此基础上，再以对共同本质的理性认识为指导，达到对领导者特殊事物的认识；其次，作为一名党政领导干部，通晓马克思主义政治学基本理论，并以此来规范自己的思想行为也是必要的，只有这样，研究工作者才能从党政领导的一般现象和经验中，抽象出党政领导的科学理论和方法，更准确地揭示出党政领导工作的规律；再次，作为研究领导者行政行为活动的行政学、领导科学及其分支学科，是描述和概括行政领导工作特定情景的应用性很强的学科，领导案例如果离开这些前提，尤其是离开现代科学的新方法，比如系统方法、相似方法、模拟方法等，领导案例的研究与开发就失去了直接的理论方法依据，就会停留在现象和一般经验之中。

广义上的案例一般具有客观真实性、特定的目的性、应用的典型性和编制加工的规范性四个特性。党政领导案例除具有一般案例的共性外，还有其独具的特征，即政治性、政策性、综合性、宏观性和权变性。因为党政领导案例所描述的是领导活动的特定背景，不同于一般专业性很强的案例。就现阶段来说，它不仅要体现党在社会主义初级阶段的基本路线、方针和政策，而且要体现领导工作本身的时代性、全局性、战略性和复杂性，失去这些特点，也就无法反映党政领导工作的本质。

第一，党政领导工作及其活动本身具有鲜明的政治性。党政领导工作最根本的要求就是服从、服务于经济建设这个中心，党政领导干部必须具有大局意识和政策观念。而采编党政领导案例，对党政领导工作的活动进行研究又是一项科研活动，必须坚持理论联系实际、实事求是的科学态度。

第二，党政领导案例是对党政领导工作特定情景的仿真模拟，是已经发生或正在发生的领导工作情景的再现或复原。但这种再现不是简单地再现场景，而是要按照相似的原理进行多方位、立体化的描述，允许真实基础上的适当虚拟，使读者如临其境、如见其人、如闻其声，起到"引而不发"的效果，引导应试者去分析、判断。由于党政领导案例具有综合性、宏观性和权变性的特点，在采编与选用案例的过程中，一定要注意以通用题命制为主，以专业题命制为辅的原则，让应试者人人都能下手，让应试者人人都有自我发挥的空间和余地。

第三，案例采编、开发研究以及测评的目的在于选贤任能。无论是群体案例的大规模开发，还是单个案例的设计、编写，都必须有明确的使用目的，都必须有效益观念。为此，我们在一开始着手采编案例的时候，就要根据测评工作的需要，有组织、有计划地进行，要注意案例的时空有效性和生动可读性，要体现我们的国情与特色。当然，我们在开发编写案例时，还必须具有超前意识，顺应时代发展潮流，与时俱进，能够科学地预测党政领导工作的发展趋势以及代表未来党政活动的发展方向。

（二）案例测评模式

1. 测评概述

测评是指对人员德、智、能、绩定性和定量的测量与评价。

（1）测评简史

我国古代文明史上早有关于测评的记载。原始社会时期的"禅让制"，就是通过测评继承者能力的方法来传递部落首领职位。据甲骨文研究表明，商殷王朝的官吏也是按照职责和能力的不同，分为臣正、武官和官吏三大类61种职务。孟子在2500年前提出"权然后知轻重，度然后知长短，物皆然，心为甚"的观点，意思是物质可以用衡器度量轻重长短，人的素质能力更应如此。这是定量测评的早期思想，虽然在当时的历史条件下未能实现，但说明古人已直观地提出了这一朴素思想。汉代在官吏考选方面采用察举制，即由中央或地方长官推荐人选，经过考核评定，任以官职，察举制的测评内容分为德行、才能、知识、功绩4个方面。及至隋朝，创立了科举制度，这是以才能取人代替以门阀取人的铨选制度，它集竞争考试与考核测评于一体，为一般庶族地主和杰出人才进入仕途开辟了道路。科举制源于隋，历经唐、宋、元、明、清，可以说是中国古代应用时间最长、范围最广的测评制度。虽然我国历朝历代特别是进入封建社会以来的统治者通过测评考试的方法选拔了很多人才，而这些人才在推动社会进步、繁荣华夏文明方面都做出了或大或小的贡献，但由于阶级特性和经济、科学发展水平的限制，我国古代的人才测评制度也存在着许多自身所不能克服的弊病：首先，古代的官吏测评标准，是封建伦理道德与用人标准相结合的产物，其实质都是为了巩固统治阶级的政治统治，而不是服务于人民群众的；其次，测评的制度与方法掌握在少数人手中，它是随着统治者的意愿而变化的，具有很强的随意性和不确定性；再次，由于科学技术水平的束缚，古代测评制度都是定性而非定量的。

国外的近代科学测评始于19世纪中期，大致经历了4个发展阶段，其测评制度的代表是考绩制度、文官制度，高尔顿、卡特尔、比奈等人在测评理论方面进行了相对系统和深入的研究探索。各国的测评发展过程，都不同程度地表现出这样一个规律：测评是一定社会形态中科技进步和管理实践的产物。它的产生和发展，是不依人的意志为转移的客观过程。产业革命或科学技术的进步，必然要引起人事考核和评价体系的变革；而每一次人事考核和评价体系的变革，必然会提高人事管理的水平，促进人力资源的开发。当前，人才测评已被广泛地应用到各个领域。下面这个统计表就显示了测评技术在各方面应用的一项调查结果（汉森＆康拉德，1991）。

人才测评技术的应用频率

人力资源开发的各个领域	人才测评技术的应用频率（%）
最终的选拔决策	83
提升	76
职业发展	67
职业咨询	66
成功计划	47
最初的应聘筛选	42
人员安置咨询	30

（2）我国人才测评的现状及特点

从1949年至1979年，我国在人才测评技术的研究和应用方面基本处于停滞状态。党的十一届三中全会以来，在建立有中国特色社会主义的原则指导下，我国的人事考核测评在理论与实践上向前迈进了一大步。邓小平同志强调指出，人才的发现、选拔和培养必须"打破常规"，"要实行考核制度。考核必须是严格的、全面的，而且是经常的，各行各业都要这样做"。党中央根据新时期的历史任务，提出了实现干部队伍"革命化、年轻化、知识化和专业化"的标准。党的十五届六中全会提出"坚持公开、平等、竞争、择优的原则，促进干部奋发工作，能上能下。积极推行公开选拔、竞争上岗等措施"。党的十六届四中全会《中共中央关于加强党的执政能力建设的决定》指出：要"继续推行和完善民主推荐、民主测评、差额考察、任前公示、公开选拔、竞争上岗、全委会投票表决、党政领导干部辞职等制度"。我们党在干部人事制度改革方面提出的指导性原则，有力地推动了党政领导干部测评工作的开展。近年来，在总结人事管理成功经验的基础上，各行各业对人事考核和人才选拔进行了许多大胆而有效的试验和实践，各种人才测评方法层出不穷。

目前，测评作为一种评价、评估乃至竞争、选拔的手段，在科技管理、企业管理、党政机关管理三个方面应用较为广泛，并呈现出以下几个显著特点：一是继承和发展了我们传统考核的成功经验。如注重政治思想素质，而且把素质分得更细更具体；如坚持走群众路线，力求测评的全面性等。二是测评同人事管理各个环节紧密结合。测评结果成为人才评估选拔的重要依据之一，但不是唯一依据。三是测评同岗位职责紧密结合，成为责权利三者统一的纽带。四是测评朝着经常化、制度化方向发展。有些地方和部门已经建立定期测评制度，将测评结果作为人才档案的组成部分。五是测评同现代科技手段结合日益紧密。为提高测评的精度和效率，计算机、互联网及现代科学统计方法在测评中应用得越来越多。

（3）测评的类型

测评的类型按照不同的标准有着不同的划分。按测评标准划分，有无目标测评、常模参照性测评与效标参照性测评；按测评范围划分，有单项测评与综合测评；按测评技术与手段划分，有定性测评、定量测评以及包括模糊综合测评在内的中性测评；按测评活动划分，有动态测评与静态测评；按测评目的与用途划分，有选拔性测评、诊断性测评、配置性测评、考核性测评与开发性测评。另外，按测评主体、时间、结果的不同，还可划分不同的测评类型。党政领导干部案例测评就属于选拔性测评范畴。

选拔性测评是一种以选拔优秀人才为目的的能力素质测评，是人力资源管理活动中经常要用到的一种测评类型。选拔性测评与其他类型的测评相比，有五个特点：第一是强调区分功用，也就是要把优秀者和一般性的合格者区分开来，便于录用；第二是测评标准的刚性最强，因为这种测评具有强烈的区分功效，人们对其测评标准要求就非常严格，测评标准一经确立，就绝对不能变动，否则无法取信于人；第三是测评过程特别强调客观性，选拔性测评方法的改革过程实际上就是使其测评过程不断客观化的过程，这种客观化的明显标志就是对测评方法的信度的追求；第四是测评指标具有选择性，在客观、便于操作和相关性的前提下，选拔性测评的指标允许具有一定选择性，而不一定非要从测评目标的分解直接制定；第五是选拔性测评的结果或是分数或是等级，这一点较之其他测评类型特别明显。

2. 测评模式

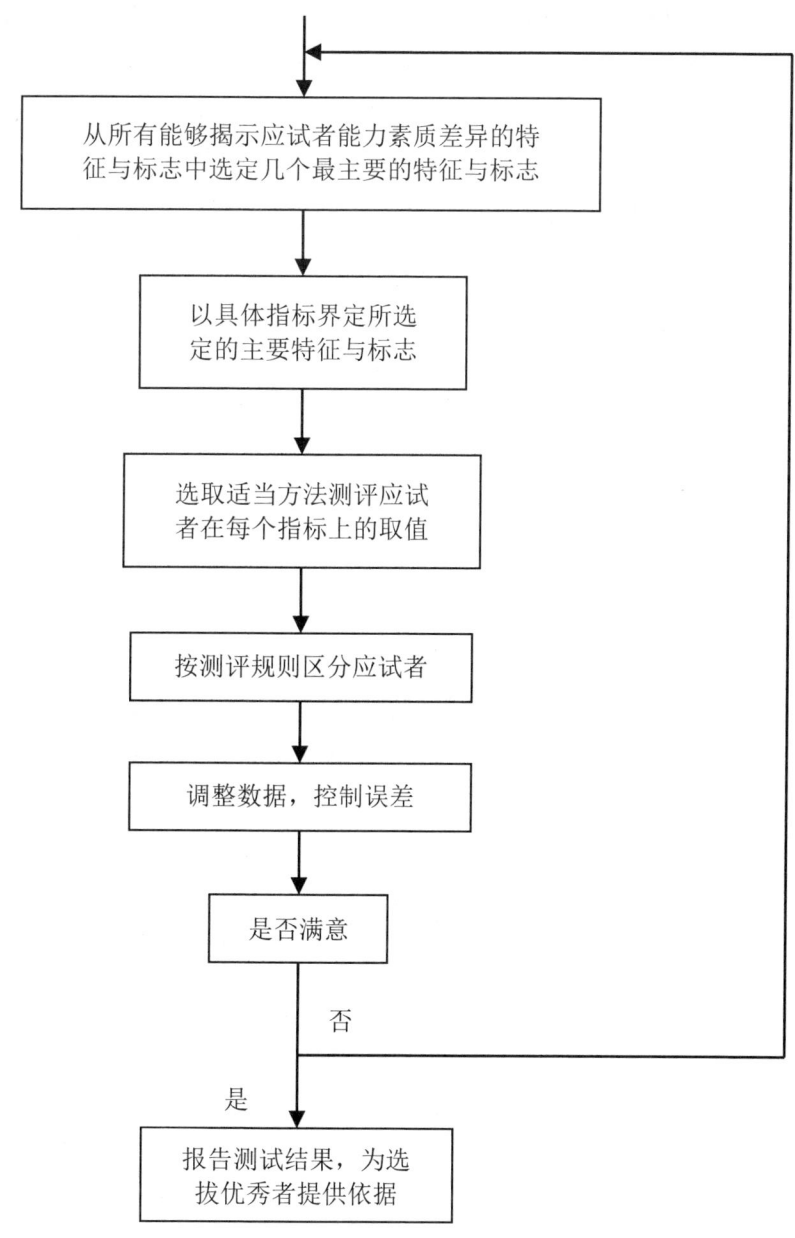

选拔性测评模式结构图

测评发展到今天，已经积累了比较充分的理论和实践经验，足以形成一种应用模式，即测评模式。通常意义上的模式，指的是带有显著规范化、科学化、制度化特征，有充分的理论和实践支撑，并由一定标准程序构成的定式。测评模式就是规范的、标准的、具有相对明确和完备的操作程序要求的，运用案例来测量评价能力素质的一种方法模型。党政领导测评模式，以测评作基础，以案例为介质，以能力倾向为焦点，以政治性、政策性为特色，直接服务于公开选拔考试和竞争上岗，既带有广泛测评意义上的普遍性，又有自身独具的特殊性。模式之所以成为模式，就在于它所集成的一系列规范性标准，在于它所具有的科学化、稳定化的模型结构。在控制学领域，模式就是一种可以完全封闭并进行自我合理循环的稳定系统。不同的测评类型具有不同的测评模式，选拔性测评的模式结构如上页图所示。

3. 案例测评模式

案例测评模式就是以案例作为测量评价介质的测评模式。如果以案例为基准来划分测评模式，可以将测评模式笼统地划分为案例测评模式与非案例测评模式两大类，而非案例测评模式又可以大致分为传统考核、干部民主测评、传统考试三种。

（1）案例测评模式与传统考核模式。长期以来，各级党政领导干部考核都是通过组织人事部门来主持的，通过谈话了解及分析领导者历来的表现与某一阶段的实际工作成绩，用评语的形式来描述领导者在德、能、勤、绩等方面的个性特征，从而达到测评目的。这种方法具有简单、明确、重点突出的优点。但是随着时代的进步和社会条件的变化，这种传统的考核方法逐渐暴露出明显的弊病：一是它在考核方法上是封闭式和手工业式的，科学性、民主性和公开性都不足；二是它只注重定性分析，不注重定量分析，缺乏准确性。近些年来，我国各级组织人事部门把公开考试这种手段引入干部选任工作中，由于公开考试具有凸显公平和标准明确的自身优势，既是引入竞争机制的有力手段，也是推动干部工作业务改革和建立国家公务员制度的启动环节，所以，制度化的公开考试成为我们干部人事制度民主化科学化的突破口。案例测评就是一种新兴的有效的考试方法，它集传统考试之所长，在对领导素质尤其是能力素质的考核方面，有着无可比拟的优势。

（2）案例测评模式与干部民主测评模式。干部民主测评是用一个标准化的量表（确定考核指标与划分等级的具体标准），采用领导与群众结合、组织与本人结合、定型分析与定量分析结合的多种评定途径，对干部进行民主测评的方法。干部民主测评具有考核内容标准化、考核方法民主化、储存检索信息化的特点。案例测评借鉴和吸收了干部民主测评的许多成果，二者之间有相通之处。但是，从根本上说这两种方法是不同的。干部民主测评的测评内容包括政治素质、知识结构、能力水平和工作效绩等，评分的根据是被测评者的日常表现和行为特征，从本质上说，这是一种评估方法。案例测评的考察内容是能力素质，评分根据是被考核者对案例的反应，从本质上说是考试方法。

（3）案例测评模式与传统考试模式。案例测评与传统考试从形式上看，有许多共同点，如：同一批应试者使用同样的试题；采取同样的书面答题形式；由评分人统一评分；最重要的是以考试为共同的形式，使它们具有公正性的特点。但是，二者之间的区别也是很明显的：第一，试题内容不同。这主要反映在两个方面：一是传统的考试方法是以理论条文解释实际存在为内容，要求答案从抽象的提问出发，回答出具体问题，是一个从抽象到具体的演绎过程。案例测评则是以党政领导工作中现实存在过的情景为内容，要求答案从具体的感性材料出发，进行分析、综合、抽象、概括，揭示问题产生、发展和解决的全过程，这是一个由感性认识上升到理性认识、由具体到抽象的归纳过程。二是传统考试命题着重于测验人对知识的理解和记忆程度，记忆越丰富，答题的把握性就越大。案例测评则把应试者从记忆的限制中解放出来，还原为实践的人，注重测试其能动性和创造性。第二，思维方式不同。传统考试的答题思维是求同的思维方式，案例测评则是发散性思维方式。也就是说，传统考试试题答案通常是唯一解，而案例测评的答案则要寻求更多的解决途径，然后在众多答案中找到最佳结果或最优策略。第三，对考核对象要求不同。传统考试测试的是知识广博程度和理论思维能力，案例测评则是从多角度、多层次考核人的能力，解决案例中的问题，不仅要有充分的知识积淀，还要有丰富的实践经验。

二、案例测评模式的结构要素

案例测评模式的结构包括七个方面的内容或要素：职位分析、案例采编、试题命制、测评方法、质量控制、评分标准、分析反馈。

（一）职位分析

职位分析（或叫职务分析、工作分析等）是现代人力资源管理所有职能工作的基础和前提。在选拔具备较高能力和素质的党政干部之前，需要先对这一工作有个确切的了解，而通过人职匹配的职位分析可以做到这一点。案例测评作为一种选拔方式，同样应严格建立在职位分析的基础上。这里的重点一是要充分认识职位的性质，二是要明确职位的职责，三是职位分析要从职务层级特征和工作特性出发。由于应试者应选位置的差异，案例测评的设置与难易程度也不尽相同。比如对正职或者副职而言，职位要求、职责范围、职务性质与作用就不尽相同，有的领导职责独立性很强，需要自己做决策，不需要参考上一级的指示或意见。而有的却需要遵从上级的指示，不能擅自做主。履行职务时需要创造性还是必须遵章办事等，这是职位分析中应该解决的问题，这意味着对不同层次领导者的案例测评重点会有所区别，因为它直接关系到案例测评试题的设计。

做好职位分析的关键之一是进行必要的职位访谈。对公开选拔的党政领导职位进行访谈，目的在于增加对职位的理性认识，使命题更有针对性。职位访谈的主要内容包括：拟选职位部门或单位的性质与状况、班子状况、公开选拔的要求、职位职责等。职位访谈获取的信息越全面，命题的针对性就越强。

做好职位分析的关键之二是编制职位分析报告。职位分析报告是对职位性质类型、工作环境、资格条件、能力要求、责任权限及工作标准的综合说明，用以表达职位在单位内部的地位及其作用。它体现了以"事"为中心的职位管理，是指导案例测评的基本文件。职位分析报告一般比较适用于准确地界定职位要求和描述职位特征。它有助于组织把最符合条件的应聘者吸引到空缺职位上来。但要注意的是：这里的职位分析报告，是着眼于案例测评的一份特定报告，它包括通常的职位说明书的基本内容，但比职位说明书的内容要更深刻、更具体。

（二）案例采编

在公开选拔和竞争上岗考试与测评中，案例分析这种主观性题型并非唯一的题型，但它在主观性试题中所占的地位与所起的作用却举足轻重。因此，案例的采编是命题工作的基础和前提，案例的测评运用则是实现选拔目标的方法和手段。实施成功的公开选拔和竞争上岗，除了组织严密与有效的监督，更为关键的就是试题命制的质量，而案例分析与情景模拟试题的命制，则是衡量一套试卷测评质量的最高体现。

案例是信息的载体，它记录、描述了各种各样的典型领导事件和领导人物，蕴涵着丰富的领导经验和科学知识。案例分析作为一种全新的测评手段，要真正体现和发挥它在考务工作中的功能和效应，科研人员、采编人员就必须坚持实践第一的观点，使案例的来源更好地反映客观的真实，使案例测评更多地为应试者提供客观依据，科研与考务的针对性才更强。由此，必须制定案例开发的适用范围，探索案例测评开发的正确途径和科学方法。也就是说，案例采编的基本原则应该是对具体的采编过程有着普遍的规范作用和指导意义，即体现案例开发活动的一般规律。

案例采编方式和程序，是指有组织、有计划、有目标的采编活动。一般来说，有四种方式、四个程序。

1. 案例采编方式

（1）由上级领导或考核主体下达编写任务，由当事人直接编写。这种方式的主要优点是真实度高，可信度高，对现代领导者本身也是一个提高理论水平与综合能力的锻炼。

（2）由科研、考务人员根据课题研究或测评目标，直接深入党政领导工作的实际，从调查研究中来编写，这是专职采编人员运用科研的方法开发案例。这种方式的主要优势是能较好地体现案例采编原则，所形成的案例符合考核测评目标的要求，能保证质量。

（3）由上级考核主体单位牵头，采取组织人事干部、党政领导干部和采编人员三结合的方式编写。这种方式是加强题库建设的一种行之有效的采编方式，它的最大优势就是采编过程中"优势互补"，既可以满足案例的层次和类型，也可以确保案例采编的质量，还可以为案例的研究与开发提供必要的观点和素材。

（4）由采编人员根据案例的基本规范，直接从媒体中获取。在市场经济条件下，由于舆论监督的不断加强，领导者的决策行为越来越直接处于媒体的跟踪报道之下，许多重大问题和突发事件往往在一夜之间便公之于世。作为领导者，应当从中吸取怎样的经验和教训？应当从中得到怎样的启示和借鉴？这是在平时的采编中难以获得的案例信息，它为我们提高案例分析水平、增强案例选用的时效提供了新的途径。尤其是在目前一些行业政风不正，还存在比较严重的形式主义、官僚主义、"暗箱操作"等现象下，能够及时搜取和下载这方面的案例素材，不失为一种可行的方法。但需要注意的是对这些素材必须加以认真的核对与印证，去伪存真、去粗取精，做好必要的技术性处理。

2. 案例采编程序

（1）充分的理论准备是前提。采编的理论准备包括两项：一项是对案例的基本理论、案例的采编与命制、案例的分析方法以及案例的评价体系等掌握的程度，另一项就是与应选职位相关的基本理论与基本知识熟悉、了解的程度。

（2）"广征博收"式的采编是基础。在这里，案例采编的根本目的在于测评应用。要依据上述四种采编方式，在采编过程中着力去挖掘和体现它的测评功能，要不惜笔墨，将事件、背景、人物与数据尽量描述清楚，将它的典型意义尽量隐含在案情发展的过程之中。因为采编的过程具有一定的时效性，补充采编会带来诸多不便，只有将"大而全"的案例情景统统收集起来，才能为下一步的加工命制提供条件。

（3）认真的加工筛选是关键。一篇案例采编完毕后，最重要的工作就是将其按照测评要求编制成为可考性的案例分析试题。在加工筛选的过程中，一是要坚持专家的指导，二是要坚持集体讨论，三是要坚持审定制度。每一个案例经实际测评应用后，必须广泛收集测评效果，对来自各方面的意见和建议进行甄别取舍，在此基础上，再对案例进行必要的修改完善。

（4）科学的精选与储存是保障。案例的储存功能是由考务工作及其案例库的建设所决定的，由于受时代与时效的制约，总有一部分已用案例会随着时代与时效而被替代。因此，在经过精心选择后，经典案例无论是在常规的测试中，还是在特定的测试中，肯定能够发挥它的测评效果。这就需要我们特别注重对案例的精选与储存工作，建立科学的分类管理与储存方法，以满足测评工作的需要。实践证明，精选与储存的测评案例的拥有量，标志着题库建设的实力和规模。

总之，新的案例一经产生后，均应做到采编人员满意、调研对象满意、应试人员满意、测评主体满意，以达到发人深省、感同身受、教益良多、触类旁通、久难忘怀的效果。

能否编写出优质适用、规范典型的测评案例，是决定整个案例采编开发成效的关键，也是检验测评信度与效度的主要依据。因此，必须进一步掌握案例编写的方法和技巧。案例写作主要采取记录性的描述方法，做到真实自然、质朴无华、文笔简洁、形象生动。

3. 案例采编途径

（1）文献。文献是指人们专门建立的，用来传递或储存情报的载体。文献反映的社会生活范围非常广泛，因此，文献是构成案例资料的一个重要来源。文献有3种形式：书面文献、统计资料和声像文献。书面文献的获取主要是图书馆收藏的图书、报刊以及党委、政府公开下达的各类文件，这是采编案例的基本依据；统计资料的获取主要是各级党委、政府部门根据年限、年度所编制的各种统计数据和分析报表，这是采编案例的基本要件；声像文献的获取主要是充分利用现代信息技术，将已经完成或正在制作过程中的网上信息、磁带、光盘等音像资料，通过对比、权威性认定之后而加以利用的有效信息，这是采编案例的新的有效手段。例如，从中央电视台《新闻调查》和《焦点访谈》等栏目下载较为鲜活的典型案例，一是时效性强，它切中了国有企业深化改革和政府官员的腐败所面临的严峻挑战；二是具有权威性，它是中央电视台顶级栏目推出的精品；三是资料翔实，它充分运用了音像文献的捷径，给各级领导者思想上引发了思维，产生了震动，对领导者决策的现实指导意义极强。

（2）访谈。访谈作为收集案例材料的一种方法，它主要是以被访问者的叙述为基础，其目的在于进一步弄清楚案例的细节或者差异性的问题。访问中的提问方式，应该是平等的，不要与被调查者争谈，避免谈话陷入僵局，不评断是非，不鼓励什么，也不暗示反对什么。访问中要遵循客观调查的原则，实际情况怎样就怎样反映，不添枝加叶，也不减少什么。调查结论不带框框，不先入为主，是什么就是什么，根据单位现实情况，敢于否定原来看法，不带结论找例证。调查要有目标，不能撒大网找问题，不能没目标瞎碰，遇到什么就调查什么，不把自己意见强加于人，细致地提问题，寻根问底，不把问题弄清不结束调查。访谈和文献结合起来使用有一个"吻合原则"。文献提供粗线条、大框架，访谈补充细节，丰富情节内容。访谈的主要优点是访问者可以和访问对象直接接触，能够观察其语言行为，并灵活地提出问题，取得答案，从而可以确定访问资料的有效性。

（3）观察。观察是收集非语言行为资料的主要技术手段，可以称之为视觉资料的收集方法，便于对整个事件深入研究，容易了解对象的真实面目。《吕氏春秋·论人》中有"八观""六验"："通则观其所礼，贵则观其所进，富则观其所养，听则观其所行，止则观其所好，习则观其所言，穷则观其所不受，贱则观其所不为。喜之以验其守，乐之以验其僻，怒之以验其节，惧之以验其特，哀之以验其仁，苦之以验其志。如此一拘一察，属下之情皆得。"古人的"八观""六验"是从"知人""识人"的角度来论述的，观察与验证这种方法对我们采编案例仍然有着指导和借鉴意义。观察可具体分为参与性观察和非参与性观察两种方式。收集过去发生事情的资料，用文献法和访谈法较优越，而收集正在发生的事件资料，最好的方法就是观察法。观察是采编人员由主观对客观的认可，所以观察越细致、记录越详细越有价值，不要用总结和抽象的语言概括，要具体地描述。在我们还没有适合的案例采写线索时，使用观察法可以获得大量活生生的案例写作资料。观察的步骤：首先是确立目标；其次确定观察对象，并与之建立联系；再次就是持续长时间观察和实地记录，并分析观察记录的资料。

4. 案例采编技巧

一是要有目的、有选择地描述事件发生、发展过程中的外在现象，而不直接揭露事物内在的本质，要把问题留给应试者去分析评判。二是要用描述的事件引发议论，而不对事件作任何主观评论，案例描述所要求的客观真实，并不意味着有闻必录。三是写作中要选择典型事件、代表性人物、特定的场景、曲折的情节，进行全景式、立体化、动态化的描述，即对于有关和无关、虚假和真实、直接和间接、分散和集中、明显与隐含等诸多方面处理得当，不偏不倚，恰到好处。在写作技巧上，则要求主题明确、立意新颖、篇章结构设计巧妙。四是案例一般只有最佳方案而没有唯一的解。这就要求我们在考点与设问上必须根据领导者的一般决策思维和决策程序来设计评分参考，尽量做到能给应试者以更为深刻、广阔的分析余地与发挥空间。五是在采编过程中必须具有超前意识，顺应时代发展潮流，体现我们的国情与特色，能够科学地预测党政领导工作的发展趋势以及代表未来党政领导活动的发展方向。

案例是一种特殊文体，它通过描述党政领导工作的特定情景来反映情况、介绍经验、提高能力、探索规律。而测评案例则是以党政领导工作的特定情景来选贤任能，因此它既不同于理论文章，也不同于一般的记叙文。它是用逻辑思维和形象思维相结合的方法，采取白描的手法，把已经发生或正在发生的领导工作的特定情景客观记录下来，既有人物、事件背景介绍，又有特定场景的具体情节；既有说明文的平实，又有报告文学的文采；既有论文的严谨，又有散文的情趣。高质量的案例要有三忌：一忌"直露"。案例不是直截了当，也不是让人看起来难以理解，它是在领导情景中隐含了耐人思考和喻义隽永的东西。二忌"分析"。案例的正文中肯定有了采编者的观点和思想，但在表述上，自觉不自觉地把分析性语言注入，强迫人家接受，那便违背了"白描"的规范。三忌"议论"。案例分析部分，采编者可以大发议论，但案例正文恰恰是不能议论，因为议论表明的是采编者的态度，往往使案例本身带有了褒贬的倾向。

案例的标题有多种形式，比如描述式的、提问式的、名称式的、比喻式的。而测评案例可以设标题，也可以不设标题，可因测评工作的实际而定。案例的开头语，类似新闻导语，可以把描述的事件、主要人物、时间、地点等扼要介绍出来。案例的正文可以用顺叙也可以用倒叙等手法，可以以人物活动为主线，叙述领导者所讲所思、所作所为，也可以按事件发展的脉络叙述事件的过程和结果。案例的结尾根据案例的类型来确定。分析型案例往往没有结尾，它需要读者或受训者通过分析对比之后，优化出最佳决策方案，并能从中找出有力而充分的论据；评审型案例则按照事物的发展，有始有终，"水到渠成"，自然结尾，使应试者从中受到教益和启迪。测评案例均可选择上述两种类型来命制，不过前者是重在测评应试者对未发生的事件的分析与决策能力，后者是重在测评应试者对已发生的事件的抽象思维能力。一篇案例形成后，一般要编写相应的附件即使用说明和必要的背景资料，测评案例则是从中提取最佳的考点和评分参考。一篇案例大体为5000字左右，而测评案例则是根据应试职位要求来确定。实践证明，应选厅局级的测评案例为1500字为宜，应选县处级的测评案例为1000字为宜，较为典型的测评案例甚至可以浓缩为500－800字。

（三）试题命制

1. 案例试题命制的依据和范围

一是《党政领导干部公开选拔和竞争上岗考试大纲》（以下简称为《大纲》），这是规范全国党政领导干部公开选拔和竞争上岗考试与测评工作的权威标准和政策依据。二是重要时事与重要省（区、市）情、部情，这是作为领导干部必须了解的重要内容。三是与应选职位相关的专业基础知识、专业管理知识和专业政策法规知识，这是作为应试者必须把握的重要内容。四是职位分析报告。职位分析报告对案例试题命制的"依据"作用，主要体现在：在职位分析报告有关工作内容、职责要素、任职条件的说明基础上，提出案例测评的素质指标，根据素质指标选择具体案例及其设问方法，以增强命题的科学性和准确性。与《大纲》作为政策性依据相比，职位分析报告实际上是案例试题命制的事实依据。

2. 案例试题命制的基本原则

一是案例试题要与拟选职位相适应。二是案例试题要与《大纲》规定的难易程度相适应。三是案例试题要与拟选职位面临的新情况、新问题相适应。四是案例试题要与特定职位要求相适应。坚持这些原则，既可以防止"考非所用、南辕北辙"的倾向，避免考点设置与职位要求"两张皮"、互不搭界，又可以防止"重知识、轻能力，重理论、轻应用"的倾向，使案例试题在经过测试之后让人感到物有所值。成功的案例就在于能用简便的方法提供不同层次的职务环境，给被测评者展示工作方法和行为艺术创造一个良好的"实验"机会。

3. 案例试题命制的程序步骤

一是成立案例试题命题组。案例命题组在构成上，应当涵盖并明确以下四种主体的职责分工：一是主考单位的资深领导干部，他们根据自身的丰富经验和亲身体会，对案例试题的命制做出政治性和政策性的判断；二是权威性的案例专家，他们根据业务知识承担命题的指导与审题职责；三是与拟选职位相应的专业技术人员，他们能从岗位需要出发，对案例试题的命制提出专业性意见与建议，确保试题的实用性；四是具体的命题工作人员，他们一般由组织或人事部门指派，承担案例试题命制的具体实务，包括制订命题计划、搜集案例、筛选归类、编题、试题分析、组合题目、编写答案、制定评分标准，等等。

二是命制案例试题。案例试题的命制有四个步骤：一是案例情景的选定，二是考点与设问的设置，三是制定评分参考，四是集体讨论审定。在这方面需要注意的问题是，在案情的素材来源上必须真实，具体的技术处理上允许虚拟，以立意高远的启发性为重；在考点与设问的设置上必须匹配，知识跨度不宜过大，以针对性为重；在制定评分参考上必须富有弹性，尽可能让应试者有较大的发挥空间和余地，以体现能力素质的"最佳方案"为重；在集体讨论审定试题上必须尊重专家意见，使考核主体、应试者和试题命制者各得其所、相得益彰，以考、学相长为重。

现代组织设计越来越强调对外部环境的反应能力与灵活性。在这样的情况下，势必要求案例测评在稳定中保持灵活，在严密中保持弹性。要进一步创新考试命题的内容，特别要考查应试者对拟选职位面临的新情况、新问题的处理能力。特别值得提出的是，案例测评与特定职位有效结合，可以帮助组织寻找到适合某一特定职位的人，这个人有可能将是数百名应聘者中最合适的一个。所谓特定职位，也即专业性很强的职位或少数特殊的、稀缺的职位。案例测评只有针对"特定职位"所需要承担的责任和面临的挑战，包括赢得未来成功的职位条件，才能收到好的效果。

（四）测评方法

测评方法是测评模式中的关键环节，也是测评模式得以运行的常规手段。如果说测评模式的构建有赖于测评理论和测评实践两大基石，那么，测评方法体现的就是测评实践。在案例测评中常用的测评方法有案例笔试、案例面试和案例小组讨论等三种案例测评法。

1. 案例笔试测评法。即在规定的时间内，让应试者书面分析指定的案例，测评人员根据应试者的分析报告的内容、质量，按照一定的程序、标准给应试者领导能力的各项因素评出确定的分数值或等级，并做出综合性评语。案例笔试测评法的适用范围较广,从使用人数来看,既适合单人考核,也适合团体考核;从考核目的来看,既适用于能力倾向预测型考核,又适用于岗位职务选拔型考核;从考核次序来看,既适用于初试,又适用于复试。案例笔试测评法对领导能力素质测评的主要内容包括发现问题能力、分析问题能力、决策能力、创新能力、逻辑思维能力、识人能力、业务能力、文字表达能力,等等。案例笔试测评法也有自身的局限性:首先,它只能测评一些通过语言文字的表达而显示出的能力因素,而对一些无法通过文字表达的能力是不能测量的;其次,案例笔试测评法由于受写作能力的影响很大,会给测评结果带来失真之虞。

2. 案例面试测评法。就是由考核者根据案例的内容,按照事先设计好的问题及其排列顺序,向应试者发出提问,让其当面回答,并以应试者的回答内容为依据,对其领导能力进行测评的一种方法。案例面试测评法适用范围较小,一般只适用于单人单独考核及复试。测评的主要内容一般包括语言表达能力、分析问题能力、决断能力、应急能力,等等。面试法由于受答辩时间所限,虽然对领导者的其他能力也不同程度地有所涉及,但是要获得足够的测评依据尚嫌不足,如对应试者的组织能力、用人能力等,靠面试是很难评价的。

3. 案例小组讨论测评法。小组讨论可以分为无领导小组讨论和有领导小组讨论。

(1)无领导小组讨论,也叫无组长小组讨论。就是由若干被考核者组成一个没有组长的小组,让他们共同讨论指定的案例,商讨、寻找解决办法,考核者以被考核者在讨论中的行为表现为依据,来测评其领导能力素质。

(2)有领导小组讨论,也叫有组长小组讨论。就是由若干被考核者组成一个小组,并指定一人担任小组领导,以正式会议形式讨论、分析指定的案例。考核人员以被考核者的行为表现为依据,来测评其领导能力。相对于无领导小组讨论,有领导小组讨论中的小组领导的行为关系着其他被考核者的考核成绩,承担着更大的责任和压力,因而能更好地测评其领导能力。但是,有领导小组讨论并不是针对小组领导的单人测评,其测评对象还是小组群体的所有成员。

小组讨论测评的主要内容包括组织能力、自控与反馈能力、说服能力、观察能力、沟通能力、综合归纳能力、创新能力、决策能力，等等。另外，小组讨论还能反映出应试者的领导作风、对待集体及他人意见的态度。这种方法最大的特点就是把应试者置身于群体之中，通过其与群体的各种相互关系来测评其能力素质。小组讨论法既适用于初试或复试，也适用于岗位职务选拔考核或能力倾向预测考核，但其使用前提必须是团体考察。

（五）质量控制

案例测评的组织和质量控制，原则上由案例试题命题组来具体操作。之所以这样安排，一是出于命题和评判一致性的考虑，二是出于组织准备的技术考虑。命题组与评判组合二为一，"现马现鞍"，更能"吃透"和把握试题的精神、要求，因而更能对应试者的分析作答做出准确的和客观的评判，从而提高测评质量，节约成本。

在案例测评的组织及其实施过程中，由于案例本身带有的"实验"成分，因此必然不可避免地会出现一定的误差。这种误差的造成，一是案例设计缺乏严谨性，为了得出某个结论而牵强附会；二是测试者对评判标准的执行误差导致评判失准；三是测量结果的不确定性。因为领导者的能力处于不断变化的隐性状态中，只有在实际工作中才能得以充分表现，因而很难确定其在真实状态下的情况。对某个应试者来说，"小河沟里翻船"亦在所难免。要解决上述问题，克服案例测评的弊端，必须采取相应的质量控制措施。根本对策是，采用系统方法对被测试者是否胜任工作岗位要求进行系统评定。

使用何种测评方法或评分方法，也是测评质量控制的一项重要内容。目前国内外从事人事人才研究的专家，已开发出许多种人才测评软件与方法，并在实践中收到了明显效果。但是，并不是采用的技术越多越好，操作的方法越复杂越好，而应在满足评价目标的前提下，把有针对性的选择技术与方法和有效可靠、简便易行的实用性结合起来。

（六）评分标准

案例测评作为测评领导者能力的一种考试形式，有着区别于其他考试形式的评分标准。领导能力和其他任何事物一样，不仅有质的规定，而且有量的区分，这种区分性是领导能力被量化的基础。随着心理学领域关于智力和能力的定量研究手段和方法的日臻丰富，按照测量科学的划分标准，案例测评的评分标准大致可以分为四种：一是积分评语标准。就是运用文字描述每个考核要素的不同等级，也称为描述式标准。操作中，要首先将要素的内涵确定，然后分解为若干子要素，给每个子要素指派独立的分数，各子要素相加就是该要素的评分。二是量表式标准。即用等级量表的形式，将考核要素划分为若干等级的一种标准。量表式标准通常将标准分为五个等级，简称为五级量表。三是隶属度标准。一般是规定要素的各个等级分别属于隶属度的某个范围或某一点，这种方法称为隶属度分段法，通常是同量表式标准相匹配的。四是行为特征标准。实际上就是指情景模拟测评标准，通过文件处理、小组讨论、角色扮演等情景模拟形式，将测试行为同标准行为进行比较，作为评定，从而显示被测试者能力的高低。

制定评分标准应遵循五项原则：一是科学合理的原则。评分标准的内容要符合党的路线、方针、政策，体现时代对党的各级各类领导干部的要求，要符合其他各门科学的基本原理和各行各业的实际情况，评分要尽可能采用现代技术手段。二是客观严谨原则。评分标准是衡量领导者能力素质高低的准则与尺度，关系着选人用人的重大决策问题，所以必须是严肃、严格、严谨的，无论从标准的内容、分级和措辞上，都要反复推敲，切忌草率。三是便于使用原则。标准的内容和形式应当尽量简化，不能烦琐冗长，不能模棱两可，要保证评分人员经过一定培训后就可以熟练使用。四是集体制定原则。要组织有关领导、专家和学者制定评分标准，集体讨论修改，充分保证标准的科学性。五是协调统一原则。在具体的案例测评中，各考核要素的测评标准要做到协调统一，要使用哪种评分标准就统一使用哪种评分标准，绝不能交叉使用，引起混乱，破坏测评的公平性。

（七）分析反馈

案例测评的过程，实际上也是一个学习的过程，因而做好总结与反馈在一定意义上比起测评本身来讲更为重要。通过对职位分析、命题、测评等诸环节进行总结与反思，所得到的信息可在以下两方面起重要作用。一是它为应试者的最终取舍提供依据。因为案例分析试题在整个试卷中所占比重相对较高，应试者能否经过笔试入围而顺利进入面试，在知识面大体相近情况下，案例分析的程度就起着决定性的作用。二是通过案例测评所反映出的情况进一步改进评价方法。获取这方面信息的方法是：在向考核主体全面反馈测评结果时就案例分析试题给予评价；在应试成功者岗前培训中适时召开与案例分析相关的座谈会；在没有"胜出"的应试者中就案例分析试题进行访谈或调查问卷；案例专家的"事后点评"等，由此建立起一种有效的信息反馈机制，以达到持续改进，增强测评质量和社会满意度的目的。

案例分析作为一种测评手段，其质量高低的评判权并不真正掌握在测评者和用人单位手中，最终要由社会说了算。因此做好相关信息反馈的工作，具有决定性意义。就信息反馈的内容讲，可涵盖案例测评的各个环节、各个方面，特别要注重搜集案例对考生测评的公正度、有效度信息。事实上，每次测评完成以后，关心测评事宜的人，尤其是测评的直接参与者围绕测评的公正与效率都"有话想说、有话要说"。通过案例测评的特定信息收集，其目的有二：一是为了更好地审视、反思整个测评过程。这就要求我们在建立信息机制的前提下，必须制定详细的案例测评分析报告，其中的重点是制定改进措施，要把报告中提出的改进建议落实到相关部门和责任人。二是为了进一步加强命题者的自身建设。随着党政领导公选的普遍化、经常化，公选的职位多、专业要求不一与考试命题难之间的矛盾日益突出。这就要求我们必须把案例命题工作和开展案例命题研究结合起来，通过研究、交流以及更多的考务工作锻炼来提高我们的整体素质。

三、党政领导案例测评的特性与适用性

（一）案例测评的特性

党政领导案例测评属于案例测评的一种，具有案例测评的共性，如都是以案例作为测评介质、测评重点都是能力素质等，同时它还有自己的特殊性，主要表现在：

1. 突出的公共管理特征。由于党政领导案例测评的受众通常是各级党政机关的领导干部，他们所承担的职责和任务就是进行公共管理，这就决定了案例测评必须突出公共管理的特点，才能体现测评的适用性。如果直接把

企业管理、科学研究方面的案例拿来测评党政机关领导干部，显然缺乏针对性，属于文不对题，无的放矢。

2. 鲜明的政治政策性。党政领导案例测评的内容反映的是党政领导干部工作、活动的情景，它表达了执政党的执政理念和执政意志，必然具有鲜明的政治性。同时，案例测评还要做到与时俱进，紧扣当前中央的路线、方针、政策。一个党政领导测评案例如果和政策关联不紧，就会缺乏时代特色，也不能准确测评应试者对政策掌握的理解程度。

3. 严格的法制纪律性。党政领导干部的决策行为，必须在党章和法律允许的范围内活动，受党章和法律的规范和制约。因此，应用于党政领导测评的案例应当体现依法治国的方略，案例反映的内容要规范在宪法、法律和党章的范围内。

（二）党政领导案例测评与企业管理案例测评的异同

当前，在工商企业高级管理人才选拔和党政领导干部选拔中，案例测评的应用是比较广泛的。党政领导案例测评这种方式就是从企业管理案例测评中衍生和演变而来的，所以二者之间有很多相同之处。但是由于应用领域的不同，党政领导案例测评和企业管理案例测评还是有明显差异的：

1. 对象不同。即党政领导案例测评和企业管理案例测评的被测评者身份性质不同，前者的测评对象一般是各级党政机关的领导干部，后者的测评对象则是各类工商企业的管理人员。

2. 侧重不同。虽然都是对能力素质的测评，但党政领导案例测评侧重的是公共管理方面的能力素质，这种能力一般是由党政理论知识、对政策的掌握程度、公共管理意识、行政党务工作实践经验以及对党和人民事业的忠诚程度为基础构成的；企业管理案例测评侧重的是工商企业现代管理方面的能力，这种能力来自丰富的管理知识及管理实践、必要的科技、金融知识的积累、灵敏的市场感知度、自主的利润追逐意识。

3. 取向不同。党政领导案例测评和企业管理案例测评对于人才测评的价值取向是不一样的。简单地说，党政领导案例测评突出的是"服务"，企业管理案例测评突出的是"创造"。党政领导案例测评的选拔目的是选取优秀的党政领导干部到更能发挥其能力的职位，从而更好地服务国家管理事务和社会公共管理事务，更好地服务人民群众；企业管理案例测评的目的则是选取优秀的企业管理人才，使其为企业创造更大的商业利润。

（三）党政领导案例测评的适用性

党政领导案例测评的生存基础，就是它的适用性。党政领导案例测评是为测试评估党政领导干部能力素质进而实现选拔意图而存在的，所以，它的适用性就是服务于各地各级各类党政领导干部的选拔任用。要准确体现党政领导案例测评的适用价值，必须掌握好以下几个原则：

1. 选用的测评案例要和考核要素相吻合。一般来说，运用党政领导案例测评领导者时，需要考核的因素很多，而每篇案例的内容是具体的、有限的。因此，在选择测评案例时要尽可能使二者相吻合，最少要保证在主要考核内容上相吻合，必要时要考虑使用案例群。

2. 选用的测评案例要和已经确定的测评方法相协调。测评案例的使用说明书中，应标示该案例适合哪种测评方法。选择测评案例时，除注意考核因素的一致性外，还要注意测评方法的一致性。

3. 选用的测评案例在领导层次上和难易程度上要和考核对象保持一致。案例测评对应的层级很多，可以是乡镇（科局）级，可以是县处级，也可以是地市（厅）级。在具体的测评中，应试者的领导职务层次和所使用的案例层次的一致性表现为：在能力预测型测评中，测评对象和测评案例在领导层次上保持一致；而在岗位职务选拔型测评中，测评案例的层次和公选职位层次保持一致。如从现任县级领导干部中选拔地市级领导，应使用地市级领导层次的测评案例。

（四）党政领导案例测评的局限性

党政领导案例测评在测评党政领导干部的能力素质方面具有先天的合理性和科学性，是目前已知的能力测评的极具实效的手段。然而，由于其测评介质即案例的单一性，也造成测评效果的局限性。首先，案例测评的有效性取决于测评工具的先进性，测评工具的欠缺则会造成案例测评的局限性。如不够科学的评分标准就会造成测评结果的偏差。其次，案例测评所能检测的人才素质是有限的，对知识面和知识功底的检测相对有限。案例测评由于其重创造轻记忆的特性决定了它对应试者知识掌握程度的检测必然是有片面性的。再次，案例测评的检测带有偶然性和随机性，难以准确反映应试者的素质和水平。和所有主观性考试一样，应试者的回答在一定程度总会受到评分人员个人学养、喜好的影响，这种客观存在的不公平性是难以避免的，因此也给测评结果带来一定的偶然性。最后，案例测评由于受试题本身设计质量的影响，草率命制的案例题使其有效性将大打折扣，也会导致测评结果失真。

（五）党政领导案例测评与其他测评的互补性

党政领导案例测评能较好地检测和反映应试的党政领导干部的实际分析能力、解决问题能力、心理素质及情商，符合执政能力建设的时代要求。但是，与此同时我们还应该看到，案例测评也存在自身所不能克服的缺陷和不足，它对应试者知识面和知识功底的检测相对有限。因此，必须通过对党政领导案例测评与其他测评手段的科学设计，使它们得到有机组合，共同发挥出对人才的识别和检测作用。

1.案例测评与效绩考核相结合。效绩考核是对领导活动的效能进行科学的考察与核定的程序、方式、方法的总称，它是一定条件下领导者知识、才能、品德的综合反映，是对过去的总结，也是预测未来的重要参考。

2.案例测评与组织考察相结合。在组织考察中，通过走群众路线，可对领导者进行定性评价，尤其在政治品德方面，可以进行比较准确的估计。

3.案例考核与文化考试相结合。文化知识是政治素质和能力素质的基础，没有较高的文化知识水平，就不会有较高的马克思主义理论水平，就不会对党的路线方针政策有较强的理解力。没有较高的文化知识，也不会有较强的领导能力和执政本领，就不能很好地领导本地本部门的和谐社会建设和科学发展。

案例测评是党政领导干部考核中积极有效的方法，但不是唯一的方法。只有将其与效绩考核、组织考察、文化考试结合起来，才能构成比较完整、科学、系统的干部测评考核体系。

四、案例笔试测评

(一) 笔试案例选编

顾名思义,笔试案例是服务于笔试的。因此,在选编笔试案例时要掌握符合笔试特点的原则、方法和技巧。

1. 笔试案例选用注意事项

在选用笔试案例时,原则上应当择取篇幅长、容量大、内容复杂的案例或案例群。对分析报告要求较高的案例,例如要求深入思考、细致作答的,要求附有重要引言出处、重要数据资料、最新科研成果的,则适用于时间较为充足的笔试。篇幅较短、情节较简单的案例或案例群适用于试题较多、时间不太充裕的笔试。另外,在选用笔试案例时还要注意,案例的层级对应要恰当,还要符合选任职位的性质和特点,如公共科目考试的案例要兼顾绝大多数应试者的实际情况,案例内容和考核要点不能过偏过细;如专业科目考试的案例则要突出专业特征,要和公选职位的工作性质相吻合,考点设计可以适当增加难度,以便于发挥区分功效。鉴于笔试案例的特点,无论是案例内容还是设问,都应使应试者感到有话可说、有理可证,并可以进行一定程度的发挥和创造,这就要求案例还应和时代精神、地方实际紧密结合。

2. 笔试案例改编技巧

党政领导测评案例来自于各级党政领导干部真实的领导工作情景,如何将这些领导工作情景融入案例,使之具有考核测评功能,尤其是适用于笔试类型的案例测评,就必须掌握一定的案例改编技巧:

(1) 用白描的方法。所谓"白描",就是用简单的线条、朴素平实的笔调勾勒出画面情景。对于笔试案例来说,编写案例时注意坚持使用白描的方法十分重要也十分必要。因为应试者在笔试中对案例信息了解的唯一渠道就是案例的文字,如果案例文字掺杂了议论成分或是进行了过多的修饰渲染,而每个应试个体对这些议论和渲染的理解,无疑又是不一样的,就会产生不同的判断。有些应试者甚至可能曲解案例的主旨,这样就会导致测评的公平性出现不应有的偏差。

(2) 用选择的方法。案例描述要求客观真实,但案例又不完全等同于原型，所以绝对不能有闻必录、事事描述，搞纯自然主义的写作。改编笔试案例时更要注意这一点，避免不必要的文字信息对应试者产生干扰。

（3）用掩饰的方法。对案例中涉及的单位、人名、地名及时间、项目等，要根据案例相对保密性的要求，对无关的因素须剔除，由于涉及社会影响、法律责任、个人隐私等，对原型涉及的人名、地名等有必要进行技术性处理，做恰当的掩饰。

（二）笔试案例题型设计

在笔试案例的题型设计上，通常有客观题和主观题两种类型。总的来看，案例测试中主观题型应用得相对较多，客观题型应用得较少，并且在测评分值中占的比例也较小。

1. 笔试案例客观题

笔试案例测评中客观题一般以单项选择和多项选择两种形式出现。无论是单项选择还是多项选择，测评者都要事先把正确的答案放在备选项中，应试者需要做的就是要结合案例内容，在认真分析思考的基础上，从备选项中把正确答案找出来。客观题型有利于提高阅卷效率和量化统计分析，但由于这种题型设计方式在某种意义上说，属于答案前置，因此，在设置答案备选项上一定要把握好两点：一是非正确答案备选项要具备较强的迷惑性，既同案例内容有关联，也要和正确答案有近似之处，如果正确答案和错误答案一目了然，轮廓清晰，就失去测评的意义了。二是鉴于客观题型允许应试者自由发挥空间的局限性，应尽可能地用客观题型测评应试者对与案例相关的知识、常识的掌握程度，而不是用它来测量应试者的文字表达能力、思维能力和创造能力。

2. 笔试案例主观题

主观题是笔试案例测评当中运用最多也最利于发挥案例测评优势的题型设计方法。这种题型设计，是让应试者在认真阅读案例、找出问题的基础上，运用发散性思维解决问题。题型设计的主要任务：一是大体规定答题的内容，如果案例的标题或结尾透露或表明了该案例的主要问题，那么启发思考题要采取高度概括的形式，如"请对本案例的问题作书面分析"等。如果案例内容容量大，设置的迷惑点多，应试者一时难以把握其要点，那么，启发思考题要具体一些，如"请对某问题做出处理决定""你对当地经济结构调整如何决策"等。这类启发思考题有时可以提出一到三个，但不要过多过细，要尽量让应试者自己去把握案例测评要点，抓住问题实质。二是规定答题的要求。答题要求包括篇幅的长短、字数的多少、体裁的选择、时间的限制，等等。

（三）笔试案例参考答案的设计

一个完整的参考答案体系应当包括设问点、参考答案、赋分值三项内容。

1. 设问点

一篇内容丰富、信息量较大的笔试案例，其中蕴涵的与党政领导干部领导能力及素质相关的东西很多，可以衍生出很多提问。但在一次具体的案例测评考试中，是不可能也没有必要将所有的要素都拿来考核。因此，就要从测评需要出发，有所侧重，有所选择，从案例中提取直接相关的考核要点，设计成测试题目。如一篇案例中能够评估领导能力素质的要素包括创新能力、应变能力、组织能力、演讲能力、决策能力、协调能力甚至比较微观的工业领导能力、农业领导能力、公文处理能力等，而我们所要测评的仅仅只是应试者的应变能力和决策能力，设问就可以设计为"针对这种情况你将做出怎样的决策"；当我们要测评应试者的工业领导能力和创新能力时，设问就可以是"你怎样使某地的工业发展走出困境"。总之，设问点的选择是受测评需要决定的，测评需要是纲，设问是目，"纲举"才能"目张"。

2. 参考答案

参考答案是评卷的参照依据，参考答案制定得是否科学合理，直接关系到评卷工作的质量与效果。在根据案例内容和设问制定参考答案时，应把握一个大的原则，那就是要做到"大而全"。"大"的意思是说，参考答案的框架应当是粗线条的，答案内容点到为止，不要过细过深，否则容易给评卷工作带来限制；"全"的意思是说，制定参考答案时应当把与提问相关的内容，尽可能地都囊括进来，并按照逻辑关系排列清楚，便于评卷人员掌握使用。

3. 赋分值

赋分值其实就是建立答案的分数结构。给每个答案要点赋予不同的分值，通常依据的是要素权重原理和结构稳定性原理。这两个原理在赋分值中是相辅相成、相互制约的。在赋予答案要点分值时，要以考核要素的权重为基点，测评的重点应赋予较大的分值，相反，则赋予较小的分值；同时，在分值分配上还要注意保持答案分数结构的稳定，也就是既要做到突出重点，又要做到兼顾其他，才能形成科学有效的分数结构，而这样的分数结构才能比较准确地反映考核要素的主次轻重层级。

（四）评卷

评卷是测评流程中非常重要的一个环节，它直接关系到应试者的"优胜劣汰"，是测评主体选用人才的最主要的依据。因此，在评卷工作中必须做到坚持原则，尽可能地消除主观或客观因素给评卷工作带来的误差和消极影响，从而提高测评结果的可靠度和可信度。

1. 评卷的原则

笔试案例客观题型的评阅，由于采用了标准化的评卷手段，误差较小，评卷质量容易控制。因此，我们在这里提到的评卷，主要是指笔试案例主观题型的评卷。为保证评卷工作的质量，保证测评的公正，笔试案例主观题型的评卷工作应坚持"给分有理，扣分有据，公平公正，始终如一"的原则。所谓"给分有理，扣分有据"就是说在评卷中赋予的分值或扣减的分值，都应按照参考答案的标准操作，要有凭有据，"给、扣有理"，评卷人员绝不能脱离评分标准，按照个人喜好随意给分或扣分。如：评分参考中并没有"卷面书写不整洁应扣2分"的标准，评卷人员就绝不能因某位应试者卷面不整洁，自作主张地扣除其分数。所谓"公平公正，始终如一"就是说要坚持评分标准的统一性和绝对性，虽然人工评卷不可能完全避免评卷人员主观因素产生的消极影响，但评分标准是相对客观的。因此，必须做到"一把尺子量到底"，用统一不变的评分标准降低评卷的随意性，确保测评的公平性。评分标准无论是否科学严密，一经使用就必须坚持到底，不能朝令夕改，前后不一。

2. 评卷的注意事项

评卷人员在工作中应注意以下事项：

（1）非选择题、论述题等主观性试题的评阅，采用人工评阅的方法进行，故评卷前应对评卷人员进行必要的培训。

（2）评卷前评卷人员应在评卷负责人的指导下认真研究试题、参考答案和评分标准，并对部分答卷进行试评。

（3）可试行两人分别评阅，两人给出的分数有小的差距时取两人所评分数的平均值，超出一定幅度由评卷组讨论确定。

（4）计算分数时，对各题中小数点以后的分数不作四舍五入，全卷积分时才可作四舍五入处理。

（5）如应试者答卷和标准答案对应不够紧密，但有自己独到见解并言之有理的，可以酌情给分。

3. 评卷质量的控制

运用案例来测评党政领导的能力素质，具有很高的信度和效度。但是，案例测评并非完美无缺，测评结果也不是绝对正确，也会存在误差。这就需要加强质量控制，消除误差，尤其是对于笔试案例评卷工作来说，质量控制更为重要。

（1）误差产生的原因

案例测评误差产生的原因是多方面的，可能是由于考核者对案例考核理论和技术理解、掌握得不深不透，缺乏测评经验；也可能是由于应试者对测评工作不重视、消极应付，使得其能力未能得到全面充分的发挥；更可能是所用案例质量不高，测评方法选择不当，评分标准制定不科学，等等。在具体的笔试案例测评的评卷工作中，由于受考核者主观因素的影响，也会造成误差：

一是晕轮效应误差。考核者对被考核者某一方面看得过重或有深刻印象，从而认为该人的其他方面的优劣也都与这一方面的优劣相类似，这是一种以点带面心理效应，因它像月晕一样由一点开始一圈一圈逐渐放大，所以称为"晕轮效应"，由此产生的误差称为"晕轮效应误差"。

二是趋中心理误差。在评卷中，有些评卷者有意无意地使应试者的成绩都集中在中间档次，大家处于同一水平线的分数上，个人之间的能力差异无法表现出来，与实际情况出入较大。这种心理造成的误差称为"趋中心理误差"。

三是首见效应误差。评卷者对试卷的第一印象如卷面是否整洁、文字是否优美，往往会对其评卷产生深刻影响，并有可能下意识地依赖这一印象进行评卷，就有可能形成误差。

四是近因误差。案例测评虽然时间不长，但考核者在多人和多项能力的测评中，常常会凭其记忆中最清晰的某一行为表现为依据作评判，而记忆中最清晰的东西通常是最近发生的，这种原因造成的误差称为"近因误差"。

（2）评卷误差的消除

由于评卷工作存在偏差，如评卷培训不充分、评卷标准不科学，属于评卷工作系统性误差。系统误差是一种危机，是调整和控制的重点，但是调整系统误差必须慎重，调整的方法、范围必须由有关领导组织决定。为有效防止评卷工作出现误差，对评卷质量进行有效控制，应做到以下几点：

一是根据需要成立评卷工作领导小组，切实加强对评卷工作的领导和监督，制定科学的评分标准；

二是对评卷工作人员加强培训和教育，使其明确评卷的原则、标准，熟练掌握评卷方法和程序；

三是进行必要的政策教育，严明评卷工作纪律，严格要求评卷人员坚持客观、公正的立场，纠正、克服、消除不良社会心理；

四是建立评卷审查、申诉制度。

五、案例面试测评

案例面试测评通常是作为案例笔试测评的"补充"手段或竞争上岗的测评手段，因此，相对于案例笔试测评而言，具有更强的针对性和更直观的目的性。如果说笔试案例讲究的是曲折迂回、巧妙布局的话，面试案例讲究的则是直奔主题、短兵相接。

（一）面试案例选用

1. 面试案例选用注意事项

选用面试测评案例时，除要把握测评要素与职位需要相吻合、案例层次与公选职位层次相一致的案例测评的共性特征以外，特别需要注意的是案例的篇幅不宜过长，信息点集中、情节较简单的案例或案例群适用于结构化面试。面试类考试有其独具的特点：对象的单一性、内容的灵活性、信息的复合性、交流的互动性、判断的直接性，等等。因此，在选用面试案例时还要注意辨别案例能否较为准确地测试应试者的语言表达能力、反应能力及综合分析能力。另外，由于应试者在面试时唯一的信息来源和判断依据就是测评案例，因此，对于需要应试者提前阅读案例文本的，案例文本应当语意清晰，无文字歧义，印刷质量较高；需要在测评现场口头宣读的，宣读者应使用普通话，声音要洪亮，咬字要清楚。

2. 面试案例改编技巧

一般来说，在遵循篇幅短小原则的前提下，改编面试案例经常用到的方法有两个：一是压缩法。也就是说，为适应面试考试的需要，对采集到的案例应当善于在保留主要测试点的基础上，进行必要的剪裁、删减和浓缩，做到要言不烦，短小精悍。这里需要注意的是，必要的铺陈语言还是要保留下来的，不能把案例直接压缩成开门见山、直来直去的形式，那样会给应试者造成突兀感，同时案例的说理也会缺乏支撑。二是断章法。也就是根据测评需要，直接从现有的案例中选取某一精要部分用于测试。如面试测评要素是领导干部的应急处置能力，而某一现有案例中测评要素包括很多能力测试点，其中有一部分内容和应急处置能力直接相关，那么我们就可以把这一部分拿出来用于测评。使用断章法形成的案例，由于是从一篇完整的案例中撷取出来的，语意和脉络的承接上可能不够连贯，因此应在案例首尾部分增加必要的表述。

（二）面试案例题型设计

面试案例测评题型设计的主要任务是从测评案例中概括出若干具有高度针对性的具体问题，这些问题既有相对独立的意义，又有一定的联系。应试者对这些问题的回答，构成对整个案例的总体把握。

1. 面试案例题型表现形式

面试案例题型一般有两种形式：一种是简答题。这种题型要求应试者根据提问简明扼要地回答测评要点即可，而不需要进行更深层次上的分析和论述，通常用于检测应试者对相关知识点的掌握程度，如理论知识积累程度、对现行政策的熟悉程度，等等。一种是分析题。这种题型不仅要求应试者有充分的知识积累，还要在此基础上对问题进行比较深入的思考和分析。该类题型通常用于检测应试者的思维能力和创造能力。

2. 面试案例题型设计方式

面试案例的试题设计，可分为纵向设计和横向设计。所谓"纵向设计"就是所提的问题，前后相接，环环相扣，层层递进。比如选人用人案例的提问，可开门见山，直接提出这样的问题："某同志能否担任这一领导职务""你准备选择谁担任这一职务"等，紧接着提出第二个问题："你为什么要继续使用该同志""你选择该同志的理由是什么"等，还可以继续提问："你考虑选择该同志的理由是什么"，接下来还可提问："你选择该同志担任这一职务会不会出现消极影响？如果出现这种后果你应该怎么办"。纵向设计所提出的问题，可以像以上例子那样先提问"怎样做"，再提问"为什么"，也可以让应试者先分析，后做结论。所谓"横向设计"是指所提问题是平行并列的关系，彼此之间既相对独立，又有必然联系。如果测评所使用的是案例群，每个案例的提问内容自然独立成篇，不存在必然的逻辑关系。就是使用一篇案例进行考核，也可以设计出几个并列的问题。

（三）面试案例测评要素的确定

1. 根据职位分析确定面试测评要素

根据职位分析确定测评要素，无论是对于笔试、面试还是小组讨论，都是一个首要的原则，也是测评案例适测性的体现。不过，由于这几种测试类型的测评切入点和发力点不同，所以尽管职位分析这个基础条件是相同的，其测评要素也是存在明显差别的。因此，在做完职位分析后，就应对测评要素的分配有个基本思路，哪些用于笔试更恰当，哪些用于面试更恰当、更能准确测评应试者的能力素质，这些考量都要事先贯彻到命题思想中去。

2. 根据笔试确定面试测评要素

在实际测评中，笔试案例往往用于初试，而面试案例则多用于复试。测评机构在设计测评方案时应进行系统的考虑和权衡，要注意发挥笔试案例测评与面试案例测评的互补性，使这两种类型的案例测评形成良性互动，以更加全面地考察应试者的能力素质。一般来说，由于笔试时间相对充裕，笔试案例就更倾向于测评应试者的深度思考能力。但是，对于应试者的仪表风度、自然素质、口头表达能力、压力承受能力、临机决断能力以及宣传鼓动能力都不能进行有效的测定。因此，在一次完整的测评考试中，面试案例的测评要素应根据笔试案例来确定，对于笔试案例所不能触及的测评要素由面试案例来补充测评，这样，才能收到更加立体化的测评效果。

（四）评分

1. 单向对应评分和综合对应评分

测评意义上的单向对应评分和综合对应评分主要是一个微观和宏观的问题。所谓"单向对应评分"，就是要看应试者对案例、测评要素和设问有没有比较清楚的认识，对提问的要素是否都逐项进行了回答而没有疏漏，是否对应解决了案例中"是什么、怎么办"的问题。对应试者来说，这是个就事论事的行为，对测评主持者来说，是个对照检查的行为。所以，单向对应评分检验的是一个具体微观的问题。所谓"综合对应评分"，就是要看应试者在分析解决具体问题后，是否能够进行更深入的思考，是否能立足案例，放眼全局，抽象出深刻的、具有启发意义的理性思考，其实就是在解决了"是什么、怎么办"后，还能上升到解决"为什么"的高度。因此，综合对应评分检验的是一个抽象宏观的问题。对于面试案例测评来说，由于面试案例的要素、设问都不止一个，面试一般又都采取现场打分的办法，所以测评人员在评分时要注意把握单向对应评分和综合对应评分的标准。事实上，在面试中绝大部分应试者都能建立起案例、要素和设问的单向对应关系，能够做到就事论事，而建立起综合对应的思维模式就相对有些难度，而这恰恰是应试者能力高低的重要分野。测评人员应对综合对应评分予以更多的关注和重视。

2. 要素权重

（1）加权的概念

案例测评的理论基础建立于诸多相关学科的交叉点上，案例测评的实践活动也往往需要借助其他学科的一些研究成果和原理来增强自身的科学性，提高可靠性。在数学中，为了显示若干个数量在总量中所具有的重要性程度，分别给予不同的权数，就是加权。案例测评评分方法运用这一数学原理，根据不同的测评目的、测评对象以及测评时间、测评角度，对有关测评要素指派不同的分数，这就是案例测评评分中加权的含义。加权的数目叫作"权数"，也称"权值"。权数有自重权数和加重权数之分。所谓"自重权数"，就是以权数作为要素的分值，也可称之为"绝对权数"。在案例测评中，由于测评目的、使用的案例和方法等不同，各个要素在总分中的比重也就不同，自重权数也就有高低之分。所谓"加重权数"，就是在各要素已知分值（自重权数）前面设立的权数，即常说的"权上加权"。由于加重权数能够体现各种差异，因而也称为"相对权数"。从权数的数字形态来看，有小数、百分数和整数之分。小数是比较常用的权数形态，它能够比较细微地反映应试者领导能力的差异。整数加权便于计算，但是比较粗糙，所以不太常用。在案例测评评分工作中，常用的加权有总分加权、要素加权等。在加权时要慎重确定权数，可以依据人们长期的工作经验来指派权数，也可运用数学原理和方法指派权数。

（2）面试的要素权重

在设计案例面试测评评分时，赋予各测评要素的分值就是自重权数，需要特别加以突出和倾斜的测评要素，可以权上加权。通常，权数的指派依赖经验判断，而不借助数学分析的方法。由于权数的不同，面试测评各要素的分值就不同，这里就存在一个权重的问题，也就是哪些要素的自重权数应该大一些，哪些应该小一些，又有哪些需要权上加权。虽然应用于面试测评的案例千差万别，每次具体测评的重点和目的也不尽相同，但确定权重的原则是殊途同归，有共性的要求。那就是：打算通过面试测评特别考察的要素要赋予更大更重的权数（分值），有利于考察应试者在综合对应方面表现能力的点要权上加权，即适当加分。总之，在确定要素权重时要坚决破除平衡给分、轻重不分的倾向，防止评分时拉不开距离，分数分布过于集中，造成区分难度增大。

六、案例小组讨论测评

案例小组讨论测评实际上也是案例面试测评的一种，但相对于一般意义上的案例面试测评，其最大的特点在于群体性。一般的案例面试的测评对象都是单一的，而案例小组讨论的测评对象则是团体的。案例小组讨论测评可以分为有领导小组讨论和无领导小组讨论两大类型，主要是通过应试者根据案例内容在小组发言、讨论中的具体表现，来测评其能力素质。

（一）小组讨论案例选用

1. 小组讨论案例选用注意事项

小组讨论案例的选用，第一要突出冲突性原则，即案例内容要有明显的矛盾冲突，要有明显的观点对立，以便触发争论。第二要坚持深刻性原则，选用的讨论案例要有一定深度，引导应试者进行更深层次的思考，使讨论更具持久力。如果案例问题比较浅显，那么经过简单的讨论后，应试者就会感到无话可说、言之无物。第三要坚持模糊性原则，即案例矛盾的是非界限应比较模糊，不应存在明显的"真理"和"谬误"，假如案例问题已经不辩自明，那么就不能引起冲突性的讨论，也就失去了小组讨论测评的意义。第四要坚持公平性原则，案例内容要有广泛的适用性，即适合不同专业类型的应试者，要让全体应试者对案例问题都没有陌生感，人人都觉得有话可说。第五还要把握篇幅适度原则，用于小组讨论的案例篇幅不宜过长，信息量不宜过大，但也不能寥寥数语，交代不清。相对于一般面试案例，小组讨论案例的篇幅可以适当地长一些。在使用案例小组讨论法时，要注意几点技术要求：一是在讨论过程中，参加测评的领导、专家应在幕后观察，以减轻应试者的心理压力，有条件的测评机构可以使用单面可见玻璃、闭路电视监控等物质技术手段进行测试；二是测评时间采取弹性标准，尽量让应试者表现完毕；三是小组讨论的重点在于讨论，而不是总结，因此总结性的发言应尽量简短明了。

2. 小组讨论案例改编技巧

通常意义上的测评案例，都具有完整的结构，不仅有完整的人物、时间、地点等叙述要素，还有完整的事件起因、发展、高潮、结尾等脉络要素。唯有如此，才能给应试者提供一个完整的信息资源，便于他们进一步分析论述。小组讨论中运用的案例可以是这种完整型的，这种形态的案例其设问往往是针对案例事件的结果，让应试者分析讨论"对不对、正确不正确"的问题；另外，小组讨论的案例还可以是非完整型的，也就是说在案例事件发展到高潮时戛然而止，让应试者分析讨论"应该怎么选择、应该怎么办"

的问题。因此，在改编小组讨论案例时就要根据这两种形态的案例，进行必要的加工处理。对于完整型测评案例，在编写时要尽量丰富信息内容，清晰事件发展脉络，给应试者的分析讨论提供一个坚实的平台；对于非完整型案例，要尽量模糊案例问题的是非界限，同时加大矛盾和冲突的渲染力度，以迅速有效地调动应试者的"辩论情绪"。

（二）小组讨论案例测评的设问

小组讨论案例测评的设问形式可以分为两种：一种是分析型设问，一种是辩论型设问。分析型设问就是根据案例内容提出有关问题，让应试者进行分析发言。这种设问所涉知识面广泛，往往是通俗的问题后面隐含着说不尽的道理。分析型设问主要考察应试者的思考能力、分析解决问题的能力，应试者的发言可以是交叉的也可以是顺序的。这种设问的不足是和案例笔试法的测评目标趋同，明显的区别只在于一个是口头发言，一个是文字表述，不能很好地体现小组讨论的争辩性特点，因此这种设问方式应用得不多；辩论型设问是小组讨论测评中运用得最多的设问形式。在采用这种设问形式时要注意问题的争论性，矛盾的是非界限要尽可能模糊，即是与非都有其充分的理由或依据，使应试者都感到有话可说，有理可辩。

（三）小组讨论案例测评要素的确定

1. 根据职位分析确定小组讨论测评要素

根据科学的职位分析确定小组讨论测评要素要把握好两点：一是要充分认识公选职位的性质。认识职位的性质，不仅要对其做出横向专业性质和纵向层级性质的比较分析，还要了解其工作特性。每个工作职位都有相对的独立性，也存在关联的复杂性。只有把这些环节分析清楚，才能对职位性质有个准确的认识。二是要充分明确公选职位的职责。主要内容包括分析并编制详细职责清单和系统把握职责之间的内在关联。对职责之间内在关系的把握一是有利于形成对职责的系统理解，使测评者能够按照职责的逻辑关系来设计案例试题；二是有利于把握不同职责对整体目标的贡献，理顺案例测评要素的优先顺序；三是有利于找到职责履行中的难点，为案例测评的科学化找到突破口和切入点。

2. 根据笔试和面试确定小组讨论测评要素

小组讨论重在检测民主倾听、团队互补、人际沟通与协调等现代领导能力，这是笔试与一般面试所不能实现的。因而小组讨论的测评要素确定，必须在这方面重点突出。

（四）评分

1. 单向对应评分和综合对应评分

小组讨论测评中的单向对应评分和综合对应评分同面试测评的单向对应评分和综合对应评分在本质上是一样的，但受面试测评的单人考察特点与小组讨论的团体考察特点的影响，二者之间还是有所区别的。小组讨论案例的单向对应评分要看应试者是否敏锐地察觉了案例测评的要素，在要素和设问之间建立起必要的逻辑关系，发言是否准确体现了这种关系，是否树立了自己对案例问题的基本观点；综合对应评分不能忽略团体考察这个环境条件，要看应试者是否善于从其他应试者的发言中汲取有价值的内容，与自己的观点熔为一炉，上升到理论认识的高度。善于倾听、善于学习、善于借力也是一项很重要、很有用的领导能力，因此，小组讨论的综合对应评分应更多地关注应试者在这一方面的表现。

2. 要素权重

在确定小组讨论测评要素的权重时，仍然是要把握小组讨论属于团体考察的特点。在我们的测评实践中，无论是公开选拔还是竞争上岗，都未将小组案例讨论作为唯一的测评手段，往往是将其作为笔试考试的补充手段或辅助手段来使用的。在运用笔试案例测评应试者的有关能力素质的基础上，运用小组讨论案例来考察应试者的表达能力、协调能力、组织能力、沟通能力、自控能力和综合能力等要素。因此，在确定要素权重时，自然这一部分的要素权数要大一些。但在具体的评分操作中还要注意要素权重存在一种"矛盾对销"效应，这种效应多出现于小组讨论这种团体考察的形式中。比如，某应试者的发言精辟深刻，有理有据，滔滔不绝，非常精彩，按照评分标准应当给其语言表达能力赋予更多的分数，即权上加权。但由于他在讨论中过于执着地表现自己，不理会其他应试者的反应，在某种意义上过多地甚至自私地占用了别人的发言时间，没有体现出必要的团队观念，那么其自控能力和表达能力就形成了特定环境下的矛盾效应。对于这种情况，通常的做法是应降低其自控能力的权值，实际对冲了表达能力方面增加的权值。

3. 排序评价

小组案例讨论既是一种情景模拟测试，又是一种团体压力测试，拟真性和压力性是小组讨论的一个突出特点。因此，在高度拟真情景下面对压力的表现，应该就是主考者对应试者排序评价的基点。一般来说，可以针对案例内容和小组讨论法的特点设置一些测评点，作为评价的依据，并赋予不同的分值或等级，最后进行综合评价，排出顺序。这些测评点应包括：是否对案例问题有清楚的理解和认识、是否积极参与讨论发言、在压力面前表现是否沉着自如，等等。其实，这些测评点确立的是一个评价大框架，还必须根据要素权重以及单向对应、综合对应的原理进行细化分解。如"是否积极参与讨论发言"还可分解为：发言是否有条理、是否上升到一定的理论高度、是否注意到团队因素等。

这里特别需要指出的是，在有领导小组讨论测评中，由于小组成员都是应试者，确定谁为小组领导、怎样确定，对排序评价有很重要的影响，也是测评实践的一个难点。在小组讨论中指定一名组长来负责，是为了使考核者对特定的个人具有更深刻的印象。这种方法可能会被理解为是对小组领导人的单人考核，从而影响其他成员的积极性，并给排序评价带来消极意义的连锁反应。对于这个问题，比较理想的解决办法有两个：一是由考核者担任小组领导，主持讨论而不参与讨论；二是如果测评中有不同层级的拟任职位，可以指派竞争高层领导职位的应试者担任小组领导，其余各小组成员则是竞争另一层级职位的应试者，这样既突出了对重点对象的考核，又兼顾了一般对象的考核，使竞争者都处在公平、积极的竞争环境中，能够比较真实客观地反映其能力素质，也能有效降低排序评价的误差。

七、案例测评的评价与解释

案例测评的评价，就是对测评所获得的信息进行正确的解释、鉴定和使用，是在对考核结果的可靠性和有效性论证的基础上，将案例测评的结果用于实际，从而实现发现、培养和使用领导人才的目的。评价的核心是对案例题本及其测评结果的评价分析，也就是说，评价既要准确反映出应试者对测评案例的认可接受程度，也要准确反映出社会特别是测评考核主体对应试者的肯定或承认的程度。

1. 对案例题本的评价

案例测评实施完毕后，应对案例题本的可靠性和有效性进行必要的论证和评价。这项工作通常由测评考核机构组织有关领导、专家和学者进行，评价信息采集对象主要是应试者、参加测评的有关工作人员及测评考核主体的代表。在评价过程中，要完成以下工作：

（1）对测评案例的试题做出评价。要了解案例是否具有适考性，是否得到应试者的认同，是否满足测评考核主体的选任需要，是否还存在不足和缺陷。

（2）审查评分标准，核实计分方法。根据应试者答卷情况进行分析，看制定的评分标准是否科学合理，是否切合实际应试者对案例的理解，使用的计分方法是否适应评分标准的层级。可以通过抽查笔试的文字答卷或面试的录音录影资料进行个案分析。

（3）审查实施测评过程是否严格遵守测评考核的原则和考核要求。这点十分必要，因为案例题本只有在规范标准的框架下运行，才具备科学意义上的可证性和有效性；如果测评过程本身就存在程序混乱、目标偏差的问题，基于这种条件去分析评价案例题本的适用性是没有任何意义的。因此，对案例题本进行分析评价时，必须要对其运行的外部环境做出质量评估。

2. 测评结果的解释

对测评结果的解释也由测评考核机构负责实施。测评结果的解释也就是对测评分数的解释，这是在科学的定量分析的基础上向定性分析的升华，是结果评价的一项重要内容。测评分数的解释，可以分为能级解释法和特征解释法。

（1）能级解释法。按科学的方法测评得分划分为若干等级，指明得分等级和应试者能力量级的对应关系，这就是能级解释法。能级解释可以是对总分的解释，也可以是对要素分的解释。通常我们把能级作为一个总体概念，较多地用来解释总分。

（2）特征解释法。根据考核要素得分特征和总分特征，把应试者科学地区分为各种类型的领导人才，这就是特征解释法。也就是根据相关能力的得分高低和在总分中的比重，区分出诸如开拓型干部、理想型干部、平均型干部、潜力型干部等特殊领导人才。

测评结果的评价与解释，从另外一个角度来说，又指把测评结果反馈给有关组织或应试者本人。无论反馈客体是谁，都要注意坚持这样几个原则：一是一分为二的原则。要实事求是地评价每个应试者的长处与短处、优势与劣势，不能搞"一元论"、不能"片面定性"，只有辩证地评价分析，才能赢得应试者的信服和测评考核主体的信任。二是平等公道的原则。要尊重应试者，不能以居高临下的姿态来解释测评结果，无论对谁都应一视同仁。三是专家主持解释的原则。结果解释要由有威望、有影响力的领导干部、组织人事工作者或相关领域资深专家主持，可以确保评价工作的权威性。四是注意收集反馈信息的原则。测评结果反馈给有关单位或应试者本人后，测评考核机构还要注意收集各种信息，特别要注意听取应试者的反应和意见，以利于改进测评考核工作。

3. 不断加强命题者的自身建设

通过对测评案例题本及其测评结果的评价分析，测评考核机构应积极反思命题思路与命题指导思想，不断加强命题业务知识学习和专业技术训练，实现命题方法、技术和观念的与时俱进和适时变革，推动命题工作向科学化、规范化、高效化的方向发展。

参考文献

[1] 中共中央组织部. 党政领导干部公开选拔和竞争上岗考试大纲[M]. 北京：党建读物出版社，2004.

[2]《实施纲要》起草组. 建立健全教育、制度、监督并重的惩治和预防腐败体系实施纲要[M]. 北京：中国方正出版社，2005.

[3] 本书编写组. 关于完善社会主义市场经济体制若干问题学习读本[M]. 北京：中共中央党校出版社，2003.

[4] 张荣臣，谢英芬. 党员干部发展观政绩观人才观群众观学习读本[M]. 北京：人民日报出版社，2004.

[5] 叶忠海. 人才学基本原理[M]. 北京：蓝天出版社，2005.

[6]虞云耀，等. 提高构建社会主义和谐社会能力[M]. 北京：中共中央党校出版社，2005.
[7]邱霈恩. 现代领导测评[M]. 北京：中国财政经济出版社，2002.
[8]罗伯特·K·殷. 案例研究[M]周海涛，译. 重庆：重庆大学出版社，2004.
[9]杨毅宏，等. 世界500强面试实录[M]. 北京：机械工业出版社，2005.
[10]李烈满. 健全干部选拔任用机制问题研究[M]. 北京：中国社会科学出版社，2004.
[11]中共中央组织部组织局. 发展村级集体经济典型案例选编[M]. 北京：党建读物出版社，2004.
[12]孟艾芳. 中国党政领导案例教程[M]. 山西：山西人民出版社，2003.
[13]郑其绪，司江伟，张玲玲. 人才测评[M]. 山东：石油大学出版社，2004.
[14]本书编写组. 党政干部竞争上岗实务[M]. 北京：中共中央党校出版社，2002.
[15]刘海藩，胡彬. 中国领导科学文库·案例卷[M]. 北京：中共中央党校出版社、警官教育出版社，1996.
[16]唐宁玉. 人事测评理论与方法[M]. 大连：东北财经大学出版社，2002.
[17]杜玉林. 党政领导干部考核案例概要[M]. 北京：中国统计出版社，1992.
[18]肖鸣政. 人员素质测评[M]. 北京：高等教育出版社，2003.
[19]裴传永，宋正宽，孙希国. 中国古代领导思想概论[M]. 北京：中国人事出版社，1990.
[20]刘光起. A管理模式[M]. 北京：企业管理出版社，1997.
[21]楚刃，秦文生，畅瑞玲. 历代用人的奥秘[M]. 郑州：中州古籍出版社，1990.
[22]陆红军. 人员测评工程[M]. 太原：山西人民出版社，1985.
[23]郑其绪，司江伟，张玲玲. 人才评价[M]. 山东：石油大学出版社，2004.
[24]余凯成. 中国企业管理案例[M]. 北京：中国经济出版社，1993.
[25]余凯成. 中国企业管理案例使用说明[M]. 北京：中国经济出版社，1993.
[26]孟秀勤. 构建新世纪现代人才管理体制[M]. 北京：中国人民大学出版社，2004.
[27]俞文钊. 现代人事测评原理与操作实践[M]. 上海：上海教育出版社，2005.
[28]徐颂涛，王通讯，叶忠海. 人才理论精粹与管理实务[M]. 北京：中国人事出版社，2004.
[29]中国人事科学研究院. 中国人才资源开发研究报告[M]. 北京：中国人事出版社，2002.

测评案例试题的编制与设计[①]

一、测评案例试题的结构与特点

测评案例及方法是在借鉴、吸取企业管理教学案例及方法的基础上，为弥补客观试题考理论知识、原有问答和论述题缺乏具体情景背景的不足而设计的贴近实际工作环境的特定测评方法。因此，测评案例是教学培训案例基础上的发展与创新。要使测评案例的编制及其测评的功能更具信度与效度，就必须探索测评案例开发的正确途径和方法，总结测评案例开发的程序和技术。

（一）测评案例试题及其结构

"案例"一词，最早运用于法学领域，是指对罪犯作案过程以及判决过程的具体描述，俗称"案件""判例"。但现代意义上的案例实际上是20世纪初才确立的。案例是指对特定的对象进行研修、培训与考核，对以往或正在发生的典型事物的客观描述（及其评析）精制而成的情景模型，是典型事件的技术性的集中再现。测评案例，则是根据测评对象岗位职责、基本素质和工作能力的特殊要求，运用人才胜任能力测试评估的技术方法，对应试对象所属类型群体的工作中具有典型意义的事件进行情景化的描述和故事性的演绎，从而考察应试者工作经验和岗位能力的典型化情景模型。

测评案例的结构，一般是由背景资料、测评要点、设问和参考答案四个构成要素组成的：背景资料即介绍案例中人物、时间、地点、事件脉络等基

[①] 本文系根据深圳市委组织部原深圳市高级人才测评中心"测评案例试题的编制与设计"课题研究报告改编，合作者：李波（第一作者）、常虹。

本信息的文字；测评要点即考核主体希望通过测评案例，对应试者进行考察的素质和能力点；设问是针对案例内容所设置的问题，通过提问考察应试者对测评要点的理解程度和解决问题的能力；参考答案是测评案例编制方对案例所设问题提供的参照答案。在案例测评这种突出能力表现的主观性试题考试中，参考答案只是为评分提供一个可供参考的基本依据，通常并不是问题的唯一解。

（二）测评案例的特点

与其他类型的测评试题相比，测评案例试题具有以下特点：

1. 贴近应试者的实际工作环境。好的案例所提供的背景环境与应试者的工作环境相似；案例中人物的职位、岗位与应试者的职位、岗位相近甚至相同；案例中的事件是应试者熟悉的、或许是亲身经历的事件；案例人物所在的组织机构或企业与应试者任职的机构或企业非常相似。案例中的事件就像发生在应试者身边。这种试题内容的贴近效果，使得应试者不必也不能依据书本和理论回答案例提出的问题，只需凭借经验和实际工作的体会便可答好问题。这才真正起到不考知识、考经验和能力的目的。

2. 展示丰富而简约的实际工作情境。案例反映了领导与管理工作情境中大量生动的细节，有助于应试者以身临其境的具体方式来认识和把握特定的事件。以鲜活的叙事代替抽象的说教，深刻地反映案例人物的行为、态度和思想感情，为问题的分析和解决提供丰富的背景信息。

3. 表达深切强烈的感受和体验。在具有典型意义案例的表述中，通过人物心理的细致刻画、特殊事件的细节描写和矛盾冲突的生动再现，唤起有经验应试者的深度体验和感受，使对方对特定测评要素的理解就尤为深刻，其对相关问题的分析解答就有较为丰富的内涵，就能够比较深入。这就有效提高了测评的区分度。

4. 运用熟悉的思维和表达方式。案例不是源于学术论文，而是源于与应试者相关的工作实践。因此，与应试者熟悉的思维和表达方式有着天然的相容性。与抽象、严谨的学术语言相比较，案例的语言具有浓郁的生活气息，它是具体的、更富有生命活力。

二、测评案例试题的编制原则

（一）科学性原则

在案例试题的设计编制中，不能随心所欲，拿来一个题目、一个案例就作为试题。所谓"案例试题的科学性要求"，一方面指从内容上它应该是严谨的，既源于现实和岗位工作需要，又不是干巴巴的抽象理论或是不加修饰的生活原版，它是经过提炼、加工、改造后的具有典型性和现实性相结合的题目。另一方面，在形式上，它应该按照各类试题编制的规范来设计，题目的大小、提出或设置方式应适中、适度。尤其是那些难度较大的案例，其试题的设计在科学性、规范性上的要求更高，否则此类案例就会流于低层次循环，既测评不出应有的素质指标，也无法拉开应试者之间的距离。

（二）针对性原则

针对性是案例试题编制上的重要原则。所谓"针对性"，主要指两个方面：

一是空缺职位（岗位）需要的特殊性，落实"为用而考"的考试录用方针。因而在案例试题编制过程中，要注意选取那些带有岗位要求典型性、经常性、稳定性的内容去设计试题。

二是应试者个体素质的特殊性。案例试题设计前要对应试者来源情况进行分析，结合岗位的需要，设计出既适合岗位要求又能切实测评出应试者个体能力素质的试题。从实际情况看，如果离开应试者来源背景这一实际，试题设计的理论水平很高，却未必能达到实际的选拔目的。另外，经过报考资格审查、笔试的筛选，进入面试的只是很少的一部分人，若能根据每一个应试者的履历表，有针对性地拟定案例试题，可帮助我们更有效地测评出每个应试者具有的实际能力素质。针对性原则也包含匹配性原则。要求案例试题要与工作岗位的要求相匹配、相适应。原则上工作岗位需要什么条件的人，就要选什么条件的人，这就是要求经案例测试的人员，能够具有工作岗位所要求的知识、能力，并且能够适应工作内容增多偏难的情况，具备发展潜力。因此，案例内容应当满足工作岗位的现实与未来的要求。

(三)新颖性原则

为提高试题的效度,应该注意材料新、形式新、观念新、内容新,避免重复特别是简单反复,以便于测评考生某些素质的真实水准。但这种新颖、新异、新奇要与富有启发性结合起来,从而促使考生的近似的联想和对比联系进入活跃状态,不至于拘束与紧张,切实挖掘其潜力而表现其应有的素质。

(四)灵活性原则

灵活性原则要求在案例试题的编制设计中,题目的形式和内容都要采用较灵活的做法,一是为案例提问留有余地,给应试者的思维留有空间,调动应试者的积极性;二是灵活性的案例试题可以营造测试所特需的活跃"思维场",使应试者充分发挥自身的能力水准。灵活性原则要求编制的案例试题具有弹性,要求在设计编制案例试题时,除少量客观性试题外,尽量做到一题多义,一题多解,给应试者以充分的施展空间,让他们能够充分运用自身知识和工作经验的机会。如果试题内容涉及面狭窄,答案唯一,凭应试者死记硬背就能完成,既便于应试者押题,也会极大影响案例测评的有效性,使案例测试变成了知识测试的延续或翻版。但是,具有弹性的案例试题,并不意味着大容量,好的弹性试题可能就是一个简短的案例,而其提问也可能就是精练的一句话,但它提供给应试者更多的是思考问题的多维性、创造性和联想性,而不是用怪题压住应试者,让其疲于、难于应答,而无力展示自己多方面的能力。

(五)政治性原则

政治性原则是在设计公选党政干部案例试题时,必须坚持的一条重要原则。这一原则要求在编制案例试题时,应着眼于党和国家政策的导向性,以及现实生活中富有领导与管理工作意义的热点问题和与应聘职位、职业相关的思想、政策性强的试题,以避免那些格调不高、内容庸俗,甚至与大形势、大的政策路线相背离的问题。提出政治性原则,主要目的是测量作为党政干部对当前党的大政方针的理解能力、政策运用能力,思想意识自我辨析、校正能力及现实政治生活的参与意识和思想政治上的进取精神，而这些素质对直接代表政府形象、直接运用党和国家的方针与政策于行政机关工作中的党政来说是至关重要的。

（六）可行性原则

案例测试是短时的抽样测评，不可能面面俱到。灵活性、应变性的题目不宜过多过杂；难以测试的题目，如政治立场、道德品质至多列为参考项目。在模拟操作试题方面，既不要过于简单，也不要超负荷进行。可行性原则也包含从实际出发的原则，从当前实际情况看，有的岗位竞争激烈，有的岗位却不然。因此，内容深浅难易要顾及考生情况，不宜一味求新求异求难。

（七）系统性原则

系统性原则有多方面的要求。首先，测评案例不是将各要素机械地堆砌在一段文字中，而是强调各要素的有机组合。正是这种要素互为条件的相互关联特性，才形成了具有代表性的特定情景、特定人物和特殊事件的情景模型。而只有这种情景模型才具备案例的真实性和事件发展的内在逻辑性。其次，系统性要求案例不只是精心设计情景、事件和人物这些基本要素，更重要的是使要素组合成的案例结构具有整体性。就是要使要素的关联构成案例整体的大背景，这个大背景的功能就是突出清晰、明确的测评主题。案例的要素安排、文字表述和展开方式等都必须以整体功能为中心。再次，要将目标的单一性与内容的多样化统一成为整体。它们相辅相成，不可分割。要根据空缺的职位对任职者素质的要求确定案例试题的测试目标。分散化的目标将使案例测试难以成功，明确目标之后，要以目标为核心进行多样化试题的设计，从而保证案例测试的有效性。

测试目标是根据岗位要求而设定的，而每一案例测试目标都需要备有多样的案例试题材料。案例的科学化程度依赖于选用的试题材料的准确性、科学性，这就要求有丰富多样的试题供选择。因此，应当有计划、有步骤地建立案例测试试题题库系统。

三、测评案例试题的选材与编制

（一）案例试题的编制程序

1. 制订试题编制工作计划

制订"试题编制计划"，就是对整个试题编制工作做通盘的总体构思，把最基本的东西先确定下来，使后面的工作有所遵循。事实证明，制订好"试题编制计划"，是使编题工作按部就班、顺利完成的保证。进行案例采编活动以前，应当制订周密的工作计划，确定人员，明确任务，落实责任，为采编的顺利进行奠定良好的基础。试题编制计划应该明确以下问题：

（1）测评目的。明确为何测评及测评结果的用途。

（2）测评项目。明确对哪些测评要素进行测评以及测评结果的质量要求。

（3）招聘岗位。职位分析计划。

（4）测评对象。对应试者的总体情况，如学历、专业、工作经历等构成有所了解，明确针对性。

（5）测试题型。明确采用哪些试题题型。

（6）取材范围。明确选用哪些素材。

（7）质量要求。对拟题工作的质量与数量要求。

（8）工作安排。工作程序与工作进度。

2. 成立工作小组

工作小组的构成应根据测评需要决定。一般来说，其成员包括测评考试机构的领导、专职工作人员和有关专家。如有特殊需要，也可以吸收有助于案例采编工作开展、有助于保障案例采集质量的人员参与，如具有丰富基层工作实践经验的基层党政领导干部、从事本专业的有关院校的教研人员以及新闻工作者，等等。

3. 安排进度

要制定合理的进度时间表，认真分析采编内容并进行科学的分解，对于案例采编难度较大的项目，应适当给予比较充分的调研时间，防止出现因时间所限而产生的调研深度不够、采集信息不全、掌握情况不准的弊端；相反，对于采编任务相对轻松的项目，则要通过缩短时间、简化程序的办法，提高采编效率。一般来说，凡是公选任务比较急的情况下，要根据公选职位搞"短平快"；凡是公选任务暂时还不够饱满的情况下，就要"按部就班"地根据拟选职位搞好测评案例的储备。

4. 联系案例素材提供方

案例素材收集活动开始之前，要通知案例素材提供方，请其提供必要的协助。条件允许的情况下，应向对方提供调研或收集内容说明材料，以利于得到更加有效的支持。

5. 制定相关工作要求与规则

案例素材收集是一种调研行为，收集工作开始前，要制定相应的工作规则，规范案例素材收集的程序，以保证所收集素材质地，用高质量的素材来支持高质量的测评案例。

6. 编制题卡

对于规范化的案例测试，为了适应选择、组合试题的需要，最好编制案例试题卡或试题本。

案例题卡，应包括下列几项内容：

（1）案例。案例内容、情景。

（2）试题。也即题面，包括"给定条件"和"作答要求"两部分。有时候，当"给定条件"不言而喻，或应试者能想出时，也可省略。

（3）答案。案例题的答案，情况比较复杂。很少有唯一正确答案的；有的是没有统一答案的，但有"可接受答案""允许答案"；有的是既没有统一答案，也没有"可接受答案""允许答案"，只需考生做出答案就行。题卡中，要针对这些情况分别载明答案的类型：如正确答案、参考答案、答案要点、允许答案、可接受答案、无统一且不需统一的答案，等等。

（4）用途。即该案例试题的测评意图、可测评的项目或预期效果等。

（5）标准。分别答案情况，提出做测评结论的指标及水平刻度，以便评定等级、分数或评语。

（6）使用方法。对各种注意事项予以说明。

7. 试测分析

试题编制好以后，要对其质量进行鉴别，即对该题的鉴别力、难度、形式等问题进行判断。最好的鉴别方法，是先选择一些"考生"进行测评，通过使用来验证试题的质量。

8. 试题组合

案例的基本试题，要在事先根据测评项目、测评时间、测评模式等进行组合，编配成试题本；还应根据具体情况提出关联性、展开性的问题试题。

（二）测评案例试题的选材和加工

1. 案例素材的选择

案例素材是指案例编制所依据的原始资料。案例素材是成型案例的"毛坯"，其所反映的事件及其演变过程、包含的信息容量、揭示的内在冲突和矛盾，影响着加工后整个案例的质量，是案例编制最初、也是最基本的环节。

（1）案例素材选择的目标。能够作为案例素材的原始资料应具备以下条件：

① 定向需求条件。备选案例素材应与测评的目的，即考核对象拟竞聘和选任职位的性质、层级、职责和能力等要求相对应，由此确定原始素材选择的目标，做到有的放矢，切合实际。如选拔职位是党政工作方面的领导干部，案例素材就应定位于党政部门的各级领导干部的工作生活实践，体现党政工作的特点；如选拔职位是企业的管理人员，案例素材就应定位于企业的各级管理人员的工作生活实践，体现企业的工作特点。

② 潜在价值条件。反映党政部门的各级领导干部和企业各级管理人员的工作生活实践的素材并不都能作为良好的案例素材，只有在素材中体现或隐含着在行政管理和企业管理计划、组织、协调、控制等方面具有一定内涵和重要意义的原始素材才具备案例"定制"的条件，因为有意义的素材才能塑造有丰富内容的情节，引发和派生出有内涵的问题，在更高的层次上考核应试者的基本素质和相关能力，这样的素材才具有进一步收集整理的潜在价值。

③ 典型性条件。选择的案例素材要有典型性和代表性，即能够比较准确

地体现一个时期、一个职务层级或一个领导岗位的共性特点,并将这种特点高度浓缩在测评案例之中。这样的测评案例应用于考试实践中,能够较为全面地考察应试者对新情况、新问题的认知能力、创新能力和决策能力,能够实现考核主体的测评意图,有利于优秀人才脱颖而出。

④ 普遍性条件。在案例素材的选择上,还要注意把握普遍性。一个具有典型性的测评案例的形成,必须建立在深入调研、占有大量第一手资料的基础上,这样才能从普遍现象中抽象出共性的规律,把普遍性上升为代表性,从而更准确地实现案例素材收集的定向性。从另外一个意义上来说,案例采集活动本身就是一个收集资料、加工整理、整合信息的过程,在这一过程中,不可避免地会过滤筛选掉一部分同测评要求结合不够紧密的素材和信息,对于这部分"副产品"也应注意保存和整理,可以用于加强测评考试机构的题库建设和积累,这也是案例素材选择中坚持普遍性原则所产生的一个积极作用。

(2)案例素材采集的方法与渠道。案例素材采集的方法主要有文献资料收集、预约访谈和过程考察。

① 文献资料收集。文献资料是构成案例资料的一个重要来源,与访谈和调查不同,它是已经成文的或相对集中或比较分散的案例素材。文献资料有两种形式:平面媒体资料和电子媒体资料。平面媒体资料主要有公开发行出版并由各类书店经销的新版图书资料,图书馆收藏的曾经出版的图书资料;专业期刊、非专业杂志;各类报纸以及党委、政府公开下达的各类文件;企业创始人或负责人的年度总结报告、企业发展规划报告等内部资料;各级党委、政府部门及企业根据年限、年度所编制的各种统计数据和分析报表等。电子媒体资料主要是指利用现代电子信息技术制作成的、通过权威性认定之后的CD、VCD、DVD等音像资料和网上有效信息资料。

② 预约访谈。预约访谈作为收集案例材料的一种方法,通常用于对受访主体的相关事件和发展过程有初步了解、要进一步弄清楚事件的细节和过程的全貌,以形成完整的案例;或对受访主体相关事件和发展过程并不了解,但该主体的职能、岗位和业务内容与预定测评要素内容有关,有可能通过访谈,产生满足测评要求的案例内容。预约访谈一般有事先准备好的询问要点,它主要是通过精心准备的提问,引导受访对象围绕访谈主题和要点,以

口述的形式提供目标案例的完整素材或具体事件的情境和细节。访谈中遵循客观调查原则，如实记录受访者的口述内容，不添枝加叶，不先入为主。访谈的主要优点是访问者可以和访问对象直接接触，能够观察其语言行为，并灵活地提出问题，取得答案，从而可以确定访谈资料的有效性。访谈还可引出更有价值的案例线索。有条件的话，访谈还可以延伸为座谈会的形式。

③ 过程考察。过程考察是通过对于案例测评具有意义的事件的发展过程的考察获得典型案例素材的方法。过程考察的事件可能有三种时态：其一，已经发生、正在进行的事件；其二，正在发生的事件；其三，即将发生的事件。从事件发展变化延续的时间来看，有瞬间发生事件，延续时间在几十分钟内；有短暂发生事件，延续时间在几小时内；有短期发生事件，延续时间在几天到十几天内；有长期发生事件，延续时间在几个月到几年。当考察的事件对于案例测评有着重大意义或对于事件主体是重大事件时，过程考察方法具有特殊价值。重大事件往往是事件主体内在矛盾冲突激化、深层问题表面化的集中体现，因此，此类事件在相关组织机构、行业和企业的行政管理和企业经营管理中具有典型意义和代表性，通过对重大事件的跟踪式全程考察，深入了解事件发生的内在原因和事态发展的细节，能够提供有深度内涵的案例素材。过程考察的步骤：第一是确立目标；第二是确定观察对象，并与之建立联系；第三是持续长时间观察和实地记录，并分析观察记录的资料。

2. 素材的记录与整理

素材收集是对信息和素材进行初选的过程，是以资料的广度和信息的容量大为基本要求。素材整理则是对信息和素材进行加工的过程，在深入调查研究、广泛收集资料的基础上，结合测评要求，通过汇总、梳理、分类、合并等手段，形成规范化的案例题型。

记录是对访谈、调查内容结果的记载和所收集原始素材摘取保存，它必须保证准确性和完整性。对实地调研信息的记录，人名、地名、时间、场合、事件等信息来源标识应当准确无误，不加入任何主观意见和评价；完整性要求将调研得到的信息和收集获取的素材尽可能全面、详尽地记录保存下来，不能够有重要遗漏。无论在个体信息还是在整体记录上，还要注意文字语句和框架结构的条理性，这将有效提高整理工作的效率和质量。

整理工作建立在记录工作的基础上，是对信息和素材的整合和梳理。整理工作一般有三个环节：一是分析。也就是按照测评需要，对记录和收集的平面媒体信息和电子媒体资料进行分析，对资料的准确性、完整性和适用性做出初步的判断，将与实际行政领导工作和企业管理工作内容有明显出入，以个人想象填补空白的虚假内容以及看起来内容真实但信息容量严重不足的资料删除出去。二是筛选。调研得到的信息和收集到的素材比较庞杂，有些是利用价值不高，有些不可用，这就需要对这些信息进行筛选，内容雷同或近似的予以合并同类项，素材枝叶繁多的予以适当地剪裁。筛选时要注意素材的针对性和时效性。由于拟竞聘和选任职位的性质的不同，其测评需要千差万别，呈现出多样性和差异性的明显特征。这就决定着在确定案例素材时，必须突出针对性。否则，案例试题测评的信度和效度将大打折扣。资料缺乏针对性的予以另外保存，留作他用；由于我国在政治、经济、社会各领域的改革不断深入，市场竞争格局不断变化，行业的发展呈现出周期性特征，企业的发展有着日新月异的变化，案例选材必须注意时效性。否则，过时的资料不仅严重影响案例的测评效果，甚至会误导应试者。三是分类。通过有目的的分析和过滤，保留下来的信息和素材基本上就应当能够直接服务于案例编写。这时，还需要将这些信息和素材按照系统分类的一致性、相容性和独立性原理，有机地分解到案例项目要素之下，加以归纳和区别。

四、测评案例试题的设计技术

（一）案例试题的设计思路

1. 一般案例试题的设计思路

一般案例测试所采用的试题，可分为客观性试题和主观性试题两大类。

一般案例测试中的客观性试题，大多是"供给式"或"固定应答式"的，也即问题本身就给定了一种或几种固定的答案，应试者的解答就是对已给出答案正确性的判断或对正确答案的选择及对问题做出简要回答（类似于单选、多选或简答题）。

在设计此类试题时要注意两点：第一，此类试题的题量不能太大，一般宜控制在整个案例测试分值的20%以内。题量太大则容易成为传统知识测试的延续，抹杀案例能力测试的优点，也不易测评出应试者的实际水平（这类试题还容易被应试者猜中或押中）。第二，这类客观性试题，一般用于案例测试的开始阶段，这符合人们由浅入深的认知规律，也可适当调节应试者刚进案例测试现场而造成的紧张心理。

在一般案例测试中，占绝大比重的应是主观性试题。这是一种"自由应答式"的试题，不同于客观性试题那种"供给式"或"固定应答式"。这类试题不仅可以有效地阻止应试者押题，而且对这类试题的应答是应试者自己编织答案，能够提供给应试者充分表达自己见解、展示自己才能的机会，所以它既能深一层次地了解应试者具备各项能力素质的情况，又能反映应试者之间的水平差异。

主观性试题的设计应注意以下几点：

（1）弄清空缺岗位的任职资格条件要求。要弄清应通过案例测评应试者的哪些素质；在这些素质中哪些是根本的、核心的，对甄选应试者具有否决作用；哪些是相对一般的、次要的。一般案例测试中的主观性试题应占整个题量的80%左右为宜。

（2）把握好试题的难度、区分度。这就要求在设计案例试题时，与具体用人部门充分沟通，确定拟公选招聘竞岗人员的能力、学历层次及工作经验要求，以此确定案例试题设计的难度与区分度。

（3）试题的表述要简明、清晰。主观性试题，应有一定的弹性，但它不是不着边际的联想和无度发挥的对象。在设计试题时，题义应清晰明确，尽量避免模棱两可，尤其要注意不要用同样的问题测不同的内容，以免使应试者糊涂，也可避免评分时的犹豫和重复性给分。

（4）在设计主观性案例试题时，应事先设计好标准答案。尽管是主观性试题，也应有比较明确的、事先设计好的答案，以便多位评卷官评分时统一标准，不致给分间的差距过于悬殊。当然，相对于客观性试题，它的答案不必做得过死，可以笼统一些，弹性大一些，只规定出某种倾向即可。对每一种情况可规定其分值的界限，即最高可得几分，最低可得几分。

一篇测评案例形成后，一般要注明案例出处和测评要素。

案例的长度是根据应试岗位要求和案例类型来确定。一般来说，一篇笔试案例大体为700－1000字，而一篇面试案例大体为300－600字较为适中。特殊情况下，笔试案例甚至可以浓缩为400－600字，面试案例可压缩为200－300字。

2. 情景案例试题的设计思路

情景案例试题又叫"情景模拟试题"，它把许多所谓"评价中心"的人员甄选技术纳入了案例测试中，比如公文处理（又称"文件筐技术"），等等。情景模拟试题的突出特点是两大基本构成要素必不可少。一是情景。严格来说，所有的案例都应当有情景，而对于情景模拟试题，情景是案例可用的必要条件。一般过程的描述或抽象的总结概括都不具备情景特点，因而不能用作情景模拟案例试题。二是角色定位。情景模拟案例试题要求应试者必须像斯坦尼斯拉夫斯基的戏剧风格那样，一定要进入角色。在案例的结尾或在设定的问题中，要将应试者"拉入"情景之中，要求他们必须担任案例事件中的特定人物角色，以该角色的身份去分析和解决问题。只有这样，才有情景模拟的效果。情景模拟案例试题的编制设计，受"评价中心"技术不同表现形式的影响，在具体设计过程中，应从试题内容编制和模拟情景设置两方面入手。

在情景模拟试题的设计时，要注意考虑以下几个问题：

（1）典型性问题。情景模拟试题所模拟的事件必须是典型的，这一方面表现为模拟的事件是应试者在未来工作中最重要、最经常、最关键性的活动，而不是那些次要的、偶然的事件；另一方面，所模拟的事件不是原原本本地从实际原型中截取，而是把多种情况进行归纳、概括、集中成的一件事。

（2）逼真性问题。情景模拟的一个突出特点就是要求模拟得逼真。这一"逼真"不但要求模拟环境逼真，更重要的是要求应试者与处理的问题、完成的任务（即试题内容）也要逼真。当然逼真并非要求做到"真实"，而是要求情景模拟的内容应当符合拟任工作的规律性和发展趋向性。

（3）难度适中。在情景模拟试题编制的难度上要适中，要适合岗位要求。如选拔初级领导，就不能以局级领导职位的要求去编制试题。

（4）突出主题。一般而言，情景模拟的事件往往是政府机关事务中的一系列片断，而模拟的目的是为了测评应试者的各项能力素质，所以要根据测评目的，有选择地裁剪、加工这些"片断"，区分主次，并找出一条贯穿各片断的主线，以测量一项能力为主，附带测量其他能力素质，而不能主次不分、轻重不明，让不太相干的细节浪费了宝贵的测试时间。

要特别注意模拟情景的"现场感"，做到有情有景、有声有色、情景逼真，使应试者进入审题答题状态后，能够很快进入其"扮演"的角色，由触景生情，到激发其多方面的才能，去完成应试任务。模拟情景设置追求"现场感"还有另一作用，那就是向应试者生动、逼真地展示了其未来工作的环境、专业技能要求情况等，使其能够更准确地校正和确认自己报考的岗位是否适合自身的各项条件及兴趣、意愿和理想。加深对岗位的了解，对其以后的工作情感和意志品质均有益处。

（二）测评案例试题的题型选择

在对案例素材整理加工之后，便可以利用素材着手编制案例试题，首先要确定准备编制的案例题型。

1. 案例试题的一般题型

（1）根据案例设问的方式，案例可分为客观题型和主观题型。

客观题型的案例在设问时，给出若干相似的或相反的明确的答案，要求应试者根据案例的内容和工作经验做出独立判断，然后在其中选择最为确切的一个答案（单项选择题）或设问内容涵盖的多个答案（多项选择题），或要求应试者做出正确与错误的判断（判断题）。由于这种题型的答案对应试者的判断具有指向性和限定性，又难以考察其选择的依据和案例分析的思路，在目前测评案例中已不多用。

主观题型的案例在设问时，不是要应试者在现成答案中选择，而是要求其基于对案例内容的分析和以往工作经验的总结，自行提供问题的答案，并陈述形成答案的依据、理由和思路。这类题型案例的问题往往是开放式问题，没有唯一的正确答案，因此，给判题带来一定主观性，但为应试者提供了更为广阔的想象空间和解题的发挥余地。这也正是案例试题的特点所在。

根据回答问题的详细程度，主观题可分为各种问答题。

问答题，即问答式惯用题型。既可以是根据案例拟制单个问题，也可以是拟制数量较多的问题为一组问题，试题中有一个分值高的主要题目，其余问题与此相关。有些问答题要求应试者抓住问题要点简单回答的，为简单问答题；有些问答题要求应试者在一定程度上展开回答的，为陈述式问答题；还有问答题将案例内容作为特定背景资料，要求应试者全面分析、深入论述的，为论述式问答题。

（2）根据案例设问的作答方式可分为案例分析题和案例处理题。

案例分析题是给出事件发生的特定背景、情境、过程、矛盾甚至冲突，要求应试者根据案例提供的信息和自身工作经验对事件发生的原因、现象背后的问题、财务与统计数据反映出的组织机构状况等进行诊断分析；对组织机构和未来的发展状况和趋势、事件的演变后果做出预测和判断。重点在于考察应试者的分析判断能力。

案例处理题是给出事件发生的特定背景、情境、过程、矛盾甚至冲突，要求应试者在对案例了解和分析的基础上模拟特定角色，根据自身工作经验和有效的管理方式提供对实际案例的事件进行处理的思路、方法和程序等。重点在于考察应试者行政管理和企业管理的常规事件处理能力和危机事件处理能力。

一套案例测试题本，既可以是客观题，也可以是主观题，还可以是两者皆有。而在公开选拔（招聘）、内部竞争上岗考试中多以主观题为主。

案例测试题的主观题也可以有其他多种试题题型。除常用的问答题型以外，还有如背景型、知识型、智能型、意念型、情景型、行为型、压力型等问题。

（3）以案例应用方式划分，测评案例可分为笔试案例和面试案例。

笔试案例是将测评案例置于公开选拔考试的笔试试卷中，考察应试者的相关知识和能力。这种情况下，案例的信息量可以适当放大，背景材料相对繁复，考核要点与设问设置相对明确，有利于较为全面准确地测评应试者的能力和水平。

面试案例是将典型化的领导案例情景模型运用于面试中。这种情况下，测评案例的容量应相对缩小，背景材料内容相对精练，考核要点相对单一，测评项目的相对突出。

2. 情景模拟题型

情景模拟题是在给出事件发生的特定背景、情境、过程、矛盾甚至冲突的条件下，要求应试者在逼真的模拟情景下按一定要求扮演一定角色参与事件的发展，对于问题的分析和处理。这类试题通常包括：

（1）处理文件题，案例给出重要程度不同、处理难易程度不同、来自于上下层不同岗位和层级的各类文件，要求应试者根据要求对特定文件进行处理，如针对有关请示写出批复，为收文提出拟办或催办的意见，为发文拟稿、审核、校对或立卷，等等。

（2）调研题，即应试者根据要求，假定到某地就某一特定问题进行采访、调查，或自行选择地点调查某一社会热点问题，然后撰写调研报告。

（3）会议角色题，这类题目要求应试者表述所参与讨论的议题的见解和观点，描述自己组织或主持一次会议的全过程，撰写会议记录进而写成会议纪要，或者表达如何参与小组讨论。

（4）讨论沟通题，即模拟上下级或同级之间交流思想，说服对方，消除分歧，增进友谊，从而正确处理人际关系。

（5）咨询服务题，这类题目要求应试者模拟特定的身份来解答有关的政策、法规、业务性问题等。

（6）决策题，这类题目要求应试者根据提供的问题材料，拟订方案并对之进行分析评估或向应试者提供多种方案而让他们从中择优。

（7）调解矛盾题，即设置人与人之间、个人与组织之间或单位与单位之间的某种非对抗性矛盾，使应试者以所应聘职位的身份进行调解、缓解和化解矛盾。

（三）案例试题的结构安排和内容演绎

案例试题正文部分为背景资料，是整个案例的主要内容，对于这部分内容的设计安排，关系到案例能否可用。

1. 案例试题的结构安排

（1）标题：有些测评案例是有标题的，总是要借助标题反映事件的主题或形貌。案例有两种确定标题的方式：一是用事件定标题，即用案例中的突出事件作为标题；二是用主题定标题，把事件中包含的主题析离出来，作为案例的标题。

（2）引言：引言是开场白，一般有一两段话。主要描述一下事件的大致场景，隐晦地反映事件可能涉及的主题。在案例中之所以有"引言"，一来是有些案例篇幅较长,事件以及主题都需详尽阅读和分析后才能把握,引言可以使读者对案例的事件和主题大致有些了解;二来是案例的叙述都相对较为详细,引言可以起一个"先行组织者"的作用,使读者有一种阅读上的"心理准备"。

(3)情境背景:案例中的事件是发生在一定的时空框架之中的,是依托一定的背景的。在案例的叙述中,对背景的交代之所以重要,是因为对案例中问题解决方法得当与否的分析、评判离不开背景,完整地把握事件的原委离不开背景。背景的叙述可分为两个组成部分:间接背景和直接背景。所谓"间接背景"是与事件相关但关联程度并不直接的背景;所谓"直接背景"是直接导引事件发生与事件联系至为密切的背景。一些案例善于描述事件,但常有意无意地忽略背景的描述,因为他们注意的焦点主要在问题的发生与解决上。实际上,背景的描述同样也是极为重要的,不同背景解决问题的方式与方法可能会有很大差异,并且应试者在分析案例时,也需要参照背景对解决问题的方法做出评论。在直接背景与间接背景的描述上,一般间接背景在前,略写;直接背景在后,详写。

(4)问题:案例区别于一般事例的最大特点就在于有明确的问题意识,是围绕问题来展开的。案例在表述中要讲明问题是如何发生的,问题是什么,问题产生的原因有哪些。这部分内容主要是展示问题。对于难度相对低的案例,可以较为鲜明地提出问题,让应试者直接获得有关问题发生的各种信息。而在较高难度的案例中,则需要将问题同其他事实材料交织在一起,要求应试者根据经验和自身能力去找出问题的所在,分析问题的原因,预测问题的危害。测评案例要能够给应试者一种问题的现场感,就更需要错综复杂情景的真实再现。

问题发现以后,解决问题就成了重要的一环。这部分可以两种方式进行:一种方式是给出部分解决问题的方法和过程,这部分内容需要详尽地描述,要展现问题解决的步骤、环节以及解决中出现的反复、挫折,也会有问题解决后初步成效的描述。然后将对处理、解决问题方法的评价和对解决问题方式内容的补充交给应试者,由设问提出要求。另一种方式是将问题详细陈述,不交代解决问题的方式和结果,而是给出一定的初始条件和边界条件,然后通过设问要求应试者提出处理、解决问题的思路和方法。这部分内容在一定程度上是整个案例的主体，切忌把问题解决简单化、表面化。

（5）附录：并不是每个案例都有"附录"部分，是否安排"附录"，要视案例的具体情形而定。"附录"中的内容，是对正文中的主题有补充说明作用的材料，若放在正文中，会因篇幅过长等总是影响正文的叙述。增加附录或附件的往往是数据分析类型的案例，比如要求党政领导干部分析的国民经济统计数据；要求企业管理人员分析的财务资料等。

2. 案例试题的内容演绎

测评案例的文体具有一定的特殊性，它是通过设置党政领导和企业管理工作的特定情景，描述特定主体的行为和特殊事件的发生过程来测试应试者的综合能力。测评案例的情景和逼真的情节要求它不同于理论研究文章，不能只用纯理性、纯逻辑的表述方式，否则案例将变成学术报告或论文；测评案例也不同于一般的文学作品，不能用过于艺术化的手法将事件演绎成史诗或者情景剧，从中表达审美感受和艺术主题，因为案例可以塑造情景、展示情节，但它必须以事件的真实性为前提，不允许过度夸张。测评案例是逻辑思维和形象思维相结合的产物，它采用形象的语言、白描的手法，把已经发生或正在发生的事件的特定情景客观记录下来，既有人物、事件、背景介绍，又有特定场景的具体情节；既有记叙文的平实，又有报告文学的文采；既有论文的严谨，又有散文的情趣。

案例的开头语，通常类似新闻导语，将所描述的事件、组织主要人物、时间、地点及情境等扼要介绍出来。案例的正文可以用顺叙也可以用倒叙等手法，可以人物活动为主线，叙述所讲所思、所作所为，也可以按事件发展的脉络叙述事件的过程和结果。案例的结尾根据案例的类型来确定。处理型案例往往没有结尾，它需要应试者通过分析对比之后，提出满足给定约束条件的比较满意、相对可行的决策方案，并能从中找出有力而充分的论据；分析型案例则往往按照事件的发展过程，有始有终，"水到渠成"，自然结尾，由应试者根据案例提供的信息和数据，进行分析判断。

对案例内容的表述，可以过程白描型、情节展示型和数据铺陈型方式进行。

过程白描型是对组织（党政机关或企业）的整体发展过程、案例事件的发生过程、遇到的问题、所采取的措施做一般陈述，它所提供的情境是一个过程：组织发展过程或事件演变过程。为把握组织系统和事件演变过程的整体性，它对组织活动和事件情境的全景交代和中远景扫描，只对事件过程的基本环节和要素进行理智、冷静的描述，不进行细节展开。这种类型案例体现出时段性特征，主要用来测试过程控制和整体分析判断能力。

与过程白描型相对应的是情节展示型，它选取具有典型特点的特定事件，将事件的发生和演变以故事情节推演的方式加以呈示、展开和再现，内容具体而且生动，对其中事件发生的时间、地点、场所、人物均有详细的交代和逼真式的特殊细节描写，表现出时点性特征，主要用来测试特定情境的应变能力、特定问题的分析判断能力和特殊事件的处理能力。

数据铺陈型案例对于事件及其过程、事件所产生出的问题、困境、冲突等全部采用各种不同类型的数据表示，或隐含于过程描述之中，或存在于事件的展示之中，或单独列表集中铺陈，主要用来测试行业经验背景和党政机关、企业组织的诊断能力。

（四）案例试题的设问与参考答案

一个完整的参考答案体系应当包括设问、参考答案、赋分值三项内容。

1. 设问

设问在测评案例编制中有着重要的地位和作用。如果说，案例的表述部分是在画龙的话，那么，设问就是给龙点睛。案例背景资料的内容无论多么丰富、生动和详实，如果设问不当，则会使情境设置、情节描述的效果大打折扣，从而影响案例测评的效度。轻者偏离案例内容的重心和主题，严重者使精心设计的案例的典型情境和生动逼真的情节成为多余。本来在选题、情景塑造和内容表述方面十分到位的案例，因为设问不当，使整个案例黯然失色，将前期苦心孤诣打造的精华毁于一旦。因此，设问的内容和方式极为重要。而一篇合格的案例内容丰富、信息容量较大，其中蕴涵领导能力、行政管理和企业管理能力及素质相关的东西很多，因此，要通过一两个问题的提问，紧扣住关键测评要素，考察应试者的特定或综合能力，有一定难度，是对案例题编制者的命题能力和水平的考验。

案例试题的设问有以下几种方式：

（1）封闭型问题。封闭型问题是要求应试者做出简单回答的问题。这是一种只要求应试者做"是""否"一个词或一个简单句的回答。

（2）开放型问题。开放型问题是提出的问题要求应试者不能只用简单的一个词或一句话来回答，而必须另加解释、论述，才能圆满回答问题。案例测试中的提问一般都应该用"开放型"问题，以启发应试者的思路，激发其潜能与素质，从大量输出的信息中进行测评，真实地考察其素质水平和能力水平。

（3）假设型问题。假设型问题是以虚拟式的提问了解应试者的反应能力与应变能力、解决问题能力和思维能力等。有时为了委婉地表达某种意思，也可用此提问方式。

（4）连串型问题。连串型问题一般主要用于考察应试者的反应能力、思维的逻辑性和条理性等，但也可以用于考察应试者的注意力、瞬时记忆力、情绪稳定性、分析判断力、综合概括能力等。

（5）压迫型问题。这种提问方式带有某种挑战性，其目的在于创造情景压力，以此考察应试者的应变力与忍耐性，一般用于压力测试中。这种提问多是"踏应试者的痛处"或从应试者对上一问题回答的可能答案中引出问题。

（6）引导型问题。这类提问主要用于征询应试者的某些意向、需求或获得一些较为肯定的回答。

（7）反衬型问题（迂回型问题）。当估计应试者不太愿意回答某个问题而又需对其有所了解时，可以采取声东击西的策略。

（8）情景型问题。情景型问题是通过情景性试题考察应试者的应变能力、情绪稳定性和计划、组织、协调能力等个性及能力的试题形式。

（9）行为型问题。行为型问题是用于考察应试者行为性技巧和能力的试题形式，如考察人际交往的意义和技巧，组织协调能力，人际交往能力，特别是解决平级组织间矛盾问题的能力，以及着重考察其人际沟通以及与同事建立信任关系等行为性技巧和能力。

（10）智能型问题。智能型问题是通过对比较复杂的社会热点问题的讨论，考察应试者的综合分析能力，也在一定程度上考察应试者对社会的关心程度。这类题一般不是要应试者发表专业性的观点，也不是对观点本身正确与否作评价，而主要是看应试者是否能言之成理。

2. 参考答案

作为案例设问解答的参考答案是案例测评的目标，是案例测评要点的集中和具体的体现，是具体案例命题的出发点。对于案例试题的编制，它具有双重作用：其一，参考答案是案例试题评卷的参考依据，因此，参考答案选择是否得当，在一定程度上影响到评卷工作的质量与效果。其二，参考答案的合理选择对案例设问的可行性、合理性和有效性具有检验和反馈作用。对此，我们在实际编制案例试题中有切身的体会。当我们根据案例内容确定提问内容和方式时，几经推敲，认为比较合适的设问，却在选择参考答案的过程中，站在应试者答题的角度发现设问内容或方式有误，或不适合应试者回答，或难以回答，甚至无法回答。这样，促使我们反过来修改问题的内容和提问的方式。

由于案例试题分为客观题和主观题两大类，在根据案例内容和设问拟订参考答案时，就有两种情况：一种是为数不多的客观题，由于属于封闭式问题，答案比较明确集中，直接标明即可；另一种是大量的主观题，大部分属于开放式问题，仁者见仁，智者见智，严格来说，没有唯一正确的标准答案。对于这类主观题，只能给出仅供参考的答题要点，答案内容点到为止，不宜过细过深，否则极易引起争议，而且有可能给评卷工作带来困难和思路限制。

3. 赋分值

赋分值其实就是建立答案的分数结构。给每个答案要点赋予不同的分值，通常依据的是要素权重原理和结构稳定性原理。这两个原理在赋分值中是相辅相成、相互制约的。在赋予答案要点分值时，要以考核要素的权重为基点，测评的重点应赋予较大的分值，相反，则赋予较小的分值；同时，在分值分配上还要注意保持答案分数结构的稳定，也就是既要做到突出重点，又要做到兼顾其他，才能形成科学有效的分数结构，而这样的分数结构才能比较准确地反映考核要素的主次轻重层级。

五、案例试题的改进与更新

经过原始素材的取材、整理加工、题型选择、内容演绎、设问并给出参考答案和测评要点，一个完整的案例试题已经成型。由于案例试题需求导向、规模定制的特点，它们不是一次性完成的。来自党政领导干部和企业管理人员实际工作经历的情景模型还必须在应用测评的过程中不断修正、完善，才能编制出比较经典的案例。即使在编制案例的当时看来非常"到位"的案例，由于多数案例都有比较突出的时效性，随着时间的推移，案例表述、演绎尽管比较出色，但内容往往容易过时，必须不断进行更新。因此，案例的编制不是一蹴而就的工作，是一个循序渐进的过程，是一个不断反馈修正的过程。案例改进主要通过专家即时评审和后续反馈调整两部分进行。

（一）专家即时评审

专家即时评审是指由案例经编制人员根据特定要求将测评案例编制完成、但未用于实际测评之前，发出案例编制要求的测评执行机构聘请人力资源管理、行政管理、企业管理等方面的多位专家对已编制案例试题进行评审。评审的内容包括案例试题的行业和专业分类、测评要点、题型、题干、设问、参考答案、内容表述方式及文字等涉及案例结构的各个方面。在专家充分协商讨论的基础上，形成案例试题的修改意见。测评执行机构根据专家的意见对案例试题进行修改和整理。

（二）后续反馈调整

后续反馈调整是在案例定型并投入使用之后，根据案例背景的变化和各方面的反馈意见，对原有案例进行修改的过程。

1. 意见反馈调整

意见反馈调整是通过不同渠道和对象收集对现有案例试题的评价意见，在对各种评价意见分析的基础上，吸收有价值的建议，对现有案例试题进行修改调整。评价意见的收集是由执行考试测评机构安排专人计划实施的。评价意见的收集对象主要有测评对象、有关专家和考核主体。他们对案例的实际测评效果、案例对于测评需求满足程度、案例背景和事件演变状况是否符合行政和企业管理的实际逻辑过程最有发言权。

收集评价意见的方法主要有问卷调查、座谈会、走访、电话调查、信函调查等，再对收集的修改意见和补充信息进行整理归纳，将有价值、可用的内容选出。然后,将新颖的背景资料、更为得体的考点和更加全面的参考答案替代、补充、完善原有的案例试题。

2. 案例题库更新

由于我国政治与经济体制的改革处于继往开来的快速发展阶段,经济建设日新月异,市场的结构和企业竞争的格局在不断地变化,相关的案例试题内容往往难以跟上时代的变化,因此,必须定期不断更新。案例题库的更新由测评执行机构拟订更新计划,聘请有关专家参与进行。由专家根据党和政府最近的政策和法规,党政机关、公共服务机构、相关行业和企业运作管理的最新状况,对原有案例的情境、内容、事件、人物、数据、设问、测评要素、参考答案等方面进行更新、修改、补充和完善,从而使原有的案例能够适用于新形势下的测评需要。

竞争性选拔测评系统和测试题库系统研发[①]
——全国领导干部选拔考试通用题库深圳分题库建设

竞争性选拔测评系统和测试题库建设,既是深化干部人事制度改革,推行竞争性选拔领导干部的一项基础性工作,也是夯实考评技术系统运行的一项核心技术。考试测评的质量在一定程度上取决于选拔测评系统和测试题库建设的质量。选拔测评系统和测试题库运行体系是竞争性考试与测评技术支撑体系的重要组成部分。

---

① 本文系根据作者作为深圳题库建设组组长于2006年5月向"中组部省级组织部门题库认定工作深圳测试组"进行汇报讲解的文字和PPT材料整理改编。深圳题库建设凝聚了原深圳市高级人才测评中心所有同仁、题库建设组、专家组的智慧和汗水。中组部省级组织部门题库认定工作深圳测试组于5月16-17日对深圳题库进行了试测,并在《关于深圳市领导干部考试题库建设情况的评价及建议》中指出:测试组认为,贵中心自1996年成立以来,在市委、市政府的大力支持和市委组织部的直接领导下,中心人员勤奋敬业,开拓创新,优质、高效、科学、规范地为全市党政领导干部公开选拔、竞争上岗和参照单位工作人员录用提供考试测评服务,为企业提供全方位的经理人才服务,同时为部分其他兄弟省、市领导干部公开选拔提供优质的考试测评服务。经过几年的建设,领导干部考试测评题库已基本完善,具有起步早、基础好、硬件设施完备、软件管理先进、规章制度健全、理论研究深入等特点,位居全国省级组织部门题库建设前列,为全国省级组织部门题库建设创新了方法,积累了经验。为了进一步完善题库,改进工作,尽快通过中组部的题库认定,成为合格的省级组织部门题库,提出以下建议:进一步加强与中组部考试测评中心交流与合作,发挥自身研究创新能力强的优势,共同探索领导干部考试测评工作面临的理论和实践课题。希望在市委、市政府的支持和市委组织部的领导下,在立足为本市领导干部选拔测评服务的同时,为其他兄弟省、市领导干部选拔考试提供更多的优质服务。希望以这次中组部组织的题库认定工作为契机,总结经验,理清发展思路,提高题库建设水平,成为省级组织部门题库建设的示范基地。

一、测评系统

（一）测评系统结构

1. 测评系统结构如图所示

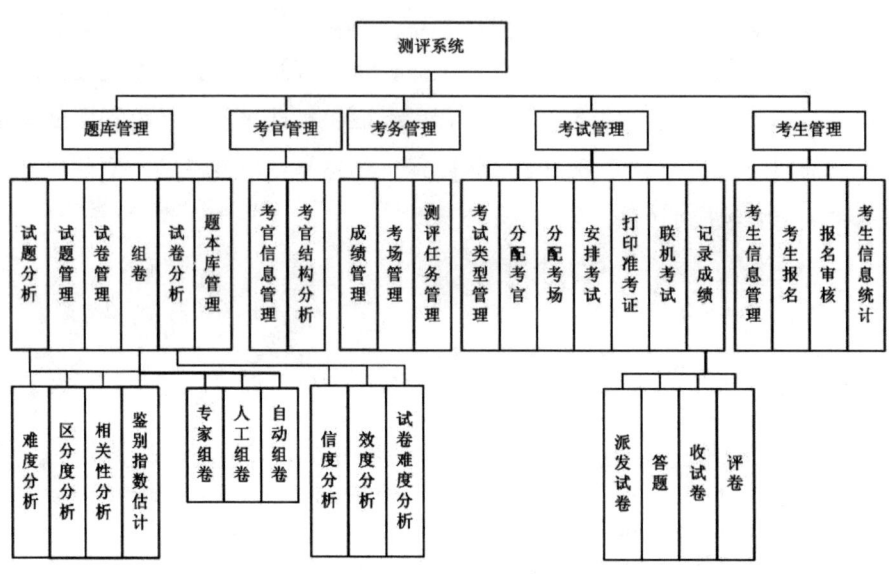

测评系统结构示意图

2. 测试题库结构如图所示

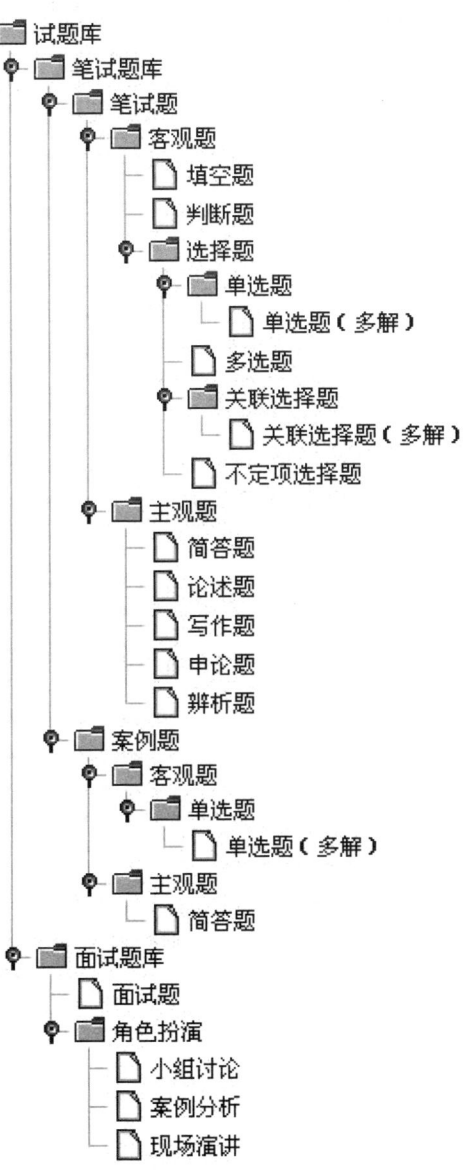

测试题库结构示意图

（二）测评系统功能

1. 题库管理系统。试题库管理；试卷库管理；题本库管理。

（1）试题库功能。支持图文编辑、公式编辑。支持多达21种题型，并具有很好的扩展性。支持word导入、导出。提供了精确查询、分类查询、模糊检索以及历史动作记录查询等功能。试题统计分析功能。试题属性：试题编码，学科、行业、测评维度、难度等级、难度系数、鉴别指数、相关性，适用对象（党政、企业）、适用范围（公共、专业）、建议分值、答题用时，命题人、审核人、录入人，录入时间、审核时间、最近修改时间，再现权值，试题来源等。

（2）试卷库功能。库结构完全自定义，且能根据自定义的库结构来设置权限，灵活。组卷方式：根据一定的测评条件（学科、行业、测评维度等）自动组织试卷，系统提供自动组卷、人工组卷和专家组卷三种方式。组卷的试卷模板管理。方便查看试卷内容与试卷答案，并可以直接导出到word。生成AB卷。试题编号设置灵活，可以全卷统一编号，也可以按每道大题重新编号。组卷功能：通过设定试卷结构自动在题库里抽取试题组卷。

（3）题本库功能。库结构完全自定义，且能根据自定义的库结构来设置权限。提供题本签入功能，保存已测题本，有权限限制功能。提供题本签出功能，修改已测题本，有权限限制功能。提供题本解锁功能。

（4）试题分析功能。难度分析、试题难度系数计算；区分度分析；试题鉴别指数估计；相关性分析。

（5）试卷分析功能。信度分析；效度分析；试卷难度分析。

2. 考试管理系统。主要功能：考试管理、考试类型管理、联机考试和面试评分等。

3. 考务管理系统。主要功能：测评任务管理、考场管理、成绩管理等。

4. 考官管理系统。主要功能：考官管理、考官专业管理、考官结构分析和考官类型管理等。

5. 考生管理系统。主要功能：考生信息管理、考生报名、报名审核和考生信息统计等。

（三）测评系统技术

基于业界最新，IBM、BEA、SUN等业界巨头主推的J2EE架构。完全OOA/D，OOP，贴切业务需求、可扩展性强。实现了B/S、C/S结构的无缝结合，自主研发的单点登录功能，安全、便捷。灵活的权限功能设计，实现了能对动态数据作权限控制的需求。

二、题库结构

（一）题库梗概

深圳题库建设起步于1996年，至2001年为探索积累阶段；2002年至今为开发运行阶段。中组部正式启动的省级组织部门题库认定工作，使深圳题库的建设及运行达至良好状态。题库已测试人次，笔试：面试＝70：30。已分析的若干已测试卷的内在一致性信度（α）在0.6以上，试题的区分度在0.3以上。

（二）题库结构

1. 题本库。已测试题本，笔试：面试＝70：30。

2. 试题库。公共题：专业题＝30：70。

3. 公共笔试题型结构——题型题量比例。客观题：主观题＝70：30。客观题，填空题：判断题：单项选择题：多项选择题：关联选择题＝2：5：60：30：3；主观题，简答题：论述题：案例分析题：申论题＝10：2：86：2。

4. 公共笔试题内容结构——各公共科目题量比例。政治：经济：法律：管理＝2：36：32：30。

5. 公共笔试题测评要素结构——各测评要素题量比例。理论素养：公共知识素养：政策法规水平：分析解决问题能力＝10：40：30：20。

6. 面试题测评要素结构——各测评要素题量比例。综合分析能力：组织协调能力：人际沟通能力：决策能力：创新能力：应变能力：激励能力：选拔职位需要的特殊能力：其他＝40：13：5：11：10：9：5：2：5。

7. 难度结构——试题各难度等级的题量比例。难：中：易＝15：70：15。

（三）题库试题质量

1. 内容质量。试题在政治上体现党的基本路线、基本纲领、基本方针；试题科学性和时代性均很强。

2. 针对性。试题测试能力（素质）目标符合测试要求，能力表述清晰、准确。

3. 试题区分度。已分析的若干已测试卷试题区分度在0.3－0.516之间。

4. 文字、格式质量。试题文字、格式均符合规范性要求。

5. 参数标定质量。试题性能参数与统计参数完备、准确。

（四）题库试卷质量

1. 内容信度。已分析的若干已测试卷内在一致性信度在0.6－0.876之间。

2. 内容效度。已分析的若干已测试卷考试结果均很好地反映了双向细目表中设定的考核领导干部的内容与能力要求。

3. 题型配置。题型的选择与考试测评的内容、能力目标和施测方式一致。

4. 难度配置。难度与应试群体的水平一致，成绩的分布正态性比较好。

（五）题库管理

1. 制度建设。试题征集、命制与审录制度，题库保密与安全制度，专家的聘任考核和淘汰制度，等等。

2. 测试数据保存与分析。基本完整保存历次测试试卷、基本完整保存历次测试数据、完整保存部分历次测试分析结果。

3. 测试效果追踪分析。长期追踪测试选拔出的人才，对测试的有效性进行分析。

（六）题库系统

1. 题库查询、修改功能。可方便、快捷地执行涉及57个行业、81个学科、105种笔试要素、11种面试要素的试题查询、检索和修改。

2. 组卷功能。采用结构化组卷，试卷结构和内容微调功能强；自动化程度高，组卷速度快。

3. 系统安全性。对用户权限进行动态和自定义控制，从细粒度上控制了系统的安全性；有完善的软硬件隔离措施，能有效防止试题和试卷外泄与滥用。

4. 系统友好性。人机交流组件调节性强，系统出错反馈信息齐备。

5. 其他附加功能。除了题库系统，测评系统还包含了考官管理系统、考生管理系统、考试管理系统、考务管理系统、数据分析系统（包括试题参数估计、试卷质量分析等）。

三、题库设计

（一）名词解释

（1）分布式计算（Distributed Computing）

分布式计算是近年提出的一种新的计算方式。所谓"分布式计算"就是在两个或多个软件互相共享信息，这些软件既可以在同一台计算机上运行，也可以在通过网络连接起来的多台计算机上运行。分布式计算比起其他算法具有以下几个优点：一是稀有资源可以共享；二是通过分布式计算可以在多台计算机上平衡计算负载；三是可以把程序放在最适合运行它的计算机上。其中，共享稀有资源和平衡负载是计算机分布式计算的核心思想之一。

实际上，网格计算就是分布式计算的一种。如果我们说某项工作是分布式的，那么，参与这项工作的一定不只是一台计算机，而是一个计算机网络，显然这种"蚂蚁搬山"的方式将具有很强的数据处理能力。网格计算的实质就是组合与共享资源并确保系统安全。

（2）用例（Use Case）

用例定义了一组用例实例，其中每个实例都是系统所执行的一系列操作，这些操作生成对于特定主角可见的值。用例类包含所有与产生"可见结果值"有关的主事件流和备用事件流。

（二）设计原则

为了实现系统功能最大化的目标，给用户提供方便、实用的服务，在设计该系统时，充分考虑了以下方面：

1. 先进性。以最先进的软件思想和设计思路，为客户设计高先进性的、实用的业务系统。

2. 可靠性。为用户提供高度可靠的、运行稳定的应用系统。

3. 安全性。安全不仅仅是一个技术的问题，还涉及系统的管理、法律法规的保障等。我们会做到保障系统数据和信息安全，为业务提供安全环境。

4. 实用性。系统所提供的各项信息、服务等内容要做到实用，真正能够使系统为用户带来方便。

5. 先进的管理思想实现。系统把目前比较流行的任务管理、工作流管理、项目管理、知识管理等思想融入平台。可以有效地规范管理，使工作和任务的完成尽量多地依赖规范和标准，而不是完全依赖于执行人的经验和能力，从而提高工作效率。

（三）设计标准

本系统按照以下国家相关规定进行设计：

1. 遵循统一的信息标准，以中央组织部和人事部信息标准为基础。

2. 《中共中央办公厅 国务院办公厅关于转发〈国家信息化领导小组关于我国电子政务建设指导意见〉的通知》（中办发〔2002〕17号）

3. 《国务院办公厅关于进一步推进全国政府系统办公自动化建设和应用工作的通知》（国办发〔2000〕36号）

4. 《计算机信息系统国际联网保密管理规定》（国家保密局国保发〔1999〕10号）

5. 《关于加强政府上网信息保密管理的通知》（国家保密局国保发〔1999〕4号）

6. 《涉及国家秘密的通信、办公自动化和计算机信息系统审批暂行办法》（国家保密局国保发〔1998〕6号）

7. 《计算机信息系统保密管理暂行规定》（国家保密局国保发〔1998〕1号）

（四）系统技术

一个应用系统成功的两大要素：系统采用的架构以及系统从需求到开

发,再到维护整个生命周期的管理方法。本系统坚持以业界领先的技术给用户带来完美的产品价值体验,从产品技术架构、项目开发管理等方面均采用最先进的技术以保障产品的质量。

1. 系统架构

在系统架构方面,采用基于业界最新,IBM、BEA、SUN等业界巨头主推的J2EE架构。围绕这一架构,采用业务级组件技术和对象持久化技术、面向用户交互的WEB技术和图形化GUI技术,从系统的基础架构上保证系统的先进性。

2. 全面应用组件技术

面向对象技术是软件工程领域的重要技术。随着计算机应用的飞速发展和软件系统的复杂程度不断提高,人们越来越强调软件体系结构的抽象性和合理性,以期最大程度地获得系统的可复用度。采用面向对象技术能够提供令人满意的软件构造封装和组织方法;以类/对象为"中心"的分析和设计,既满足了用户要求的系统的模块化,又提高了系统分析、设计和代码实现的复用程度。

在开发复杂的大型信息系统时,建立简明准确的面向对象的系统模型是把握软件核心结构的关键所在。在开发过程中遵循业界普遍支持的标准建模语言(UML)的规范,采用面向对象的分析和设计(OOAD)技术,成功地抽象出了符合中心需求的业务领域模型和软件系统实现模型,从而提高了产品的开发速度,增强了整个系统的模块化及可复用程度,使整个系统的分析及设计达到了较高的水平。

3. B/S、C/S架构并存以及自主研发的单点登录功能

开发的产品全面基于J2EE的技术架构,设计了流行的B/S应用构架,适应于企业的集中化应用,具备以下特点:集中化管理和维护、客户端的免安装和零维护,极大地降低了企业的维护成本,实现了用户层、WEB服务器、应用服务器、数据库服务器的合理分布,整个系统具有很高的可扩展性和安全性以及可靠性,客户层具有任意可替换性。

要在B/S应用构架下运用GUI框架开发难度较大,风险亦较高。采取GUI框架,是基于对客户需求的充分考虑。因为题库系统是一个操作动作较多,而且往往要求能够快速录入、批量录入等特点的系统。为此,提出了合理的解决方案，并进行了很好的GUI建模。同时，由于B/S、C/S架构的同时存在，实现了目前最先进的单点登录技术，完全独立自主研发的单点登录功能，很好地实现了B/S、C/S两种架构的无缝结合，极大地提高了客户的使用便利与安全，并且采用了最先进的JAVA WEB START技术，让客户无须维护GUI客户端，安全、灵活、方便。

4. 项目管理

项目管理全面基于CMM模型规范，以美国Rational公司的RUP（Rational Unified Process）过程为蓝本，指导项目的开发过程，提高和改善信息系统质量。RUP采用用例（Use Case）的概念，把要开发的系统根据各功能使用的需求划分多个Use Case，并采用迭代的思想把系统的风险分布在四个阶段，风险越大的迭代越要放在靠前的阶段做，使软件产品的风险不断降低；而不是像传统软件工程那样越到后期问题越多，所以能够尽早地发现用户的需求中隐藏的最大风险，并及时化解，保证用户项目完成的及时性和高质量。

（五）系统分析、设计思路

以动态分析结合静态分析两条思路来对题库系统进行建模。两条分析线路是同时并行的。

1. 动态分析

在这里，以一个简单的需求作为例子来进行阐述。

第一步：了解客户需求，如：客户要求可以增加试题。

第二步：从需求中提炼出用例，如下图：

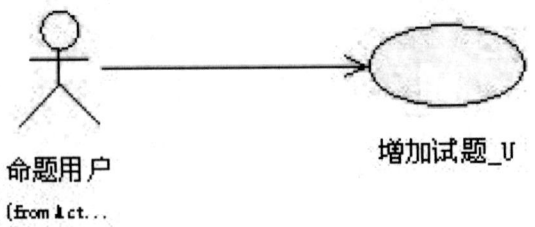

第三步：从用例驱动分析，用粗线条勾画出用例的初步实现，主要用协作图来勾画用例的初步实现，如下图：

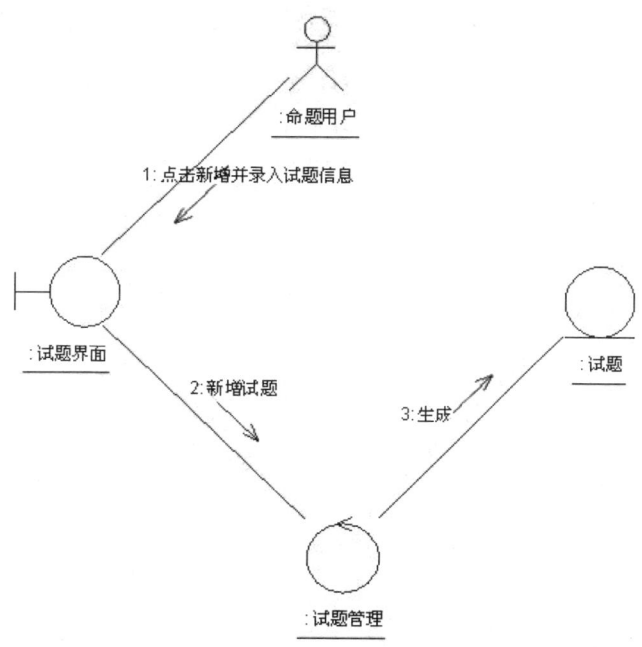

第四步：从用例驱动设计，在前面分析的结果上，进一步仔细勾画出用例的详细实现，在这里主要用时序图来辅助设计。在勾画时序图的同时，找到很多的设计类，且每个类的方法等也就一一明确下来，如下图：

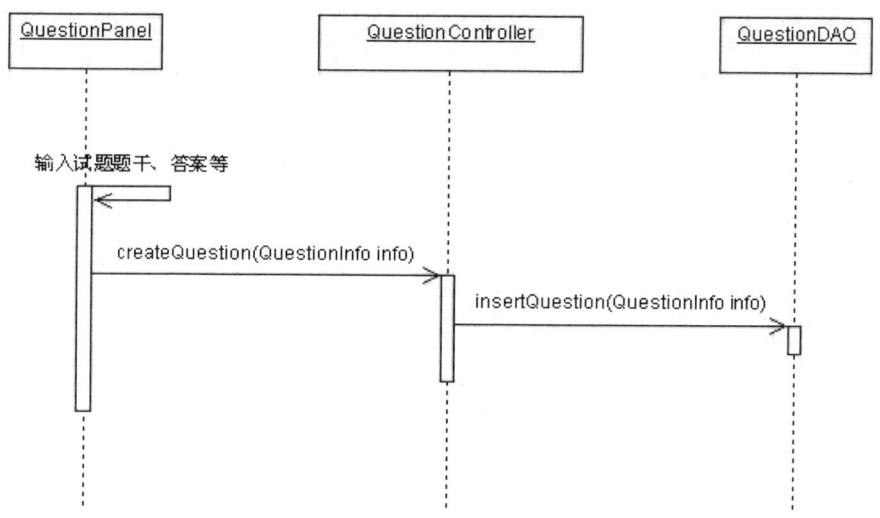

2. 静态分析

第一步：在系统前景文档以及需求文档中，抽取出系统的业务对象，如：试题、试卷等业务对象，以及它们之间的关系等，得到系统的业务领域模型，如下图：

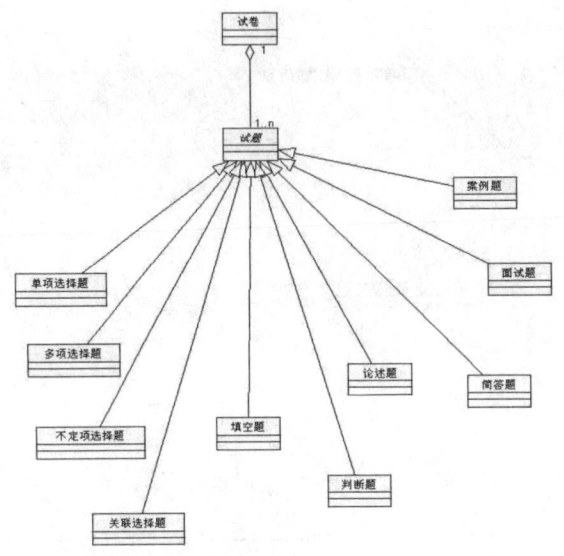

部分业务领域模型视图

第二步：将第一步得到的业务领域模型再进一步细化，结合在动态分析的过程中找到的一些类，并明确它们的关系，得到具体的业务对象的关系图，如下图：

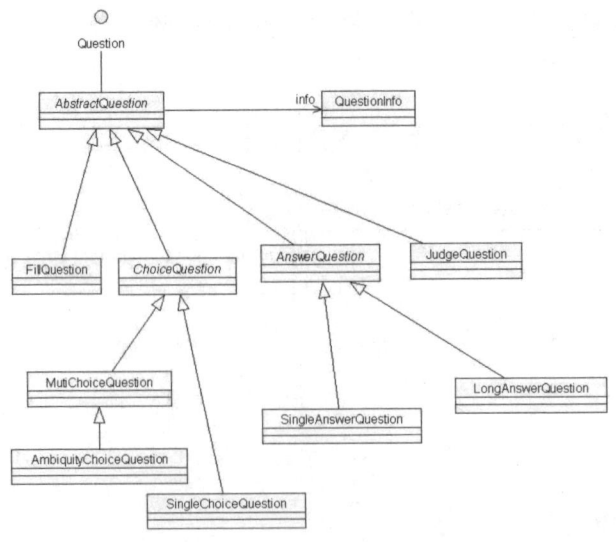

试题库主要业务对象关系图

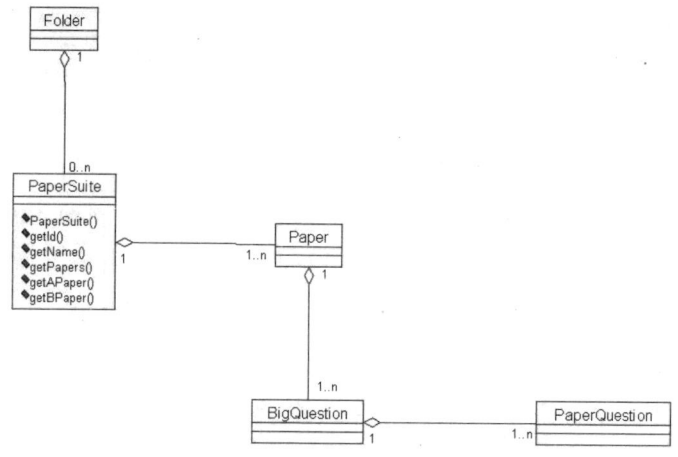

试卷库主要业务对象关系图

（六）系统运行现状

1. 准时上线。中心题库项目从设计到系统基本上线，正是基于系统的项目管理方式和拥有技术精湛、务实的核心团队。

2. 系统运行现状。系统已正式上线，安全、稳定地进入系统运作状态。系统设计基本满足客户需求，而且具有较强的可操作性和稳定性。

3. 部分系统功能简介

（1）题库查询、修改功能。系统提供精确查询、分类查询、模糊检索以及历史动作记录查询等功能。

精确查询。可以通过试题编号快速找到试题，找到试题后，鼠标双击该题就可以对该试题的任何属性进行修改。特方便于对个别试题的修改。

分类查询。可以对题型、试题适用对象（党政、企业）、试题适用范围（公共、专业）、试题难度、试题来源、学科、行业、测评要素等方面灵活组合来进行查询。

模糊检索。可以对题干文字、命题人等用若干文字去匹配检索试题。

历史动作记录查询。可以设定录入、审核、最后修改等动作发生期间来检索试题。特方便于对某段期间进行操作过的试题的检索。

（2）组卷功能

可以通过设定的试卷结构自动在题库里抽取试题来组卷。组卷速度快，而且相当灵活。

（3）系统安全性

一般的权限管理系统是从系统功能上控制，某个用户有某项功能的使用权限，不能做到从数据上根本解决权限问题，就题库系统而言：如果系统给用户赋予查看试卷的权限，那么该用户可以对所有的试卷都有查看权限，而实际情况是某人可能只对部分试卷有这样的权限。这里的需求就要求系统能够控制到系统中每一条数据的权限，那么怎么做到控制数据权限，而且也能控制对新增数据的操作权限呢？根据经验和实际应用，已经在系统中成功实现，功能如下：

用户管理：有使用该系统权限的用户，是属于一个或多个角色的。用户密码用不可逆算法加密，安全可靠。

角色管理：有使用该系统权限的角色。

资源管理：管理该系统中可用的资源。

该系统权限管理主要针对用户对权限要求的动态、自定义的控制，不会由于预设的权限影响用户对新建数据的权限控制，从而保证用户能够随心所欲控制系统权限，也从更细粒度上控制了系统的安全性。

以下是系统权限设计模型里的一部分静态视图：

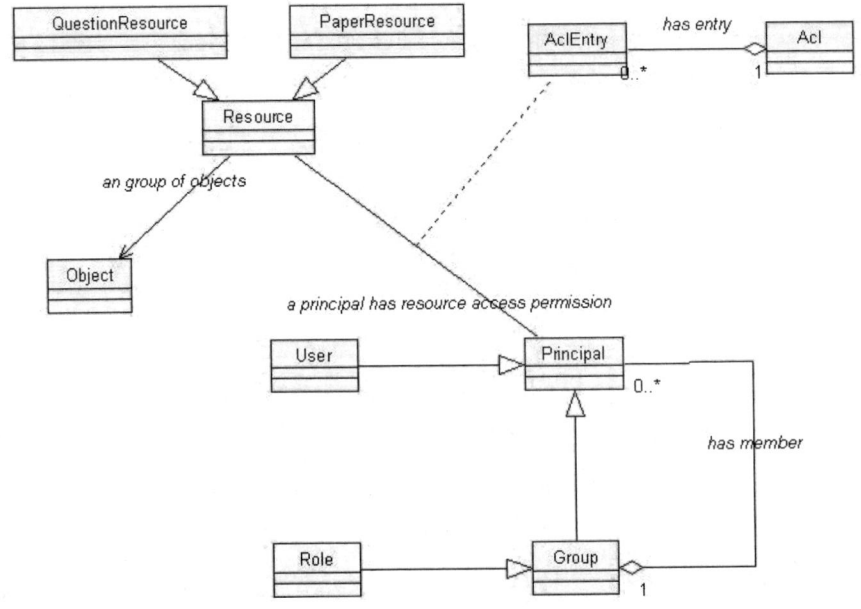

（4）系统友好性

系统采用了B/S、C/S架构并存以及自主研发的单点登录功能，从根本上解决了系统友好性的问题。

（5）功能扩展

系统架构以及业务级组件技术从根本上保证了系统的可扩展性。需要增加功能只需要增加相应的业务组件便可以达到目的，灵活、方便、贴合客户需求。而且基于题库系统的特点，随着题库容量的不断扩大和系统用户数的不断增加，对计算机计算能力的更高层次的要求，系统可以很容易地向分布式计算、负载均衡等方面扩展。

企业高级经理人才管理能力综合测评系统研发[①]

企业高级经理人才管理能力综合测评系统MACTES是深圳市委组织部原深圳市企业高级经理人才评价推荐中心特别开发的人机交互式计算机辅助测评系统。作为决策支持工具，MACTES支持评荐中心通过对企业管理人才的独立测试进而达到对其管理能力的综合测试。MACTES为实现这一测评目标，提供所需的测试案例、灵活多变的案例组合、交互式测试机制、多目标综合评价模型、多人测试的动态管理模型，从而支持得出管理能力得分的综合测评全过程，亦以简捷、直观的方法向决策者提供测评能力得分情况。

一、MACTES系统研发过程

MACTES系统的研究与开发，具体步骤如下：

第一步：明确目标，提出总体要求，设计总体思路；提出具体实现方案和具体计划。

第二步：收集拟用测评案例的主要原材料。面向深圳国企领导人员广泛收集管理案例。为保证案例编写质量，提供统一的《管理案例编写说明》。

管理案例是关于一个管理问题或决策问题的描述，它通常是从所涉及的决策人的角度去描写，在案例中提供与问题存在时或需要做出决策时的情景有

[①] 本文系根据深圳市委组织部原深圳市企业高级经理人才评价推荐中心1998年"企业高级经理人才管理能力综合测评系统MACTES"研究报告和该课题结题验收报告改编，课题合作者：凌文、王宗军等。

关的各种事实，同时它也是对一个工商企业的领导者曾经面对的实务问题的记录，包括领导者作出决策所依据的那些事实、观点和偏见。案例的编写格式，一般由标题、正文、脚注、附件等组成。管理案例编写的具体要求如下：（1）内容：它是关于具有典型意义的企业高层管理或决策问题的描述；它是一个由背景描述、问题确定、原因诊断、对策提出、权衡比较、做出决策、贯彻结果诸环节组成的完整过程。（2）体例：它属于记叙、说明文体，它具有人物、时间、地点、事件等要素，要把管理事件完整清晰地表述出来。（3）语言：使用描述性而非评论性的语言。（4）字数：要求不少于3000字（不含附件）。（5）这个案例所描述的管理事件应是您所亲身经历的，而且应能体现您的管理思想和管理艺术。（6）案例可以是成功的案例也可以是失败的案例。（7）您要求保密的部分，请用横线画出。（8）请同时提交案例文稿（A4纸打印）及其磁盘。

第三步：对拟用测评案例的原材料进行加工整理，生成可使用的测评案例，并从国内外资料和企业中扩充收集加工相关案例。

第四步：课题组成员和有关专家以及企业界的部分资深经理对可使用的测评案例进行讨论，进行适当的修改，并生成可使用的测评案例库。

第五步：采用速成原型法开发系统原型。

第六步：对开发的系统原型进行测评试用，并提出修改意见，同时也倾听部分被测评人员的具体建议。

第七步：根据试用后的修改意见和具体建议，进行必要的修改和系统的性能扩充，生成新的系统原型，直至用户满意为止，否则转第六步继续进行系统原型的进一步开发。

二、MACTES管理能力测评指标体系

尽管不同管理层次的具体管理业务是互不相同的，但其本质特征规则是相似的，即做出正确决策、组织和协调他人的劳动。其中，存在着一些不同种类管理人员都应具备的共同特征，即具有强烈的管理欲望、正直的品质、冒险的精神、做出正确的决策的能力、实现有效沟通的技能。因此，经理人才管理能力的综合测评就应该较好地反映管理的内涵、技能和基本职能。而

计划决策能力（M1）、组织指挥能力（M2）、财务分析能力（M3）、市场分析能力（M4）、开拓创新能力（M5）、应变决断能力（M6）、战略规划能力（M7）、协调公关能力（M8）、知人善任能力（M9）这九项能力指标可以较好地反映管理的内涵、技能和基本职能。因此，可以说一个经理人才的管理能力的强与弱是其在M1、M2……M9九个能力方面表现的综合反映。所以，本项研究选择M1、M2……M9九项能力指标来综合反映经理人才的管理能力。

三、MACTES系统结构与功能

MACTES的人机交互界面友好性强、操作简便、便于维护和扩展，是一个开放式自主发展的集成系统。

MACTES系统具有开放式模块化的积木式结构，目前已经具备了以下模块和系统，亦具有相应的功能（MACTES的基本结构如图1所示）。

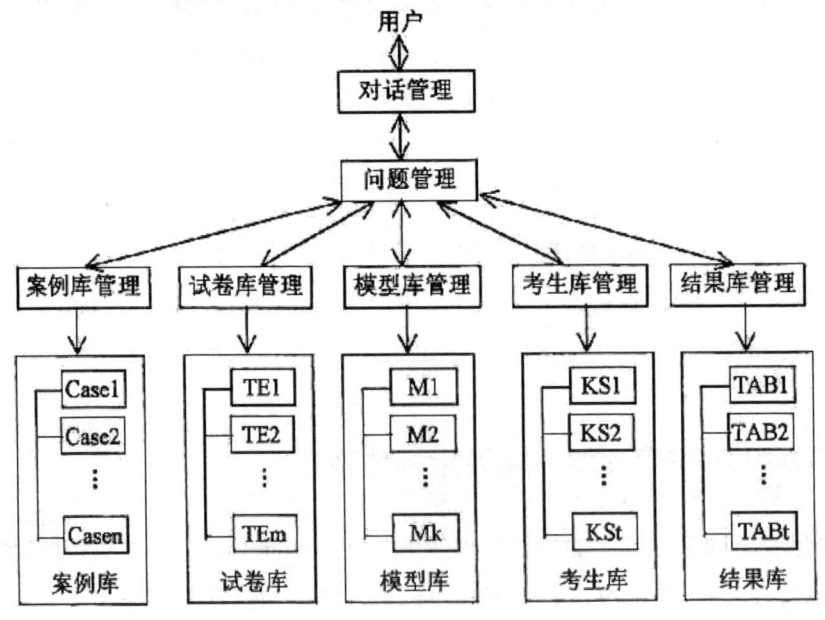

图1 MACTES的基本结构

（1）对话管理模块。它是系统与用户交互的界面管理模块，可以理解用户的各种操作，并将不同类型的操作转换系统可理解的形式；将系统运行结果以决策者熟悉的形式显示。

（2）问题管理模块。该模块用来对给定问题进行分析，协调组织系统内各个模块，在整个MACTES中起到控制中枢的作用。

（3）案例管理子系统。该子系统由案例库和案例库管理模块构成。案例库存放用户测评用的大型案例；案例库管理模块则允许用户很方便地随时添加案例、修改案例等，该子系统是MACTES的基础。

（4）试卷管理子系统。该子系统由试卷库和试卷库管理模块构成。试卷库中存放用于测评的不同案例组合的多套试卷；试卷库管理模块则允许用户很方便地随时生成不同的试卷。

（5）模型管理子系统。该子系统由模型库和模型库管理模块构成。模型库中存放用于测评管理者管理能力的各种模型，主要包括子能力生成模型和管理能力最后生成模型；模型库管理模块则允许用户维护系统用的不同模型。

（6）考生管理子系统。该子系统由考生库和考生库管理模块构成。考生库用于存放不同批次的测评人员名单（姓名、准考证等信息）；考生库管理模块则允许用户录入和修改考生情况。

（7）结果管理子系统。该子系统由测评结果库和测评结果库管理模块构成。测评结果库中存放不同批次测评人员的测评能力得分；测评结果库管理模块则负责对测评结果统一管理，亦允许用户查询和随时可以打印输出。

MACTES总结起来，主要具有以下几个功能：

（1）可以允许用户自主灵活地扩充管理能力测评案例库。由于采用开放式设计方法，故测评案例库可以不断地扩充、更新和完善；此外，该测评案例库还可以很方便地进行修改和调整。

（2）可以很好地支持试卷的生成。MACTES具有试卷使用案例的各子能力指标分布自动统计显示功能，使得试卷生成具有较高的灵活性和案例的自主选择性，从而产生的测试试卷可以在九个能力指标之间调整和平衡。

（3）可以方便地测评被测评人员的管理能力。通过友好的人机交互方式，引导被测评人员完成规定的案例，系统自动予以接受被测评人员的输入信息，并立即对其管理能力给出综合评价（如图2所示）。

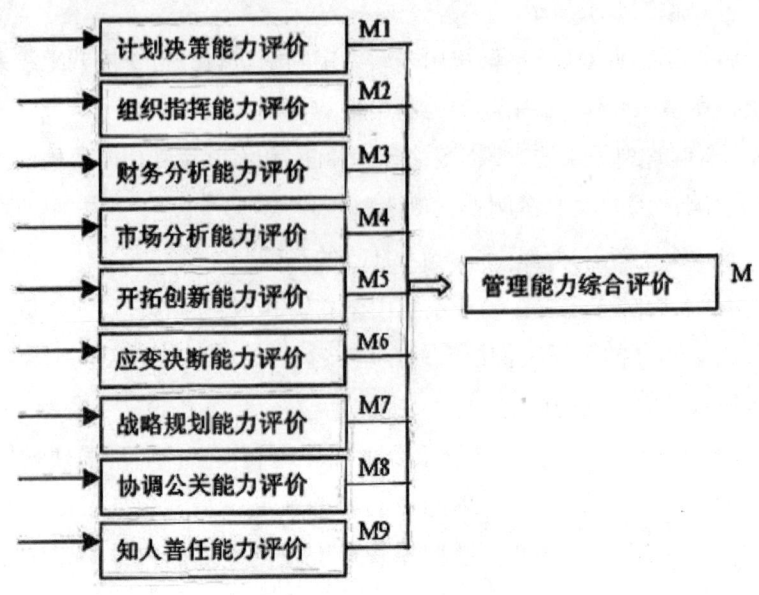

图2 管理能力测评框架

（4）可以很快地统计参评者的测评能力情况。通过调用统计模块，可以很方便地将多个参评者的测评成绩汇总并形成表格，以便查询和打印输出。

（5）可以严格地管理被测评人员。如通过考生管理模块录入考生有关信息，可以实现一对一的真实测评，防止姓名或准考证录入错误以及代测等现象的发生。

四、MACTES的工作过程

在测评开始以前，应该录入本次测评人员的情况（关键词有被测评人员姓名和准考证等）。在开始测评之前，先由被测评人员输入自己的姓名和准考证号，检验无误之后再进入测评状态。在测评时，被测评人员由友好的人机交互界面引导，完成规定案例的测试，最后交卷。系统在接到被测评人员的命令后自己给出被测评人员管理能力的综合评价，具体工作过程如图3所示。

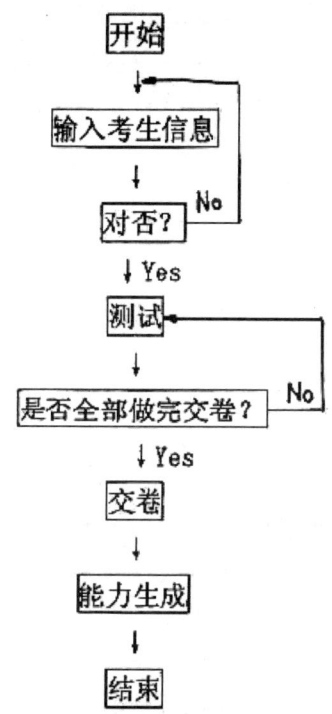

图3 MACTES的工作流程图

五、MACTES系统的技术特点

（1）开放式系统结构。MACTES采用开放式系统结构，便于用户自动扩充（案例、功能）和自动生成测试试卷。随着使用经验和积累的知识库模型和数据库的扩充，使决策者的决策能力与系统的完善同步增长，此外也使得该系统具有内容上的先进性。

（2）用户友好性强，且操作方便简单。系统通过友好的人机交互界面引导被测评人员直观方便地进行测试，且允许被测评人员在前后案例进行切换检查。

（3）独特的两窗口显示。MACTES采用独特的两窗口显示方法，将案例和问题分开显示，便于被测评人员方便地阅读和进行问题回答，提高效率。

（4）采用了面向对象的根本思路。采用面向对象的根本思路和先进的系统开发平台，设计各个模块及模块之间的联系，使软件系统的整体技术处于90年代国际先进水平，亦奠定了进一步发展的基础。

（5）定性与定量有机结合。M1、M2……M9由决策者自动调整，从而更好地反映测评的专家倾向性。

（6）系统维护方便。友好的人机接口和开放的系统管理方法，使得用户添加、删除等操作极为方便。

上述几点大大突破了已有测评软件的"黑匣子"的不能灵活更改、添加、删除、扩充等不便，提供了一种智能化的开放式扩充结构，从而符合发展和变化的要求。

六、MACTES系统的运行环境及应用状况

（1）MACTES系统的运行环境。该MACTES系统的运行环境为：中文Win95以上，Pentium90以上，内存32兆以上，硬盘1.2G以上。

（2）MACTES系统的应用状况。该MACTES系统已用于对深圳市的大型企业负责人进行测试，亦同步在计算机上生成成绩，系统稳定、操作简便，并得到了被测评人员的一致好评。因此，MACTES为企业高级经理人才的管理能力的综合测评提供了一种有效的工具。

命题思路与测评反馈[①]

一、试题命制思路

一般来说,试题命制主要包括笔试试题命制和面试试题命制。试题命制主要依据于招聘职位要求和职位说明书。命制试题以测试能力为主。对于能力的测试,笔试试题和面试试题应各有侧重、相互印证、互为补充。

对于公开招聘企业高管而言,试题编制的背景材料主要来源于招聘企业的实际素材,包括近三年的工作总结、财务报表、市场营销状况、重大事项(项目投资、组织架构、人力资源等)决策、企业发展战略和工作计划,以及与招聘企业相关的行业产业政策法规等。

笔试侧重测试应试者的战略思维能力、综合分析能力、计划决策能力、逻辑思维能力、文字表达能力、解决问题能力、企业运营能力、资本运作能力、市场开拓能力、专业能力、运用行业产业政策法规能力等。

笔试试题类型以案例题、分析题、论述题为主。案例题主要对重大事项(项目投资、组织架构、人力资源等)决策素材进行加工编制;分析题主要对财务报表、市场营销状况素材进行加工编制;论述题或申论题主要对企业发展战略和工作计划素材进行加工编制。其间贯穿行业产业政策法规等素材。

面试采用结构化面试(个别面试),辅之以无领导小组讨论测试(集体

[①] 本文部分内容系根据江苏省委组织部人才评价推荐中心致深圳市高级人才测评中心的《关于企业高管考试命题项目合作的函》和《感谢信》《扬子晚报》于2004年6月14日对江苏省公开招聘省管企业高管人员考试的报道和作者关于《江苏省公开招聘省管企业高管人员试题命制思路》《参加江苏省招聘省属企业高级经营管理者命题工作情况汇报》等资料改编。

面试）。

结构化面试侧重测试应试者的综合分析能力、逻辑思维能力、语言表达能力、专业能力、应变能力、岗位匹配性等。通过结构化面试，各职位遴选6-8人参加无领导小组讨论测试。

无领导小组讨论试题应具冲突对抗性，制造压力情景，侧重测试应试者的综合思维分析能力、人际交往影响能力、领导意识与领导能力、组织协调控制能力、语言表达能力、压力反应、岗位适应性等。

二、职位分析命题建议

在公开选拔和竞争上岗考试测评工作中，职位分析的主要目的是为开展考试测评命题等工作提供重要依据。职位分析的基本过程结束之后，要对职位分析的成果，重点是该选拔职位人选的能力素质和个性特征要求进行加工、提炼和概括，形成职位分析报告，为考试测评的命题等工作提供重要依据。

职位分析报告一般应包括以下三个方面的主要内容：一是选拔职位所在单位的基本情况，包括单位概况、机构职能与组织架构、班子现状、队伍状况等；二是拟选拔职位的职责要求、工作任务及其重点和难点，取得的主要工作成效、存在的主要问题、面临的机遇与挑战等；三是任职的基本条件、能力素质和个性特征要求。

在公开选拔和竞争上岗考试测评工作中，职位分析报告还可包括命题建议方面的内容。

职位分析命题建议的一个实例如表1所示。

表1 职位分析命题建议

类别	内容		方法		
	具体内容	公共科目笔试	专业科目笔试	面试
知识	1. 管理理论	√		
	2. 领导科学知识	√		√
	3. 政策法规		√	
	4. 专业知识		√	

续表

类别	内容 具体内容	方法 公共科目笔试	专业科目笔试	面试
能力	1. 组织协调能力	√		√
	2. 战略思维、分析决策能力	√	√	√
	3. 企业运营、综合管理能力	√	√	
	4. 改革创新、市场开拓能力	√	√	√
	5. 业务能力（如，资本运作）		√	
	6. 文字综合能力	√		
个性	1. 适应能力			√
	2. 事业心责任感			√
	3. 亲和力、诚信和团队精神			√

三、测评质量反馈

在竞争性选拔考评中，考评要素和试卷结构是根据职位说明书等确定的，因此考评质量评价，一方面要把职位分析说明书、职位分析综合报告作为参照系，分析测评的难度、信度、效度和区分度，对考评质量进行实事求是的分析，总结经验，改进不足；另一方面，要根据质量分析的结果检验职位分析的科学性，修改和完善职位说明书等，实现职位分析与选拔考评的良性互动。

从考评结果中获取有关考试测评的适用性、有效性、可靠性和试题的难易度、区分度等有效信息，对于考评设计者来说，通过考评质量评价的反馈信息，可以了解本次考评的命题质量；对于考评实施者而言，可以了解本次考评的试测质量，以便今后有效地控制试测误差；对于考评使用者而言，则可了解被试群体或个体的成绩状况和发展潜能。

（一）定性反馈举例

作者于2004年6月7日收到江苏省委组织部人才评价推荐中心《关于企业高管考试命题项目合作的函》。据悉，江苏省国资委于2004年6月面向全省公开招聘4家省属企业副总裁或副总经理，其考试工作由江苏省委组织部人才评价推荐中心承担。江苏评荐中心在了解上海、四川、湖南、长沙等相关中心的基础上，鉴于深圳中心于同年4月在深圳市公开招聘4家大型国有企业总经理工作中的成功做法，尤其是在招聘考试方面的有益尝试，特来函邀请作者参与江苏省此次招聘考试命题项目的合作。6月9日至15日，深圳中心委派作者带队参加了江苏省招聘4家省属企业副总裁（副总经理）的命题及评卷工作。其命题思路和做法，可以说是对深圳中心于4月在深圳市公开招聘4家大型国有企业总经理工作中笔试命题做法的一次推广应用。试题命制主要依据于招聘职位要求和职位分析。

《扬子晚报》于6月14日以"试题注重实战让人耳目一新"为副标题报道了这次考试。报道说："这次试题科学、务实。"全部是原创案例……这类根据职位需求巧妙地"量体裁衣"考察人才，已成为人才测评的一大趋势。作者在江苏省此次招聘考试命题项目的合作中，被临时推举指定为命题组负责人，主持了试题的命制和评卷工作，得到了江苏评荐中心的好评。

（二）定量评估举例

1. 实例一：某次公选共有近百名应试者参加笔试

（1）题量及评分方法：该试卷由6个主观题组成，其中5个简答题，每题10分；1个论述题，占50分，总共100分。评卷官评分的平均分为考生最终得分。

（2）内容分析：该试卷包括4类测评要素，详见表2。

表2 试卷测评要素

单位：分

	理论素养	政策法规水平	分析解决问题能力	岗位素养	小计
简答题1	2	2	3	3	10
简答题2	2	2	3	3	10
简答题3	2	2	3	3	10
简答题4	2	2	3	3	10
简答题5	2	2	3	3	10
论述题	8	7	25	10	50
合　计	18	17	40	25	100

（3）试题区分度：根据总分得分最高的27%为高分组，得分最低的27%为低分组这一原则计算鉴别指数，结果见表3。

表3 试卷鉴别指数（D）

题型	题号	鉴别指数
简答题	1	0.481
	2	0.523
	3	0.529
	4	0.496
	5	0.490
论述题		0.528
全　卷		0.516

（4）内容信度：采用α系数作为衡量试卷内部一致性指标，α值为0.787。

（5）评分者之间的一致性：采用积差相关的方法计算评分者之间一致性，结果见表4。

表4 评分者之间的一致性

题型	题号	相关系数
简答题	1	0.794
	2	0.882
	3	0.889
	4	0.794
	5	0.804
论述题		0.889
全卷（平均）		0.842

（6）难度分析：对各题和全卷的难度进行分析，结果见表5。

表5　各题和全卷的难度（通过率）

题型	题号	难度系数
简答题	1	0.58
	2	0.57
	3	0.57
	4	0.57
	5	0.57
论述题		0.54
全　卷		0.56

结果表明：所有题目和全卷的难度系数接近0.5，相当理想。

分析97例被测者总分的分布情况，最低分为18.5分，最高分为90.5分。其分布接近正态分布（见图1），偏度值－0.183，峰度值－0.872。

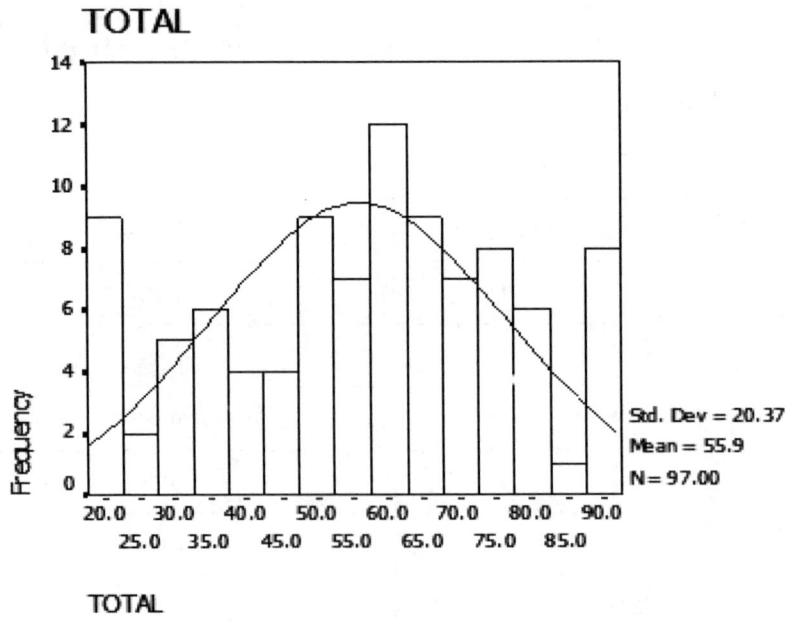

图1　被测者总分的分布情况

（7）存在的问题：分数分布不是理想的正态分布，主要表现为25分以下和85分以上者偏多，中间分获得者偏少，峰度值偏低；个别题目不同评分者之间的一致性还有提高的可能性，主要原因可能是题目评分标准不够清楚。

2. 实例二：某次公开招聘国企总经理

（1）题量及评分方法：该试卷由7个主观题组成，总分90分。评卷官评分的平均分为考生最终得分。

（2）内容分析：该试卷包括4个测评要素，详见表6。

表6 试卷测评要素

单位：分

	理论素养	政策法规水平	分析解决问题能力	岗位素养	小计
案例题1	2	1	4	3	10
案例题2	2	1	4	3	10
案例题3	2	1	4	3	10
案例题4	2	1	4	3	10
分析题1	2	2	7	4	15
分析题2	2	2	7	4	15
论述题	3	2	10	5	20
合计	15	10	40	25	90

（3）试题区分度：根据总分得分最高的27%为高分组，得分最低的27%为低分组这一原则计算鉴别指数，结果见表7。

表7 试卷鉴别指数（D）

题型		鉴别指数
案例题	1	0.547
	2	0.578
	3	0.559
	4	0.600
分析题	1	0.506
	2	0.506
论述题		0.356
全卷（平均）		0.502

（4）内容信度：采用α系数作为衡量试卷内部一致性指标，α值为0.976。

（5）评分者之间的一致性：采用积差相关的方法计算评分者之间一致性，结果见表8。

表8 评分者之间的一致性

题型		相关系数
案例题	1	0.930
	2	0.928
	3	0.904
	4	0.911
分析题	1	0.933
	2	0.903
论述题		0.892
全卷（平均）		0.914

（6）难度分析：对各题和全卷的难度进行了分析，结果见表9。

表9 各题和全卷的难度（通过率）

题型		难度系数
案例题	1	0.65
	2	0.64
	3	0.63
	4	0.64
分析题	1	0.58
	2	0.59
论述题		0.52
全卷		0.59

结果表明：案例题难度稍微偏易，论述题难度最好，分析题和全卷的难度都还比较理想。

分析59例被测者总分的分布情况，最低分为14.5分，最高分为82分。其分布呈明显的正偏态分布（见图2），偏度值－0.302，峰度值－0.803。

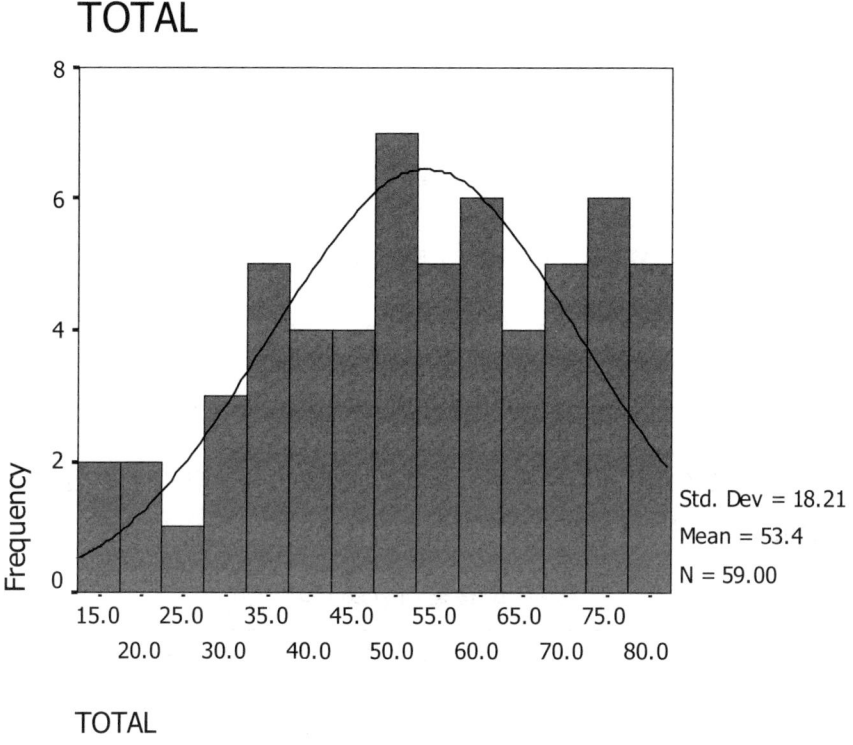

图2 被测者总分的分布情况

（7）存在的问题：虽然各题和全卷的区分度都相当不错，但因为测试样本只有59例，理论上没有达到计算区分度所需样本的要求，结果可能出现误差；分数分布不太理想，属于正偏态分布，峰度也偏低，可能与样本例数偏少有一定的关系。

3. 实例三：某集团中层竞争上岗

（1）题量及评分方法：该试卷由5个主观题组成，其中2个案例题，每题15分；一个简答题，占20分；2个引论题，每题25分；总共100分。评卷官评分的平均分为考生最终得分。

（2）内容分析：该试卷包括5个测评要素，详见表10。

表10 试卷测评要素

单位：分

	综合分析能力	协调能力	执行能力	岗位专业能力	文字与逻辑能力	小计
案例题1	4		6	3	2	15
案例题2	4	6		3	2	15
简答题3	8	2		6	4	20
引论题4	6	3	5	8	3	25
引论题5	8	4	4	5	4	25
合计	30	15	15	25	15	100

（3）试题区分度：根据总分得分最高的27%为高分组，得分最低的27%为低分组这一原则计算鉴别指数，结果见表11。

表11 试卷鉴别指数（D）

题型	题号	鉴别指数
案例题	1	0.284
	2	0.330
简答题	3	0.478
引论题	4	0.525
	5	0.530
全卷		0.452

（4）内容信度：采用α系数作为衡量试卷内部一致性指标，α值为0.854。

（5）评分者之间的一致性：采用积差相关的方法计算评分者之间一致性，结果见表12。

表12 评分者之间的一致性

题型	题号	相关系数
案例题	1	0.539
	2	0.357
简答题	3	0.741
引论题	4	0.504
	5	0.603
全卷（平均）		0.559

（6）难度分析：对各题和全卷的难度进行分析，结果见表13。

表13 各题和全卷的难度（通过率）

题型	题号	难度系数
案例题	1	0.79
	2	0.72
简答题	3	0.69
引论题	4	0.69
	5	0.67
全　卷		0.71

分析136例被测者总分的分布情况，最低分为17分，最高分为93分。其分布接近正态分布（见图3），偏度值－0.927，峰度值－2.489。

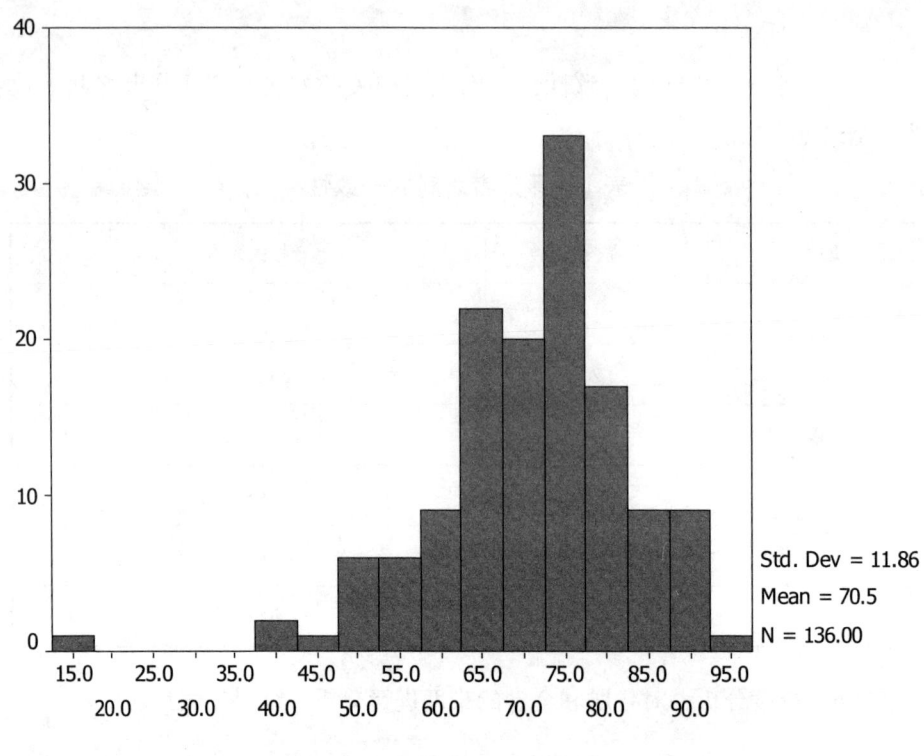

图3 被测者总分的分布情况

领导同志考察后备干部5分钟面谈方案[①]

为提高考察后备干部5分钟面谈的效率和有效性，特制订本方案。

一、面谈目的

通过后备干部在毫无准备状态下在短短5分钟面谈中的自我表现，对其综合考察，作初步了解。

二、考察要点

一般从德勤能绩廉诸方面考察干部，但在5分钟面谈中主要直接考察其潜在能力，而间接了解其他方面。中组部在《党政领导干部公开选拔和竞争上岗考试大纲》中将面试的内容从一般能力、领导能力、个性特征三方面归并为逻辑思维、语言表达能力，计划、决策、组织协调、人际沟通、创新、应变、选拔职位需要的特殊能力和个性特征等十种测评要素。5分钟面谈的主要直接考察点应该是逻辑思维、语言表达、人际沟通、创新、应变能力和个性特征，而计划、决策、组织协调能力和选拔职位需要的特殊能力，则可以通过面谈或前或后的简短笔谈作补充考察。

---

① 本文系作者2006年5月17日接到命题任务于24小时内提交的方案，并得以使用。

三、面谈提问

（一）提问指向

5分钟面谈提问可以主要指向沟通、创新和应变能力，而逻辑思维、语言表达能力和个性特征则可以通过面谈对象的自我表现作初步考察。

（二）试题类型

背景性试题是围绕个人的相关问题包括家庭、教育水平、成长经历等设置试题；情景性试题是通过一些假设性的情景要求面谈对象设身处地作出应答；行为性试题是通过可能已经发生的事来了解面谈对象在此情景下实际会是如何做的。

（三）问题举例

主要围绕沟通、创新和应变能力三种测评要素展开。

（面谈对象进来后，由面谈主持提问或追问）

1. 你好，请坐。我是……（我们是……）。今天请你来，主要是想对你作一初步了解。先请你谈谈，从你接到通知直到现在，你是如何想的？你有什么猜测？你有什么估计？然后，请你简要谈谈对目前干部考察、选拔、任用工作的看法。时限控制在2分钟以内。

此问题主要是一种情景性试题。侧重考察其应变能力。

2. 下面，请你简要地介绍自己，以使我们对你的特点有一个基本的了解。时限控制在1分钟以内。

此问题主要是一种背景性试题。侧重考察其沟通能力。亦可追问或挖掘下一问的有关主题。

3. 最后，请你结合你的工作实际，就"自主创新与工作作为"为主题，谈谈你的见解。时限控制在2分钟以内。

此问题主要是一种行为性试题。侧重考察其创新能力。也可以就"循环经济与工作作为""请给出一个你用创造性的方案解决工作问题的例子""请描述一个你最近的创新或新开发的事物""是否可以给出一个你提供给其他同事的不同的方式方法或看待问题的角度的例子"等等为主题。

好，谢谢你的到来，并让我们分享到了你的见解。现在你可以离开了。

面谈对象离开后，面谈主持及面谈者可以根据面谈评估表，独立地给出自己的对面谈对象的评估分数或意见。

四、笔谈补充

通过面谈或前或后的简短笔谈，是对5分钟面谈考察的必要补充。在面谈等待室或休息室，由工作人员分批分发笔谈试卷，就"请给出一个你成功地解决一件非常复杂的工作的事例，并说明你是如何确定哪些工作需要完成、如何完成、完成效果如何"为主题，由面谈对象作答，时限控制在15分钟以内。对分批收回的笔谈试卷的评估分数或意见，可以作为面谈考察的补充。

深圳市高级人才测评中心

责任人：测评一部龚建桥

2006年5月18日

竞争性选拔测试题例326[①]

一、国有企业竞争性选拔测试题例Q176

题Q1-Q5

Q1. 某集团是自然垄断型企业，请你指出并分析应该向竞争型企业学习的五个主要方面。

Q2. 你认为应如何处理好集团与股东、客户、政府和企业员工这四方面之间的关系？

Q3. 集团目前应主要做好哪三项工作？为什么？

Q4. 请谈谈发达国家和地区在同类公司运作方面最值得我们借鉴的两条经验。

Q5. 如果你是集团总经理，一群客户因对公司处理投诉不满意，集体要求必须见你，而你又正在主持一个新闻发布会。你会如何应对？

题Q6-Q10

Q6. 请你谈谈公用事业型企业，如何打造一种具有本行业特点的企业文化？

Q7. 关于权力的产生有两种观点：一种认为权力体现于上级对下级的控制，另一种认为权力体现于下级对上级权威的承认。请联系实际分析这两种观点。

Q8. 请你分析在员工基本稳定的情况下，集团可从哪三个方面降低企业

[①] 测试题例中的部分试题凝聚了不同命题小组众多专家的智慧和汗水。

运营成本？

Q9. 请你从企业发展战略的角度，对集团的优势、劣势、机会和威胁四个方面进行分析。

Q10. 请你就现代城市普遍存在的环境污染和交通堵塞现象，提出集团的五项应对策略。

题Q11－Q15

Q11. 请你谈谈"CEPA"对集团的哪一类产品影响最大。为什么？

Q12. 国内外优秀企业成功的诀窍之一就是不断创新。请谈谈如何通过创新不断增强集团的竞争优势。

Q13. 集团的管理转型将使决策权重心上移，操作重心下移，由分散式决策转向相对集中式决策。对这一重大转型，你如何评价？

Q14. 如果你遇上美国通用电器前总裁杰克·韦尔奇，你最想问他的一个问题是什么？为什么？

Q15. 通常一提起丰田就想到汽车，一提起海尔就想到家电。可是一提起贵集团，可能想到很多，也可能什么也想不起来。请分析出现这一现象的原因。

题Q16－Q20

Q16. 俗话说"新官上任三把火"，如果你被聘为总经理，打算如何烧这头三把火？

Q17. 集团三年来每年的销售收入增加7000万元左右，而每年的利润却下降1500万元左右，请你谈谈如何使集团销售收入和利润实现同比增长。

Q18. 请就中国企业家普遍存在的"流星"现象，分析出现这种现象的三种主要因素。

Q19. 请分析产生"豆腐渣"工程的三种主要原因。

Q20. 你认为可从哪三方面来形成企业领导者的个人影响力？

题Q21－Q29

Q21. 在推进企业上市或上市公司重组过程中，国资监管部门主要关注布局调整和保值增值，证券监管部门主要关注社会公平和小股东权益，作为平台公司的控股，更应关注什么？为什么？

Q22. 深圳国资国企连续五年以"三高一低"的优势走在全国前列，但市级投融资平台的"三性"作用很有可能导致"一高三低"，该怎么办？

Q23. 你所报竞聘职位的竞争者是其他职位的两倍以上，成为热点，正所谓外行"凑"热闹，内行"行"门道，你怎么看？你又将如何"行"门道？

Q24. 投控已初建全面风险管理体系，你将如何有效识别、管控后续发展中可能出现的风险？

Q25. 你所竞聘的职位很有可能是投控建设项目甲方，又是下属企业建设项目投资决策的管理者，你将如何把握这两种不同角色的异同？

Q26. 制约项目建设进展的主要因素有哪些？举实例说明你如何巧妙排除制约项目建设进展中的关键障碍。

Q27. 在构建投控系统财务管理体系中，应重点从哪些方面向标杆企业对标？如何通过有效对标达到既治标更治本？

Q28. 在资产重组和资本运作中，财务策划应如何"化妆新娘，艳惊四座"，以提升目标公司的交易价值？

Q29. 投控在磨合中尝试着酸（整合好的企业纳入国资局监管体系）、苦（大量历史遗留问题积重难返）、辣（市级投融资平台任务艰巨）、甜（培育战略性新兴产业前景广阔），现又正值"七年之痒"，当与市政府、国资局是"恩爱百年"，还是"同床异梦"，你意下如何？

题Q30-Q34

Q30. 在自述中你试图说服我们你就是集团副总的合适人选，那么你更适合于做分管型副职还是辅助型副职？为什么？怎样做？

Q31. 到底是山寨机还是山寨机危机等因素导致贵集团的物业租赁需求大幅下降？应如何采取何措施，才能真正掌握住集团的这条基本生命线？

Q32. 与国内外同行业的标杆企业相比，贵集团哪一方面差距最大？应如何对标且标本兼治？

Q33. 集团今年强调"稳中求进""稳五进二"。如果说进攻才是最有效的防守，那么，你认为更应该把握住"进"还是"稳"，才能真正把握住集团发展的总基调？

Q34. 2004年公开招聘贵集团总经理时,有道面试题调侃道:"通常我们一提起丰田就想起汽车,一提起海尔就想起家电。可是我们一提起贵集团,可能想到很多,也可能什么也想不起来……"八年了,这种情形怎样了?为什么会这样?

题Q35－Q38

Q35. 集团董事会改变了过去那种"董事不懂事""独立董事成摆设"的情况。这对经营班子防控"当官要当副……位高权重责任轻……""副总副总,无事是负总(负于总)有事不负总(不负责)"的囧况有什么借鉴?应如何防控?

Q36. 透视眼下林林总总形形色色无孔不入见缝插针式的侵权营销暴力营销,对你分管营销有何启示?

Q37. 为提升房地产项目销售额并降低营销成本,在制定不同目标客户营销模式时,如何运用"二八定律"?

Q38. 最后,请你向总经理提一个问题,你为什么提这个问题?对解决这个问题你有何考虑?

题Q39－Q43

Q39. 你竞聘成功后可能分管企业管理、投资、法律事务、内部审计、资产经营、行政管理及信访等工作,其中,哪是你的强项,哪是你的弱项?你准备怎么办?

Q40. 董事长在贵集团今年经济工作会议上谈到集团工作总的指导思想时,一口气说了7个"精"字:学习贯彻党的十八大精神,以深圳市国资国企会议精神为指导,精耕细作抓好主业经营,精心谋划增加土地储备,精打细算强化成本控制,精益求精提升管控水平……这7个"精"字,一定使你产生了诸多精彩联想,请精练扼要地说说你诸多精彩联想中的精华部分。

Q41. 请举例说明,去年公司对一般缺陷采取的整改措施及其整改成效。现在看来,还有无需要整改的缺陷?应如何整改?又应如何克服内部控制存在的固有局限性?

Q42. 贵集团应如何争取早日恢复资本市场融资功能?

Q43. 内地新"鬼城"似有蔓延之势……你怎么看？对房地产企业又有何启示？

题Q44－Q48

Q44. 你如果竞聘成功，很可能要做的第一件事，就是通过双向选择组建你的团队。请问你准备怎么做？

Q45. 有一种说法：强将手下无弱兵，但也有另一种说法：强将手下全弱兵。你怎么看？

Q46. 作为一个部门负责人，如何使部门工作得到上级的重视、同级的配合和下级的支持？

Q47. 集团改制，你最想给集团领导的一条建议是什么？为什么？如何操作？

Q48. "面对未来，我们唯一能确定的是：未来的不确定性。"这句话对你和你的部门，乃至你所在的企业有什么启示？

题Q49－Q55

Q49. 你竞聘成功后，最需要集团帮你解决的一个问题是什么？为什么？

Q50. 有一种说法：成败在高层，输赢在中层，苦乐在基层。你怎么看？

Q51. "自主创新"已铭刻在深圳的发展大旗上，你又如何将你的一项自主创新载入"港史志"的"功劳簿"上？

Q52. 部门间的工作沟通是常有的事，你作为正职，当与另一部门正职出现沟通障碍时，怎么办？

Q53. 作为部门的一名副职，如果表现为"弱势"可能会有碌碌无为之嫌，如果表现为"强势"又可能会有功高盖主之疑。你怎么办？

Q54. 有一位业务能力很强的员工，常与部门正职意见相左。作为副职，该怎么办？

Q55. 繁荣的盐田港集装箱码头景象，几乎是报道盐田港集团公司或股份公司的经典电视画面，也经常被用作公司简介和盐田港刊物的封底或封面，以至于一提到盐田港，社会上一般人就认为是盐田国际，甚至会联想到李嘉诚。你作为盐田港人，有何感受？

题Q56－Q58

Q56. 如果这次竞聘成功,你最想到哪个部门任职?请你对该部门最急需改进的一项工作提出具体建议。

Q57. 请简要描述你在近年完成某项工作所留下的遗憾,如果现在让你再做这项工作,你又将如何做?

Q58. 人们一提到诺基亚,就会想到手机,就会想到"以人为本"的企业文化;一提到海尔,就会想到冰箱,就会想到"真诚到永远"的企业文化;一提到贵集团,就会想到烟酒,但很难想到贵集团的企业文化。你有何感受?你认为贵集团应该打造什么样的企业文化?

题Q59－Q62

Q59. 从你的经历和能力两个方面,并举一个实例,以说明你最胜任哪个竞聘岗位。

Q60. "男女搭配,干活不累"的调侃,在一定程度上说明了人才组合中结构互补的重要性。那么,从你的经历和能力特点来看,你觉得与什么样的正职搭配最合适?

Q61. 如果说,三流企业做产品,二流企业做品牌,一流企业做标准,那么,你认为集团应该"做什么"?"怎么做"?

Q62. 俗话说:水火无情!你从深圳2·27火灾和2·23食物中毒中看到了什么?你如何让你的水厂做到警钟长鸣、防控水无情?

题Q63－Q73

Q63. 假如公司中层不设副职,你意下如何,有何高见?

Q64. 有人把管理高层的作用比喻为供水之源,中层的作用比喻为管网渠道,基层的作用比喻为千家万户的水龙头。你怎么看?你认为应如何发挥好中层作用?

Q65. 自然水,看似无形但有形,形于器皿、形于地形;管理者,貌似无情却有情,情于制度、情于人情。对此,你怎样理解?有何体会?

Q66. 水货总是让人提心吊胆,以至于谈水色变,难怪有人调侃:你们水务集团不就是专门做"水货"的吗?作为水务人,如何让此"水货"远离彼水货?

Q67. 集团整合,群英荟萃,就像当年毛主席说的:"我们都是来自五湖四海,为了一个共同的革命目标,走到一起来了……"我们应当怎样"洗心革面、重新做人",书写水务科学发展新篇章?

Q68. 这次竞岗报名后,你做了哪些准备?有何收获和启示?

Q69. 你最想竞聘哪个岗位?你觉得要胜任这个岗位还有哪些不足?应如何改进?

Q70. 你最想做哪个部门/分子公司的副职或最想做谁的副手,为什么?

Q71. 你原所在公司的哪些做法可以借鉴到新整合的集团公司?如何借鉴?

Q72. 请你分析分析,集团公司内与"马上就办、真抓实干、办就办好、滴水穿石"相左的某种现象,并谈谈解决办法。

Q73. 近期,国产动画电影《西游记之大圣归来》的热映催生了一个网络新词——"自来水"。作为自愿成为该电影口碑宣传、推广的网络"水军"的代名词,"自来水"身上散发着满满的"正能量"。水务集团应如何聚集、提供、赢得更多的"自来水"?

题Q74-Q78

Q74. 中心转企后,你认为中层正职应具备哪些主要能力?在这些能力中,哪种能力是你感到不足的?你准备如何提高?

Q75. 请谈谈中心转企后,你能够胜任中层副职的"过人之处"。

Q76. 对笔试第一题答题情况的初步统计结果表明,30%以上的人工作量不饱满,只有10%的人满负荷,个别人甚至无所事事,闲得发慌,就等签名"出粮"。假如这种现象也存在于你将上任的部门,你怎么办?

Q77. 抗震救灾,众志成城,"这是心的呼唤,这是爱的奉献"。你在汶川特大地震的救援行动中,看到了什么?想到了什么?

Q78. 抗震救灾,众志成城。在汶川特大地震中,灾区人民奋力拼搏,顽强自救,热爱生命,不言放弃!你从中看到了什么?想到了什么?

题Q79－Q85

Q79. 你心目中理想的正职是什么样的？竞聘成功后，如果你的正职与"你理想中的他（她）"相去甚远，甚至恰恰相反，你将如何与他（她）相处？又将怎样携手操持好部门这个家？

Q80. 有人说：助理助理，重在协助；也有人说：助理助理，重在管理。你怎么看？又如何做？

Q81. 经公司领导批准，部门正全力开展一项重要工作；分管领导听了部门副职的有关情况反映后，要求工作立即暂停。你怎么办？

Q82. 金融海啸扑面而来，股票市场连续重挫，证券基金大幅亏损，行业前景令人担忧。HSD"居危思危"，果断把主业瞄准金融服务业。你认为要使HSD一发即中、马到成功，你所在部门应怎样创造性地发挥作用？

Q83. 三聚氰胺、次贷危机……使人们提心吊胆、忧心忡忡：药品食品要人性命，金融产品套人钱财……以至于有人借电影调侃：《苹果》说男人靠不住，《色戒》说女人靠不住，《投名状》说兄弟也靠不住……你认为HSD靠什么来把握今天？又怎样创造明天？

Q84. 多事之秋的2008年挥手离去，更具挑战的2009年扑面而来。在公司年终总结期间，部门正职因故不在，你怎样做好部门年终总结和明年工作计划？

Q85. 原本规避管制的山寨版产品，在冒牌模仿中透着"博采众长的创新"，满足了众多消费者的需求；由此衍生出的山寨文化，又以非主流的草根形式让越来越多的人踊跃参与乐在其中。据传，就连今年的央视春晚也相中了山寨春晚的主题曲《happy 牛 year》。从这种源于深圳的山寨现象中，你看到了什么？又想到了什么？

题Q86－Q88

Q86. 东部港拖轮"吃得好"，西部港拖轮"僧多粥少"，大铲湾拖轮"吃不饱"。你怎样让大铲湾拖轮"吃饱喝好"？

Q87. 拖轮作业安全第一，客户服务质量第一，企业经营效益第一，以人为本员工第一。第一究竟是什么？为什么？

Q88. 有人调侃：解决小问题开大会，解决大问题开小会，解决重大问题不开会。你喜不喜欢开会？喜欢开什么会？为什么？

题Q89－Q104

Q89. 计划没有变化快，规划没有发展快。应如何应对？

Q90. 办公室人员常常自我调侃：两眼一睁，忙到熄灯，闭眼一想，瞎忙一场。你如何创造"不一样的精彩"？

Q91. 有办公室主任常抱怨，自己既要做笔杆子、活电脑，又要当老黄牛、勤务兵。你怎么看？

Q92. 有人认为，办公室工作与企业效益相关显著；也有人认为，办公室工作与企业效益相关不显著。你怎么看？

Q93. 有一呈批件，股份董事长签批"同意"，股份总经理签批"不同意"，集团副书记签批"同意以上两位领导意见"……请你点评点评。

Q94. "八项规定"让办公室副主任减少了很多"应酬"，节省下来的时间你用来干什么？

Q95. 你将如何以"党的十八大"为主题策划一次活动？

Q96. 如何才能使办公室的工作做到"鞍前"不越位，"马后"不掉队？

Q97. 请对本次的竞聘上岗工作进行点评。

Q98. 请即兴口述一篇关于这次竞聘工作或集团庆祝建党90周年大会的通讯报道。

Q99. 不干人事的人调侃：人事人事不干人事；干人事的人自嘲：人事人事不是人干的事。你怎么看？

Q100. 领导在一次会议上发现了一个人才，要求人力资源部按原则按程序引进，通过考察，却发现这个人才的条件有所欠缺，岗位安排有点棘手……你怎么办？

Q101. 假如主要领导和分管领导对某人的年终考核意见不一致，你怎么办？

Q102. 绩效考核是世界性难题，考核工作又要求科学客观，这如何是好？

Q103. 在推进信息化建设过程中，你心急如焚，有关部门却不紧不慢，你怎么办？

Q104. 如何进一步提高集团的信息系统的安全系数？

题Q105－Q108

Q105. 党群工作部用"高级经理"替代"副部长"，为什么？

Q106. 党群工作或企业文化建设说起来重要，做起来很难。如有人常常会以业务繁忙为由，参与的积极性不高。你认为症结何在？怎么办？

Q107. 有人认为，党群工作与企业效益相关显著；也有人认为，党群工作与企业效益相关不显著。你怎么看？

Q108. 品牌是企业的生命，质量是企业的生命，诚信是企业的生命，效率是企业的生命。你认为什么是集团的生命？为什么？

题Q109－Q113

Q109. 有人说董秘是公司规范运作的"防火墙"，也有人说董秘是董事会的"参谋"，还有人说董秘是公司的"形象大使"。你怎么看？

Q110. 董秘董秘，既要懂保密，还要善"泄密"（信息披露）。如何做到保密不出错，"泄密"不犯错？

Q111. 董事会会议精神常用"会议"来贯彻。应如何减少"会议"又能贯彻会议精神？

Q112. 当董事会决议形成后，该办的第一件事是什么？如何办？

Q113. 有人说，项目投资规划的确立，是由董事会"说了算"，大股东是"算了说"，小股东只能"说算了"。你应该怎么说？

题Q114－Q116

Q114. 对集团某"官司"，领导的期望与打听到的可能的判决相去甚远，你怎么办？

Q115. 就股份法律事务工作而言，救火式的工作，可能减少企业经济损失；预防式的工作，可能减少企业法律纠纷。哪一种工作更有成就感或更有价值？为什么？

Q116. 举一个工程项目管理合同纠纷的例子，对你从事合同管理有何启示?

题Q117-Q128

Q117. 集团公司内部审计工作的独立性,常常表现为"对下强,对上弱,对同级有强有弱"。你怎么看?

Q118. 集团的监督体系包括审计、财务、纪检、外派财务总监、监事会等。审计应如何与其他监督形成合力?

Q119. 在企业全面预算管理中,常常面临预算归预算、执行归执行的情况。预算和执行能否归一?为什么?

Q120. 经营指标的分解,各业务单位常常"讨价还价",往往是"会哭的孩子有奶吃"。为什么这种不正常现象却成为了一种常态?你怎么办?

Q121. 有人说工程造价就是"造"出来的,也有人说工程造价其实是"算"出来的。你怎么看?

Q122. 为拿下合同,往往乙方迁就甲方;为保证工期,常常甲方迁就乙方。怎样才可能互不迁就?

Q123. 在工程管理中,业务经验和管理经验哪个更重要?为什么?

Q124. 在工程建设现场管理中,你更注重过程管理还是结果管理?为什么?

Q125. 建制度、抓落实、勤检查,是保安全的关键。但上有政策下有对策,你怎么办?

Q126. 如果商家请你"沟通沟通"、对你"意思意思",你将如何"沟通"、表达"意思"?

Q127. 假如你去新加坡港考察,你最关注的一个考察点是什么?为什么?

Q128. 请对集团的"十二五"发展战略规划的某一点作出建设性点评。

题Q129-Q132

Q129. 作为公司掌门人,应该掌好什么门?怎样掌好门?

Q130. 深圳某大型国企用"高级经理"替代党群工作部"副部长"称谓,我们用副总经理分管党务,为什么?

Q131. 常在河边走,哪有不湿鞋。你如何让鞋少湿一点,湿鞋不失路?

Q132. 我们开物业管理之先河,创N个第一,列M个之首,获N+M个奖项;深物管领跑全国,成为物管黄埔军校。作为"标杆企业"的我们,该如何进行对标管理?又该如何标本兼治?

题Q133—Q137

Q133. 有一地产广告:"生活将我磨圆,是为了让我滚得更远。"你怎么看?

Q134. 本次竞聘,你的胜算有多大?请预算预算。

Q135. 请跟我们聊一聊某次让你很"囧"的工作事件,你当时又是如何化解的?

Q136. 综合财务部既有中规中矩按章办事的"老实人",也有业务精通善钻空子的"聪明人",你将选用谁当你的助手?为什么?

Q137. 你竞聘成功后,将如何"洗心革面、重新做人"?

题Q138—Q139

Q138. 请对《深圳市投资控股有限公司直接出资企业财务总监年度考核评价实施细则(征求意见稿)》提出不得少于3条的个人修改意见,并说明理由。

Q139. 通过小组讨论,达成一致,列出5条修改意见,并按重要性程度排序。

题Q140—Q148

Q140. 请说服我们,"从这里开始",你就是所报考职位的合适人选。

Q141. 你从"深圳机场;深圳与机场;深圳人的机场;机场人的深圳"这四个关键词中想到了什么?

Q142. 如果深圳机场获批每小时增加10个航班时刻,你认为应如何最有效地利用这一来之不易的稀缺资源?为什么?并举例说明。

Q143. 深圳机场目前的国内货运量与国际货运量的比例约为8∶2,你认为能否实现5∶5的深圳机场"货运梦"?为什么?

Q144. 有人说:机场集团的经营类企业,虽说是靠天吃饭,但总能填饱肚子；可是改天换地，虽说有可能赚得盆满钵满，但也可能鸡飞蛋打。元芳，你怎么看？

Q145. 下派董秘在遇到企业出现"闯黄灯"事项时，该怎么办？

Q146. 微笑有标准，热情有规范，可旅客到机场还是经常发现：微笑灿烂，服务不足；热情似火，周到不周。你怎么办？

Q147. 安全是机场的生命！服务是机场的生命！效益是机场的生命！到底什么才是机场的生命？为什么？

Q148. 防恐形势越紧张，安全检查越严密，安检冲突越频繁。这样的起点能让旅途愉快吗？！

题Q149－Q155

Q149. 通过这次笔试，你觉得要胜任所报考岗位还有哪些不足？应如何改进？

Q150. 通过一个有惊无险的公交安全"事故"，分析其教训和管理启示。

Q151. 当前国内安全生产及反恐形势十分严峻，请结合公交行业实际，谈谈你的反恐怖防范工作的新路子、新方法。

Q152. 部门间的工作沟通是常有的事，你作为副职，当与另一部门副职出现沟通障碍时，怎么办？

Q153. 如何进一步在公司内部宣扬"全国三八红旗手"吕湘平事迹，引导广大员工为企业品牌再立新功？

Q154. 你认为第四分公司应该向第五分公司学些什么？如何借鉴？

Q155. 你认为第五分公司应该向第四分公司学些什么？如何借鉴？

题Q156－Q161

Q156. 与同行业的"标杆"相比，你竞聘的第一志愿所在部门（公司）哪一方面差距最大？应如何对标且标本兼治？

Q157. 请你评价评价前任部长。作为部长继任者，期望后继者如何评价你？如何才能获得你所期望的评价？

Q158. 深圳光明12·20特别重大滑坡事故启示。

Q159. 从深圳"会展排期;以展带会、以会带展;支柱产业;文化强市"等关键词的关联性来看,你认为深圳会展中心做得怎样?如何做,会更好?

Q160. 可否创办"中国'一带一路'国际高峰论坛暨成果交易会"?为什么?

Q161. 请谈谈"中国'一带一路'国际高峰论坛暨成果交易会"的策划推广思路。

题Q162—Q165

Q162. 请举例解析你能胜任公司老总的主要因素。

Q163. 上任总经理后,你更倾向于喜欢分管型副总还是辅助型副总?为什么?你将如何与他(她)们打交道?

Q164. 请点评公司的研发支出。

项目	2012年	2011年	增减比例
研发支出金额(元)	52,431,154.87	46,780,547.91	12.08%
研发支出占期末净资产比例	6.75%	6.58%	0.17%
研发支出占营业收入比例	4.96%	5.03%	−0.07%

Q165. 本次非公开发行股票募集资金到位和投资项目建成投产后,对公司诸多方面提出了更高的要求。你将如何应对来自管控模式方面的风险?

题Q166—Q169

Q166. 请你根据所给资料[公开招聘总经理公告;候选人的基本情况(含笔试排名);候选人的履历情况]拟定一个"关于公司经营班子成员人选"的初步建议(及其理由),准备在稍后的小组讨论会上作陈述。

Q167. 通过小组讨论,形成"关于公司经营班子成员人选的提名建议"的一致意见,并推选一名代表向管理局评委陈述你们的理由。

Q168. 在刚才的小组讨论中,你认为自己的表现怎样?好在哪里、差在哪里?

Q169. 在刚才的小组讨论中,你认为谁的表现最好、谁的表现最差?为什么?

题Q170

Q170. 请参考以下资料,从政策、技术、业务、产品等方面,分析通信产业的发展特征和趋势。

中国通信产业2003—2013年十大关键词

年度	中国通信产业十大关键词 (其评选活动由工业和信息化部指导/工业和信息化部电信研究院主办/泰尔网承办)
2003	①国产手机 ②MTNet ③增值电信业务 ④电信市场监管 ⑤IPV6 ⑥ADSL ⑦TD-SCDMA ⑧小灵通 ⑨NGN ⑩3G牌照
2004	①宽带电话 ②万兆以太网 ③移动增值业务 ④CNGI ⑤TD-SCDMA ⑥3G测试 ⑦"十一五"规划 ⑧反垃圾邮件 ⑨村通工程 ⑩电信强国
2005	①WiMAX ②下一代网络 ③互联网治理 ④TD-SCDMA测试 ⑤电信资费 ⑥3G博弈 ⑦电信转型 ⑧网络融合 ⑨IPTV ⑩电信普遍服务
2006	①自主创新 ②TD-SCDMA产业化 ③融合 ④阳光·绿色网络 ⑤转型 ⑥手机电视 ⑦NGN演进 ⑧农村信息化 ⑨Web2.0 ⑩IMS
2007	①TD-SCDMA试验网 ②下一代电信网 ③手机电视 ④奥运通信 ⑤诚信服务,放心消费 ⑥移动互联网 ⑦电信行业转型 ⑧手机充电器接口标准 ⑨WiMAX ⑩HSPA
2008	①信息化与工业化融合 ②电信重组 ③抗震救灾通信保障 ④资源共建共享 ⑤全业务运营 ⑥奥运通信 ⑦TD-SCDMA商用 ⑧移动互联网 ⑨通信服务和社会责任 ⑩山寨机
2009	①宽带战略 ②移动互联网 ③LTE ④云计算 ⑤物联网 ⑥网络与信息安全 ⑦无线城市 ⑧3G建设 ⑨手机外围接口统一 ⑩两化融合
2010	①三网融合 ②物联网 ③云计算 ④移动互联网 ⑤移动支付 ⑥TD-LTE ⑦网络与信息安全 ⑧智能手机 ⑨3G发展 ⑩微博
2011	①微博 ②移动互联网 ③云计算 ④智能手机 ⑤TD-LTE ⑥宽带中国 ⑦电子商务 ⑧网络与信息安全 ⑨三网融合 ⑩物联网
2012	①云计算 ②智能终端 ③TD-LTE ④宽带中国 ⑤移动互联网 ⑥物联网 ⑦网络与信息安全 ⑧微博 ⑨大数据 ⑩微信

续表

年度	中国通信产业十大关键词 （其评选活动由工业和信息化部指导/工业和信息化部电信研究院主办/泰尔网承办）
2013	①宽带中国 ②信息消费 ③微信 ④4G ⑤移动互联网 ⑥大数据 ⑦云计算 ⑧网络与信息安全 ⑨智慧城市 ⑩智能终端

题Q171－Q176

Q171. 如果让你自主选择担任财务总监或分管财务的副总经理，你更倾向于选择哪一职务，为什么？

Q172. 对题Q171的追问：

（如果考生选择财务总监）你为什么不选择分管财务的副总经理？

（如果考生不选择财务总监）你今天是参加选聘财务总监的考试，为什么出尔反尔不选择财务总监的职务？

Q173. 有些财务经理感叹：站得住的顶不住，顶得住的站不住。委派制解决了财务总监站得住的问题，你将如何解决顶得住的问题？

Q174. 如果CFO（财务总监）是通向CEO（总裁）的必由之路，你准备用几年的时间坐上CEO宝座？

Q175. 面对可能"闯红灯"的企业经济事项，如果拒签会得罪董事长或总经理，如果联签会愧对委派机构，你怎么办？

Q176.《非洲时刻》世界杯激战正酣，但却找不到中国队的身影，球迷哀叹：真是假球毁了中国足球！你，又能从中找到什么？

二、党政机关竞争性选拔测试题例G115

题G1－G4

G1. 请联系实际谈谈行政许可和行政审批的联系和区别。

G2. 有人说，在公共管理中，程序比结果更重要。你怎么看？

G3. 结合行政服务大厅工作特点，请你谈谈管人与管事的关系。

G4. 现在市里设有行政服务大厅，区里也有类似机构，各部门还有办事窗口。请你谈谈如何整合资源，为市民提供高效优质服务？

题G5－G8

G5. 有人将行政管理的本质要求概括为"行在效率，政在为民，管在服务，理在和谐"。请谈谈你的看法。

G6. 请你谈谈政府工程管理如何体现"以人为本"的理念。

G7. 政府工程管理能否借鉴工厂流水线式的管理？为什么？

G8. 有人认为，政府工程实行集中管理，为"首长工程"开了方便之门。你怎么看？

题G9－G12

G9. 请你简要谈谈知识经济和知识产权的关系。

G10. 现在有些单位为了降低技术开发与使用成本，使用翻版软件。你怎么看？

G11. 中国是计算机硬件生产大国，印度是软件出口大国，而电子技术强国却是美国。为什么？

G12. 为引导企业规范自身行为，市政府不时以红头文件的形式发布一些指导意见。有人认为这样做意义不大，因为指导意见没有强制力。请谈谈你的看法。

题G13－G16

G13. 结合应试岗位工作性质，请谈谈你对"人才是第一资源"的理解。

G14. 为扶持企业发展，地方政府常常设立一些专项资金。有人说，"撒胡椒面"解决不了什么问题，还要专人管理，增加了行政成本。对此，你怎么看？

G15. 有些企业经理认为，申请专利既费钱又费事，作用也不大，还不如在企业内部加强对技术秘密的保护更合算。请谈谈你的看法。

G16. 根据《中华人民共和国专利法》，对"疾病的诊断和治疗方法"不授予专利权。为什么一种新药物却可以申请授予专利权？

题G17－G20

G17. 结合社保基金管理实际，请谈谈你对加强经济安全重要性的理解。

G18. 作为总会计师，在管理工作中，如何做到不缺位、不错位、不越位？

G19. 据报道，广东省准备取消全省的农业户口，实行城乡户口一体化。这对我市的社保体系将会产生怎样的影响？

G20. 你认为发达国家和地区社保基金管理有哪些经验值得我们借鉴？

题G21－G22

G21. 总书记对经济特区提出了"五个继续"；市委市政府要求南山从"四个基地"向"三大城区"转变；区委书记指出，打造国家核心技术自主创新先锋城区，要突出抓好两件事。你如何用一根主线将上述"五四三二"有机地串联到自己的实际工作中去？

G22. 南山东有"后海"，西有"前海"，南有"深圳湾"，北有"大沙河"。你心系何方或另有所属？你将如何呵护她（们），并与她（们）如何同呼吸共命运？

题G23－G31

G23. 社会上有一种说法：跟着组织部，年年有进步；进了组织部，时时有进步。你怎么看？

G24. 如果对深圳市所有党政机关的群众满意度进行排队，你估计组织部会排在上中下游的什么位置？为什么？

G25. 基层有不少干部认为所谓"民意测验"不过是"热热闹闹走过场，扎扎实实搞形式"，是货真价实的"名义测验"。对此，你有什么看法？

G26. 假如只能从你和另外一位考生中录用一人，组织上为进一步考察你们的工作能力，准备派你俩共同完成一项任务，那么你准备怎么办？

G27. 请简要描述你在近年完成的最满意的一件事情，并分析原因。

G28. 当前正在开展"进一步解放思想学习讨论活动"，请联系本职工作谈谈你将怎么做。

G29. 你对自己今天的面试表现满意吗？哪方面最满意？哪方面最不满意？

G30. 有人说："干部竞争上岗考试，会干工作的不如会写会说的"，请你谈谈看法。

G31. 现在各单位公开招聘人员一般采用考试的方法。请结合自己的经历，谈谈你对这种选人方式的看法。

题G32－G47

G32. 国家机关工作人员就职宣誓与入（少先）队、入团、入党宣誓的异同及意义。

G33. 十八大以来，中央推行了"八项规定""四风建设""群众路线教育实践活动""老虎苍蝇一起打"等举措。请结合你所感受到的变化，谈谈你的体会。

G34. 你对深圳市委组织部，报考前有什么印象？报考后又有哪些新的认识？

G35. 政府机关要信息公开，上市公司要信息披露，广大群众更要知情权；政府机关有国家秘密，企业有商业秘密，组织工作时时刻刻有保密。你怎么看？在工作中又该怎样做？

G36. 请简述你的"2014年度个人工作总结"，对你报考的岗位又有何启示？

G37. 从你家里或身边的退休老干部身上，你觉得老干部活动如何开展会更好？

G38. 新入职后，当有人问起或你主动介绍自己的工作单位时，有的人说是老干中心的，也有人说是组织部的。你怎么看？

G39. 应如何理解、把握雇员个体的流动性、临时性与工作内容的稳定性、长期性？

G40. 请简要谈谈你的"自我评价报告"。

G41. 微博→微信→微密启示录。

G42. 请点评自己这一次的笔试成败。

G43. 据媒体报道，习近平总书记在中央党校县委书记研修班座谈会上说到熬夜，你有何感悟？

G44. 对于深圳市老干部活动中心（深圳市长青老龄大学）的名称，有领导建议应更名为深圳市老龄活动中心（深圳市长青老龄大学），也有领导建议应更名为深圳市老干部活动中心（深圳市老干部大学）。你更赞成哪种意见？为什么？

G45. 长青老龄大学的课程设置有声乐、体育、摄影等专业课，也有书画、外语、保健等公选课，现准备设置必修课，应如何设置、设置哪些课程？为什么？

G46. 巴黎气候大会、人丑就要多读书、O2O、青岛虾、青蒿素、主要看气质，请将上述热词链接成一句话。

G47. 一带一路、全面二孩、三证合一、4G打印、五中全会、长征六号，请将上述热词链接成一句话。

题G48-G50

G48. 请根据你在分局或工商所的工作经验，并结合你参加这次选调所报考岗位，给市局工作提一条建设性的改进意见。

G49. 市局办公大楼楼顶"工商物价大厦"招牌，白天看，字样鲜红，光彩夺目，更显庄严；晚上看，楼顶轮廓灯光明亮，射灯光柱耀眼，但招牌却漆黑一团，不见字样。你认为这种"灯下黑"现象反映了什么管理问题？在工作中应如何避免"灯下黑"？

G50. 有人说，在市局工作名声好、升迁快；也有人说，县官不如现管，所以在工商所工作实惠多；还有人说，在分局工作名声也不错，实惠也不少。请对这些说法，谈谈你的看法。

题G51-G53

G51. 有人认为，临聘人员的最大特点就在于他的临时性，因此，临聘人员的工作态度与工作质量也具有临时性。你怎么看？

G52. 应聘成功后，你的领导交给了你一项工作，而另一位很有经验的在编人员又给了你一条"合情合理"的"打折扣"建议。你怎么办？

G53. 社会上常有这种说法：驾驶员常常是单位领导行驶方向的"总书

记"；打字员常常是单位重要文件的"定稿者"；因而他们常常又是单位相关机密信息的"先知者"。请问：你如何看待人们对驾驶员和打字员这种职业特殊性的善意调侃？

题G54－G56

G54. 我的药监网络蓝图。

G55. 信息技术支持工作，既是一个部门的专项工作，又是涉及所有部门的重要工作。当其他部门将你的专项工作，放在不那么重要的位置时，你怎么办？

G56. 开发信息技术支持系统，或许免不了要与社会相关专业机构进行合作，当可能出现信息安全问题时，你怎么办？

题G57－G59

G57. 有专家认为，药品监测技术或药品检验技术越强，那么，药品监管也就越到位；但监管专家官员却不一定这么看。你怎么看？

G58. 有人认为，药品上市后的监管，简直就是"亡羊补牢"。你怎么看？

G59. 美国食品药品管理局结束为期六年评估，批准克隆动物奶和肉制品上市销售，称此类食品可安全食用。请就此谈谈你的看法。

题G60－G62

G60. 有人认为，相比较而言，企业财务管理重在于"理"，机关财务管理重在于"管"。你怎么看？

G61. 根据你的直接经验或间接经验，你在降低机关管理成本方面有什么"节流"的好办法？

G62. 请举实例说明，你如何处理财务工作中的原则性与服务性之间的矛盾？

题G63－G66

G63. 你心目中理想的正职是什么样的？竞岗成功后，如果正职与"你理想中的他（她）"相去甚远，甚至恰恰相反，你将如何与他（她）相处？又将怎样携手操持好部门（单位）这个小家？

G64. 你所在部门（单位）有一位能力较强的业务骨干，有时与正职的意见相左，甚至影响工作的正常开展。你怎么办？

G65. 经局领导班子批准，你受正职委托正全力开展一项重要工作；分管领导听了有关情况反映后，要求工作立即暂停。你怎么办？

G66. 上联：家事国事天下事，事事链海事；下联：公心私心人中心，心心关特区；横批：做人做事。这副"蹩脚的对联"，你怎么看？

题G67－G72

G67. 某外籍专家反映其岳父在深圳的宅基地被占用，多次交涉仍未得到妥善处理，迫于无奈，已准备在境外华文媒体曝光……抱着最后一线希望，致函外事办，看能否得到帮助。你认为该如何处理？

G68. 有人总结，外事工作政策性强、专业性弱，临时性强、计划性弱，接待性强、独立性弱，服务性强、技术性弱。请谈谈你的见解。

G69. 有人说，外交"没有永恒的朋友，只有永恒的利益"。作为外事工作人员，你怎么看？

G70. 在国外，说到香港，谁都知道；提到深圳，总要解释为深圳就在香港的旁边。作为外事工作人员，你有何感受？

G71. "外事无小事"，是不是就是说，外事办的事都是大事？

G72. 7月5日，朝鲜试射多枚导弹，引起国际社会广泛关注。作为外事工作人员，你关注的是什么？为什么？

题G73－G76

G73. 列举2012年你所开展的主要工作。

G74. 描述你在第一题列举的某项工作的流程，分析该流程需优化的环节，提出改进办法。

G75. 以你在第一题列举的某项工作为例，针对该项工作所涉及部门的行政管理效率问题，分析原因，提出建议。

G76. 结合贯彻十八大精神，以科学发展的新思维，就解决你工作中熟知的一个历史遗留问题,给委主任写一封"匿名"信。

题G77—G78

G77. 请对《深圳市规划和国土资源委员会(海洋局)某某管理局廉政风险点》中列出的廉政风险点,提出你认为最重要的四点,并说明理由。

G78. 通过小组讨论,达成一致意见,列出最重要的四个廉政风险点,并按重要性程度排序。

题G79—G81

G79. 有人说:规划是龙头,是效益,更是未来,甚至调侃:国土为规划服务;但也有人说:土地是基础,是载体,更是保障,甚至调侃:规划只是纸上画画、墙上挂挂,不如领导一句话。你怎么看?为什么?

G80. 面对棘手问题,有人时常会归结为"历史遗留问题"。但有专家发现,有人善于击鼓传花,把有些问题拖成历史遗留问题,有人善于灵活变通,让有些问题变成历史遗留问题。对此,你怎么看?

G81. 当前,建筑设计领域提倡绿色、环保、低碳,理念虽好,但推广效果却不尽如人意,为什么?

题G82—G89

G82. 如果拟请一家权威机构对深圳市区党政部门的声望进行排序,你估计党校和你现在所在部门会分别排在上中下游的什么位置?为什么?

G83. 党校印象记。

G84. 按所报岗位选其中一题作答:文山会海之我见;干部自选培训之我见;网络宣传之我见。

G85. 草拟以"党的十八大"为主题的党校活动方案。

G86. 党校新校园于2006年竣工启用。2010年起,每年都要利用暑假后期至开学前后的十几二十天,对校园贯穿教学楼一、二栋和图书馆的地面长廊廊顶(二楼走廊)的"老是那几个渗水处"进行重复维修。请你评估评估,分析其原因并提出建议。

G87. 在退休干部新春联欢晚会的饭桌上,老干部科的小张向一退休干部敬酒客气道：您随意，我干了。退休干部的眼神露出几丝不悦，抓起酒杯有力地回应道：我干了，你随意。随即与另一退休干部悄声怨道：一年到头，就这么一次，还这么干！另一退休干部附和道：就是，就是……这对你有何启示？

G88. 党政机关与国企事业单位不同，一般仍将从事人力资源方面的内设工作部门称谓"人事处""人事科"。请就此阐述自己的见解。

G89. 实行民主推荐制度是扩大干部工作民主的改革措施，在改变少数人说了算方面起到了较好效果，但也出现了一些新问题，如唯票取人、拉票行为、当老好人等等；实行竞争性选拔的初衷是扩大选人用人视野，也确实选拔出了一大批优秀干部，但也出现了一些新问题，如海选作秀、高分低能、一考定音、招进女婿气走儿等等。请分析产生这些新问题的原因，并提出对策建议。

题G90－G92

G90. 报名时你按要求提交了一篇本人撰写的文字材料，现在请你让我们分享分享你这篇材料的"成败得失"。

G91. 在你从事过的职位中，有哪些可大可小或不大不小的"职位风险点"？你又是如何防微杜渐的？请举例说明。

G92. 3月16日深圳特区报讯，《中国改革报》于12日刊发了《深改元年的高质量答卷》长篇专题报道"点赞"深圳。18日深圳新闻网报道，《人民日报》（海外版）专访宝安区委书记，其中还提到要加快建设"生态石岩、科技绿谷"。你有何感触？又有何启示？

题G93－G95

G93. 请跟我们聊一聊，你浏览"深圳市台办网"的所见所闻、所思所想。

G94. 九二共识、三通、一带一路、两岸一家亲、天涯共此时、同城人同待遇、法治城市，请将上述关键词链接成一句话。

G95. "跨境电信诈骗"，你怎么看？

题 G96－G97

[背景资料]

情景1：近年来，深圳平均每年约有20万辆新车上路，平均每天新增数百辆。随之而来的是，修车行犹如雨后春笋散布于大街小巷。这些众多的修车行在给车主带来方便的同时，又给车主带来了没完没了的烦恼。修车行的"手法"可谓是林林总总，常见的包括以下几种：手法一，毛病最大化。如可能仅仅是火花塞上的一点问题，修车行就会让它变成了必须花费数千元进行中修的"痛疾"。手法二，零件以次充好。如仅仅是汽车空调器的一个继电器松了，修车行却将本来能够正常使用的零部件换下，另装上一个继电器，并称给该车配上的是日本进口的配件，实际换上的继电器是一个旧的二手次品，上面锈迹斑斑。手法三，收费太离谱。如明明是少了一个价值几元钱的保险丝，经修车行拆卸一番后，检查费就高达数百元；又比如需更换离合器片，10多家汽车维修厂的报价"绝不雷同"，加上人工费，高的要450元，低的才148元，进口配件和国产配件价格也不一样……据业内人士称，汽车配件这一环是汽车修理店售假、宰客的主要环节。手法四，经营无证件。无证经营在汽车维修行业并不少见，一些个体经营者通过无证经营逃避纳税义务，调低收费冲击市场，严重地扰乱了市场经营秩序。

情景2：在车主抱怨的同时，修车行老板也有难言之隐。某修车行老板一提到附近的某工商所就叫苦不迭。原来该车行和工商所经协商，可优惠修理公车，定期结账；可过了一段时间以后，工商所的工作人员将个人的私车也开来维修，亲戚朋友的车也蜂拥而至，共享协商待遇。久而久之，态度上由协商口吻变为生硬粗暴，付款期限由定期变为无期，账目上由赊账变为坏账。以至于，修车行的人一看到这些熟悉的车辆冲进修车行，就十分紧张……

[问题]

G96. 对情景1，你认为应如何有效管理修车行？

G97. 对情景2，你又有何感受？

题 G98–G99

[资料]

200X年X月X日（周一）下班后，S先生首先参加单位接待省上级部门领导工作晚餐，地点八卦岭上林苑酒店；然后参加进修班同学聚会，地点北环大道北三九小白鲨酒楼；最后去SED迎宾楼酒店接来深的老朋友，因朋友晚餐还未结束，被建议到附近的发廊洗头等朋友。进发廊后，被安排在房门敞开灯光明亮设有三张床的房间松骨，边松骨边收发短信，约七八分钟，朋友告知晚餐结束，便起身准备离去。此时，进来一名身着便衣自称A警察和一名休闲装青年（警察后来告知此人是他的线人），用普通轿车将S先生带至派出所办公室。A警察在其中一张办公桌上边玩电脑游戏边说道，这可不是因为完成任务指标抓你，这个星期的指标已经完成了。B警察进来与A警察强逼S先生脱裤检查。A警离去，B警一人做笔录，S先生叙述了上述经过；B警说，我最恨你这个省的人，我看你今天也喝了不少酒，都快睡着了，你要老老实实配合，否则，我叫你单位的领导和你家人马上过来，看你有何脸面做人；不一会儿，B警说，我已经给你做好了笔录，为节省时间，你也不用看了，相信我，你就在这里（B警手指的地方）按我说的签字按手印，过一会儿，你就可以回去了；S昏昏沉沉地照做后，B警带S离开办公室下楼到另一已有多人等候的房间等候；S昏昏睡去……第二天被叫醒带至看守所，要S在公安行政处罚决定书SGFXJZ[200X]第30XX号，被处罚人S，男，0000-00-00出生，XX派出所人。现查明200X年X月X日22时30分许，违法人S在XXDLJH发廊一暗房内进行流氓活动。以上事实有违法行为人S的供述、HAH的口供、抓获经过及现场照片等证据为证。根据《中华人民共和国治安管理处罚条例》第十九条第（四）项，决定给予治安拘留七天的处罚。"200X年X月X日"上签字，出于害怕和"进去后叫人整死你"的威胁，没敢在签字时注明"未让本人看笔录"。

[问题]

G98. 分析此案例。

G99. 处理此案件。

题 G100-G101

[资料]

某地级市2012年1-11月网上信访反映的主要问题类别统计表

类别 月份	政法类	国土资源 水利林业类	教育类	城乡建设类	交通能源 环保类
			占来信比重（%）		
1	19	17	11	11	
2	18	21		13	11
3	11	13		15	11
4	15	13		21	11
5	14	11		15	10
6	14	10	8	12	
7	15	8	9	15	
8	16	9	14	12	
9	11		13	11	8
10	9		9	10	11
11	18	16		10	10

说明：Ⅰ.信访分类分为：政治综合、经济综合、宣传舆论、纪检监察、政法、劳动社保、教育、卫生计生、科技文体、组织人事、交通能源环保、民政、农村农业、国土资源水利林业、城乡建设、信息产业、商贸旅游、其他。

Ⅱ.政法类问题主要包括交通安全及社会治安管理等；国土资源水利林业类问题主要包括土地资源的规划管理、矿产资源的管理和非法采矿等；教育类问题主要包括教育收费、教师工资待遇、助学金发放管理、代课教师工资待遇等；城乡建设类问题主要包括城市管理和规划、市政和物业管理、违章建筑等；交通能源环保类问题主要包括交通运输和环境保护等。

[问题]

G100.分析统计表所反映的主要特征。

G101.结合实际，针对你认为最主要的一类问题，分析原因，并提出对策建议。

题G102－G103

[资料]

今年，在市人大常委会议的分组审议中，委员们用"全面、深入、透彻"来高度肯定2012年度审计报告，并提出建议——建立责任人"买单"制，"老掉牙"的问题不能屡审屡犯。

委员甲说，此次报告反映出来的一些问题，比如专项资金预算编制不准确等，已是老问题。要解决这个问题就要挖掘出问题背后深层次的原因——"资源配置方式不对，不能老让公务员站在分钱的第一线"。他建议学习香港科技创新基金的资源配置方式，由专业人员来运作基金，公务员负责监督。

委员乙表示，对大多数单位来说，在几年的一个时间段内接受审计往往是一次性的，连续两年接受审计的可能性很小，部分被审计单位可能存在侥幸心理，整改不到位。事实上，审计是一种抽查机制，一个单位存在的问题可能在其他单位也存在，建议考虑建立"举一反三"的机制，让同样的问题在各个部门都能够纠正。

委员丙认为，不让老问题屡审屡犯，关键在于建立一个严格的问责程序，追究部门领导、相关责任人的责任。只有这样，才能起到警示作用。

[问题]

G102．"委员建议"，你怎么看？

G103．"屡审屡犯"，你怎么办？

题G104－G105

[资料]

前不久，一个题为《兄弟，随便花，哥出钱！曝光南市廉政监察审计局接待北市廉政监察审计局官员消费和场所名单》的帖子在各大网站热传。帖中称，不看不知道，一看吓一跳。普通的公务接待，原来可以这么奢侈！该局这次接待，出动24名公务人员陪同15名来客，两天时间工作交流不到4小时，其余都是陪对方吃、喝、玩、乐、观，住当地最高档的酒店，吃最高档的饭店，唱最高档的KTV，赠送最高档的家纺用品，双方吃好、喝好、看好、玩好、拿好，消费达几十万元。

此帖立即引来众多网民"围观"和评论。网友甲说:"监察审计部门都有经济问题,还怎么监察审计别人?我们还有净土吗?"网友乙指责:"廉政审计,你自己还搞铺张浪费,行不正之风,你有什么资格监察审计别人?"网友丙发出尖锐的质问:"花几十万公款陪吃喝共玩乐,廉政监察审计局的经费谁来审计?廉政监察审计局的腐败谁来监督?"无论是曝光的网友还是跟进报道的媒体,都对南市廉政监察审计局作为监察审计部门的身份不依不饶,从而使这起"接待门"具有了特别的意义。

对此,该局新闻发言人就"接待门"事件进行"危机公关",回应说:第一,除了第一天迎宾是24名公务人员外,其他时间只有少数人陪同,不算高规格。第二,晚餐选在某某大酒店,主要考虑节俭;钱柜是量贩式KTV,价格并不高,不算高档次。第三,除了住宿费,其他消费不过数万元,不算高消费。第四,此次接待费用尚未报销,是否全公款尚有待确定。此次有人发帖曝光该局接待安排,而且矛头直指局领导,可能是局领导在监察审计中"得罪"了什么人。

随后,南市纪委发布调查通报:网民质疑的问题,虽在数额等方面有出入,但当事的南市廉政监察审计局及局领导确实存在不同程度违纪违规行为。该局领导受到党内严重警告和行政降职处分。

[问题]

G104. 分析该局新闻发言人的应对存在哪些问题。

G105. 该案例对加强审计部门廉政风险防控有何启示?

<h3 style="text-align:center">题G106 - G109</h3>

G106. 请指出《深圳市××局2013年工作计划提出要突出抓好十个方面的工作》中某一项工作计划实施半年来还存在哪些问题,分析其原因并提出改进措施。

G107. 通过小组讨论,一是指出资料所给的三项工作计划实施半年来还分别存在哪些问题,分析其原因并提出改进措施;二是推选一位代表,准备向评委作总结陈述。

G108. 从所给资料《深圳市××工作改革创新计划(2013-2015年)任务分解表》中,选择你认为进展相对最缓慢的一个改革项目,分析其进展缓慢的原因，并提出改进办法。

G109. 通过小组讨论，一是从所给资料中，选择你们认为进展相对较缓慢的三个改革项目，分别分析其进展缓慢的原因，并提出改进办法；二是推选一位代表，准备向评委作总结陈述。

题G110－G113

G110. 举一个你近年亲历查办的违法违纪案件，分析其成败得失。

G111. 浅谈"为官不易"。

[资料]

今年2月，群众来信举报：深港市中江区环水局局长陈某（中共党员），在一防坡工程建设招投标过程中，利用职务之便帮助他人围标串标。2012年8月的一天，陈某收受中标人张某贿赂现金人民币72万元、劳力士手表一块（张某先将现金人民币72万元、劳力士手表一块给中间人兴隆贸易投资公司负责人李某后，再由李某将该笔款项和手表送给陈某）；同时反映李某目前居住在该市玫瑰花园别墅区价值1200万元的A-8号别墅，其所在的公司涉嫌偷税漏税犯罪问题。另外，来信还举报陈某2012年至2013年多次在该市宾馆开房与美美、丽丽发生不正当男女关系，违规提拔该局环境监测科科长赵某等8名干部以及违规经商等问题。

经组织研究，委派你担任该案调查组组长，具体负责案件的查办工作。调查期间，分管中江区环水局的副区长在一次会议散会时，对你讲"环水局局长陈某工作不错，是我的得力助手……找时间我们几个人一起坐坐"。

[问题]

G112. 遇到类似于该副区长言行的情况，你怎么办？

G113. 你将如何开展工作，有效突破案件？

题G114－G115

G114. "扫描"市决咨委、市委政研室、市委党校、市社科院、深圳大学、综合开发院等机构，市府发展研究中心应如何划定"亲耕"自己的"一亩三分地"？

G115. 深汕特别合作区真有那么特别吗？你准备将深圳如何"拷贝"到汕尾去？

三、事业单位竞争性选拔测试题例S35

题S1－S6

S1. 古人云，"不为良相，则为良医"。现在有的人认为，做了"良相"更容易成"良医"；但也有人认为，要做好"良相"最好只做"良相"。请谈谈你的看法，并结合自身经历，简要说明你做"良医"的优势和做"良相"的优势。

S2. 某科室有两个非常优秀的学科骨干，有时相互贬低，且有愈演愈烈的趋势，科室主任对此似乎也无能为力。你认为作为院长该怎么办？

S3. 目前，医院一线临聘人员的比重越来越大（有的甚至超过在编人员），且整体服务质量优于在编人员，但待遇悬殊。某日，妇幼保健院院长接到了一封临聘人员措辞激烈的集体辞职信，要求合理提高待遇，解决同工不同酬的问题，并表示，如一周内不答复，将集体辞职并集体上访。作为院长，如何处理？

S4. 有人说，"病人投诉，医院头疼；医疗纠纷，院长揪心"。你怎么看？

S5. "妇幼保健院"是否应该更名为"妇幼保健医院"？请谈谈你的见解。

S6. 有人认为，中医是"一个枕头，三个指头，一根银针三只罐，几车草药来钱慢"；西医是"一个听筒一把刀，一根针头一盒药，几番检查来钱快"。你认为中医院长该怎么办？

题S7－S10

S7. 在描述党校的性质和定位时，常用到这样几个关键词：党校姓党、学校、党委的重要部门、培训机构、党的研究机构。你如何理解这几个关键词及其关系和自己的角色定位？

S8. 有人说：过去的党校学员年龄大、学历低，课好讲；现在的学员年纪轻、学历高，课难讲。你准备怎么办？

S9. 请围绕你所从事的学科研究领域，分别就一个热点问题或一个难点问题或一个疑点问题，谈谈自己的见解。

S10. 你平时最愿意同哪类人相处？又最不愿意同哪类人相处？假如在你工作的环境中，恰恰就有这两类人，你将怎样对待？

题S11－S13

S11. 你报考成功入职后，有几个关键词可能会立即跳入你的眼帘：岗位职责、党校要求、党校学员、党校教师、德才兼备。你将以哪一个关键词为中心，定制自己的职业生涯规划？

S12. 图书馆业务一般包括文献收集、整理、典藏和服务这几个相互联系的工作环节，请举例说明你最擅长哪一个环节的工作。

S13. [资料]党校图书馆近年部分统计数据（见下表）。

[问题]从统计表中你看到了什么？想到了什么？应该怎么办？

党校图书馆近年部分统计数据

年份	2009	2010	2011	2012	2013
到馆人次	19,800	16,850	13,025	6,300	3,850
图书借阅（册）	12,300	11,031	10,250	7,500	5,300
CNKI下载（篇）	8,340	12,350	22,500	23,000	37,501

题S14－S19

S14. 电教馆能否打败"黑网吧"？为什么打不败？如何才能打败？

S15. 有人说：企业财务关注的是"如何挣钱"；而机关财务关注的则是"如何花钱"。你怎么看？

S16. 核算中心有一位能力较强的业务骨干，有时与正职的意见相左，甚至影响工作的正常开展。你怎么办？

S17. 你从"市、区财政一般预算支出中教育拨款比例每年同口径提高1个百分点"中看到了什么？

S18. 一位来深执教不久的八〇后教师感叹要读好三本书：读社会、读孩子、读自己；而一位五〇后教师则感叹要读学校、读学生、读教师。你怎么看？

S19. 社会上曾流传调侃副职的手机短信："吃饭要吃素，当官要当副；有职有权责任轻，别人加班我加薪。"你怎么看？

题S20－S23

S20. 你报考成功入职后，有几个关键词可能会立即跳入你的眼帘：岗位职责、学生成长、学校要求、德才兼备。你将以哪个关键词为中心，制定自己的职业生涯规划？

S21. 教师的比喻称谓有：园丁、蜡烛、春蚕、人梯、人类灵魂工程师……你内心最倾向于哪一个称谓？为什么？怎样才可能名副其实？

S22. 深圳"募师支教"志愿者团队继丛飞、姚晓明、李樱樱、孙影之后，成为"中国人的年度精神史诗"——《感动中国》2011年度候选人物。如何将这一首首精神史诗嵌入深圳校园、谱写新篇章？

S23. 一周前，深圳市118位民办教师荣获"新公民园丁奖"。你有何感触？又有何启示？

[注："新公民"特指外来务工人员子女。"新公民园丁奖"——非政府奖项，是唯一一个全国性的打工子弟学校教师的评奖项目；已举办五届，在北京、成都、上海等地举行过评奖活动。]

题S24

S24. 妇儿大厦，本是深圳妇女儿童事业的标志。你觉得应该怎样做，才能使这"似乎无人知晓"或"知之甚少"的标志，成为"几乎无人不知"的标志？

题S25

[资料]

2013年6月13日我市公布《深圳市中小学师德档案制度》（征求意见稿）。文件规定了14种师德失范行为：

（1）散布损害国家声誉的言论，组织或者参加旨在损害国家利益的集会、游行、示威等活动的；

（2）公共道德有严重失范行为，造成恶劣社会影响的；

（3）有侮辱、歧视学生行为，造成学生重大精神伤害的；

（4）体罚和变相体罚学生，造成学生精神和身体伤害的；

（5）对学生有性骚扰等不良行为的；

（6）在保护学生安全上玩忽职守的；

（7）利用招生、推荐就业、过年过节等机会索要、收受学生和家长财物的；

（8）违反"有偿家教五不准"规定，情节严重的；

（9）巧立名目，向学生乱收费用的；

（10）有抄袭、剽窃、侵吞他人学术成果，伪造、篡改数据文献，或者捏造事实等学术不端行为的；

（11）在申报职称、岗位、项目、荣誉等过程中弄虚作假的；

（12）工作态度恶劣，造成不良社会影响的；

（13）生活作风严重腐化的；

（14）其他严重违反政治纪律、工作纪律、廉洁从教纪律和职业道德的行为。

[问题]

S25.你将如何防微杜渐其中的某一种行为？

题S26

[资料]

2013-06-27-12:41-深圳市教育局（网站）-信息公开（目录）-政策法规及政策解读-教师管理：

序号	文章标题	发表时间	点击数	点击率（%）
11	深圳市人民政府关于进一步加强教师队伍建设提高教育核心竞争力的意见	2012-04-10	515	4.92
10	深圳经济特区实施《中华人民共和国教师法》若干规定	2012-03-30	540	5.15
9	关于印发《深圳市中学教师继续教育验证管理暂行办法》的通知	2011-03-04	1114	10.63

续表

序号	文章标题	发表时间	点击数	点击率（%）
8	教师资格证书管理规定	2009-04-07	5443	51.96
7	中华人民共和国教师法	2009-04-07	594	5.67
6	国家教委全国教育工会关于重新颁发《中小学教师职业道德规范》的通知	2009-04-07	253	2.42
5	教育部关于印发《关于加强中小学教师职业道德建设的若干意见》的通知	2009-04-07	136	1.30
4	教师资格条例	2009-04-07	1068	10.19
3	教师和教育工作者奖励规定	2009-04-07	319	3.05
2	深圳市教师职业道德规范	2009-02-28	195	1.86
1	深圳经济特区实施《中华人民共和国教师法》若干规定	2009-02-28	299	2.85

[问题]

S26. 从"点击率"说开去……

题S27－S30

S27. 按下表列举你今年所做的4项工作任务，并简要回答相应问题。

工作小结表

工作任务	为什么做该项工作	该项工作怎样做的	该项工作做得怎样
1.			
2.			
3.			
4.			

S28. 描述你在第一题中所列某一项工作任务的管理流程，分析其中需要优化的管理环节，并提出改善办法。

S29. 阐述上两题分析成果对你胜任竞聘岗位的启示。

S30. 结合竞聘岗位，草拟《致主任的一封信》。

题S31－S32[①]

[资料一]

致P医院的求助信

"三严三实"督察暗访组转P医院：

贵院骨脊柱外科患者L，因术后站不住跪不下无奈在轮椅上率家属向各位领导问好！向各位领导"跪"求医术、"跪"求医德、"跪"求医管、"跪"求调解。

一、手术概况

患者因左下肢活动后疼痛于2015年2月11日来贵院微创内科进行左侧下肢动静脉彩超检查，并于3月9日在微创介入科办理住院，3月20日转入骨脊柱科，诊断为腰椎管狭窄症。

（一）术前承诺（保守治疗？必须手术！）

转入骨脊柱科当天，患者及家属就询问Y主任，这可否对患者进行保守治疗？Y答：保守治疗没有用，一定要开刀才能好；此病手术是骨脊柱科常规手术，术后病人左腿症状即治愈，2周后即可出院。

（二）手术连败（不足一周，手术两次！）

1. 第一次手术（全麻下行L2-5椎板双侧扩大开窗椎管减压术）于3月25日下午进行，手术当晚麻醉苏醒后，Y及主治医生让患者动动脚趾，发现患者的双侧脚踝及脚指头不能活动，同时患者的双腿麻木并疼痛、且全身无力（术前主治医生告知：患者在手术苏醒后6小时内，便能自行伸腿、活动脚、活动脚趾）；家属向Y及主治医生询问造成此术后症状的原因，没有得到答复。Y及主治医生要求做第二次手术并再次承诺手术定能成功，患者及家属迫于无奈并怀着第二次手术能成功的期盼而选择了同意手术。

2. 第二次手术（全麻下行L2-5全椎板切除，椎管神经根减压术）于3月30日下午进行，术后患者不但没有好转，反而双腿更加疼痛、麻木，脚踝和脚趾仍不能活动；特别是术后疼痛，时间长达四个多月之久，每当患者在床上疼痛难忍时医生的处理就是打止痛针，吃止痛药，疼就加大药剂用量。患者在正常人无法想象的痛苦中煎熬了四个多月！

二、"跪"求医术

（一）手术连败，失败真相？

---

① 此题案例（资料一、二）撰写第一作者为李波。

手术连连失败，患者及家属多次焦急地向Y及主治医生求问：这是什么原因？还能否治好？但Y及主治医生要么闭口不谈，要么支支吾吾，要么转移话题……患者"跪"求事实真相！

（二）只管拍片，不做解释？

手术后，Y及主治医生说是患者自身原因造成手术失败（但术前各项检查结果都是正常的），又让患者拖着疼痛的身体配合医生全身上下各个部位都拍了个遍，拍的CT、增强磁共振、X光片共13张。但各种检查都做了，却仍未告知患者术后恶况之因！

（三）美国专家诊断明确：手术伤到了神经根！

8月13日下午，Y带领一位美国专家来到患者床前，美国专家认真诊断后，神情严肃地用中文说道：这是手术伤到了神经根！Y见势不妙立即打断美国专家，急急忙忙地一边拉着美国专家向病房门口走去，一边心虚地说，我们回会议室研究讨论……几天后，在患者的不断追问下，Y才吞吞吐吐地说，讨论认为，还是由于患者缺血造成的。

（四）承认有责，医治无能！

9月22日中午，患者及儿女按Y的通知到Y的办公室，Y明确告知：①两次手术给患者造成的损伤，P医院治不了，患者的腿也不可能恢复到入院前的样子了；②患者自己去康复治疗；③"造成这样的结果医生也是有责任的"；④建议患者走法律诉讼；⑤医院很有钱，不怕打官司，医生更不怕打官司！好一个"5点告知"！

三、"跪"求医德

（一）贵院病人，"我们不管"！

还在旧住院楼病房时，有一天患者在床上翻身，腿用不上力被卡到床栏杆的缝里动弹不得，疼痛剧烈，束手无策之际急忙按呼救铃叫护士找医生来处理，可护士来到病房告诉患者："医生说，'他（指患者）不是我们分管病床的病人，我们不管'"……真是令人心寒！

（二）绕过患者，不予查房！

按规定住院部医生应该每天查房！但据患者不完全统计，医生查房故意绕开患者病房的次数至少高达30次以上，仅11月2-27日（周六、周日除外），2、9、12、16、19、20、23-27日均未查房，也就是说，20个工作日，就有11天不查房，23-27日整整1周都不查房。

（三）不予康复，坐失良机？

早在患者术后三个月时，家属就已经尝试与医生沟通外请专家会诊及康复治疗的事情，但都被医生一一拒绝。直到在前述"5点告知"时，Y才

"劝"患者自己去康复治疗。是否贵院已错过为患者康复治疗的最佳时机？！

（四）没有亏欠，只有遗憾？

11月2日，患者哀求Y，如何能缓解患者双腿的疼痛麻木？Y说，你这病，医生治不了了，你去找社工部吧，我早就向院办、社工部说过你的情况；Y还说，作为医生，我对你没有亏欠，没有愧疚，只有遗憾。患者走着来治病，结果治成了瘫痪，毁了一个家庭，医生连一点亏欠、一点愧疚都没有？！Y的理直气壮的"遗憾"，是类似于外交上常用来表示对对方（这里指患者）的不满，还是医生Y个人名利上的遗憾？！

患者作为受害者，至今已卧床八个来月了，生活完全不能自理，心里很委屈、很难受……却还屡遭不管不问，甚至被踢出贵院的悲惨下场。试问，贵院之院训到底在哪里？！

四、"跪"求医管

（一）乱收医药费，欲叫保安抓患者！

患者第一次手术麻醉费用为6857.93元（当时同病房的患者也是做同样的手术，麻醉费用是2000多元），第二次手术麻醉费用却为2567.74元。这是何故？6月16日，患者发现药费清单里无故多加了个536元的收费项目，患者坐着轮椅去找护士询问情况，由于当时环境有些嘈杂，加之患者耳背，说话声音稍大了点，Y居然指桑骂槐地对护士吼道：再有这种情况就叫保安！明明是贵院乱收医药费（后退还），却还欲叫保安抓患者，真是岂有此理！

（二）赔钱找医院，与医生个人无关！

Y在前述"5点告知"时明确表示，患者可以打官司、告医院，走法律程序；并以高高在上的姿态对患者及家属嘲笑道：P医院很有钱，就算是患者打官司赢了，也是医院赔钱，对医生个人来说根本没有什么影响，医生不怕打官司；还威胁道：患者对医生要好一点，打官司时，医生可以帮患者把手术等情况说得客观一点，等等。

（三）谎称已上报，院办/社工部不知情！

术后三个月，Y和主治医生曾分别告知患者及家属，科室（骨脊柱科）已向院里反映并上报了患者的情况。11月10日上午，患者及家属去找X院长寻求帮助，但X院长办公室大门紧闭。院办W主任当着患者及家属的面，找来社工部工作人员了解情况，也正因为当面对质才有机会让患者及家属得知，以前Y和主治医生口口声声说的已经把患者病情上报给院里、患者的诉求报给社工部的事都是假的，院办、社工部根本就不知道此人此事。为什么又欺骗患者？！

（四）医生卖猪仔，康复肢具往外推！

第二次手术后约两个半月时，DL公司F姓销售（来者自我介绍）两次闯进病房强行给患者测量肢具尺寸，患者拒绝，销售说：是Y打电话叫他来的；Y还说已经跟患者说好了的。这里面有什么蹊跷？因为实际上直到在前述"5个告知"时，才要患者自己去医院住院进行康复治疗，同时才提及肢具事项，而且要患者自己到厂家购买康复肢具。现在为什么要往外推？这是医患关系还是厂患关系？患者要的是医患关系。

五、"跪"求调解

Y建议患者告医院。但患者以为，法律诉讼即使能解决法律问题，但也化解不了患者对贵院及Y医术、医德、医管问题的心结。Y不怕当被告、有意激化医患关系，其实，患者也不怕当被告。因此，患者"跪"求调解。

（一）患者强烈要求医院继续为患者治疗、康复，兑现术前承诺，患者要正常行走。

（二）对于手术失败、治疗失误、乱收医药费、不查病房等行为，当事人应向患者真诚道歉。

（三）要求医院支付患者从现在起的所有治疗、康复、肢具等费用，因患者已支付（垫付——Y及主治医生的说法）20多万元，无力再垫付。

（四）如果贵院无法兑现术前承诺，要对"此案"作一了结，患者希望贵院凭借以往经验，调解了结"此案"。

"跪"求院领导重视患者，切实解决问题。

此致敬"跪"礼！

患者：L 2015年11月29日

[资料二]

致P医院的第二封求助信

尊敬的P医院：

您好！我是骨脊柱科的患者L。从2015年的11月份给院里写的第一封求助信到现在，已经有六个月了，感谢院领导对我的重视，其间Z院长和社工部M主任也与我及家属做了沟通并希望能协商解决我的事情，但现在一切似乎又回到了原点。

去年11月份我们试图去找X院长反映情况，但被院办的人员挡在门外，还谎称"院长不在"，可事实是X院长就躲在办公室里避而不见。于是，我才给市"三严三实"督导组写了一封求助信，通过督导组把这封信转给贵医院，也就是因为这封求助信彻底"惹恼"了Y，也让Y对我的辱骂、恐吓、挑衅变本加厉。在院领导的帮助下，2016年3月9日下午，我家属与社工部Z到广东中一司法鉴定所（以下称鉴定所）提交医患共同委托申请，做伤残程度评定、医疗纠纷鉴定。在提供鉴定资料期间，因院方医生所提供的"住院小结"没有客观反映患者实际情况，鉴定所要求院方医生重新提供客观的真实材料才能走下一步鉴定程序，但Y一直不配合。2016年4月7日，我为了能尽快做医疗鉴定，去找Y沟通，谁知Y却说："我就是不配合你，叫你一分钱也拿不到。"Y的挑衅引起了我与他的争吵，事后Y告诫全科室医生和护士，不准许与我说话。也是从4月7日开始就真的没有医生和护士敢跟我说话了。事后，我从其他患者处听说"Y说你来医院看病的时候就是躺着进来的""Y说你是神经病，谁都不要理你"。

5月2日凌晨2点左右，我突然肚子疼、腹泻，因担心Y曾警告过科室的医护人员而没有医生敢管就一直拖着没敢找医生，直到第二天早上肚子疼加上腹泻得快虚脱了，实在挺不住了，才鼓起勇气去找当班医生帮我看看病，当班医生说："科室已经把你住院名单消除了，你也没有住院号，我现在也不能给你开医嘱，这样吧，我给你写个药名，你自己去医院附近的药店买药吧。"就在这时，我才知道Y手段如此卑劣，竟然在我不知情的情况下私自下医嘱、悄悄给我除名。真心感谢那位敢"冒死"给我开处方的医生。但事后想想，真是让人恼火，我明明还在住院，竟被医生私自下医嘱偷偷地除名；明明还在住院，生病了反而要我自己去外面药房买药。如果那天我不是得了腹泻的病，而是在需要抢救的生死关头，那这个科室的医护人员又会怎样对我？是不是会袖手旁观让我自生自灭？

4月27日，鉴定所要我家属退费，拒绝做我和医院共同委托的鉴定，后来我才听医院的人说"Y神通广大，并且还扬言不管我去找市里、省里，哪里都没用，只要是在广东省内（他到处都有人脉、有关系），无论我去哪里鉴定和讨说法，都是不可能的"。

早就听到过医院的工作人员说过"Y可不是一般人啊，在P医院的上层关系很硬，他说什么就是什么，连院长都得听他的，你们找医院一点用也没有……""在科室里医生和护士都怕他，他经常拿同事出气，动不动就骂医生、骂护士""曾经还有医生要想上楼逮着他揍他一顿……""Y为人高傲，谁的话也不听，从不听取别人的意见，一意孤行……"，所以直到现在，在整个医疗事件中，给我的感觉就是Y做坏了手术有"靠山"撑腰，甚至Y认为我向医院反映情况就是坏了他的名声、损了他的面子，我维权无非就是想要钱，从而轻贱我。但在与Z院长和社工部M主任的多次沟通中我已数次明确表示，第一我只想要治疗和康复，我怎么走进的医院就得怎么走回去；第二贵医院必须就这次医疗事故给我一个说法；第三多少钱能弥补我的两条腿呢？没有了两条腿，给我一座金山又有何用？

由于医生对病人的极不负责而导致严重的医疗事故,在手术后出现失误时,非但不采取积极措施进行治疗,反而采取狡辩、回避而错失最佳的治疗时机,使我肉体上的痛苦、精神上的痛苦无限地延长。甚至采用辱骂、恐吓、挑衅等违法手段对待病人及家属,还报警企图混淆是非,颠倒黑白,充分暴露了Y作为医生医德的丧失,对不起医生这份崇高的职业,也给P医院抹黑,有违贵院之院训。在深圳市卫计委下发的《关于深入开展学习徐粼同志先进事迹活动的通知》中提到"要求大力弘扬徐粼同志的崇高精神,激励全体医务人员坚持'以患者为中心'的服务理念,恪守献身医学的庄严誓词,做'博学行医、业务精湛、博爱救人、敬业爱岗'的深圳医务工作者"的同时,我是多么希望能够遇到像徐粼这样的医生,因为徐粼医生从来不对患者说"不"。Y连徐粼医生的千分之一、万分之一都做不到,还配做一名医生么?

医患关系之所以会雪上加霜,究其根源就是高高在上的医生与患者之间信息的严重不对称,从一开始医生就不信任患者,为求自保从来不给患者知情权,患者永远不知道医生对自己做了什么,从医生那里得不到一句真话;患者本来是信任医生信任医院的,但由于医生对患者的不信任,而导致患者也不信任医生;也就是因为医患的不信任才会引起矛盾,这种不信任和矛盾恰恰就是医生引起的,这才是医患关系恶化的原因。我理解医生做手术哪有不出错的,出了错对于医院和医生来说其实就是一个极小的概率、一件小事,但这个概率落到患者的头上那就是一件天大的事。这个时候作为医院和医生就更不该逃避责任、把问题都推到患者的身上,就应该承认错误、积极面对和解决问题,才不会失去医患间的信任。通过我维权这件事,就已经把何为"医闹"重新定义,医生为求自保篡改病历、欺瞒病人、隐瞒实情、侮辱病人,这就是"医闹",病人是弱势群体孤立无援、投诉无门,想要维权难上加难,最后被逼不得已才"闹医"。这才是"医闹"和"闹医"的区别所在。

我住院期间,在骨脊柱科我知道的就已经有至少4例患者手术失败。就我这件事情而言,很可能会引起更大的更严重的医疗纠纷,我甚至担心Y的所作所为已经触碰到了我的承受底线,已经让我忍无可忍,随时都有可能有豁出生命的冲动,所以说今天我把这些事情、这些话写出来也是想说如果后来发生了意想不到的事情,那么我在这里就算向各位领导以及组织汇报过了。

患者始终认为,法律诉讼即使能解决法律问题,但也化解不了患者对贵院及Y医术、医德、医管问题的心结。Y不怕当被告、有意激化医患关系,其实,患者也不怕当被告。因此,患者仍"跪"求调解。

(一)患者强烈要求医院继续为患者治疗、康复,兑现术前承诺,患者要正常行走。

（二）患者始终是在P医院治病，这起医疗事故不调解完，绝不会出院。Y既然私自给我除名，那么就必须得给我恢复原来的住院号。我要求正常住院、治疗、康复、查房。

（三）对于手术失败、治疗失误、乱收医药费、不查病房、私自将患者除名、挑衅和侮辱患者等行为，当事人必须向患者真诚道歉。

（四）如果贵院无法兑现术前承诺，就应该对"此案"作一了结，针对这起医疗事故必须给患者一个说法。而经过上轮的调解，我还是有些问题想不通，为何整件事情给患者的感觉就是患者要医院给说法那就患者事事主动，医患双方共同委托的鉴定为何也要患方来垫付鉴定费用。4月27日鉴定被拒后，我儿子在5月3日就赔偿金的计算和关于鉴定退费的相关情况以及我的想法向社工部M主任进行说明，并请M主任将《关于赔偿明细计算及鉴定退费的情况说明》转交给院领导，至今我已经等了一个月了，但我始终没有等到医院的回复。从手术致我瘫痪到现在已经一年多了，院方从来没有主动与我沟通过，都是要我坐在轮椅上去找院里"讨说法"，我认为既然要了结"此案"，那么医院就得让患者看到医院的诚意，也理应由院方积极主动牵头来制订解决方案，我愿意配合医院。

"跪"求院领导重视患者，切实解决问题。盼复
此致敬"跪"礼！

患者：L 2016年6月6日

[问题]
S31. 分析此纠纷
S32. 处理此纠纷

题S33－S34

[资料]

在海滨职业技术学院网站上出现了这样一则帖子：

03级三维动画专业学生牛锋，中学期间是一名品学兼优的学生，连续多年担任班团支部书记、学生会文艺部长，并多次担任大型辩论与演讲活动的主持人。入学后，担任学院团委组织部干事，并且显示出其多才多艺，曾师从市散打冠军练武强身，具有专业散打运动员水平；担任过学院迎新晚会主持人，作为学院代表队的主辩参加学校的辩论赛；牛锋积极要求进步，入学后不久就向组织递交了入党申请书；在学习方式上，牛锋是一位极具个性

的学生,特别偏爱动手能力的训练,关注所学专业技术的市场需要,力求学以致用。他对于动漫行业的市场有着独特的感悟,大二开始就主动联系"客户",独立接单,为企业进行动漫广告设计;2005年牛锋带领同系五位同学成立"G-In"工作室,联手设计、制作虚拟校园场景动画与人物动画,废寝忘食数月,成功将所设计的动画运行于主流游戏之中,取得了阶段性成果,得到师生的赞同认可。受初次成功的激励,牛锋欲罢不能,2006年索性与动画系的两位三维动画专业年轻的任课老师合作,天天吃住在办公室,夜以继日,历时半年,成功制作了当时国内首部高清三维动画短片《和平底线》,并代表学校与学院在第二届文博会参展,受到业内人士的普遍认可和广泛好评;还在广东省首届大学生科技学术节及各项技能大赛中获奖。2004年取得英语二级证书、2005年获得动画专业证书、2006年获得MAYA模型证书。

牛锋认为动画制作关键是创作灵感、设计能力和制作水平,而不在于按部就班地读死书,就是读书也在于理解和悟性,学习方式因人而异,能够通过课程考试,就说明了对于基本知识的掌握,并不在于在课堂上正襟危坐。在动画设计忙到深夜的情况下,第二天往往蒙头大睡不去上课,即使辅导员去宿舍赶他上课,他都不予理睬。结果有10门课虽然课程考试均通过,但由于旷课超过了三次,平时作业多次没有按要求完成,就被任课教师评为不及格,取消了相应学分。因为所修学分未达到学籍管理要求,在二年级时被留级处理;同样的原因,毕业又被延期。按照学校规定,学分不足,必须补修,每学期最多只能补修3门课程,要补修10门课拿到21个学分,牛锋就得等到2010年才能毕业。

这则帖子,在学校中引起了争议……

[问题]

S33. 假如帖子内容属实,请你从以学生为本和学生管理制度的角度进行分析评价。

S34. "牛锋现象"对职业技术学院培养什么样的人以及如何培养,提出了什么"挑战"?应该怎么办?

题S35

[资料]

深圳职业技术学院坚持开放办学,注重对外交流与合作,注重与企业的合作办学。与国外及我国港台地区60所高校签订了校际合作协议,与中西部10个省、自治区的25所高职院校、168所中职学校结成了对口支援关系,与

1750家企业建立了合作关系，年均接待来校考察的国内外来宾4500余人次。

祝贺深圳职业技术学院15周年校庆的单位名单（排名不分先后）

教育部高等教育司	Coventry University, UK	
深圳大学	Cultural and Education Section of the British	
中共深圳市委党校	Consulate-General	
深圳大学城管委会	University of Wolverhampton, UK	
北京大学深圳研究生院	Illinois Central College, USA	
清华大学深圳研究生院	University of Ballarat, Australia	
哈尔滨工业大学深圳研究生院	Australian Education International, Australian Consulate General-Guangzhou	
南方科技大学筹建办	Department of Polytechnic and Community College Education, Ministry of	
深圳虚拟大学园	Higher Education, Malaysia	
深圳信息职业技术学院	Manchester Metropolitan University	
深圳市广播电视大学	Moscow State University, Russia	
广东新安职业技术学院	Perm State Technical University, Russia	
河源职业技术学院	Nanyang Polytechnic, Singapore	
西藏职业技术学院	University College of the Fraser Valley, Canada	
北京联合大学	Escola Superior de ComereC Internacional	
上海第二工业大学		
日本大阪滋庆学园	巴黎高等管理学院集团	威海职业学院
英国驻广州领事馆	德国F+U培训集团 萨克森州培训中心	北海职业学院
香港职业训练局	马来西亚PSA学院	顺德职业技术学院
香港专业教育学院（黄克兢分校）	日本国士馆大学	湖南交通职业技术学院
海德堡印刷设备（深圳）有限公司	日本帝京平成大学	广东工贸职业技术学院
深圳市标远汽车有限公司	韩国公州映像大学	山西工程职业技术学院
海王集团有限公司	韩国仁川技能大学	重庆工程职业技术学院
广东技术师范学院	香港理工大学	成都航空职业技术学院
暨南大学	香港专业教育学院屯门分校	上海公安高等专科学校
番禺职业技术学院	香港专业教育学院沙田分校	贵州交通职业技术学院
浙江金融职业学院	香港专业教育学院摩理臣山分校	肇庆工商职业技术学院
宁波职业技术学院	台湾亲民技术学院	广州航海高等专科学校
昆明冶金高等专科学校	台北科技大学	广东科技职业学院
贵州省教育厅	台湾致理技术学院	云南经济管理学院
广西壮族自治区教育厅	台湾朝阳科技大学	大连职业技术学院
湖南省新晃县委县政府	台湾澎湖科技大学	长春职业技术学院
中国国际贸易学会	台湾建国科技大学	广东女子职业技术学院
中国室内设计协会	台湾明新科技大学	常州信息职业技术学院
深圳市商业联合会	台湾育达商业技术学院	新疆农业职业技术学院
深圳市出版业协会	台湾昆山科技大学	天津中德职业技术学院
深圳市包装行业协会	香港UNI-WORLD SERVICES CO.LTD	陕西工业职业技术学院
深圳市翻译协会	华南理工大学	南宁职业技术学院
深圳市物业管理协会	华南师范大学	上海医药高等专科学校
深圳市医药行业协会	华南农业大学	长春汽车工业高等专科学校
深圳市食品行业协会	广州大学	邢台职业技术学院
深圳市视光师协会	河套大学	贵州省黔南民族职业技术学院
深圳市仪器仪表学会	昆明大学	同济大学高等技术学院
深圳市仪器仪表与自动化行业协会	汕头大学	辽宁省交通高等专科学校
深圳服务贸易协会	广州美术学院	金陵科技学院
深圳市会议展览业协会	广州医学院	商丘职业技术学院
深圳市加工贸易企业协会	广州中医药大学	东南大学职业技术教育学院
深圳市土木建筑学会暖通空调委员会	广东海洋大学	铜仁职业技术学院
深圳市专家工作联合会专家工作委员会	东莞理工学院	北京城市学院
深圳市塑胶行业协会	嘉应学院	佛山科学技术学院
深圳市光机电一体化促进会	韶关学院	天津医学高等专科学校
深圳市安全防范行业协会	茂名学院	深圳龙岗职业技术学校

深圳市机械行业协会	肇庆学院	深圳市高级中学
深圳自动化学会	长沙民政职业技术学院	深圳外国语学校
深圳市半导体行业协会	兰州职业技术学院	深圳市实验中学
深圳市康复医学会	汕头职业技术学院	深圳市华日丰田汽车销售服务公司
深圳市制冷学会空调制冷专业委员会	延安职业技术学院	深圳市深宝实业服务公司
深圳市护理学会妇产科专业委员会	福建交通职业技术学院	深圳市面粉有限公司
深圳市护理学会	山西晋中职业技术学院	重生源生物科技（深圳）有限公司
深圳市计量质量检测研究院	韩山师范学院	深圳达实智能股份有限公司
深圳市药品行业特有工种职业技能鉴定站	天津职业大学	深圳长国电子材料有限公司
深圳国际园林花卉博览园管理处	温州职业技术学院	深圳报业集团印务有限公司
深圳市海天出版社	甘肃林业职业技术学院	深圳赤湾港航股份有限公司
长安街时报社	九江职业技术学院	深圳市亿道电子技术有限公司
深圳出版发行集团公司	金华职业技术学院	深圳市优龙科技有限公司
深圳远洋运输股份有限公司	郑州牧业工程高等专科学校	深圳汽车配件用品商会
深圳用友软件有限公司	平顶山工业职业技术学院	中海物流（深圳）有限公司
深圳市海王星辰医药有限公司	芜湖职业技术学院	深圳市大升高科技工程有限公司
DELL（中国）有限公司	柳州职业技术学院	深圳市白沙物流有限公司
深圳市立健医药有限公司	邯郸职业技术学院	深圳市俊励国际船舶代理有限公司
深圳麒麟山庄	青岛远洋船员学院	深圳市圣路嘉生物技术有限公司
深圳喜来登酒店	广东松山职业技术学院	深圳市罗湖区伊甸园影店
深圳市凯意科技有限公司	北京电子科技职业学院	深圳市北方物业管理有限公司
深圳市华展国际物流有限公司	无锡职业技术学院	深圳市新洲城物业管理有限公司
南方中药港药品交易股份有限公司	山西省财政税务专科学校	深圳市城市策略地产顾问有限公司
深圳市科精诚印刷机械制造有限公司	四川建筑职业技术学院	深圳市嘉航检验技术咨询有限公司
深圳赛意法微电子有限公司	黑龙江农业工程职业学院	深圳新时空信息咨询有限公司
深圳英杰激光数字制版有限公司	江苏农林职业技术学院	深圳中华商务安全印务有限公司
深圳先进微电子科技有限公司	永州职业技术学院	伟望贸易（深圳）有限公司
先进半导体材料（深圳）有限公司	西安航空职业技术学院	深圳市博士眼镜有限公司
深圳市易维讯电脑技术有限公司	兰州石化职业技术学院	福建星网锐捷网络股份有限公司
深圳市唐人文化有限公司	广东水利电力职业技术学院	深圳市明喆物业管理有限公司
深圳市美盈森环保科技股份有限公司	安徽水利水电职业技术学院	深圳市人民医院
深圳市巨邦国际旅行社有限公司	黑龙江建筑职业技术学院	北京大学深圳医院
励展华博展览（深圳）有限公司	广东农工商职业技术学院	深圳市妇幼保健院
深圳航空有限责任公司	苏州工业园区职业技术学院	深圳市中医院
深圳市嘉力达实业有限公司	青岛职业技术学院	深圳市第二人民医院
深圳市国徽电子股份有限公司	上海工艺美术职业学院	深圳市宝安区人民医院
深圳市地方税务局东鹏印刷厂	重庆工业职业技术学院	深圳儿童医院
深圳致君制药有限公司	广东科贸职业学院	深圳市罗湖区人民医院
深圳万乐药业有限公司	承德石油高等专科学校	深圳市福田区人民医院
深圳市晨光乳业有限公司	石家庄铁路职业技术学院	深圳市协康残疾人康复服务中心
中国联想集团联想（深圳）电子有限公司	上海商学院	深圳平乐骨伤科医院

[问题]

S35. 从以上资料中你看到了什么？又想到了什么？请作定性定量的具体分析。

第四篇

YUREN MOSHI TANSUO

育人模式探索

干部学习指数研究[①]

即将率先出台的《深圳市干部学习促进办法（试行）》，对干部学习问题的探索研究与解题思路至少有三大转变或亮点：一是概念，从培训到学习，从党校培训到干部学习；二是方法，从考核到促进，从一般考核到评价促进；三是成效，从学习到工作，从促进学习到促进工作，即从促进干部学习到服务科学发展。而贯穿其中的"一根统计红线"，就是干部学习指数"晴雨表"。本文拟就干部学习指数的重要意义、基本涵义、构建原则以及指标体系构成，作初步探讨。

一、干部学习指数的重要意义

干部学习指数从总体数量上综合反映干部学习的变动状态。它以相对数的形式，用数量指标或质量指标反映干部学习的综合变动方向和程度。编制干部学习指数的根本目的就是在于对干部学习主体方式、学习资源环境、学习成果绩效的不同结果过渡到可以综合比较，从而计算出总指数，以反映干部学习的总变动状况，使之成为可测可知且一目了然的结果；干部学习指数还可以分析干部学习总体变动中受各个因素变动的影响程度，包括总体总量指标和平均指标的变动受各个因素变动的影响程度分析；而连续编制的干部学习指数数列，则可以对干部学习的发展变化趋势进行客观准确的分析判断。因此，干部学习指数可以科学地综合反映干部学习的实际状况，使干

[①] 原文载于《特区实践与理论》2009年第4期。作者调深圳市委党校工作不久，起草了《深圳市干部学习促进办法（试行）》，后经多方多次讨论修改，深圳市委以深发〔2009〕8号文印发《深圳市干部学习促进办法（试行）》。

学习状况可测量、可评价，是全面了解、深入研究、有效推进干部学习的一种动态反馈系统。

干部学习指数指标体系是一个全面衡量干部学习发展程度的评价体系，也是干部学习的"指挥棒"；它为考察干部学习提供了客观的指标尺度，也为检验干部学习成效提供了重要的参考标准。干部学习指数是由一套指标体系综合构成，每项指标都会对综合指数产生影响，只有在干部学习主体方式、干部学习资源环境和干部学习成果绩效等各方面的各具体指标都有所提高，干部学习指数才能提高。这就为各级、各部门、各单位结合实际、采取有效措施、有针对性地持久地开展干部学习提供了明确的导向和指引，使干部学习成为一种自觉。对于全面落实科学发展观，推进学习型组织、学习型社会建设，具有重要意义。

干部学习指数是促进干部学习的一种有益尝试，既具有理论意义，更是一种探索性实践，将有利于在促进干部学习的工作中实现从概念到方法到成效诸方面的转变。干部学习指数为实现这种转变、为促进干部学习，提供了重要的技术保障措施，是描述干部学习发展状况、评价干部学习发展水平、考察干部学习发展成效、预测干部学习发展趋势、研究干部学习发展规律的基础工具。

二、干部学习指数的基本涵义

科学设立干部学习指数的基本前提，是必须把握学习尤其是干部学习的特点。

（一）干部学习的主要特点

干部学习不同于广义的一般人学习，在学习的立场、观点和方法上都有一定的要求，历来受到党和国家的高度重视。毛泽东提出《改造我们的学习》，指出干部学习的基本任务是认识世界和改造世界，提炼出实事求是、没有调查就没有发言权的实学精神；邓小平指出，学习根本的是要学习马列主义、毛泽东思想，要努力把马克思主义的普遍原则同我国实现四个现代化的具体实践结合起来，从实践中学，从书本上学，从自己和人家的经验教训中学；江泽民提出学习要做到"五个坚持"；胡锦涛提出求真务实，丰富了党的干部学习原则，并要求全党各级领导干部要勤奋好学、学以致用，牢固树立终身学习的思想，坚持理论联系实际的马克思主义学风，努力在建设学习型政党和学习型社会中走在前列，把学习的体会和成果转化为全面建设小康社会、构建社会主义和谐社会的能力，转化为推动党的执政能力建设和先进性建设的能力。在社会主义市场经济条件下，干部学习出现了由知识性学习到全面提高执政能力的转变。这种态势构成了干部学习的时代特征和发展趋势，这是建立干部学习指数必须关注和把握的首要问题。当前的干部学习至少具有以下一些主要特点：

1. 主题化。如"三讲""三个代表"重要思想教育、党的先进性教育和深入学习实践科学发展观等大型学习活动，主题鲜明，针对性强。其加强党性教育的导向性，要求干部树立正确的世界观、人生观、价值观，深刻领会中央路线方针政策，做到学以致用，联系实际，加深对党的基本理论、基本纲领、基本路线、基本经验的认识，提高执政能力和执政水平。通过这种重大主题学习活动，各级干部保持学习的积极性和创造力，提高了领悟能力和指导实践的综合能力。

2. 条例化。如《干部教育培训工作条例（试行）》《中华人民共和国公务员法》《中国共产党党校工作条例》等，进一步明确干部学习计划调训制度、党委（党组）中心组学习制度、干部学习班次制度、干部培训考核制度、干部培训与选拔任用制度等。《条例》使干部学习制度规范化，使干部学习有了一种自然压力和责任感。

3. 专业化。近年来，干部在综合性学习的基础上更加注重专业性，党政主体班也加强了专业学习和能力培养，强化重点学、专题学和课题调研，加快了干部专业进程，缓解了"知识透支"和"本领恐慌"，使干部注重结合自身职位和岗位需求学，有力地提高了干部整体素质和业务能力。

4. 网络化。随着高科技信息的发展，网络学习培训成为提高干部素质的新阵地，对干部的思想、工作、学习、生活产生了重大影响。网上党建、电子政务，尤其是在线学习趋热，益于广大干部根据自身岗位和素质的需求自主选学，通过网上阅读、下载资料、远程教育、网络交流等，提高了干部学习兴趣，增强了干部科技文化素养。

5. 多元化。干部学习有党校脱产学习、在职学习、社会化选学等多项选择；培训机构多样化、市场化，形成各类教学机构共同参与的格局；学习时间弹性化，对每五年培训三个月的规定进行合理分解，既有党校调训，也有短期选学培训；学习经费投入多元化，构建财政、单位、个人多元投入体系，有效地提高了干部学习的积极性和创造性。

6. 自主化。干部参学可根据培训"菜单"按照本人申请等程序，自主地选择课程、教师及培训机构。学习呈现自主化，学习的内在动力不断增强，广大干部都强烈地感受到学习的紧迫和不学习的危机。"干中学，学中干""工作学习化，学习工作化"的状态和"终身学习，终身受教育"的理念已被广泛认同和接受，并作为奋斗目标。

（二）干部学习指数的涵义

干部学习指数，是在建立一套指标体系的基础上，通过权重和实际运行状况的计量综合测算出干部学习指数，客观全面地反映干部学习的总体状况。干部学习指数，应能概括反映干部学习的内涵、"学习、实践、再学习、再实践"的本质特征和上述主要特点。

从发展的意义上讲，干部学习是促进干部身心全面发展，即德、能、勤、绩、廉等方面全面发展的过程。从干部学习的内涵来看，干部学习就是学习主体与学习环境的相互作用，经过内化而获得经验并外化为工作行为表现的活动。"学习主体"，即干部，也包括学习方式，可以是个体（个体学习），也可以是群体（集体学习）；"学习环境"，即是学习的客体，学习的外部刺激，包括工作实践、社会生活等直接因素，也包括各种书刊、实验设备、电教手段等间接因素；"内化"就是客体作用于主体的学习过程，通过感知－理解－巩固－运用的学习过程；"获得经验"是指个体或群体参加学习活动获得的以内隐的知识形态表现的结果；"外化"就是主体反作用于客体的学习过程，其所获得的结果是表现于主体的外显的工作行为变化；"活动"，即反映干部学习既是一种认识活动，又是一种实践活动。显然，干部学习包括干部学习主体方式、干部学习资源环境和干部学习成果绩效这三个基本要素，或者说它是这三个重要组分的函数。学习主体方式是干部学习的核心，学习资源环境是干部学习的基础，而学习成果绩效则是干部学的最终目标。

因此，干部学习指数，就是在设计一套综合反映干部学习主体方式、干部学习资源环境、干部学习成果绩效指标体系的基础上，通过综合测算，简明清晰地反映干部学习状况。

三、干部学习指数的构建原则

（一）指数构建宗旨

干部学习指数的重要意义和基本涵义决定了构建干部学习指数的宗旨在于"促进干部学习、服务科学发展"。这一宗旨有两层涵义：一是促进干部学习；二是通过促进干部学习进一步促进工作；即服务科学发展。因此在构建干部学习指数时，应当坚持以科学发展观为指导思想，力求反映促进干部学习服务科学发展的目标，在全面考量促进干部学习各种因素的基础上，重点突出促进干部学习服务科学发展指标，着重考虑将反映促进干部学习服务科学发展情况的重点指标纳入干部学习指数构建体系，通过促进干部学习而进一步促进工作；即服务科学发展的内涵。

（二）指标设计原则

构建干部学习指数指标体系应遵循以下四项基本设计原则：

1. 客观性原则。客观性原则要求干部学习指数指标体系的设计应采取实事求是的态度，客观地反映干部学习这一涉及对象的状况，不能主观臆断。坚持指标设计的客观性，既是唯物主义认识路线的基本要求，也是进行科学统计的必要前提。只有如实地反映干部学习这一涉及对象的真实情况，才能保证干部学习指数指标统计结论的正确性。但是，设计过程常常受到设计者固有经验和理论素养等等的影响。为了保证设计的客观性，就必须排除先入为主、假象和错觉的干扰，避免主观性。

2. 全面性原则。就是要尽可能地从多方面考察把握干部学习这一设计对象。只有把握设计对象的各种因素、各种关系、各种规定、各种表现形态等，力求获得丰富而完整的信息，客观地反映设计对象的全景，才能为科学统计打下坚实的基础。全面性原则还要求干部学习指数指标体系应具有系统性、层次性，如由一级指标、二级指标、三级指标构成一个完整的指数指标体系。

3. 典型性原则。干部学习活动包括的内容很多，错综复杂、多种多样，为了更有效地获得相关信息，应选择一些有代表性且易于考察把握的典型指标。典型指标的选择要符合指标构建的宗旨，必须是干部学习活动之内的学习项；必须能够体现干部学习的共同特征，对它的统计应该具有普遍意义；必须有利于考察把握和统计，如主要特征突出、可变因素少、比较稳定等等。典型性原则还要求选择的各指标相互独立、不交叉重复，具有独立性。重复会加大统计的工作量，模糊各个指标的独立意义，严重时还可能形成评价信息的失真。坚持指标的典型性益于坚持指标体系的简洁性。指标过多过繁不仅操作困难而且还会主次不分，掩盖主要矛盾，简洁性要求在指数指标体系设计上从建构宗旨出发，把握主要方面，在众多的指标中提炼出最具有代表性的指标。

4. 可能性原则。又称"可行性原则"，要求选择指标必须考虑到指标有可能统计的主客观条件，因此要从实际具备和经过努力可达到的条件确定指标。主客观条件即完成指标统计的各项内在外在制约因素。可能性原则体现了指标统计的条件性，即进行科学统计既不能跨越所处时代的统计水平，也不能超越统计人员的智力水平。如根本没有实现的可能，所选择的指标就等于零。可行性原则要求指标可量化，尽可能地用数量来描述。在指数指标体系中的主客观指标可以采用量表的形式使其量化，这也是考虑到数据的可得性，这样有利于对所得到资料进行统计分析，也是构建指数指标体系的主要目的之一。在设计指数指标体系时还要考虑到可比性问题，应纵向、横向可比，才能进行比较研究。因此，应尽可能地采用相关部门发布的权威统计数据，以使构造的指数指标具有准确性、客观性、可比性和可操作性，而慎用主观性较强的问卷调查法。可行性原则还应注意经济效益原则等。

（三）指标评价标准

科学的测度指标一般有两个评价标准：一是指标的有效性，又称"指标效度"，描述指标概念是否反映了所应该反映的事物，即指标概念与所反映现象内容的一致性。二是指标的可靠性，又称"指标信度"，描述指标值重复观测（假定各次观测彼此是独立的）结果的一致性。高度有效性指标的设置往往需要较长期的研究和论证，而随着认识能力的提高和社会的发展变化，高度有效性指标也是相对和变化的，因此所构建的指标体系，包括目前正在使用的指标，并非一定都高度有效。指标和指标体系的科学化和完整化将是一项长期任务。

四、干部学习指数的指标构成

对于干部学习指数指标的选取，理论研究者和实际工作者可能会仁者见仁，智者见智。这里主要是依据干部学习的主要特点、干部学习指数构建宗旨和设计原则来筛选确定指标，按照对促进学习的评价和通过促进学习进而对促进工作的评价宗旨，确立3项一级指标，再分解为14项二级指标，并进一步分解为可统计的22项三级指标及18项分指标（见下表：干部学习评价指标体系），并用干部学习指数综合反映干部的学习状况。指标体系是动态发展的，将随着干部学习发展适时调整，并在实践中不断探索、深化、完善。

干部学习评价指标体系

一级指标（权数）	二级指标	三级指标
1.学习主体方式（40）	1.1 中心组学习	1.1.1 中心组理论学习完成率
	1.2 组织调训	1.2.1 组织调训完成率
		其中：专题轮训完成率
		初任培训完成率
		任职培训完成率
		专题进修班（项目）增长率
		其中：专题进修人数增长率
		出国出境学习报告率
	1.3 自选培训	1.3.1 自选培训参训率
		其中：自选培训人均天数
	1.4 自主学习	1.4.1 单位自主学习人均天数
		其中：单位业务学习人均天数
		1.4.2 专项技能培训班（项目）增长率
		其中：专项技能培训人数增长率
		1.4.3 其他专题培训班（项目）增长率

续表

一级指标（权数）	二级指标	三级指标
1.学习主体方式（40）	1.4 自主学习	其中：专题培训人数增长率
		1.4.4 个人自学成果汇编参展增长率
	1.5 在线学习	1.5.1 在线学习参学率
		其中：在线学习人均天数
	1.6 学历学位进修	1.6.1 学历学位进修人数增长率
		其中：获得学历学位证书增长率
2.学习资源环境（20）	2.1 学习制度	2.1.1 学习制度健全率
		其中：学习规划计划健全率
	2.2 学习经费	2.2.1 财政性干部培训经费占财政支出比例
		其中：财政性干部培训经费使用率
	2.3 培训机构	2.3.1 财政性培训机构经费占财政支出比例
		其中：财政性培训机构经费增长率
	2.4 学习环境氛围	2.4.1 干部人均受教育年限
		2.4.2 干部学习人均天数
		其中：干部培训人均天数
		2.4.3 干部人均公共图书馆馆藏图书
3.学习成果绩效（40）	3.1 岗位学习成效	3.1.1 职位说明书（编制）修订率
		3.1.2 岗位工作总结报告率
		3.1.3 典型工作案例编写增长率
		3.1.4 干部竞争性考试参考率
	3.2 调查研究	3.2.1 调查研究报告增长率
		其中：民生调研报告增长率
	3.3 学习成果发表	3.3.1 学习成果发表增长率
		其中：学习成果获奖增长率
	3.4 学习成果应用	3.4.1 学习成果应用增长率
（100）		干部学习指数

参考文献

[1] 亢大麟，王振龙，朱文琦. 统计指数研究的几点思考[J]. 统计与决策，2005，5:4-7.
[2] 邓平. 建立中国民生指数的建议[J]. 特区实践与理论，2009，2:40-42.
[3] 刘生康. 论新时期党员干部学习的特点[J/OL]. 2006年12月29日，http://www.defence.org.cn/article-2-61103.html
[4] 田辉. 人类可持续发展指数（HSDI）构建及其应用研究[D]. 南京理工大学博士学位论文，2008.

育人基地研究①
——地方党校建设四问

党校建设遐想，外显四问，内隐"党校建设理念"和"党校建设现状及问题"两类议题。第一类议题是应然问题，具有形而上的成分，它关注的是可信性问题；第二类议题是实然问题，关注的是有效性问题。可信性与有效性是具有内在联系但又相对独立的两个并行不悖的概念。应然和实然二者永远有矛盾，问题在于在党校制度建设上，可以争取使二者互动的有关更合理一些的党校建设制度。党校建设遐想，当含行政学院；四问仅试探，就教于大家。

一问：党校姓党，甚名？

党校姓党，是定位、是原则、是宗旨、是旗帜。党校姓党是党校建设的奠基石，坚持党校姓党是建设发展党校的基本原则。党校是为党的事业而建立的，是为立党、兴党而工作的，这就决定了党校姓党的党校性质、党校地位和党校作用。

党校姓党，甚名？这是党校定位问题，这既是理论问题，也是现实问题，更是发展问题。《中国共产党党校工作条例》（以下简称《党校工作条例》）第二条规定，中国共产党党校是在党委直接领导下培养党员领导干部和理论干部的学校，是党委的重要部门，是培训轮训党员领导干部的主渠

---

① 本文系作者调深圳市委党校工作约一年时有感而发，时隔七年，文中四问，仍具意义，故收入本文集。

道,是党的哲学社会科学研究机构①。但在理论上和现实中以至于发展规划时,常常还是令人难以直面回答、或对其答案还是难以令人明晰,而又无法回避的问题是,确定党校更像是一所学校还是更像一个培训机构而更名副其实。从党校系统发展简表(表1)和目前中国学校分类简表(表2)的比较分析中,可以重温这个问题。

表1 党校系统发展简表

党校系统	昨天 (改革开放以前)	今天 (改革开放以来)	明天 (科学发展)
教学内容	马克思主义基本理论 文化知识	学习和传播马克思主义理论特别是马克思主义中国化的最新成果 当前的形势和任务、方针和政策	
		领导社会主义现代化建设必备的相关知识 学习内容丰富化、多元化	工作岗位需要的岗位素质和工作能力 干部专业能力
教学对象	党员领导干部 (年龄大、文化程度较低)	党员领导干部 (年纪轻、观念新、学历高,有一定的理论水平)	党员领导干部 党员干部、党员
教学方法	传授式	传授式+研究式	传授式+研究式+解决式
教学人员	教员+领导 外聘教师为主	教授+教授型领导 外聘教师为辅	教授+领导型教授+教授型领导
党校建设	培训轮训+基本建设	培训轮训+学科建设	培训轮训+学科建设+专业建设
内设机构	简单精干	行政教辅机构增加 甚至大于学科建设机构	增加专业建设机构
学历教育	干部在校学绩的标志	干部在校学绩的标志 学位研究生教育 继续教育(补大学学历教育的阶段性任务已基本完成)	干部在校学绩的标志 学位研究生教育 领导干部任职资格的党校专业学位教育②
学校类型	培训学校	研究型培训学校③	研究型党校④

---

① 《中国共产党党校工作条例》,中共中央,2008年10月29日。
② 其党校特色学科专业类似于军校特色学科专业"接轨"国民教育序列的学历学位教育。
③ 党校是党的哲学社会科学研究机构;其学位研究生教育属国民教育序列中的硕士、博士学位教育。
④ 是将大学分为教学型大学和研究型大学分类的借喻称谓(②称谓同此喻)。

表2 中国学校分类简表

学历教育		非学历教育	备注
		幼儿教育	
		学前教育	
	小学	特殊教育(盲聋哑学校等)	目前的义务教育
中学	普通初级中学		
	普通高级中学		
	高级职业中学		
大学	中等专业学校	各级各类的培训学校	
	高职专科院校		
	普通大学		
	军校学院		未来的党校学院①(研究型党校)
目前的党校(研究型培训学校)			

温故而知新:党校姓党(特殊性),名校(普遍性)。今天的党校是教育培训党员领导干部和理论干部的研究型培训学校,而整合县(市、区)委党校为市(地)委党校分校的举措,可以被看作是一种历史缩影而正在回放党校从培训学校发展为研究型培训学校的必然走向。明天的党校是培养党员干部和理论干部的研究型大学,包括开展具有领导干部任职资格的党校特色学科专业类似于军校特色学科专业的学历学位教育。如同元帅将军指挥官一样,党员干部也不是学出来的,但也绝不仅仅是干(打)出来的,而是学干(打)出来的。

二问:班次人次数据,如何解读?

据中国新闻网2002年11月3日题为"走进十六大:探访中共高官的摇

---

① 未来的党校学院类相当于目前的军校学院类且同并列于大学类。

篮——中央党校"的资料显示[①]1949年以来，经过中央党校培训和轮训的高中级干部和理论工作者累计已有55000多人；1977年以来，轮训高中级领导干部19800余人；1980年以来，共培训中青年干部3500多人，民族干部近2000人，理论宣传干部和党校师资6000多人，同时为中央直属机关分校、国家机关分校轮训相应级别的领导干部52000多人……据2008年全国党校系统第三次教学改革研讨会材料显示[②]，某省委党校2000年以来，举办各类班次317个，其中培训轮训班156个，各类专题研讨班60个，计划外班次101个；培训轮训领导干部和理论骨干25262人，其中包括地厅级干部4378人，中青年领导干部1152人，正处级干部7722人，理论宣传干部和党校师资2161人；某市委党校28年来，共开办1248个班次，培训学员107025人次，其中主体班591个班次，培训学员62279人次，学历班256个班次，培训学员24086人次，自选培训及对外培训班365个班次，培训学员20660人次……充分发挥了干部教育培训主渠道作用。

摆在面前的问题是，这些班次人次数据，说明了什么？又代表着什么？甚至能描绘主渠道吗？应当如何解读？

一目了然，这些数是正整数，具有一定的数量规模意义。但仅简单地从分数视角来看，这些数是分数的分子，如同时能确定其分母或基数……理论和实践也已证明，使用比例或比率、百分比或百分率等等，如培训的完成率、参训率、增长率等等，或更具统计意义、更具比较意义、更具绩效意义。

确定其分母或基数的"参数"涉及被赋予的"任务"。《党校工作条例》第五条规定，党校在教育培训方面的基本任务是：培训轮训各级党员领导干部及后备干部，培养理论干部；承办党委和政府举办的专题研讨班；按照国家有关法律法规和政策规定，开展学位研究生以及其他形式的干部继续教育和培训。第十三条规定，各级党校根据干部轮训规划举办进修班，完成各级在职党员领导干部的轮训任务。第十四条规定，市（地）委以上党校开设中青年党员领导干部培训班，对后备干部进行任职培训。《干部教育培训工作条例（试

[①] 吴庆才：《走近十六大：探访中共高官的摇篮——中央党校》，中国新闻网，2002年11月3日。http://news.sohu.com/01/57/news204085701.shtml

[②] 全国党校系统第三次教学改革研讨会材料，2008年12月。

行）》第十一条规定，干部教育培训的对象是全体干部，重点是县处级以上党政领导干部及其后备干部。第十三条规定，省部级、厅局级、县处级党政领导干部每5年应当参加党校、行政学院、干部学院或者经厅局级以上单位组织（人事）部门认可的其他培训机构累计3个月以上的培训。提拔担任领导职务的，确因特殊情况在提任前未达到教育培训要求的，应当在提任后1年内完成培训。其他干部参加脱产教育培训的时间，根据有关规定和工作需要确定，一般每年累计不少于12天。①

而"任务"的赋予又涉及以下"边界条件"：所根据的干部轮训规划、拟进行任职培训的后备干部是由干部主管部门确定的。《中华人民共和国公务员法》第六十条规定，机关根据公务员工作职责的要求和提高公务员素质的需要，对公务员进行分级分类培训。国家建立专门的公务员培训机构。机关根据需要也可以委托其他培训机构承担公务员培训任务。第六十一条规定，机关对新录用人员应当在试用期内进行初任培训……第六十二条规定，公务员参加培训的时间由公务员主管部门按照本法第六十一条规定的培训要求予以确定。②

显然，其分母或基数的确定取决于干部主管部门（机关）运作干部培训（党校）的机制。这就可能逻辑地涉及以下"初始条件"：

党校是在党委直接领导下的学校，是党委的重要部门。党校办学主体，是党委还是干部主管部门（机关）还是党校？应建立完善怎样的体制机制？党校有无办学自主权、自主性？

《干部教育培训工作条例（试行）》第十条规定，干部有接受教育培训的权利和义务。第十一条规定，干部教育培训的对象是全体干部，重点是县处级以上党政领导干部及其后备干部。第十四条规定，干部必须遵守教育培训的规章制度，完成规定的教育培训任务。

从理论上讲，党校是全体党员的党校，不仅仅是党员领导干部的党校，也不仅仅是党员干部的党校。党校教育，是精英教育还是普及教育（中国的大学教育正在从精英教育逐渐过渡到普及教育、大众化教育）？

---

① 《干部教育培训工作条例（试行）》，中共中央，2006年3月29日。
② 《中华人民共和国公务员法》，2005年4月27日第十届全国人民代表大会常务委员会第十五次会议通过。

党校培训应仅仅只是完成计划调训任务,还是应主动拓展培训、从体制机制上实施大规模培训干部、大幅度提高干部素质的战略?党校使命应否决定党校教育"一个都不能少"?

三问:党校学科建设,还是学科专业建设?

学科建设的水平直接反映了党校的办学水平和实力,因此,学科建设成为党校工作的重心所在。但提及党校专业话题时,一是脱口而出,党校哪有专业?二是眉头一皱,好像也有专业……三是略有所思,班次就是专业?至少是准专业或具有专业性?那么,党校学科建设还是学科专业建设问题,是否同党校姓党甚名问题一样,既是理论问题,也是现实问题,更是发展问题呢?有必要重温一下学科专业及其关系[①](表3)。

表3 学科/专业、学科建设/专业建设比较简表

比较	学科/学科建设	专业/专业建设
基本内涵	学科:知识分类或学问分支	专业:课程的一种组织形式
构成要素	知识单元,其系统化则构成学科	培养目标、课程体系和(受)教育者
划分原则	遵循知识体系自身发展逻辑	按社会不同领域专门人才需求设置
演化发展	相对稳定	易于变化
主要目的	知识的发现和创新、研究成果	培养专门人才适应社会需求
依存关系	专业建设发展的基础	学科培养人才的基地
交叉关系	如某专业工作须掌握某学科理论,但同时还需掌握其他学科理论	专业由若干学科中部分内容构成,专业是对学科知识的切块和组织
中介联系	学科→课程→专业,促进专业建设	专业→课程→学科,拉动学科建设

---

① 刘海燕,曾晓虹:《学科与专业、学科建设与专业建设关系辨析》,高等教育研究学报,2007(4)。

续表

比较	学科/学科建设	专业/专业建设
主要内容	研究方向/学科建制/学科带头人/学术梯队/科研项目/科研评价/研究基地/学科管理制度/学科课程等	培养目标/教学计划/课程教材/名师师资/教学方法/教学条件/教学评估/实习基地/教学管理制度等
基本目标	形成特色优势学科/生产知识/拥有前沿性科研成果/建设研究生学位点/培育具有科研创新能力人才等	形成特色优势专业/传播知识/拥有前沿性教学成果/建设社会需要的专业/培养社会需要的专门人才等
评价指标	成果标志是高质量的科研成果/科研课题/论文检索/权威核心刊物/学术专著/科研成果奖等	专业是否能满足社会需求/是否受欢迎/毕业生就业率/社会声誉/专业课程教材名师/教学成果奖等

显而易见，学科建设替代不了专业建设。党校系统的学科及学科建设与准专业及专业性建设现状如表4所示。

表4 党校学科建设与专业性建设（机构）比较简表

学科/专业性建设		建设主体机构职责			
建设主体	层次	决策层	职能部门	责任部门	责任人
	职责	制定规划/政策/措施	实施规划/政策/措施/保障制度	制订具体方案/落实任务	个人发展计划/完成任务
学科建设	主体	校委	研究生院/科研处（教务处/人事处）	各学科教研部	各学科带头人/教师
	学科	哲学、党史党建、政治学、行政管理、经济学、经济管理、法学、文史、科学社会主义等			
专业性建设	准专业（各班次）	（轮训）进修班/后备干部培训班/专题研讨班/师资/理论研修班等；分级分类培训：初任培训/任职培训/在职培训/专门业务培训等			
	主体	校委参与	教务处	教务处进修部/培训部①	无专业教师；相关学科教师
	超主体备注	党政组织人事部门	组织人事部门培训处/人才处/教育培训处		

表4显示：党校有一整套促进和保障学科建设的机制。各个层次、各个主体各司其职，完成从规划到最后的落实这一整套的工作。尤其是各学科教

---

① 据中央党校网站所列的地方党校中仅约1/3设有进修部、培训部。

研部，是学科建设的主要责任部门。而专业性建设则似显著不足，似有主体多头、层次模糊、管理分散错位缺失之嫌，尤其是与各准专业相对应的专业性建设责任部门（机构、建设载体）和责任人基础性缺位。是否应使专业性建设由一种自发行动转为自觉行动、由一种零散行为转向整体配套行为、由脚痛医脚的具体措施层面上升为主导战略层面、由一般号召层次转到制度（机构）保障层次？诚然，这与党校学科建设还是学科专业建设问题的探究、与"尊重和研究干部成长规律和党校教育规律，针对干部成长的特点和需求"之党校教育总体要求的落实机制，是否生死攸关？

干部能力培训的针对性强弱与培训质量息息相关，而培训质量取决于培训信度还是培训效度？这是从另一个视角续究党校学科建设还是学科专业建设问题。培训信度和培训效度是一种以教育与心理测量学的两个基本概念——信度和效度来借喻培训质量的描述性和评价性概念。

从培训教学来看，学科建设旨在提高培训信度；而专业性建设旨在提高培训效度。一般来讲，培训信度低，培训效度不可能高；培训信度高，培训效度未必高；培训效度低，培训信度很可能高；培训效度高，培训信度也必然高。学科建设是教学的信度基础。党校的教师如果没有学科为基础，没有深厚的马克思主义学科功底，就无法判断某种观点是否符合党的理论和路线方针政策，无法坚持党校姓党的原则。即使专题培训仍然要求教师必须要以一定的学科知识作为基础，否则对问题的分析就不会有深度，自然也就不会取得好的教学效果；而进行研究式培训，如果教师没有深厚的学科理论作支撑，就驾驭不住整个教学过程。这就给提高培训信度的学科建设提出了要求或更高要求。但信度高，效度未必高，所以未必能改变干部能力培训"上下一般粗，左右一样宽"的状况，只有加强专业性建设，提高培训效度，才可能从根本上、从机制保障方面解决这种状况的针对性和实效性问题。因此，探究解决党校学科建设还是学科专业建设问题，确是党校建设的理论、现实、发展问题。

再类比借喻更远一点点的量子力学领域：不确定性原理（又名测不准原理、不确定关系）表明，某些物理量（如位置和动量，或方位角与动量矩，还有时间和能量等），不可能同时具有确定的数值，其中一个量（位置，学科建设）越确定，另一个量（动量，专业建设）的不确定程度就越大；测不准关系的基础在于物质的波动性（信度）和粒子性（效度）即波粒二象性，为解决波粒二象性难题，物理学家玻尔提出了著名的互补原理，这是有深刻的哲学思想作为其基础的。波粒二象性正是互补性的一个重要表现，测不准原理也可从这里得到解释。1937年，玻尔访问中国，中国的道家思想使他意识到东西方文化的互补性，以至于他以太极图作为自己族徽上的图案，还在上面刻了"对立即互补"的铭文。这个富于意义的事例的确耐人寻味：党校学科建设还是学科专业建设？培训质量取决于培训信度还是培训效度？

四问：加强学员党性锻炼，还是加强党校熔炉建设？

《党校工作条例》规定：党性教育是党校的必修课。各级党委要把党校办成培训轮训党员领导干部，培养党的理论队伍，学习、研究和宣传马克思列宁主义、毛泽东思想、邓小平理论、"三个代表"重要思想以及科学发展观等重大战略思想的重要阵地，使之成为干部加强党性锻炼的熔炉，也就是常说的充分发挥党校"三个阵地、一个熔炉"的作用。"党性教育本是党校的强项，实事求是说，我们从工作的角度抓的多，从学科建设上抓的少，在党性教育上并没有形成有党校特色的学科体系和学科队伍。致使在对学员的党性教育过程中缺乏针对性，也没有使党性教育贯穿于党校教育的全过程，进而影响了党校教育的成效。[①]"严峻的问题摆在了面前：加强学员党性锻炼，还是加强党校熔炉建设？

第一次走上讲台的年轻教师在勇气方面常常受到这样的鼓励：把学生当作一张白纸。但受教育者从来都不是一种有待按照某种标准将要被制造成功的产品。把这种模式引入对教育的理解，或许从一开始就是一个谬误。受教育者绝非一个空洞的容器，当他步入学校时所携带着的全部困惑，即已说明他并不是一个你可以在其中随便装什么东西的容器。他的困惑本身，来自他的社会环境、他所处的时代以及他对某种精神价值的最初领会。一句话，他已经是一种精神的存在、精神的状况[②]。

---

① 祝福恩：《党校学科建设的理性思考》，学习时报网，2008-11-17（03）。http://www.studytimes.com.cn/WebPage/ny1.aspx?act=1&id=2266&nid=8138&bid=15&page=1
② 王德峰：《通识教育与中国大学的文化自觉》，新华文摘，2009（7）。

如果不否认这一点，在一开始便能看到，党校教育的过程，究其实质而言，从它的第一个环节起，就处在"正在成长的党性"与"已然成熟的党性"之间的关系中。整个教育过程，即是这个关系的体现。党校，作为一个党的思想事业的载体、党性的载体和党的哲学社会科学研究机构、党性的研究机构，是在历史和传统中"已然成熟的党性"。并且，党校只有作为"已然成熟的党性"，才有真正的资格去迎接"正在成长的党性"。干部学员，作为正在不断成长和须不间断锻炼的党性，对于党校本来就有着党性上的殷切期待。从干部学员在党校看到五花八门的如银行辨认真假人民币内部培训班的巨大招牌时而透出的诧异眼神，就可感到他对党校熔炉的内心认可和眼前疑惑；当组织干部学员去某地进行所谓的拓展训练时，他们对党校熔炉感到的是丝丝失落与惆怅。因此，党校应加强干部学员党性锻炼，更应加强党校熔炉建设，真正"使之成为干部加强党性锻炼的熔炉"。

熔炉系指熔化、炼制金属的炉子：把矿石跟焦炭一起放在熔炉里熔炼。现也用其比喻义，例如民族融合的熔炉，物种进化的熔炉；也用其比喻锻炼思想品质的环境：革命的熔炉，党性锻炼的熔炉。如借用熔炉炼钢这个形象的比喻，党校学习在学员党性锻炼过程中的作用好比炼钢过程中的添料、加温、催化。理论教学好比向高炉添炉料、添精料、添好料；教学过程组织起催化作用，相当于添加微量元素；加温就是使党性修养环境升温，相当于炉顶吹氧加温……[①]

在探讨党性锻炼的内容、作用、方式方法、考核途径的同时，是否更应考虑党性熔炉本身的建设问题呢？守护党性自觉的阵地、锻造熔炼党性自觉的熔炉，原本就是党校的天职，是党校姓党的集中体现。

---

① 崔晓凯等：《党校教学研究》党性锻炼篇，中共中央党校出版社，2006。

从"行动学习"到"商战模拟"[①]
——现代企业管理培训新趋势

一、课程哲学——培训设计之魂

课程是培训的核心,课程哲学则是培训设计之灵魂。正因为如此,香港高级公务员培训十分重视其课程哲学的确立。香港高级公务员课程中心(该中心已于1996年4月1日与香港公务员训练处合并为香港公务员培训处)确立"高级公务员课程的基本哲学是采用'行动学习',强调学员要从实践中学习"。

以采用"行动学习"的"课程哲学"作为培训学习全过程的指导,要求"每个学员要透过工作小组去解决一些由政府部门提出的真实的决策或管理上的问题"。由这种"从实践中来"的行动学习而产生的"课程的一个重要成果,是学员可以掌握本身的学习,培养解决困难问题的能力,并为提出问题的机构提供顾问服务"。据统计,这种"从实践中来"的行动学习"再回到实践中去"的直接结果之一,是培训班学员提出的建议和方案等研究报告,半数以上被有关部门采用,其采用率有时甚至高达70%至80%。足见在这种"行动学习"之"课程哲学"指导下的高级公务员培训是卓有成效的。

对于更多其他层次的干部培训而言,尽管也强调并力求贯彻"理论联系实际"的教学原则,但由于在实际的教学活动中没有找准理论联系实际的中介和切入点,而使这条原则发挥的作用总是抽象的。究其原因是多方面的,除这类真实问题研究班存在选题难、调训难、管理难,特别是找高水平的教

[①] 原文载于《特区党的生活》1998年第7期。作者任职于深圳经理学院期间于2000年前后主持引进北京大学光华管理学院《企业竞争模拟系统》,开发"经理商战模拟"训练课程,用于测训企业经理的商战决策综合管理能力。这种实效性极强的培训方式被参训经理赞誉为"职业经理的实验室"。

师难等诸多难题外，更主要的原因是，在有关培训的"科学–技术–工程"这一链条中，"技术"环尤显单薄，缺乏对培训技术手段的研究与开发，而往往是直接从"科学"环（培训原则）飞跃到"工程"环（培训项目），使得培训的实际效果大打折扣甚至流于形式。相比之下，"行动学习"则是着力于培训技术手段研究与开发的结果。香港社会开放程度高，对新鲜事物敏感度高、接受快，其高级公务员课程哲学的确立就是借鉴开发了他山之石——现代企业管理人才培训中的"行动学习"经验。

二、行动学习——从知识到能力

（一）行动学习的特性

行动学习（Action Learning），最先由英国曼彻斯特大学教授雷文斯（Reg Revans）所提出。它是一种以学员为中心，由学员自己主动提出实际的工商界或管理上的问题，并有其他学员共同研究解决方案的学习过程。雷文斯教授把学习分为两种因素：P和Q。P代表吸取知识的能力，Q代表提出问题的能力。所以，学习＝P＋Q。教师只担任主持者的角色，并不是提供是非之教授。实践证明，行动学习是培训经理的有效方法之一。因为，现代企业组织千变万化，旧的理论和解决方法可能并不适用，行动学习基于学员目前工作中的问题，去寻找解决方案；行动学习不是传统学习方法那样"千篇一律"，它提供学员解决自己个人问题的有效时空。由于学员解决问题的责任是学员自己，故此有助于养成学员的主动性。不过，行动学习有一条必要条件，就是学员必须有工作经验和管理基本知识，否则行动学习便不能成功。

（二）行动学习的设立

1. 成立学员小组，每组最好不超过10人。
2. 每位学员提供一个问题（或研究专题），供其他学员讨论解决。
3. 小组定期举行讨论会，讨论的问题包括：问题的性质；问题解决的方案；有何困难，解决方案的实际可行性；邀请专家或成功企业家参加主讲。
4. 选定主持人，可邀请教授或专家负责主持，其责任是：筹备讨论会；安排技术支援；安排及控制讨论程序。

5. 学员提出解决问题的初步方案，并与其他学员进行研究与分析，以期达成一致方案。

6. 最后将解决方案向小组或全班报告。

在理想的行动学习中，其研究专题或供讨论的问题，必须是具有策略价值的重要问题，并且在性质上与管理理论和方法有关，而非涉及高技术或专门技能。

（三）行动技能的运用

要使行动学习产生良好效果，学员必须懂得将行动技能（Action Skills）运用到行动学习的全过程当中，这些行动技能也正是行动学习的培训内容之一，它们包括——

1. 一般技能：留心他人说话；了解自己的处境；建立互助互信的气氛；懂得处理矛盾；愿意接受批评。

2. 观察及诊断技能：提出有一定深度的问题；帮助他人寻找问题；期望他人采用自己的解决办法；帮助他人寻找答案；接受他人的帮助；分析他人的表现。

3. 解决问题的技能：列出问题及目的；有效地说服他人接纳自己的见解；对不奏效的方法提出询问；描述他人如何解决类似问题；向他人求助；衡量每个方案的可行性。

4. 执行工作技能：留心细节；协助他人运用本身的长处及资源；承担责任；随机应变，保持士气；抑制自己的忧虑；承认错误及弱点。

5. 评价技能：实际地评估自己的贡献；承认失败；应付突变；依靠非正式的反馈；安排下一步工作。

行动学习与传统学习之比较

学习特性	传统学习	行动学习
1.学习内容	由教师编定	由学员决定
2.学习速度	有固定时间	无固定时间
3.学习地点	固定在某大学或机构内进行	可自由选择适当的地点举行
4.学习控制	由教师及机构决定	由学员自己决定
5.学习次序	由教师及机构安排	由学习情况而决定
6.学习方法	强行记忆以依赖性为主	解决问题的形式以独立性为主
7.激励方法	外在性	内在性

三、商战模拟——管理决策仿真

源于现代企业管理人才培训的"行动学习",与由美国哈佛商学院于20世纪20年代首创的"案例教学",可以说是一脉相承。他们都是以分析实际的管理问题(或情景)作为培训的主要方式和手段。但"行动学习"又有别于"案例教学":用作"案例教学"的案例多为已经发生了的管理情景(或问题),而用作"行动学习"的真实管理问题(或情景)则是正在发生且必须决策的管理问题;"管理案例"一般由教师编写印发,而"真实管理问题"则由学员或有关部门提出;对"管理案例"进行分析一般只是作为掌握管理知识或管理能力的手段之一,而对"真实管理问题"进行分析的结果本身就是培训目的之一。可以说,"行动学习"是"案例教学"的发展和提高。而现代企业管理电脑仿真系统——"商战模拟"则又是"行动学习"的发展和提高。

GMC(Global Management Challenge),即国际企业管理挑战赛,在国外已有15年的历史,目的是提高企业管理水平,丰富工商管理的教学内容和促进企业管理国际化。挑战赛的核心是一套复杂的企业管理电脑仿真系统——"商战模拟"系统,该系统自问世以来迅速风靡全球。目前国际上许多高校已将其作为培养工商管理硕士(MBA)的教具,许多国际知名的大公司尤其是欧洲的知名企业也将其作为员工培训的重要工具,用来测试管理人员在激烈的竞争环境中的决策能力。

企业管理电脑仿真系统,用模拟方式将一个企业在市场经济环境中所面临的各种管理问题反映出来。GMC的每一个参赛队就是一个上市公司,队员对公司内部的生产、销售、财务、人事、质量、运输等方面的问题进行决策,管理公司并参与同行竞争,胜负以本公司股票价格的高低决定。由于每个因素互相影响,往往"牵一发而动全身",所以每一项决策都需要队友通力合作,需要"灵魂人物"有胆有识,一锤定音。

企业管理电脑仿真系统也可以说是一个工商管理者的游戏,但由于其内在的科学性和如临其境的真实感,使参与者必须调动自己所有的管理经验和知识储备并对其进行有机的、综合的运用。学工商管理的人,财会、法律、企业经营战略等等，都是必修课，但多是各自为政，企业管理电脑仿真系统则提供了一个将各种知识融会贯通的机会。即使从事企业管理者，也不会有人平白给你一笔资金让你去运用，培训工商管理人才的实践者深谙"传统教育的毛病就是理论脱离实际"，因此企业管理电脑仿真系统仿佛是真枪真刀的实践，却有惊无险。而且它的评判者不是某个个人或某一些人，排除了人为因素，科学面前人人平等。

GMC从企业到学校的"导热"顺序在我国却完全倒了个个儿——承办此活动的有关单位1996年曾向全国2000多个企业发函，出乎意料，这2000多封信如泥入海。而在高校却得到热烈的回应，全国26所有资格培养MBA的院校一个不落全部参赛。对企业管理新信息、新手段的接受或至少有好奇心的不是企业而是院校，这件事本身就很耐人寻味。

综上所述，国际企业管理培训从"案例教学"到"行动学习"再到"商战模拟"，经历了从"总结案例"到"分析现实"再到"决策未来"的发展变化，经历了从"学习知识"到"培训能力"、从"静态分析"到"动态仿真"的发展变化。这对深圳的干部培训尤其是企业高级经理培训工作是大有启示的。

深圳市国有企业经理职业化培训探索与实践[①]

党的十五届四中全会作出的《中共中央关于国有企业改革与发展若干重大问题的决定》指出:"国有企业要适应建立现代企业制度的要求,在激烈的市场竞争中生存发展,必须建设高素质的经营管理者队伍,培育一大批优秀企业家。"为了适应建立现代企业制度的需要,促进国有企业的改革与发展,全面完成中组部、国家经贸委《"九五"期间全国企业管理人员培训纲要》提出的任务,根据我市"高级人才培养工程"的总体部署,结合深圳"第二次创业"的需要,我们从1999年起,组织实施了深圳市国有企业经理职业化培训工程[②],由深圳经理学院[③]具体实施,在经理职业化培训方面进行了有益的探索,积累了初步经验,获得了深切体会。

(一)总体构想

1. 适应形势,努力创新

深圳经济特区建立以来,为适应建立和发展社会主义市场经济需要,不断改革企业领导人员管理体制,大力培养选拔优秀经营管理人员,广泛延揽

---

① 原文载于《深圳组工通讯》(深圳市委组织部)2001年第一期(总第190期),在深圳市委组织部2000年度优秀文稿评选中被评为二等奖,合作者:陈非。
② 作者提出的实施"深圳国企经理职业化培训工程"的建议及其设计方案被采纳,深圳市委组织部于1999年6月16日以深组发〔1999〕1号文《关于"深圳市国有企业经理职业化培训工程"的实施意见》下发各区委组织部和市管及市属企业;中共中央组织部《组工通讯》(2000年11月6日)第52期(总第1592期)刊发《深圳市实施国有企业经理职业化培训工程》。
③ 作者提出的设立"深圳经理学院"的建议被采纳:深圳市教育局于2000年1月20日以深教成字〔2000〕1号文复函同意更名为"深圳市经理进修学院";深圳市机构编制委员会办公室于2000年5月18日以深编办〔2000〕040号文批复同意加挂"深圳市经理进修学院"牌子。

国内外高素质人才，努力推进企业经理人才的职业化、市场化，建立了一支适应深圳社会经济发展需要的高素质企业经营管理者队伍。据统计，深圳市国有企业经营管理人员从1980年的3845名，发展到1999年的约4万名。一大批懂经营、会管理、善开拓的企业经营管理人才在经济建设主战场发挥了主力军作用，为国有资产保值增值作出了重要贡献。随着市场经济体制的建立和完善，国有企业的组织形式、运行方式发生了根本性的变化，对企业经营管理者的素质也提出了新的更高要求，形势要求我们必须在坚持党管干部原则的前提下，探索党管干部的实现形式，构建与现代企业制度相适应、与企业法人治理结构相配套的企业领导人员管理体制，培养和造就一支高素质的职业企业家队伍。

近年来，我们为培养和造就一批职业经理作出了较大努力。深圳市委于1996年实施了"深圳市高级人才培养工程"，把培养企业经营管理人才纳入跨世纪战略发展目标，提出用十年时间在培养大批中高层企业管理人员和年轻科技人才的同时，重点培养出3000名市属国有企业领导人员；市委、市政府出台了《深圳市干部培训暂行规定》《1998－2000年深圳市企业管理人员培训纲要》等一系列文件，并将经理学院确定为全市国有企业管理人员培训的基地，同时加强了对全市各企业培训机构的宏观协调指导；根据外向型经济的需要，开展境外培训，每年选拔10名左右的优秀企业经理赴港出国培训半年至一年时间；根据上级的指示精神，开展了工商管理培训。我们在实践中逐渐认识到有必要将企业管理人员的培训系统化、规范化，在调查研究的基础上，我们组织力量进行了总体设计，制定并适时推出了"深圳市国有企业经理职业化培训工程"。

2. 明确目标，长远规划

组织实施经理职业化培训工程，目的是适应国有企业改革和发展的必然趋势，根据市场经济对职业经理的基本要求，遵循职业经理素质提升的内在规律，运用先进的培训理论和培训方法，针对不同类别、层次经理的岗位特点和培训对象的实际需要，对市属国有企业经营管理人员实行专项培训或综合培训，促使其及时更新知识结构，转变思想观念，提升职业素质，提高驾驭市场经济的能力，积极推进企业经理职业化、市场化进程，培养和造就一支高素质的职业企业家队伍，服务深圳"二次创业"。工程实施着眼于整个市属国有企业经营管理人员队伍,同时兼顾全社会,服务各种类型的经济组织。重点培训对象是市管企业领导人员,市属一、二、三类企业领导班子成员,市属二类以上企业中层管理人员及其董事会、监事会成员和总经济师、总会计师、总审计师。

工程历时六年(1999年至2005年),计划分两期进行。第一期为普及性培训,时间从1999年7月至2001年6月,参照中组部和国家经贸委制订的工商管理培训主要课程内容,对企业经理进行专项职业能力培训;第二期为提高性培训,时间从2001年7月至2005年6月。在第一期的基础上,结合新的形势要求,对企业经理的综合职业素质进行培训。

3. 合理定位,综合实施

(1)强调整体性,同"高级人才培养工程"紧密结合。经理职业化培训工程是我市努力贯彻落实"三支队伍"一起抓的重大举措。1996年,深圳市提出实施了"高级人才培养工程",这项工程的主要内容就是:着眼于深圳二次创业的战略,瞄准建立社会主义现代化国际性城市的目标,以培养跨世纪的高级行政管理人员、国有企业经营管理人才和科技人才为重点,用十年时间培养一大批具有较强政治素质和国际性城市管理水准的党政领导干部、国有企业领导人员和优秀科技人才。高级人才培养工程实施三年来,已取得了明显成效,通过开展政治理论培训、派遣领导干部出国赴港进修、对领导干部进行外语和计算机强化培训、对企业领导人员进行工商管理培训和开展"优秀人才推荐月"活动等措施,深圳市干部队伍的整体素质有了明显的提高。及时实施"国有企业经理职业化培训工程",就是为了"三支队伍"一起抓所采取的新举措,是高级人才培养工程的总体框架下的一项重要子项目,其目的就是按照职业经理任职资格的基本要求,通过实用、高效、富有特色的培训方式,使市属国有一、二、三类企业领导班子成员及其中层以上管理人员,在较短的时间内提高企业管理水平,培养和造就一支高素质的职业企业家队伍,将我市高级人才培养工程引向深入。

(2)突出职业性,与任职资格证书制度相配套。在传统的计划经济条件下,企业是政府机构的附属物,企业领导人员与党政干部一起纳入"大一统"管理,职业特点不明,身份界限不清。近年来,深圳市根据党管干部原则和《公司法》精神,积极探索,不断改革和完善社会主义市场条件下企业领导人员管理体制。1993年开始,深圳率先打破企业中干部与工人身份界限,统称为"员工",破除企业中的"官本位"观念,取消市属企业的行政级别,实行企业无上级行政主管;1996年,调整组建了三家市级资产经营公司,形成了"市国资委(国资办)——市级资产经营公司——企业"三个层次的国有资产管理框架以及与之相适应的国有企业领导人员体制;1997年,推行深圳市国有企业经理任职资格证书制度,对传统的人事管理机制进行了重大改革,为提高企业经理整体素质,推进企业家职业化、市场化进程,培育经营管理者人才市场提供了重要的制度保证。"经理职业化培训工程"有机地和国有企业经理任职资格证书制度相衔接,为进一步加强和完善国有企业经理任职资格证书制度,形成并确立"以经理市场为导向、以评价和培训为依托、以遴选推荐为目标"的高级经理人才选拔任用机制,为经理职业化创造了更加有利的条件。国有企业经理任职资格测评颁证按照培训——测评——颁证顺序进行,凡是要接受任职资格测评颁证的企业经营管理人员,要脱产参加经理职业化培训,培训合格者,颁发"工商管理职业资格培训证书";在此基础上,进行经理任职资格测评,测评合格者,颁发"经理任职资格证书"。已获颁证的经理,根据《深圳市企业高级经理任职资格管理办法》规定,每满两年期复审时,按照培训——复审顺序进行。在复审前,脱产参加由市经理进修学院组织的经理职业化培训,培训合格者,颁发"工商管理职业资格培训证书",在此基础上,进行经理任职资格复审。

(3)体现连续性,同工商管理培训相衔接。中组部、国家经贸委在《"九五"期间全国企业管理人员培训纲要》中明确规定,要在"九五"期间对企业管理人员普遍进行一次工商管理培训。我市近年来按照"从当地实际出发,采取多种形式开展工商管理培训"和《纲要》的要求,开办了多期工商管理培训班,取得了一定的成果。经理职业化培训工程是工商管理培训的延续和发展,也是为了全面完成对企业管理人员普遍进行一次工商管理培训中心任务而采取的措施。各类职业化培训班仍以工商管理培训课程为基本的培训内容,培训合格者,颁发"工商管理职业资格培训证书"。在已开设的培训班中,注意消化、吸收国内外的先进培训经验,努力探索实用性强的经理职业化培训方式。

（二）具体做法

1. 明确职责分工，完善配套措施

经理职业化培训工程是一项复杂的系统工程，需要明确有关部门职责，完善各项配套措施，以保证工程的顺利展开。我们的做法是：

（1）成立经理职业化培训工程领导小组，负责培训工程的总体规划，制定有关政策，对工程的实施进行协调，分期、分阶段对每项工作的落实情况进行督促检查。领导小组正、副组长由市委组织部领导兼任，成员包括市委组织部干部培训处、企业领导人员处、市企业高级经理人才评价推荐中心、市经理进修学院和市级资产经营公司的领导。其中，市委组织部负责经理职业化培训工程的总体规划，制定有关政策，对"工程"的实施进行协调、督促、检查；市企业高级经理人才评价推荐中心负责主要课程的考试，市属企业领导人员任职资格的测评和复审，组织颁发"经理任职资格证书"；市经理进修学院负责市属企业经营管理人员培训的教学管理工作，重点承担市管企业领导人员和市属一、二类企业中层以上领导人员和三类企业领导班子成员的培训任务，颁发"工商管理职业资格培训证书"；市级资产经营公司、市属金融证券企业等负责送训本单位中层及所属企业中层以上领导人员，并对本系统其他层次的管理人员进行自主培训。

（2）成立深圳市经理进修学院管理委员会。管委会主任、副主任由市委组织部、市经济发展局领导兼任，成员包括市委组织部培训处、市企业高级经理人才评价推荐中心、市经发局企业处、经理学院的领导。管委会的主要职责是：协调经理学院与中组部、国家经贸委、省委组织部、省经委的业务联系；指导检查经理学院落实完成中组部、国家经贸委、省委组织部、省经委下达的指令性培训计划，充分发挥其市级培训基地的作用；审定批准经理学院的培训规划，研究确定经理学院业务发展方面的重大事项。管委会下设联络办公室，主任、副主任由经理学院、市经发局企业处的领导兼任，其主要职责是：制定培训规划；协调经理学院具体落实各项培训任务；建立管委会联席会议制度；定期向管委会汇报工作。

（3）设立经理职业化培训工程课题组，课题组成员除工程领导小组各成员单位的有关人员外，邀请一批学者、专家参加，共同对经理职业化培训工程的重点问题进行调查研究，一边实践一边总结经验，为"工程"的实施提供理论依据和操作平台。

（4）组建一支理论功底扎实、实践经验丰富、教学水平较高的专兼职教师队伍，配备先进教学设备，开发教学软件系统，加强"工程"的基础建设，并建立"经理职业化培训工程质量管理信息系统"，加强经理职业化培训效果评估，不断提高"工程"质量。

（5）根据培训社会化、专门化和考试标准化、规范化的要求，保证培训效果和颁证的严肃性，实行"考培分离、统一颁证"，加强经理职业化培训效果评估，确保培训质量。

2. 根据不同类别经理的岗位职责特点，分类施训

（1）高层经理提高班，其培训对象为市管企业正副职、市属一类企业正职领导人员，包括董事局主席、总裁、副总裁、董事长、总经理、监事会主席。

（2）任职资格培训班，其培训对象为参加高级经理任职资格测评的市属三类以上企业董事长和正副总经理。

（3）经理能力培训班，其培训对象为市属二类以上企业本部中层及其二级企业正副职领导人员。

（4）监事经理培训班，其培训对象为市属二类二级以上企业的所有监事会成员。

（5）人事经理培训班、财务经理培训班、审计经理培训班，是专门分别为人事、财务、审计经理（部长）开设的培训班。

（6）金融经理培训班、证券经理培训班，是专门为市属金融证券企业经理开设的培训班。

（7）高新技术企业经理培训班，是专门为深圳市高新技术企业尤其是高新技术园区的企业经理开设的培训班。如深圳科技工业园经理培训班、深圳市虚拟大学园首席代表技术经纪培训班等。

（8）民营企业经理培训班，是面向社会，专门为自发要求参加职业化培训的民营企业经理开设的培训班。

（9）内地（中西部）企业经理培训班，将中西部开发人才（扶贫）培训与经理职业化培训有机地结合起来。

3. 精心设计课程体系大纲，按需施训

借鉴国际惯例，按照职业经理的素质要求，我们将培训内容设定成三大板块：政治理论基础知识、工商管理必备知识、职业能力专项知识。

国有企业管理人员首先要有坚定的政治信仰和良好的思想道德素质。所以，我们把邓小平理论和党的路线、方针、政策作为课程的首要内容，要求企业经营管理人员通过培训，首先要提高的是政治思想素质，要掌握邓小平理论的基本原理，提高对建设有中国特色社会主义的坚定性，提高对搞好国有企业的信心和对国有企业的忠诚度。

中组部和国家经贸委制定的工商管理培训指导性教学大纲所规定的培训课程是企业管理人员必备的基本知识，因此，我们将工商管理培训课程作为各类职业化培训班的主要内容。我们在深入调查研究，征求分析企业的意见和需求的基础上，分析岗位职责，确定培训需求，将各门工商管理课程整合、拆分为符合各级各类企业经理实际需要的专题系列，初步形成了经理职业化普及性培训课程大纲。

经理职业能力专项知识是经理职业化的本质要求。根据不同类别、不同层次经理岗位职责需求，设置与之相符的专项职业技能。例如，在对全市国有企业监事会成员进行培训时，专门开设与监事会工作职责有关的财务审计及相关法律法规课程。在人事经理培训班开设有关人力资源开发与管理方面的专项知识和技能课程。

4. 遵循经理教育规律，大胆创新培训方式

在已开设的培训班中，注意消化、吸收国内外的先进培训经验，从经理教育的特点出发，努力探索大胆创新实用性强的经理职业化培训方式。为此采取了以下做法：

（1）实例研讨。经理职业化培训班在一般案例分析的基础上，注意收集、使用深圳企业尤其是参训对象所在企业的真实案例，进行专门研讨，以加强培训的针对性和实战性。如在企业委托培训的教学过程中，将该公司的财务现状、人力资源现状、市场营销现状分别作为三个案例，要求学员在学完相关理论课程之后，以决策者的身份对其进行专门思考并撰写分析报告，然后组织专题讨论、修改报告，在此基础上，由该公司领导、学院领导和任课教师组织评审，使学员的优秀成果直接为该公司的决策服务。

（2）行动式学习。它是一种以学员为中心，由学员自己提出本企业需要解决的实际问题，并由其他学员共同研究解决方案的学习过程。学习过程为：成立学习小组；学员提出问题；举行讨论会，讨论会主持人可以是学员，也可邀请专家或教授担任，讨论问题的性质、问题的解决方案、有何困难、解决方案的实际可行性，最后由学员共同讨论形成解决问题方案；将解决方案向小组或全班报告。由于讨论的是学员本企业发展中亟待解决的问题，行动式学习不仅大大充实了学员的现代企业管理知识，也切实提高了学员的实际管理能力，并为送训学员的企业亟待解决的问题提供了可操作的解决方案，有的企业已将学员在行动式学习中研讨出的方案运用于企业管理，取得了明显的经济效益。

（3）恳谈会。根据不同类型、层次经理的职业要求，邀请企业老总以"老总眼中的人事（财务、营销）经理""国企改革对人事（财务、营销）经理的新要求"为题，与学员面对面进行讨论。在已举行的恳谈会上，老总谈要求，学员坦露工作中的困惑与问题，气氛十分热烈，收到了极好的效果。学员反映，这种上下沟通式的培训，对自己在企业改革和发展中找准职业定位有很大帮助。

（4）商战模拟。运用计算机技术模拟企业竞争的市场环境，使模拟参加者有置身于市场竞争之中的感觉，让学员扮演主角，使他们得到较为全面的经营决策的演练。商战模拟能训练学员在变化多端的经营环境里，面对多个竞争对手，正确制定企业的决策，达到企业的战略目标。它要求参加者能全面、灵活地运用管理学的知识，如生产管理、市场管理、财务会计等知识和预测、优化、对策、决策等方法，考察学员的分析、判断和应变能力，并能培养团队合作精神。这种实效性极强的培训方式被参训经理赞誉为"职业经理的实验室"。

（5）论文答辩。撰写综合论文并举行论文答辩和培训成果发布暨结业颁证，是经理职业化培训中至关重要的关键环节。我们在发出培训通知的同时，就附上论文题目回执函，要求参训者确定题目，其上司主管签名确认。论文的含义在这里是泛义的，既可以是专题论文，可以是案例编写或案例分析，也可以是项目可行性分析报告或操作方案，还可以是公司发展战略研究或本人工作设想等等。参训者带着已确定的题目，在培训中边思考边学习、边听课边研讨,培训结束后完成论文。论文经评审后,返回参训者所在企业人事部及其主管领导,同时,挑选优秀论文在结业颁证前进行答辩研讨,这既是一种特殊的论文答辩或学术讨论会,也是一种特殊的培训成果展或成果发布会。

(三)初步成效

在1997年开始的高级经理任职资格培训和工商管理培训的基础上,经理职业化培训工程于1999年6月16日正式发文(深组发〔1999〕1号)启动。几年来,工程进展顺利,成效明显,受到了各级企业管理人员的普遍欢迎,也引起了有关领导部门和社会各界的广泛关注。截至2000年年底,已相继举办高级经理任职资格培训班、企业后备干部工商管理培训班、企业经理职业能力班、监事经理职业能力班、人事经理职业能力班、财务审计经理职业能力班、金融证券经理职业能力班、集体企业经理职业能力班、民营企业经理职业能力班、外地企业经理职业能力班共81期,参加培训人数达3507人,工程已取得初步成效。主要表现在:

1. 调动了各方面培训的积极性

市委组织部1999年6月份下发了《关于"深圳市国有企业经理职业化培训工程"的实施意见》,明确了"工程"的指导思想和目标、方法。各级各类企业和领导都十分重视这项工作,以积极的态度参加并迅速落实文件精神,按照职责分工积极行动起来。各级各类企业认真组织填写《经理职业化培训报名表》,及时安排参训人员。由于"工程"的实效性较强,调动了各级企业领导人员参与的积极性,在一定程度上改变了过去调训难的局面。许多人过去不愿参加培训,如今主动报名要求参加,而且希望培训时间长一些。通过宣传和推动,"终身教育""在职培训""把企业办成学习型企业"的意识正在企业管理人员中得到加强。

2. 为企业经营管理队伍职业化创造了有利条件

企业经理队伍要实现职业化,取决于许多内在要素和外在要素的有机结合。企业经理人员具有良好的职业综合素质是职业化的首要前提;建立有利于职业经理人员成长的机制是职业化不可或缺的重要保证。经理职业化培训工程从提高企业经理队伍职业素质着眼,从建立新的培养机制着手,寻求从制度的层面采取有力措施，将企业经理职业化的各个环节相互紧密衔接，保证职业化轨道的畅通。例如，近年来，为了推动企业经理市场化、职业化，我们在高级经理人才测评技术的开发方面力度很大，在开展对企业经理素质测评上下了很大功夫，也取得了很大成效，积累了一些经验。但在如何采取有效措施，提高其职业素质方面还是个薄弱环节。虽然从整体上看，深圳的国有企业经理人员是一支政治思想素质较好、经营管理能力较强的队伍，但竞争日益激烈的市场经济，对他们的素质提出了新的更高要求。根据形势的发展需要，不断实现知识创新、素质创新是实现职业化的必由之路。正是以此为宗旨的经理职业化培训工程的适时开展，提高了企业经理人员的整体职业素质，并且实现了培训和任职资格测评的密切结合。这样，就为建立适应社会主义市场经济条件下的企业家培养选拔机制，为企业经理队伍职业化提供了及时有力的推动和支撑。

3. 促进了企业人力资源开发

培训的根本目的在于开发人力资源，这在经理职业化培训工程的最后效果中得到了较充分的体现。通过各种形式的职业培训，提高了企业领导人员的决策能力、管理能力，帮助他们开阔了视野、转变了观念、更新了思维。通过对已参加培训的学员进行调查，我们了解到，有的人通过培训后能运用战略管理和市场营销知识，制订企业的发展目标与计划，使领导决策水平上了一个台阶；有的人能运用领导方法与艺术和人力资源开发与管理知识，树立员工的自信心，调动员工的积极性，激励员工更加努力工作；有的人学会了如何看懂财务报表，如何分析财务报表，在审查企业财务情况以及企业谈判中发挥了作用；有的人能运用公司理财和管理经济学知识，进行边际成本分析，有效控制生产成本，对企业产生了直接的经济效益。例如深圳市某公司总经理，参加经理职业化培训提高班后，即针对本企业管理中存在的问题，采取了有效解决措施，他一方面从转变公司员工的观念入手，提出新的企业经营理念，对员工进行岗位技能培训，另一方面运用所学对各经营部门的边际成本进行详尽的分析，画出"成本函数图表"给各部门管理人员和全体员工讲解，并挂在各部门办公室墙上，在短短的几个月内便给公司带来较大的变化，使人工成本大大降低，员工业务技能得到全面加强，企业经济效益明显提高。

4. 带动了企业自主培训和社会培训，经理职业化培训的吸引力和辐射力正日益增强

职业化培训工程的启动，产生了影响广泛的"联动效应"，不仅在市属国有企业高层经理中产生了震动，而且其影响和辐射面波及其他层次的经理人员和其他所有制形式的企业以及其他省市。在办好重点班次的同时，还为深业集团、能源集团、赛格集团、盐田港集团、物业集团、南油集团、深房集团、公交集团、市商业银行、中国银行深圳市分行等企业举办了职业化培训班。金地集团、宝安集团分别是区属企业和股份制企业，在了解职业化培训工程的有关情况后，主动要求为本企业中层以上经理进行培训；民营企业某公司一位管理人员前来参加培训后，回到企业学以致用，使工作效率和管理水平有很大提高，公司的法定代表人获悉这个情况后，不仅自己来参加培训，而且先后将本公司中层以上的经理人员分别送来参加培训。职业化培训工程的作用和影响还扩大至省外。中国西北电力集团公司在1999年9月的"中英国际企业研讨会"上听到有关深圳职业化培训工程情况介绍后，主动与我们联系，并于当年11月就选派该公司下属的陕西、宁夏、新疆、青海、甘肃五省区国有电力企业财务经理赴深圳接受职业能力提高培训，这些学员在学习中掌握了现代企业财务管理专业知识，吸取了国际经营管理以及财务管理的最新理念，拓宽了思路，提高了综合职业能力。河南省许昌市、焦作市也分别选派经理来深参加职业化培训。而广西柳州则在全市公开招考录取前40名企业领导人员送到经理学院参加经理职业化培训。职业化培训的作用和影响还扩大到了内地西部的扶贫培训方面。深圳按照中央和省委的要求，每年都承担了为经济欠发达地区进行扶贫培训，为当地培养人才。以前这类的培训班均把重点放在宏观介绍深圳改革开放的经验和做法上，职业化培训工程开展后，我们将扶贫培训纳入其中，为我省六个贫困县的农业龙头企业的经营管理人员举办职业化培训班。通过培训，学员普遍反映收获很大，觉得思想开窍了，视野拓宽了，能力提高了，脱贫致富的信心增强了。五华县学员动情地说"三十多年来各类学习班、培训班参加不少，就数这次赴深圳参加职业化培训班收获最大"，这些学员经过培训学到了先进的管理办法，回到当地后，迅速带领当地企业改变了面貌。

截至2000年8月底，共举办市属企业经理职业化调训班33期，调训1400

人，占经理职业化培训总量的39.9%。市属各企业在认真选派应训人员参加全脱产调训班的同时，还积极委托市经理进修学院组织本企业管理人员集中进行全脱产、半脱产或不脱产的培训。共举办市属企业经理职业化委培班24期，培训1060人，占经理职业化培训总量的30.2%。经理职业化培训工程还迅速辐射至市区属企业、驻深企业、非国有企业、省内及内地其他省份的企业，共举办非市属企业经理职业化委培班24期，培训1047人，占经理职业化培训总量的29.9%，初步显示出"深圳市国有企业经理职业化培训工程"的吸引力和辐射力正日益增强。

（四）几点体会

经理培训工作在新的世纪、新的形势下面临新的挑战。努力探索新型的培训方式，培养和造就一支懂管理、会经营的高素质国有企业管理人员队伍是摆在我们面前的一项重大课题。实施经理职业化培训工程，是我们对这一课题的一次有益尝试。虽然工程开展时间不长，目前尚处起步阶段，还有待我们在实践中不断积累经验，完善各项措施，更好地向纵深推进，但初步的实践却给了我们较深的认识和体会，并促使我们去思考新形势下如何才能更好地开展企业管理人员队伍的教育培训。我们的体会主要有以下几点：

1. 要转变传统培训观念，实现培训模式的转轨

过去，我们的企业管理人员培训工作受时代和历史条件的局限，思想观念和方法手段带有较深的计划经济色彩，受训单位的培训意向得不到尊重，受训人员培训需求的多样性和特殊性基本被忽视，培训目的笼统，培训方式单一，培训内容陈旧。事实表明，在新的形势面前，传统的培训模式越来越不适应实际发展的需要，必须摒弃传统的教育培训模式，致力于建立新型的教育培训框架，将计划经济体制下"计划性调训"转变为社会主义市场经济条件下的"需求性培训"；将单纯的"知识理论式培训"转变为综合的"素质能力式培训"；将不分企业类型、专业特点的"混合型培训"转变为类别分明、科学规范的"职业化培训"，只有这样，才能满足多样化的实际需求，才能加强培训工作的针对性和实效性。经理职业化培训工程的初步实践经验表明，企业培训工作要适应市场经济形势发展的要求，要尊重供求关系规律，并且要走市场化、社会化的道路。

2. 要建立培训、测评、使用相结合的机制

要培养和造就高素质的企业经营管理者队伍，必须将培训、测评、使用各环节有机地结合起来，建立相互配套、环环相扣的"人才生产线"。首先，应确立各类别和各层级经营管理人员应具有的素质和任职资格，以素质指标和职位资格需求来引导开展培训，根据不同职位类别、不同层次的素质指标和任职资格要求，进行有针对性的"补缺性"培训或"提高性"培训；其次，要实行对各层级的企业管理人员进行严格的资格准入测评制度，对不同类别和层级的经营管理人员相关素质进行科学测定，以确认其是否符合任职资格条件；再次，在培训和测评的基础上，颁发资格证书，并根据实际情况对其合理使用。随着经理职业化培训工程的推进，我们将进一步建立科学规范、标准清晰、指导性强的企业管理人员素质指标体系，使培训、测评、使用密切结合起来，建立起相互促进、互为补充的机制。

3. 要注重培训质量，树立"精品"观念

培训是一种创造性生产活动，是一种高效的人力资本投入，要注重效率，提高质量。我们的体会是：第一，培训要有严格的考核、考试和管理制度，不能使培训流于形式。我们的做法是实行"考培分离，以考促培"，这样能较好地保证培训的严肃性，促使培训机构和受训人员认真对待培训。第二，要科学规范培训内容，采取灵活可行的培训方式。我们遵循党的十五届四中全会关于对国有企业管理人员要"采取多种形式加强教育培训，全面提高经营管理者素质。继续举办和规范工商管理培训，改进培训内容和方法，提高培训质量"的要求，在近年来开展工商管理培训经验基础上，将中组部和国家经贸委"工商管理教学大纲"和"教学方案"同我市国有企业和学员实际情况结合起来，设计出一套重点突出、实用性很强的课程安排。在培训方式上，按照成人教育特点和干部培训规律及不同类别的学员，灵活采取全脱产、半脱产的方式。第三，要对企业重要岗位、重要领导进行重点培训。对企业高级经理人员进行重点培训是抓好企业培训的关键一环，可以取得较强的"乘数效应"，影响和带动下级人员的培训积极性。在"工程"的普及性培训阶段，我们主要对企业的中层管理人员进行了职业化普及性培训。在"工程"的提高性培训阶段，我们将着重对企业的高层领导人员进行职业化提高性培训。第四，采取国内培训和国外培训相结合办"精品班"。我们正在和国外有关培训机构合作，严格挑选一批高层次的企业经营管理人员，分国内和国外两个阶段进行职业能力培训，在国外相关企业实习，掌握最新科技、经济、商情信息，通过国际性合作培训方式，培养出能挑大梁、堪当重任的高级职业经理人才。

经理资源开发机制研究[①]

经理人,即有能力运用全面的经营管理知识和丰富的管理经验,独立对一个经济组织开展经营或进行管理[②],这些具有开拓精神并富有创造力的精英人才及才能构成经理人才资源。企业经理人对中国经济发展的促进作用和核心地位已是有目共睹,但是经过20多年的改革历程,企业经理人依然是严重稀缺的资源。中国还没有形成职业经理人阶层。更令人担忧的是,国有经济现行的行政管理体制、经营运作模式与经理人按照国际惯例行使经营管理权所应具备的外部条件,还有着相当大的差距。一个具有新世纪新观念、被国际级管理大师的实践与理论武装起来的经理人,在这样的外部条件环境中是什么样的感觉?

一、现实

经理人才资源在社会中是有限的,它不仅培养成本高、周期长,而且因为经理阶层的特殊素质和能力不同于一般人才的思维方式、工作作风、管理能力等,使其可供选择的培养对象极窄。因此,并非每个人都具备经理人才的素质,也并非是人才都可培养成经理人才。从国际比较来看,近几年的评价结果,显示出中国经理人才资源的可悲状况,这种状况严重影响了中国国际竞争力的正常发展与提高。据最新数据显示,中国经理人创新的综合素质水平列世界46个主要国家的第41位,能胜任的高级管理人员及开发市场的素

[①] 原文载于《中外企业文化》2003年8月总第143期,收入本文集,文章题目略有修改。
[②] 摘自上海市劳动和社会保障局制定的《职业经理人职业标准》(2001年6月)。

质能力列第46位，是最后一位，管理人员的国际经营经验列第40位[①]。

我国企业经理人才资源稀缺已是不争的事实。中国企业家联合会、中国企业家协会组织开展的，以中国加入世界贸易组织（WTO）与企业为主要内容的"2002年企业经营者问卷调查"的结果显示，有63.5%的经理人认为，中外企业在经营者素质和能力方面存有差距。笔者对深圳国企经理人才资源的现状进行了一次摸底调查，结果显示，从年龄结构讲，深圳国企经理人才年龄结构趋大，35岁以下年轻中层管理人员明显储备不足，存在管理断层的隐患。从知识结构讲，总体文化水平偏低，相当多的经理人在近年很少参加相关培训。部分企业管理人员属"经验型人才"，缺乏系统教育，以工作经验来弥补不足。从专业结构讲，存在专业不对口、知识单一和人才结构配置不合理等现象。

二、原因

长期以来，传统方式培养了一批又一批专业细化、知识面窄、知识僵化、创新能力弱、竞争力不强的人才，即便后来采取了一些补救措施，如跨世纪人才工程、发展工商管理硕士（MBA）等，但形式主义严重，针对性远远不够，缺乏适应中国职业经理人成长的有效案例。本来，工商管理硕士是一种强调实际素质和能力以及实际运作与经验技巧的教育方式，但在中国反而成为是迎合一些人拥有硕士证书的需要，中国MBA教育存在着案例教育薄弱，学生实际操作能力训练不足，教学中学生参与的机会少，教师力量不够，教学脱离实际等问题。一个社会的生产力发展和科技进步是快或慢，主要的不是取决于该社会经理人才资源的多少优劣，而是取决于该社会的制度机制对经理人才资源的引导和发挥[②]。因此，经理人才资源严重稀缺，主要在于我国经济体制中缺乏一种将有限的经理人才资源引向生产经营领域，促进其自身健康发展的有效机制，从而直接影响到经理人才资源开发的原动力。

国企经理人才市场化程度低。虽然政府在推进经理人才职业化、市场化方面花了许多功夫，但企业经理人买方市场和卖方市场、中介机构乃至法律

[①] 转引自赵彦云《中国企业家状况的国际评价》（2000年9月）。
[②] 转引自徐传谌：《论企业家行为激励与约束机制》，经济科学出版社，1997年9月第一版。

规范尚未在实质意义上建立。现有国企选人的视野并没有面向市场，仍习惯性地集中在组织视野之内，能打破地域、所有制界限的寥寥无几[①]。统计数据表明，目前国企经理人中有70%以上由上级主管部门任免，任期一般为3—5年[②]。据"中国企业家目前现状"最新调查报告显示，国有企业与较规范的公司制企业相比，企业副经理以上领导因"群众不满意"和"上级领导不满意"被免职的比重较大，而因"没完成经济指标"被免职的比重相对较小[③]。可见，国企经理人市场化程度低，其职业稳定性高，压力小，企业搞垮了还可易地为官。

国企经理人利益与职责严重失衡。"所有者虚位"的结果使得国有资产的财产权利私人化和财产责任公有化。所谓"财产权利私人化"，是指国有企业的经理层对国有资产享有等同于支配私人财产的权利；"财产责任公有化"是指不管是出于什么原因产生的亏损，企业经理层均可不负责任，而由国有资产的所有者亦即国家来负[④]。国有经济现行的行政管理体制、经营运作模式，与职业经理人按照国际惯例行使经营管理权所应具备的外部条件来说，还有着相当大的差距，缺乏按职业经理人规律行事的制度环境。而在利益追求方面，国企经理人已经自觉或不自觉地要以现代企业制度下的职业经理人的薪酬制度来体现自己的价值，参照国外发达资本主义国家职业经理人的薪酬标准。劳动部门现行"控制企业工资总额"的做法使得国企经理人的薪酬管理处于无人监管的状态，实际上变成经理人自己在给自己发工资。

国企经理人监管不到位。尽管国有企业设有党委、纪委、监事会、工会，还有产权部门的监督，但国有企业仍陷入"内部人控制"的怪圈，不存在真正的监管者。国企经理人缺少契约化的任期目标约束，负盈不负亏成为普遍现象，"公家的钱最不值钱"——拿企业的钱挥霍浪费，"庙穷方丈阔"——在职消费比起身家百万的私企老板来还潇洒得多，把企业搞糟了谁也不心痛。这些与国企经理人拥有的"无制约的权力"有必然联系。"59岁现象"频频发生在国企经理人而少发生在非国企经理人身上也说明了这个问

[①] 深圳市委组织部课题组《深圳国企领导人员选拔机制问题研究》，载《特区理论与实践》2001年第6期。
[②] 转引自谢家涛《国有企业经营者人格化》，载《环球企业家》1999年第11期。
[③] 转引自中国企业家调查系统《2000·中国企业经营者成长与发展专题调查报告》。
[④] 何清涟：《现代化的陷阱——当代中国的经济社会问题》，今日中国出版社1998年版。

题。权力无制约，企业经营决策随意性也就强，决策失误可以"交学费"为借口不了了之。

三、对策

建立严格、科学的评价选择机制。评价选择机制是产生、形成经理人才的制度，它有别于传统的选择方式，而受出资者和法人企业的委托直接掌握法人财产的营运。变企业经理委任或任命制为以市场为依托的契约合同制，职务的变迁由主管部门决定转变为由市场竞争定夺。在选拔范围上，应不受身份、职业、地域、所有制性质等的限制，广开才路。加快培育企业经理市场，充分发挥经理人才评价推荐中心的作用，发挥市场配置人才资源的基础性作用，推进经理人才的职业化进程。

建立严格、科学的评价选择机制，可从建立评价标准入手。对国企现状而言，建立科学的经理评价标准，能进一步引入市场竞争机制和现代化人事管理的规则和手段，更好地对企业经营者才能市场化进行合理有效的监督。首先，它改变了过去政企不分的考核办法，规范企业经理人的选拔标准，革除过去政府任命经理的方式；其次，改变了过去由少数人选人用人的做法，按照公平、公开、公正原则向企业遴选推荐符合条件的经理人才，有利于克服和纠正用人问题上的不正之风；再次，科学的、客观的、统一的标准，能把握住人才素质关，可使企业的用人风险降到最低，给经理人才充分施展才干的天地。

建立新型的收入分配机制。对经理人才的行为进行激励必须适应其需要和利益，不能压制其对个人利益的追求，而要引导这种追求产生有益于社会的效果。由于经理人才处于企业经营管理中的特殊关键地位，承认其相应的经济利益，就是对这种特殊稀缺资源本身价值的承认。同时，只有承认经理阶层的经济利益，才能导入优胜劣汰的竞争机制，通过强化企业经理的责任和风险意识，不断提高经理阶层自身素质，使其在努力追求个人收入的同时也自觉地完成企业利润最大化目标。

经理人才承担的风险越大、责任越重、贡献越多，其收入也应越高。如果现有分配机制无视经理人才的物质利益，不能使其获得与之相称的合理报酬，那就会挫伤他们的积极性和创造性，甚至会刺激一些人利用非规范化的手段或渠道来获取各种有形和无形的收入。必须通过相应的机制建设，将经理阶层的收入分配纳入规范化轨道，包括对经理阶层收入标准的确定、经营状况及成果的考核，个人收入兑现等法制化、科学化的管理，实现经理个人收入的公平、公正、合理、合法。只有这样，才能真正调动企业经理的积极性，才能稳定和吸收更多的经理向国有企业聚集靠拢，才能搞好国有经济。也只有用制度来保护企业经理，才是开发经理人才资源更为有效的手段。

建立良好的监督约束机制。没有监督和约束的权力必然走向腐败。在经理人才的成长机制中，激励和监督约束机制是相辅相成、不可或缺的两方面。国有企业之所以出现大量的"内部人控制"导致国有资产流失的问题，根本原因就在于国企所有者不到位，同时又不受市场约束，使得国有资产成为"内部人"的寻租对象。出路在于进行企业制度创新，使所有者确实到位，真正行使出资人监督职能。要整合国企监督体系，彻底切断监督人与经理人的任何经济利益，强化监督责任，监督不力者要负连带赔偿责任；实行企务公开制度，增强透明度；建立企业经理经营业绩考核制度和决策失误追究制度，实行企业经理任期经济责任审计；建立经营责任终身追偿制度，对于给企业造成经营性亏损的，不能因退休或转换工作就不承担责任，如果触犯法律，更应追查到底；建立选择国有企业经理人员责任制度，对由于经理选择不当造成国有资产流失、企业破产的，要追究直接领导或相关决策者的政治责任、经济责任，后果严重的要追究法律责任。

重塑经理人才成长的培养机制。经理人才的培养机制，首先要从中国MBA教育改革入手。要建立中国案例教学库。"案例教育"是MBA开山始祖——哈佛商学院的法宝，"最鲜活、最实用的案例教学"也通常被当作MBA教育的不二法门。经理人才的培养要大力重视案例教学，要改变"满堂灌"的教学方法，采用讨论式教学，重视与学生的交流，鼓励学生课堂提问、质疑或发表评论；要重视职业操守、团队精神的磨练，注重中国企业运行的潜在规则，要从全球大公司的职业经理人那里借鉴方向性的思维模式，把自己已经根深蒂固的价值体系和行为方式，转变为能适应全球化经营的、全球市场的价值体系和行为方式。

经理人才的培养机制，更要注重在整个社会塑造尊重经理人才的氛围。

要重视经理人的自我成就感和荣誉感等高层次需要，要对经理扬其声，彰其功，把他们独特的经营思想、高超的经营艺术、优秀的经营业绩以及良好的品德等介绍给社会，树立其良好的形象和崇高的社会地位，在社会上形成争做职业经理的良好时尚，正如松下幸之助所说的，"我们把一流人才留下来经商，让二流人才到政界去发展"。只有在全社会范围内形成一种"学而优则企"而非"学而优则仕"的氛围，经理群体才会不断壮大。

深圳经理结构变化特征与创新创业培养模式研究[①]

经理培养模式要随着经济大环境和企业小环境的变化而变化，即培养模式要不断创新。模式创新为经理培养提供生命力和价值。本文在对深圳近十年经理结构变化特征及成因进行深入分析的基础上，提出了适应创新创业要求的经理培养新模式：双创型经理培养模式、阶梯式经理领导力培养模式和领军型经理培养模式。阐述了每种模式适合的培养对象、核心培养内容及实施途径，为培训机构开展经理培训提供模式参考。

序言

从2000年第五次全国人口普查（文中简称"五普"）到2010年第六次人口普查（文中简称"六普"）这十年间，深圳经济发展的内在推动力是创新创业，是以企业为主体的自主创新。接下来的十年，深圳发展依然要靠深化改革和创新创业，这既是研究的共识，也是被实践证明的结果。在推动创新创业方面，经理群体是其中最为能动的关键因素，即经理群体是创新要素中的核心要素。如此说来，如何构建适应创新创业要求的经理群体该是深圳人才培养战略中的重中之重。

本文的聚焦对象为企业经理及其培养模式。思考路径为：以深圳市"五普"和"六普"的"企业负责人"（下文将"企业负责人"等同于"经

[①] 本文系深圳市第六次人口普查课题研究报告（2012年12月），合作者：陈民、贾玉龙、孙伟、邓之宏、朱培培。

理")群体数据为基础,辅之中国企业家调查系统的数据,运用统计方法找出近十年来经理群体结构变化特征,分析其成因,进而依据成因提出基于创业创新的经理培养模式。

中国企业家调查系统[①]多年来一直关注中国企业家的成长变化,不仅着力于研究中国企业家的个体基本特征变化,更致力于研究该群体在能力、素质、水平方面的变化,从中得到很多宝贵数据。一些基本特征与我们在深圳市"五普"和"六普"数据对比中得到的结论基本一致,相关能力、素质、水平方面的特征则对我们本次的研究起到一个非常好的补充作用。因此,本文也引用了中国企业家调查系统的相关数据和结论对本文予以丰富。

按照以上思路,本文分为三部分:近十年深圳经理结构变化特征;近十年深圳经理结构变化特征的成因分析;创新创业经理培养模式。

一、深圳经理结构变化特征

全国人口普查采用了长表、短表两种普查表。普查表短表反映人口基本状况,抽样比例90%;普查表长表除包括基本信息外,还包括了有关迁移、受教育、经济活动、婚姻家庭、生育和住房等更详细指标,抽样比例10%。本研究数据取自长表。表1[②]反映了深圳市在"五普""六普"长表中的抽样人数和经理数,经理数占抽样人数的比例由"五普"的2.26%提高到"六普"的3.18%,体现出经理群体在深圳市人口中的比重有所增加,经理队伍不断壮大。以下对深圳经理在两次人口普查中的数据进行详细对比。

表1 "五普""六普"抽样人数和经理数

	五普	六普
抽样人数	641991	1029123
经理数	14510	32758
所占百分比	2.26%	3.18%

---

① 中国企业家调查系统是由国务院发展研究中心人力资源研究培训中心、国务院国有资产监督管理委员会企业分配局、国家统计局国民经济综合统计司共同发起组织成立的调查机构。中国企业家调查系统坚持进行每年一度的企业经营者问卷跟踪调查,深入研究和把握中国企业家队伍的变化情况和成长规律,为政府决策提供理论依据,为理论研究提供实证数据。
② 文中所涉"五普"及"六普"数据均取自深圳市统计局第五次和第六次全国人口普查数据库。

(一)深圳经理结构变化特征

1. 性别结构

图1显示了"五普"和"六普"中深圳经理性别比例变化情况。可以看出,"六普"中男性的比例由"五普"的77.96%下降到72.66%,女性的比例由"五普"的22.04%提高到27.34%。可见,女性经理比例呈上升趋势。

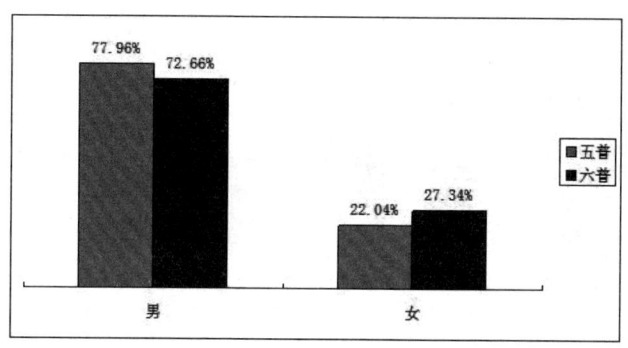

图1 深圳经理性别比例变化情况

2. 年龄结构

图2显示了"五普"和"六普"中深圳经理年龄结构变化情况。可以看出,"六普"中35岁以下年轻人比例由"五普"的54.07%下降到36.41%,而35-44岁、45-54岁、55岁及以上年龄段的比例都有所提高,尤其是35-44岁年龄段的中青年比例由"五普"的30.39%提高到40.93%。可见,深圳经理35岁以下的年轻人比例有所下降,35岁及以上的中青年和老年比例有所提高。深圳经理群体越来越成熟化。

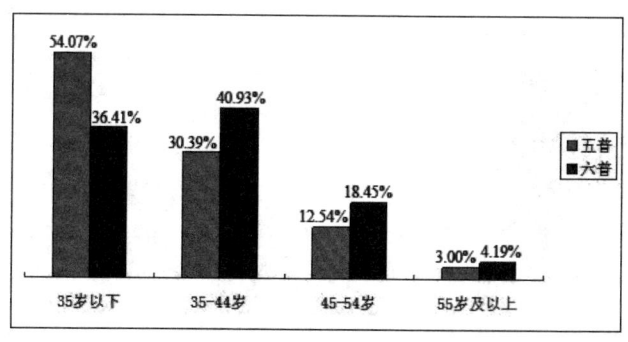

图2 深圳经理年龄结构变化情况

3. 学历结构

图3显示了"五普"和"六普"中深圳经理学历结构变化情况。可以看出,"六普"中高中及以下学历的比例由"五普"的58.69%下降到56.22%,而大学专科及以上学历的比例由"五普"的41.32%提高到43.79%,尤其是大学本科学历的比例由"五普"的15.49%提高到18.33%。可见,深圳经理呈现高学历的变化特征,大学本科及研究生的比例有所提高。

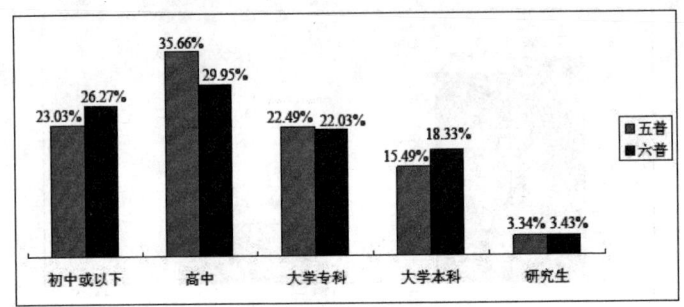

图3 深圳经理学历结构变化情况

(二)深圳四大产业经理分布特征

经过改革开放30年发展,深圳逐步形成高新技术产业、金融产业、物流产业、文化产业四大支柱产业。图4显示了"五普"和"六普"中四大支柱产业经理分布变化情况,可以看出,高新技术、金融、物流三大产业的经理比例有所提升,尤其是高新技术产业,经理比例由"五普"的12.22%大幅提高到13.02%。四大支柱产业中只有文化产业的经理比例下降较大,由"五普"的8.76%下降到7.25%。

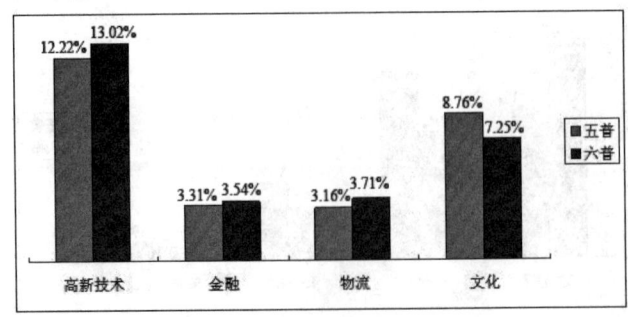

图4 深圳市四大支柱产业经理分布变化情况

为了更清晰每个支柱产业中经理的结构变化特征，以下将从性别比例、年龄结构、学历结构等方面对每个支柱产业中经理的"五普""六普"数据和"六普"中经理群体的平均数据进行多维度的统计与比较。

1. 高新技术产业

图5显示了从事高新技术产业的经理性别比例变化情况。可以看出，"六普"从事高新技术产业的深圳经理中男性的比例由"五普"的78.62%下降到77.02%，但仍高于72.66%的"六普"经理群体的平均水平[①]；女性的比例由"五普"的21.38%提高到22.98%，但仍低于27.34%的"六普"经理群体的平均水平。可见，目前深圳从事高新技术产业的经理的女性比例略有上升，但仍未达到经理群体的平均水平。

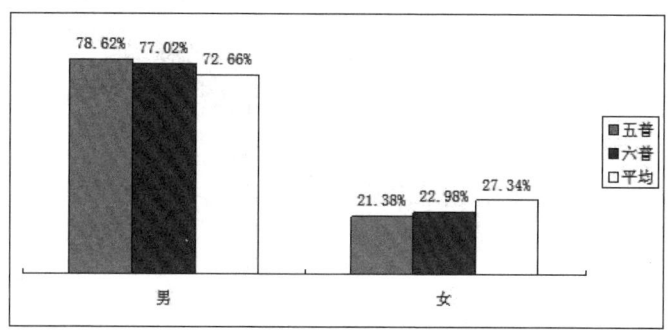

图5 深圳市高新技术产业经理性别比例变化情况

图6显示了从事高新技术产业的深圳经理年龄结构变化情况。可以看出，"六普"从事高新技术产业的深圳经理中35岁以下年轻人比例由"五普"的62.50%下降到54.57%，但仍高于36.41%的"六普"经理群体的平均水平；而35－44岁、45－54岁年龄段的比例有所提高，尤其是35－44岁年龄段的中青年比例由"五普"的26.74%提高到33.89%，然而这两个年龄段的比例提升仍未达到"六普"经理群体的平均水平；55岁及以上的年龄段比例稍有下降，低于"六普"经理群体的平均水平。可见，从事高新技术产业的深圳经理35岁以下的年轻人比例有所下降，35－54岁年龄段的比例有所提高，55岁及以上的老年人比例有所下降。

---

① 是男性（或女性）经理占整个经理群体的比例，即为性别的平均数值，起对比参照作用。后续年龄、学历等指标的平均数据同此。

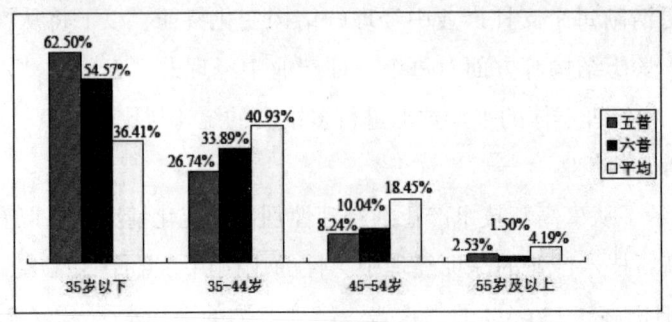

图6 深圳市高新技术产业经理年龄结构变化情况

图7显示了从事高新技术产业的深圳经理学历结构变化情况。可以看出，"六普"中高中及以下学历的比例由"五普"的39.94%增加到41.23%，但低于56.22%的"六普"经理群体的平均水平；而大学专科及以上学历的比例由"五普"的60.07%下降到58.77%，但明显高于42.79%的"六普"经理群体的平均水平，大学专科和本科学历的比例"五普"和"六普"基本持平。可见，从事高新技术产业的深圳经理高学历倾向还是比较明显，显著高于经理群体的平均水平。

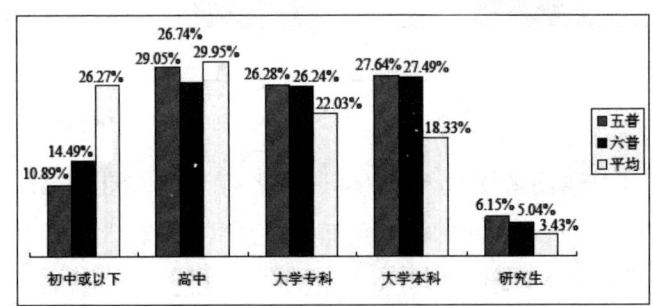

图7 深圳市高新技术产业经理学历结构变化情况

2. 金融产业

图8显示了从事金融产业的深圳经理性别比例变化情况。可以看出，"六普"从事金融产业的深圳经理中男性的比例由"五普"的71.88%下降到63.48%，明显低于72.66%的"六普"经理群体的平均水平；女性的比例由"五普"的28.13%提高到36.52%，高于27.34%的"六普"经理群体的平均水平。可见，目前深圳从事金融产业的经理的女性比例大幅上升，显著高于经理群体的平均水平。

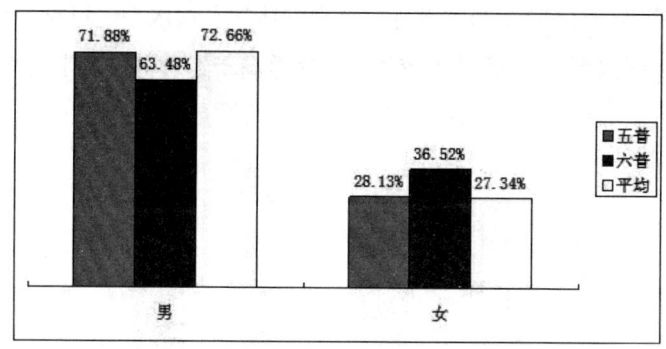

图8 深圳市金融产业经理性别比例变化情况

图9显示了从事金融产业的深圳经理年龄结构变化情况。可以看出,"六普"从事金融产业的深圳经理中35岁以下年轻人比例由"五普"的46.47%提高到67.79%,并且明显高于36.41%的"六普"经理群体的平均水平;而35-44岁、45-54岁、55岁及以上年龄段的比例有所下降,而且明显低于"六普"经理群体的平均水平,尤其是35-44岁年龄段的中青年比例由"五普"的40.84%下降到26.45%,明显低于40.93%的"六普"经理群体的平均水平。可见,目前从事金融产业的深圳经理35岁以下的年轻人比例增幅较大,35岁及以上年龄段的比例有所下降,而且明显低于"六普"经理群体的平均水平。

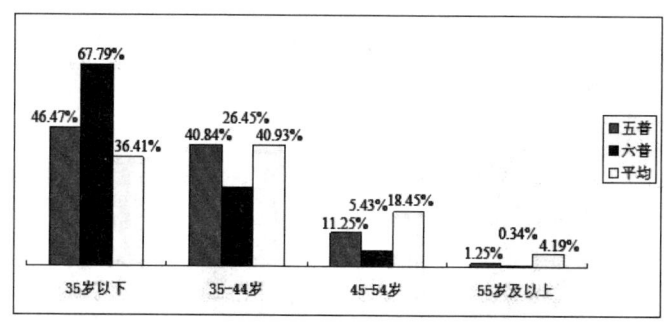

图9 深圳市金融产业经理年龄结构变化情况

图10显示了从事金融产业的深圳经理学历结构变化情况。可以看出,"六普"中高中及以下学历的比例由"五普"的14.58%下降到10.46%,而且明显低于56.22%的"六普"经理群体的平均水平;而大学专科及以上学历的比例由"五普"的85.42%提高到88.55%,而且明显高于43.79%的"六普"经理群体的平均水平,尤其是大学本科学历的比例由"五普"的30.00%大幅提高到

44.62%，明显高于18.33%的"六普"经理群体的平均水平。可见，从事金融产业的深圳经理高学历倾向还是比较明显，显著高于经理群体的平均水平。

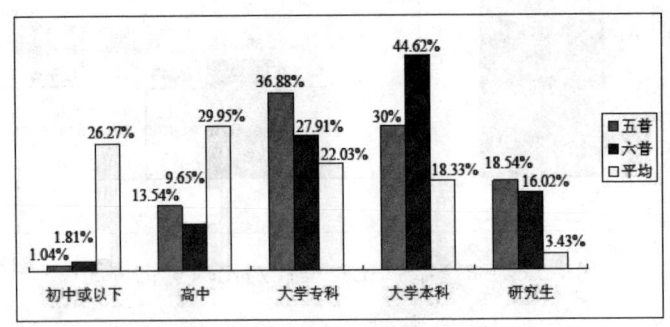

图10 深圳市金融产业经理学历结构变化情况

3. 物流产业

图11显示了从事物流产业的深圳经理性别比例变化情况。可以看出，"六普"从事物流产业的深圳经理中男性的比例由"五普"的88.03%下降到76.56%，但还是高于72.66%的"六普"经理群体的平均水平；女性的比例由"五普"的13.97%提高到23.44%，但还是低于27.34%的"六普"经理群体的平均水平。可见，深圳从事物流产业的经理的女性比例有所上升，但还是低于经理群体的平均水平。

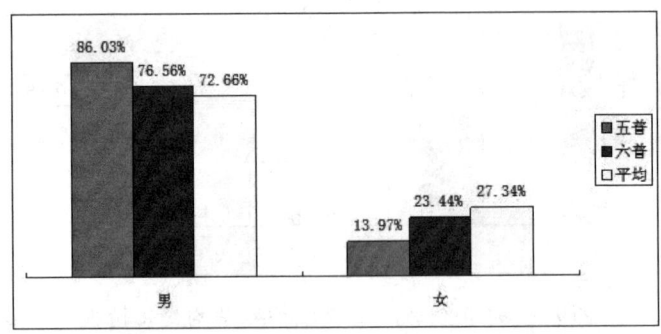

图11 深圳市物流产业经理性别比例变化情况

图12显示了从事物流产业的深圳经理年龄结构变化情况。可以看出，"六普"从事物流产业的深圳经理中35岁以下年轻人比例由"五普"的38.00%提高到45.41%，并且明显高于36.41%的"六普"经理群体的平均水平；而35－44岁、45－54岁、55岁及以上年龄段的比例有所下降，而且明显低

于"六普"经理群体的平均水平,尤其是35-44岁年龄段的中青年比例由"五普"的37.34%下降到34.87%,明显低于40.93%的"六普"经理群体的平均水平。可见,从事物流产业的深圳经理35岁以下的年轻人比例增幅较大,35岁及以上年龄段的比例有所下降,而且明显低于"六普"经理群体的平均水平。

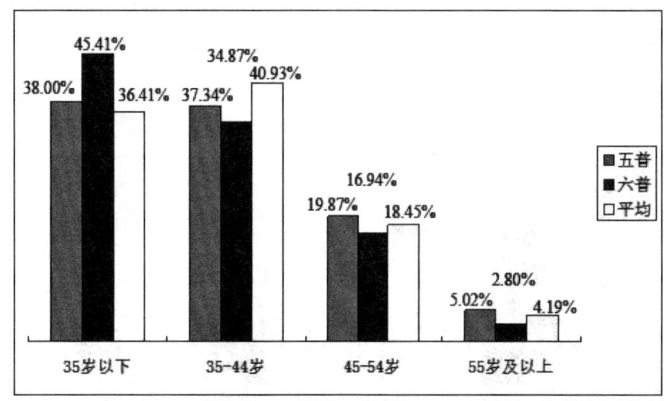

图12 深圳市物流产业经理年龄结构变化情况

图13显示了从事物流产业的深圳经理学历结构变化情况。可以看出,"六普"中高中及以下学历的比例由"五普"的48.91%下降到42.52%,而且明显低于56.22%的"六普"经理群体的平均水平;而大学专科及以上学历的比例由"五普"的51.1%提高到57.49%,而且明显高于43.79%的"六普"经理群体的平均水平,尤其是大学专科学历的比例由"五普"的29.04%提高到31.17%,明显高于22.03%的"六普"经理群体的平均水平。可见,从事物流产业的深圳经理高学历倾向较为明显,显著高于经理群体的平均水平。

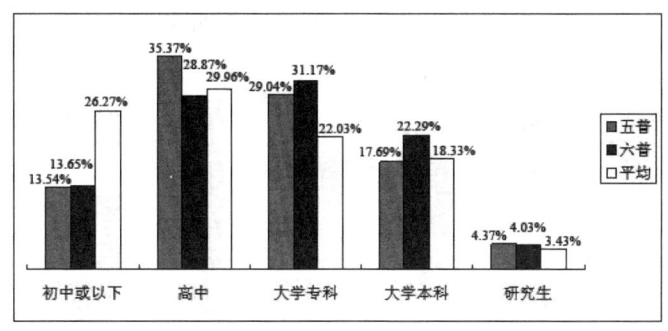

图13 深圳市物流产业经理学历结构变化情况

4. 文化产业

图14显示了从事文化产业的深圳经理性别比例变化情况。可以看出，"六普"从事文化产业的深圳经理中男性的比例由"五普"的74.66%下降到69.68%，明显低于72.66%的"六普"经理群体的平均水平；女性的比例由"五普"的25.34%提高到30.32%，高于27.34%的"六普"经理群体的平均水平。可见，深圳从事文化产业的经理的女性比例大幅上升，显著高于经理群体的平均水平。

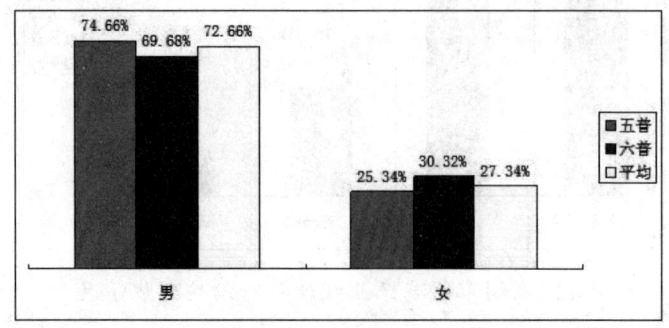

图14 深圳市文化产业经理性别比例变化情况

图15显示了从事文化产业的深圳经理年龄结构变化情况。可以看出，"六普"从事文化产业的深圳经理中35岁以下年轻人比例由"五普"的65.27%下降到47.41%，但还是明显高于36.41%的"六普"经理群体的平均水平；而35－44岁、45－54岁年龄段的比例有所提高，但还是低于"六普"经理群体的平均水平，尤其是35－44岁年龄段的中青年比例由"五普"的24.23%提高到38.95%，但还是低于40.93%的"六普"经理群体的平均水平；55岁及以上年龄段"五普""六普"基本持平。可见，从事文化产业的深圳经理35岁以下的年轻人比例降幅较大，35－54岁年龄段的比例有所提升，但还是低于"六普"经理群体的平均水平。

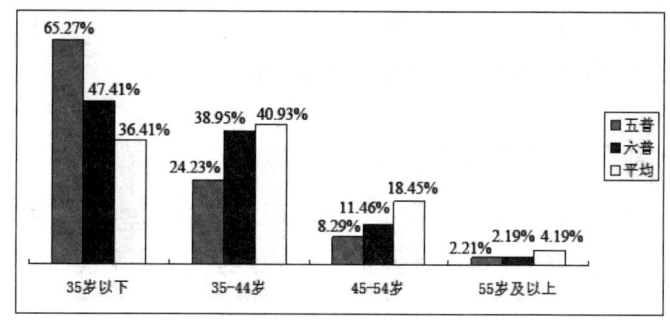

图15 深圳市文化产业经理年龄结构变化情况

图16显示了从事文化产业的深圳经理学历结构变化情况。可以看出，"六普"中高中及以下学历的比例由"五普"的69.58%下降到61.09%，但还是高于56.22%的"六普"经理群体的平均水平；而大学专科及以上学历的比例由"五普"的30.41%提高到38.9%，但还是低于43.79%的"六普"经理群体的平均水平。可见，从事文化产业的深圳经理高学历倾向比较明显，但低于"六普"经理群体的平均水平。

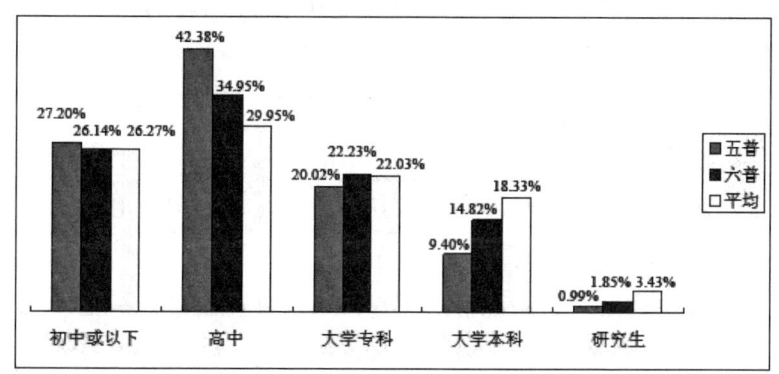

图16 深圳市文化产业经理学历结构变化情况

由此可见，四大支柱产业中的经理的结构变化也有一定的共性，表现为女性比例上升、高学历倾向比较明显等。差别之处主要表现在年龄结构方面，高新技术和文化产业中35岁以下的年轻人比例有所下降，35－54岁年龄段的比例有所提高；金融和物流产业中35岁以下的年轻人比例有所提升，35岁及以上年龄段的比例有所下降。

二、深圳经理结构变化特征的成因分析

（一）深圳人才战略调整升级

深圳的经济发展经历了若干个阶段，人才的引进也经历了不同的时期，简单地讲就是从20世纪80年代以干部（包括了经理人才）调动为主，到20世纪90年代中期引进大学毕业生，再到新世纪瞄准海外留学人员，直至现阶段"孔雀计划"引进高端人才。

第一个阶段："三来一补"，干部调动。改革开放起步时期，深圳主要引进了"三来一补"企业。深圳的产业结构基本上为两大类：一是承担深圳市基础设施建设的建筑行业，其次为获取低劳动成本而在深圳设厂的劳动密集型企业，主要包括服装行业和简单的电子装配行业。深圳本土的经理阶层尚未形成，也没有人才战略的规划。这时，国内在深圳的投资主体主要是国有企业，并且以贸易为主，部分与外商开办合资企业，开始逐步形成本土"内联"企业，这个时期的管理阶层主要是国有企业内部调动和外商直接派驻的外籍管理者为主。

第二个阶段："南方谈话"，"孔雀东南飞"。1992年邓小平"南方谈话"，给深圳的改革开放带来了强劲的春风。这个时期开始，一批批有知识、有理想、有抱负、怀梦想的有为之士，从全国各地、四面八方涌向深圳，在全国范围内形成了"孔雀东南飞"的景象。这种现象使深圳民营企业的数量快速增长，而此时，适逢IT技术高速发展，一批IT人才纷纷创业，形成了深圳及周边地区最完善的IT产业链。这个时期是深圳人口结构中具有大学以上学历的人员急剧增加的阶段，企业中经理阶层开始慢慢出现。

第三个阶段：科技和人才"高交会"。这一时期，高新技术产业成为深圳的支柱产业，与这一产业调整相伴随的是深圳的人才结构的调整。这次调整以1999年的高新技术成果交易会（"高交会"）为关键节点。这一时期，政府部门出台一系列政策加大对高新人才的吸引力，从知识产权保护、技术入股、创新投资类的政策法规，到制定高层次人才引进"1+6"文件，全方位为高层次人才创造优厚的条件和宽松的环境，度身打造了一套完善的服务

体系。此外，深圳市还专门举办了"人才高交会"，为高端人才和企业提供交流平台。

这一阶段，经理层次人才的特点是比较集中，主要分布在高新技术产业、金融业和物流业，且90%的科技研发人员集中在企业，并呈现年轻化、学历高的特点。

第四个阶段："腾笼换鸟"，产业人才双转移。由于营商成本的持续上升和内地对深圳招商力度的加大，一些劳动密集型企业开始向内地转移。伴随着产业转移，人才结构也相应变化。加上2008年金融危机，对于依赖低廉劳动力成本的外向型制造类企业冲击巨大，深圳开始新一轮产业结构调整和转型，深圳经济开始由劳动密集型向知识密集型的经济转变。知识经济这一经济形态将是深圳未来可持续发展的模式。它是一种以创新为基础的经济，需要的人才不同于工业社会，需要人们不只是学习、传承人类已形成的知识，更需要面向未来，创新知识。知识型经济需要大量的创新创业型人才和高层次的领军型人才。

新阶段："人才特区"，"孔雀计划"。为解决新时期战略性新兴产业发展遇到的人才瓶颈问题，2010年，深圳市委、市政府推出"孔雀计划"。从2010年开始，深圳将在未来五年重点引进并支持50个以上海外高层次人才团队和1000名以上海外高层次人才来深创业创新，吸引带动10000名以上各类海外人才来深工作，突出推动支柱产业（高新技术、金融、物流、文化创意等）和战略性新兴产业领域（新能源、互联网、生物、新材料）的人才队伍结构优化和自主创新能力提升，力争把深圳经济特区建设成为亚太地区创业创新活动活跃、海外高层次人才向往汇聚的国际人才"宜聚"城市。现阶段的高端人才引进以"团队引进"为主要形式，既有专业人员又有管理团队。

另外，深圳前海区域也将采取"先行先试"的政策，打造深港"人才特区"。以实施国家战略为依托，以深港合作为主要方式，以学习借鉴国际先进理念为手段，以集聚国际人才为主要目的，打造一个与国际先进城市和发达地区环境相近、条件相似、观念相同、文化相融的现代服务业人才高地，使前海成为各民族精英向往和集聚的摇篮和港湾。

(二)经济发展方式转型升级

1. 产业结构调整升级

经过二十多年持续地产业结构调整,深圳形成了高新技术、金融服务、文化创意和物流业为主的四大支柱产业。产业转型升级使人才引进和培养方向及重心随之发生变化。

(1)高新技术产业

三十年发展,深圳工业结构调整的一个重要特征就是实现了从传统产业为主导到高新技术产业为主导的转变。高新技术产业高速发展得益于深圳率先在全国建立起较完善的市场经济体制,技术创新的市场化和产业化走在了全国前列。一方面,华为、中兴等龙头企业创新动力十足,企业成为自主创新的主体;另一方面,大批国内大专院校、科研院所倾向于将其科研成果在深圳转化,实现创新价值。这两方面是深圳创新成果多,高新技术产业快速发展的主要原因。从时间上看,1999年深圳成功举办的第一届"高交会"[①]是个转折点。每年一届迄今已举办十七届的盛会,构建了以高新技术成果转让为核心的产品技术展示交易平台,服务体系有力地助推了这一产业的发展。

2000年,高新技术产业作为第一经济增长点的地位进一步突出。这一年高新技术产品产值1064.45亿元,其中,拥有自主知识产权的高新技术产品产值532.54亿元,占全部高新技术产品产值的比重为50.0%[②]。2000年末全市各类专业技术人员15.89万人(户籍人口口径),其中具有中级技术职称以上的专业技术人员7.29万人。全年累计认定高新技术企业212家,认定高新技术项目478项,登记鉴定科技成果194项。全年受理各种专利申请4431件,授权专利2401件。

到2007年,高新技术产品产值占全市规模以上工业总产值的比重就达到了54.9%;拥有自主知识产权的高新技术产品产值达4454.39亿元,占全市高新技术产品产值的比重为58.6%;专利申请量达35808件[③]。

[①] 由商务部等国家部委和深圳市人民政府共同主办的中国国际高新技术成果交易会(简称"高交会")。
[②] 深圳2000年国民经济和社会发展统计公报。
[③] 深圳2007年国民经济和社会发展统计公报。

到2010年，全年高新技术产品产值达到10176.19亿元，是2000年的近10倍。其中拥有自主知识产权的高新技术产品产值6115.89亿元，是2000年的11倍，占全部高新技术产品产值比重60.1%。2010年末全市各类专业技术人员103.12万人（是2000年的6.48倍），其中具有中级技术职称及以上的专业技术人员35.47万人（是2000年的4.87倍）。年末全市累计认定高新技术企业3234家（是2000年的15.3倍）。三项专利申请受理量49430件，是2000年的11倍[①]。

以上三个时间节点数字对比即可看出，这十年是高新技术产业高速发展的十年，这是导致此产业经理人才增长的主要原因。

（2）金融业

以招商银行、深圳平安（包括深圳发展银行）为代表的深圳金融企业为深圳金融业发展带来了生机和活力。短短几十年，深圳已形成了比较完整而开放的以银行、证券、保险为主体，其他多种类型金融机构并存的现代金融服务体系，成为国内除香港、上海和北京外的第4大金融中心。下面我们选取三个时点进行定量对比。

2000年全年金融保险业增加值212.97亿元，全市金融机构各项存款余额3169.00亿元，全市金融机构各项贷款余额2292.18亿元。年末深圳证券交易所上市公司514家，挂牌股票557只，总发行股本1580.97亿股，总流通股本584.33亿股。上市公司市价总值21160.08亿元，上市公司流通市值7606.19亿元[②]。

2010年金融业增加值1279.27亿元，是2000年的6倍，是2005年的4.16倍，占全市GDP比重从2005年的6.2%提高到2010年的13.5%，居全国第一位。金融业以不足全市1%的人口，创造了13.5%的GDP，贡献了18.6%的税收。年末全市国内金融机构人民币存款余额20210.75亿元，国内金融机构人民币贷款余额13708.16亿元。年末深圳证券交易所上市公司1169家；上市股票1211只。总发行股本5044.98亿股；总流通股本3410.85亿股。上市公司市价总值86415.35亿元，上市公司流通市值50772.97亿元[③]。

以上数字分析说明金融产业发展是金融经理增长的主要原因。但从另一

---

① 深圳2010年国民经济和社会发展统计公报。
② 深圳2000年国民经济和社会发展统计公报。
③ 深圳2010年国民经济和社会发展统计公报。

方面看，由于金融市场化改革的推进，深圳是国内金融行业竞争最为激烈的地区之一。据统计，截至2011年年底，深圳市拥有的市分行级以上金融机构数量已达到254家，机构数量和密度继续居国内前列。深圳金融业发展面临各方面的人才严重不足，尤其是位于人才梯队的中高端、了解国际金融市场情况的经理人才不足。除引进外，需通过培养来解决。

（3）文化产业

2003年，深圳市实施"文化立市"战略，把文化产业确定为四大支柱产业之一。深圳文化产业一直保持着快速增长的态势，并呈现出发展模式特色鲜明、引领产业升级作用明显、产业集聚效应日益显现、体制机制和政策配套进一步完善、金融支持文化产业发展体系逐步建立等特点。文化产业已成为深圳市最活跃、最具竞争力的支柱产业之一。尤其在创意设计、动漫游戏、数字音乐、互联网信息服务、高端印刷等领域涌现了一批高速增长的骨干企业，它们成为引领深圳市文化产业发展的中坚力量。

文化产业的大发展带动了数码产品、珠宝、服装、家具等传统制造业的转型升级，有力推动了"深圳速度"向"深圳质量"、"深圳制造"向"深圳创造"的转变。在政府的有力引领和推动下，深圳文化创意产业采用行业集聚、区域集群、空间集中等发展策略，建立了田面"设计之都"创意产业园、华侨城OCT-LOFT创意产业园、怡景动漫产业基地等40多个具有一定规模和影响力的文化产业园区和基地。

（4）物流业

深圳得益于毗邻香港，加之拥有丰富的海港资源，物流业长期以来就是深圳的重要产业之一。早期的物流以公路运输、仓储为主，到现在已经发展成为第三方物流、集装箱运输、供应链服务等现代化物流产业，产业链不断向上、下游延伸，形成了以海港和空港为龙头，以保税区、保税物流园区、出口加工区、海关监管仓高密度国际保税物流为网络的现代物流服务体系。

2000年，全年港口货物吞吐量5697.30万吨，港口集装箱吞吐量399.36万标箱。全市有港口泊位127个，其中万吨级以上泊位38个。机场货邮行吞吐量20.30万吨[①]。

---

① 深圳市2000年国民经济和社会发展统计公报。

2010年，全年港口货物吞吐量22097.69万吨，是2000年的3.88倍，其中集装箱吞吐量2250.96万标箱，是2000年的5.6倍。深圳港连续八年居全球集装箱枢纽港第4位。全市拥有港口泊位数172个，其中万吨级泊位69个。全年深圳机场货邮吞吐量80.91万吨，是2000年的4倍[①]。

深圳现有物流企业1.4万多家，2011年物流产业增加值为1122.36亿元，占全市GDP比重为9.76%。但物流业也存在着企业规模偏小，服务区域范围不够大，物流企业走出去少等现象，而物流从业人员中，高素质人才少，也制约了行业整体进一步向高端发展的步伐。

2. 创新创业城市特质

深圳一直以来就以敢闯敢试、勇于创新让世人刮目。它拥有一种创新创业的城市特质并凭借此种特质勇居全国前列——它是国内第一个提出把自主创新战略作为城市发展主导战略的城市，也是国家确定的第一个国家创新型城市，在创新方面一直走在全国的前列。在2009年中国十大创新城市排行榜上，深圳第二次超过香港、上海等城市，位居榜首。

深圳这一独特的创新创业城市特质，皆源于以下三个原因：

第一，这座城市拥有强大的创新活力和浓厚的创业氛围。深圳是全国最大的移民城市，人员来自四面八方，他们带着不同的文化和各自的梦想，带着一种创新创业的冲动来到深圳。他们敢于冒险、崇尚创新、追求成功、宽容失败，具有独特的创新文化环境和非常宽松的创新氛围，并形成榜样，相互影响相互鼓励，促进大家去创新创业。

第二，深圳有创新、创业的机制和平台。深圳体制机制改革走在全国前面，拥有比较完善的市场经济体制机制，市场化程度高，这形成了深圳自主创新勃发的土壤。1999年广东省委和深圳市委领导同志，从谋划深圳的长远发展出发，做出了具有远见性、战略性的决策，把深圳的"荔枝节"改成了"高交会"，使之成为我国规模最大、最具影响力的"科技第一展"和自主创新交流合作平台。这也就为深圳的创新、创业提供了交流的平台。

第三，深圳市政府的政策保障。为了延续这种城市特质，保护这种创新创业的积极性，近年来，深圳市政府从政策引导、资金支持、人才支撑和

---

① 深圳市2010年国民经济和社会发展统计公报。

知识产权保护等方面，全面加强了对自主创新的引导和支持：完善了推进自主创新的政策体系，持续加大政府科技投入，加强创新载体建设聚集创新资源，建设服务型政府，为创新主体提供有效服务，建立健全自主创新支撑体系，这一系列的政策，有力保障了城市特质的健康发展。

正是因为这些，深圳这座年轻的城市才能够吸引众多的人才来此创新创业，从而成就深圳经济奇迹。

3. 可持续发展迫使人才结构调整

深圳第六次人口普查的人口数量是10357938人，官方估计可能有1400万人，而民间估计实际生活在深圳的人数在1600万－1800万人。从拥挤的道路城中村，到有限的土地资源，再到不断上涨的房价，深圳到底能够承载多少人口？从人口承载力来分析，基于传统发展模式（如常情景）来规划测算的承载力结果为，到2020年土地、水、生态环境承载的最大人口分别是1077万人、1242万人、1097万人。而按照发展方式转变、资源利用效率提高的人口仿真系统模型（转变情景）预测的人口承载力，深圳在2015年可承载的人口可达到1200万到1400万人[①]。无论按哪种方式测算，在目前的土地资源条件下，深圳人口数量都已到极限。有限资源将迫使深圳人口结构进行调整。

从人口结构角度看，深圳的人口素质结构是不合理的，中产阶级偏少，低收入人群过高，人口素质仍然呈现正三角形结构。政府通过不断地产业升级、转移、调整，使人才结构也随之变化，最终形成橄榄形的人口结构——中高低端（以学历数据为参考）人群从现在的5∶25∶70调整到20∶60∶20的比例。对于企业来讲，低端制造业会加速向内地转移，留下高端制造业：全自动化生产线、智能化设备等等，生产线的员工也必须掌握一定的专业技能才能上岗，而更多的低学历人员，将基本集中于城市需要的一些低端服务业中。

深圳要建国际化城市，国际化中的一个人口指标是一个城市的外籍（外国人）人口占比达5%以上，深圳目前尚不到0.5%。2008年之后，"海归"大量回到国内创业和发展。"海归"深圳反映了人才回流的临界点规律。从国际经验看，一个国家或地区当人均GDP达到5000美元时，会出现部分海外人

[①] 《深圳要突破"承载力局限"加快转变发展方式》郭万达，辛华http://www.chinacity.org.cn/ 2011年4月6日

才回流；当人均GDP达到7000美元时，就会出现大规模海外人才回流。新加坡等国莫不如此。深圳经过三十多年发展，人均GDP已超过10000美元，跃入中等发展国家的平均水平，形成了吸引海外留学人才回流的盆地优势。

对深圳的这种变迁，有人有趣归纳为：20世纪80年代，主要以土地换资金；到90年代，主要以资金引产业；现阶段，主要以产业聚人才。

4. 民营企业渐趋规范化

中国1000多万家企业，70%是民营企业，而深圳民营企业的比例更高，超过85%。以往的民营企业基本上都是家族企业，并且还有一个特征就是企业的股东、董事长、总经理集身一个人，企业发展到一定阶段就出现停滞现象。近十年来，深圳的企业开始出现了三大变化：

第一，深圳已经成为上市公司数量较多的城市，仅仅南山区，截至目前，已经达102家上市企业。上市企业主要特征就是企业股东组成多元化，企业决策权和经营权分离，企业经营和财务信息公开等等，迫使企业管理不得不规范化。

第二，富二代开始接班。来深圳创业并且已经成功的企业家，到2010年时，很多人的年龄已经接近或超过50岁，其子女不少也完成学业，进入企业和社会。这时候，如何培养富二代接班，突破"富不过三代"的紧箍咒，成为企业家们都在思考的问题。为此，不少机构专门开办专对富二代的学习班，企业家也纷纷将子女推向舞台前沿，给他们发展和发挥的平台。

第三，还有部分富二代不愿意接父母的班，想做自己喜欢做的事情，取而代之的，企业就要聘请职业经理人。

因此，中小民营企业迈向现代企业的过程中，势必推进经理职业化市场化进程，使经理群体不断壮大。

（三）经理队伍自主发展升级

前两部分从经理成长的外部环境作了成因分析，本部分我们将从企业自主发展、经理自我成长的视角进行成因分析。

从1993年开始，中国企业家调查系统坚持每年针对中国企业家（抽样本）进行企业经营者成长与发展专题问卷调查，并据调查数据发表研究报告。每年调查的主题不同，涉及企业家行为特征、素质与培训、成长环境、企业创新、企业文化等方方面面。2008年发布了题为《新使命 新素质 新期望》——中国企业家队伍成长与发展十五年调查综合报告。以下我们引用其中部分数据和结论进行辅助成因分析。

第一，受教育程度、专业知识水平和职业化程度都显著提高。

中国企业家调查系统2007年的调查数据显示，企业经营者的受教育程度明显提高。2007年大专及以上的被调查者占80%，比1993年提高了10.9个百分点。经济与管理类专业背景的人数显著增加。其中经济类专业的比重由1994年的5.4%增加到2007年的32.5%，管理类专业的比重由1994年的15.4%增加到2007年的47.6%，而理工类专业的比重由1994年的38.1%减少到2007年的23.7%，改变了原来理工科背景比重高的情况。此外，2003年的调查显示75.8%的企业经营者有出国考察经历，比2000年提高了5.8个百分点[①]。

中国企业家调查系统还对企业经营者任现职前的职业进行了调查。通过对比1995年和2007年的调查结果发现，选择"企业管理人员"的企业经营者比重从1995年的42.5%提高到2007年的50.6%，这表明越来越多的企业家在任现职前都从事过企业管理工作，企业家的职业化程度在不断提高。

2002年中国企业家调查系统对企业负责人的职业能力进行了调查，该次调查了解了企业经营者对职业能力的看法和对自己各方面技能的评价。

问卷中问及了"作为企业经营者，您认为自己最强和最弱的3项能力是什么"，调查结果显示，企业经营者认为自己最强的能力依次是：决策能力、组织协调能力、创新能力、知人善任能力、预见能力、市场营销能力、学习能力、表达能力、公关能力。认为自己最弱的能力依次是：公关能力、市场营销能力、表达能力、创新能力、预见能力、学习能力、知人善任能力、组织协调能力、决策能力。

值得注意的是，被企业经营者排在"弱项能力"前面的公关能力、市场营销能力和表达能力与企业的对外开拓和市场推广关系密切，而排在"强项能力"前面的决策能力、组织协调能力与企业的内部管理关系更密切，这反映了我国企业经营者能力结构的一些特征：内部管理能力强，对外开拓能

---

① 中国企业家调查系统，《新使命 新素质 新期望》，《管理世界》2008年第9期。

力弱。

第二，对创新的认同和追求。

2007年的调查表明，在企业家的个人追求中，有39.3%的经营者选择"不断创新"，其排在第4位。在2000年和2007年有关企业家精神的理解调查中，"勇于创新"排在第1位，选择"敢于承担风险"的百分比逐年增加。在2003年关于"最喜欢的企业家的优秀特点"的调查中，"善于创新"（50.7%）是企业经营者最认同的前5位特点之一①。

第三，企业家职业身份的获取方式显著变化。

中国企业家调查系统1993年的调查数据显示，85.8%的企业经营者的任职方式是"主管部门任命"，仅有3.8%是"董事会任命"。到2007年，已有42.9%的企业经营者由董事会任命，由主管部门任命的仅占18%，下降了67.8个百分点。此外，2007年有31.5%的企业经营者是"自己创业"，比2000年提高了15.4个百分点。这种变化反映了企业经营者来源的市场化程度的增加和建立现代企业制度方面的明显进步②。

第四，企业构成与状况发生了变化。

（1）企业所有制的总体构成发生显著变化。1993年的调查样本中，国有企业的经营者占75%，到2007年这一比重下降到了11.4%，减少了63.6个百分点。2007年有限责任公司占46.8%，比1999年提高了29.8个百分点。总的来说，来源于国有企业的经营者比重呈明显的下降趋势，来源于民营企业的经营者比重显著增加。

（2）中小型企业比重明显上升。从调查样本的规模变化来看，2007年中小企业的比重为88.6%，比1993年提高了25.6个百分点。

（3）企业家构成中农民比重提高较多。随着市场化改革的不断深化和市场化程度的不断提高，企业家的构成也发生了很大变化。通过对企业家现任职务前的职业的调查，选择"农民"的比重从1995年的1.1%提高到2007年的9.4%，这也与市场化程度提高和创新创业不无关系。

---

① 中国企业家调查系统，《新使命 新素质 新期望》，《管理世界》2008年第9期。
② 同上。

三、创新创业经理培养模式

1999年，深圳市经理进修学院在中央组织部、国家经贸委指导下，服务于深圳"二次创业"的需要，在全市组织实施了"经理职业化培训工程"，在经理职业化培训方面进行了大胆的尝试和有益的探索。基本构想是根据市场经济对职业经理的要求，运用人力资本理论和培训方法，针对不同类别、不同层次经理的岗位特点，对企业管理人员进行工商管理知识和管理能力培训，促使其更新知识结构，提升职业能力，进而推动经理职业化、市场化、制度化进程。工程实施五年，培训经理达七千多人次，受到了企业管理人员的普遍欢迎，被深圳企业界誉为"企业黄埔"和"职业经理的实验室"。这是我们将企业家理论、人力资本理论等管理理论研究付诸实践探索而结出的硕果，实现了认识-实践-再认识的升华。这是当时发展阶段经理学院贡献的最有影响力、最具代表性的经理培养模式。

随着2008年金融危机爆发，欧美日为主的世界经济整体面临困境，对以外向型经济为主的深圳影响巨大，企业面临前所未有的转型之痛。为适应外部环境发生的重大变化，企业经理的思路要随之转变，能力要再提升。为此，承担经理人才培养的培训机构必须"与时俱进"地跟上经济社会发展的步伐，也就是说培训模式要不断创新，只有这样培训才有价值和生命力。最近几年，我们仍一直在研究和探索新形势下的经理培养模式问题。"五普"和"六普"的数据恰好为我们的研究提供了支撑。

基于第一部分深圳经理结构变化特征和第二部分产生如此变化特征的原因分析，结合经理学院多年来在经理培养方面的思考和探索，我们提出如下创新创业经理培养模式。

（一）双创型经理培养模式

深圳三十年经济高速发展的内在推动力是改革和创新创业，作为创新资源整合的专家和实践者，企业家及经理群体是经济发展真正的"推手"。因此，适时地培养经理群体的创新创业能力，培育壮大这一群体，是深圳可持续地创新发展的需要。

1. 双创背景

2008年12月，为进一步推进"人才强国"战略，充分发挥海外高层次人才在国家经济社会发展中的作用，中共中央办公厅转发了《中央人才工作协调小组关于实施海外高层次人才引进计划的意见》（中办发〔2008〕25号）。文件对"海外高层次人才引进计划"（简称"千人计划"）作了详细说明，主要是围绕国家发展战略目标，从2008年开始用五到十年时间，在国家重点创新项目、重点学科和重点实验室、中央企业和国有商业金融机构、以高新技术产业开发区为主的各类园区等，引进并有重点地支持一批能够突破关键技术、发展高新产业、带动新兴学科的战略科学家和领军人才回国（来华）创新创业。

以"千人计划"为引领，深圳出台了一系列鼓励出国留学人员来深创业发展的政策措施，不断加大对人才的保障和吸引力度。2010年9月，深圳在硅谷设立创新创业人才引进中心，将人才引进的"前哨站"直接建在美国硅谷。同时，还发布《深圳市设立海外创新创业人才引进中心管理办法（试行）》，拓宽海外引才渠道，建立长效引才机制。2011年4月，深圳出台了《关于实施引进海外高层次人才"孔雀计划"的意见》（以下简称"孔雀计划"），提出从2011年开始，在未来五年重点引进并支持50个以上海外高层次人才团队和1000名以上海外高层次人才来深创新创业。同年8月3日，中共深圳市委又出台了《深圳市中长期人才发展规划纲要（2011－2020年）》（以下简称"《纲要》"），《纲要》中指出，深圳市中长期人才发展的主要任务之一是"优先引进培养使用高层次创新创业人才"。

2. 时机条件

深圳市自2004年启动中小企业上市培育工程以来，新增的民营及中小型上市公司已超过140家，全市海内外上市公司数量多达230余家，平均每年从资本市场IPO和增发筹集的资金高达500亿元左右，创始股东持股价值每年新增量高达1000亿元以上。大批上市公司特别是民营上市公司的实际控制人和联合发起人，或出于现代公司治理的需要，或出于个人志向的选择，有意淡出上市公司而转变为资本运营者或寻机再次创业。这些"资本家"拥有资金、技术、渠道、经验等一切最重要的创新创业资源和产业链价值判断能力,无疑属于潜在的再创业群体①。

中小企业上市培育工程将创业家培育纳入政府政策的支持范围,创业家成长环境得到极大改善。截至2010年9月,累计有485家企业进入上市培育备案登记系统,亦即有485位创业家成为政府重点培育的对象;另外,还有多达2万以上的创业家参加了各类培训计划,从政府支持计划中受益。深圳已经在创业家培育方面做了一些基础工作。

再分析深圳的产业环境对创新创业的影响,即创新创业家产生和成长的产业环境基础。经过三十年的发展,深圳工业经济结构实现了"三大转变":一是实现了从传统产业为主导到高新技术产业为主导的转变;二是实现了从小型、分散生产经营到规模化、集群化生产经营的转变;三是实现了从受托加工到自主生产的转变②。产业结构调整呈现集聚趋势明显(已认定服装、家具、模具、黄金珠宝和钟表、汽车电子、新型自行车等九大产业集聚地)、产业技术水平不断提升、自主创新能力和生产配套能力增强等特点。单从产业配套能力看,深圳已成为计算机及零部件、通信器材、视听产品、生物工程等高新技术产业和服装、印刷和黄金珠宝等传统产业的生产配套基地;也是国内市场化发育最充分、产业链区域配套能力最强的地区之一[据全球创业观察(GEM)的研究,我市已经是全国机会型创业最为活跃的地区]。深圳具备了推动产业链配套创新创业发展的有利条件。优良的产业环境催生了一大批创新创业家;反过来,创业家群体又进一步推动产业链创新创业发展。

以上分析说明,借助于深圳特有的产业和资本优势以及独特的上市培育机制,我市的创业家群体已初步形成。

3. 培养内容

我们将围绕商业模式、创业资源、创业网络、创业团队以及创业机会等几个方面构建培训内容框架。

商业模式。从投资回报的角度来看,新创企业新在哪里?不是新在技术上,也不是新在产品上,技术和产品若不能转化为市场需求就等于无用。这个"新"是指商业模式新,也就是新在满足顾客需求、赚钱的方式上。成功

---

① 中小企业服务中心2010年工作总结材料。
② 《深圳工业结构调整与产业转型升级》,深圳市贸易工业局,2009年2月,188页。

的商业模式是创业实践和创业管理的本质。商业模式创新这门课是创新创业培训的核心内容。

创业资源。主要围绕资源开发过程展开,尤其关注资源获取和资源整合两个方面。(1)资源识别。资源识别是创业者对资源加以评价并确定来源的过程。主要指那些对于创业活动比较重要的资源,如社会资源、政治资源、知识资源等。(2)资源整合。资源整合是指配置资源形成能力的过程,它有助于企业创造新知识,改善企业绩效。(3)资源利用。资源利用是指对资源整合形成的能力予以调动、协调和配置的过程,它有助于改善组织绩效[①]。

值得注意的是,资源开发过程的各个阶段是层层递进的、互动的。

创业网络。创业网络是以创业者或者新企业为中心的关系网络。创业网络主要围绕结构特性、关系特性以及认知特性展开。(1)结构视角主要关注网络规模、网络强度等结构特性,分析这些结构特性对创业者创业活动、企业绩效、竞争优势等方面的影响。(2)关系视角则从更微观的角度来分析创业网络,例如关注网络成员的信任程度对于组织创新的积极影响。(3)认知视角主要关注网络成员间形成的共同语言、共同准则及一致性倾向,代表着相互间的信任和支持。

创业团队。创业团队是新企业的缔造者,其素质、特性、经验等对于企业能否成功创建和发展影响最大。首先,分析创业者特性、素质、经验对新企业的影响,如创业者的年龄、性别、风险承担倾向、认知能力等方面对企业创建及发展的影响。什么样性格特征和能力特征的人才适合创业?并介绍创业素质评测的方法。其次,是创业团队相关特性和团队契合度,如团队成员的年龄、合作时间、友谊等对机会识别和个人绩效等方面的影响。分析怎样相关的组合搭配使团队更稳定和谐。再次,是组建团队后的团队管理,主要从管理策略和团队凝聚两方面阐述。

创业机会。创业是建立在机会基础上的。对于创业者来说,学会快速评估某种机会是否存在商业潜力是一项重要的技能。在企业初创时期,捕捉机会比团队智慧或可获得的资源更为重要。这块内容主要从创意来源、机会识别和机会开发三方面学习。创业机会的捕捉、把握和开发与人力资本和社会

[①] 蔡莉等:《创业研究回顾与资源视角下的研究框架构建》,《管理世界》2011年第12期。

网络相关。人力资本包括一系列有层次的知识和技能，创业者利用人力资本解读有关市场、产品、资源等有价值的知识，因而能识别、捕捉到数量更多的机会；社会网络是获取创业机会信息的重要渠道，是创业者识别机会的重要途径[①]。学习时列举一些国内外经典创业机会把握的案例，使讲解更生动、可触及。

培训讲解和讨论时要注意以上各方面的关系，如创业网络不同特性间的联系；创业网络对资源开发过程的影响，即对资源获取、资源的识别、整合与利用阶段的影响；创业环境对创业网络的影响，如不同的制度环境、文化环境、市场环境下创业网络构建和管理的差异性。中国创业网络的独特性，如受儒家文化的影响，在进行商业活动中创业者往往需要与交易伙伴、政府建立良好的"关系"等。

4. 双创路径

怎样运用以上板块知识和能力创新创业，即沿着怎样的路径图进行创新创业活动？

企业家调查系统关于创新创业的调查发现，我国企业的创新大都处于初级阶段，部分企业缺乏系统的创新思路和明确的创新方向，在整合创新资源、激发企业创新活力方面有待提高。同时，与创新相关的制度和机制不健全、创新人才与创新资金缺乏、创新动力不足等因素成为制约企业创新发展的瓶颈。这说明经理的创新创业活动需要一个清晰的思路：要设计创新的路线图、构建创新的价值链、强化创新的内在动力源，要求企业家具备更高的战略决策能力、资源整合能力和组织学习能力。

第一，设计创新的路线图，确定创新的目标和路径，解决做什么样的创新和如何创新的问题。在技术高度发达、企业制度和管理体系日益复杂的今天，创新是一项系统工程，作为企业创新的领导者和执行者，经理必须以科学的态度和专业水平来引领创新。创新的路线图是企业创新的蓝图，是企业根据经济发展、技术进步、竞争格局以及企业自身的特点而制定的企业创新战略。要求经理具有战略眼光、全球化视野和科学决策能力。

在现实中，经常有经理因为决策失误而事业失败。2002年的中国企业家

---

① 蔡莉等：《创业研究回顾与资源视角下的研究框架构建》，《管理世界》2011年第12期。

调查表明，对于"企业经营者最容易出现的问题"，57.7%的人选择"决策失误"。2007年的调查显示，对于"目前企业家最需要提升的方面"，"决策能力"排在第1位。这表明企业经营者对提高决策能力的紧迫感。2004年针对企业是否有战略发展规划这个问题的调查显示，没有战略规划的企业占6.4%，有1年规划的占15%，有3年规划的占35.1%……调查在一定程度上反映了企业经理在战略决策能力上的不足[①]。

第二，构建创新价值链，整合各种创新资源，解决调动哪些资源和谁一同创新的问题。企业创新是一项系统工程。一些重大创新项目需要调动多方面的资源，汇聚多方面的力量才能实现。创新成功的关键之一就是要选择先进有效的创新管理模式，整合各种相关资源，打造高效共赢的创新价值链。

第三，强化创新的内在动力源，确保创新能得到有效激励，解决靠什么来推动创新的问题。这对企业家创建学习型组织，建设企业文化的能力提出了更高要求。企业的创新不可能一劳永逸，而是长期持续的过程，企业必须建立促进创新的长效机制，打造鼓励创新的企业文化。其有效的途径是建设创新文化，建立学习型组织，以提升组织的学习能力和创新能力。2004年的企业家调查系统调查显示，92.4%的企业经营者认同创建学习型组织对企业发展的重要性。2005年的调查表明，与企业经营者个人学习能力相比，我国企业的组织学习能力较弱，尤其在获取知识和传递知识的能力方面有待进一步提高。

5. 形式创新

从创业实践和创业管理两方面思考培训的形式。首先，创业是实践过程，要请创业家讲创业，尤其是请深圳的创业家讲深圳环境下的创业。从创业实践的角度分享创业过程的得与失、思考和困惑。多采用主题研讨、行动式学习、案例及模式分享等培训形式。其次，要请功底深厚的管理学家讲创业，将实践上升到创业管理层面去认识，经验只有经过理性归纳提炼才有借鉴价值。此时多采用讲授、讨论形式，从学理层面再认识创业创新实践，从而实现实践、认识到再实践的升华。

（二）阶梯式经理领导力培养模式

---

① 中国企业家调查系统，《新使命 新素质 新期望》，《管理世界》2008年第9期。

经理能力的核心可归结为领导力。经理的领导力及使用发挥机制，成为企业成长的主导因素。所以，领导力培训是管理者培养永恒的主题，需要调整的是领导力课程结构中的侧重点。近期，中国科技大学丁栋虹教授提出的"阶梯式领导力"全新概念引领我们以全新的视角认识领导力，也因此开启经理领导力培训的新模式。

第一，领导者和领导力权变观。领导者本身不是一个完全自然纯粹的概念，针对的对象不同、研究的问题不同，其主体内涵便不同。由此推演，领导者能力——领导力也就不是纯质化的能力，而是领导者的全程动态能力，不同的主体具有不同的实质性内容，即权变地理解领导者和领导力。基于这一点认识，领导力研究与培训就必须同时置身于企业生命周期与组织不同层级的双重维度之下来考虑：企业处于成长周期的不同阶段，其企业家所需要的领导力是不相同的；企业不同层级或部门的企业家，其所需要的领导力也是不相同的[1]。

第二，阶梯式领导力结构。根据主体，从基本层次到高级层次，领导者基本可以分为"个体""团队""组织"三种存在形式，相应的领导力也便有了三个层次——自我领导、团队领导、组织领导。自我领导主要体现为执行力、专业力、学习力三种能力；团队领导主要体现为激励力、创新力、洞察力；组织领导主要体现为决策力、变革力、文化力。由此，将领导力清晰地界定为三个层次九种能力形态[2]。这便是"阶梯式领导力"培训内容的基本框架。

第三，领导者和领导力成长。为了完成不同的工作，领导者需要不同的能力；企业由小到大，需要领导者领导力相应地成长。领导力的成长与扩张，正是领导者自身成长的显现。也正是由于领导力的成长，才导致了创业型企业的成长。

领导者的成长或称跃迁过程一般分为三个阶段：新任期、稳定期和提升期。领导者在不同时期面对的挑战不同，所培养的重点也就有所不同。对于新任期的领导者，重点围绕岗位分析、角色认知、自我再认知等方面思考培训内容，使其尽快地适应新岗位提出的新要求。进入稳定期，领导者对本岗

---

[1] 丁栋虹：《领导力》，清华大学出版社，2012年5月。
[2] 同上。

位工作有了深刻认知后，基本对现岗位工作驾轻就熟并有了较深的管理实践体会，此时需要的是再提升和突破。因此，可考虑创新和开启思路方面的培训课程。通过创新实践，工作有了新突破，领导者出现胜任力富余，则可以准备开启下一个角色的旅途——进入提升期。我们开展的"初任职培训"正是基于这样的认识设计的。

第四，领导者三种角色认知。关于领导者学习提升，凯洛格提出以"培训、实践、讲授"（Training, Action Learning, Teaching, TAT）模式作为领导力培养的主要模式。TAT培养模式阐明了每一位领导者在培养过程中要完成的三种角色转换——学习者、实践者和传播者。作为学习者，培训是提升领导力的重要手段，培训通过理念启发、知识学习、能力训练发挥着提供持续养分的作用。作为实践者，领导者在实际工作中通过面对和解决各种纷繁复杂的管理问题，培养战略思维、洞察能力、决策能力、变革创新等领导力要素，"干中学"，并进而尝试探索发展管理理论，实现"认识、实践、再认识"的升华。作为传播者，领导者将管理思想和感悟提炼出来并传播出去，一方面，归纳与提炼即是领导力提升的过程，使隐性知识显性化，显性知识结构化；另一方面，在传播、分享、辅导的过程中，带动整个团队理念更新、能力提升[①]。领导者处在跃迁的三个不同阶段，其三种角色的侧重有所不同。例如，在新任期的领导者主要扮演学习者的角色，通过培训适应新岗位的要求；在稳定期则主要扮演实践者的角色，应用所学指导管理实践。

以上分析呈现出一个动态的、递进的"阶梯式的领导力"链条。

（三）领军型经理培养模式

前面对经理在四大支柱产业中的分布情况进行了统计分析，总体来看十年间四大产业经理在整个经理群体中的占比是上升的，这与深圳四大产业的实际发展情况相一致。产业发展离不开产业领军人才的引领，形象地说，产业领军人才是带动产业发展的火车头。首先，着意培养这一精英群体是有意义有价值的；其次，对这一群体的能力素质要有特殊要求，因此，培养内容和培养形式也相应地有其特殊性。

---

① 李智：《构建卓越领导力学习地图》，《培训》，2012年8月。

领军人才是高层次人才队伍的重要组成部分，是我国人才队伍中最杰出的群体，是具有典范作用和领军功能的核心人才。他们首先在学术水平上必须是本领域公认的、成绩卓著的专家学者；其次必须具有良好的"学术眼力、管理能力、人格魅力、胆识魄力"等综合素质，能够带领一支创新团队，不断取得创新突破，推动和引领该领域的发展[1]。对于领军型经理人才，除必须是本行业的专家外，重要的是其国际视野、战略眼光、系统思维和创新能力。深圳市2011年8月出台的《深圳市中长期人才发展规划纲要（2011-2020年）》，多次提出对深圳支柱产业等关键领域的领军人才，要加强开发、吸收，加大引进力度，着力培养，到2020年形成一支数量充足、素质优良、结构合理，与深圳市现代产业发展需求相匹配的产业人才队伍。

针对领军经理人才，除常规的企业战略管理、资本运营与投融资决策及人力资本战略等针对高层管理人员的培训课程外，还考虑着力提升领军人才的商业模式创新能力、先进业态洞察能力、产业链条整合能力。

1. 商业模式创新能力。这是深圳领军文化企业创新给我们最大的启示。与其他课程不同的是，这门课我们将通过大量案例深入地分析理解和掌握商业模式设计与创新的内涵。以下案例值得深入分析。

2011年9月21日，朗科科技在北京召开新闻发布会，高调发布用中国传统特色工艺技术制作的"国粹"系列闪存盘新品。系列闪存盘包括景泰蓝系列、国瓷釉下彩绘系列、瑞兽浮雕系列和炭雕系列。据朗科公司人员介绍，四大系列闪存盘的制作工艺，是他们经过数年努力，在数百种中国传统工艺制作技术中精挑细选确定的，在制作过程中更是邀请业内知名的工艺大师、艺术大师进行指导，并由业内最顶尖的工匠操刀制作而成。业界将其解读为"科技+文化模式"[2]，即在原有科技产品中注入了文化元素，文化为科技锦上添花。

与朗科科技"借文化"的案例相比，深圳华强文化科技集团无疑已是"文化+科技"的经典教材。深圳华强文化科技集团1998年成立时，是一家以做电子产品起家的制造类企业。由于成功进行"文化挪用"，华强文化从

---

[1] 李铭俊：《加强科技创新领军人才队伍建设》，人民网2006年11月20日 http://theory.people.com.cn/GB/49157/49166/5061638.html
[2] 苏海强：《着力提升文化产业核心竞争力》，《深圳商报》，2011年10月11日。

一个占据低端价值链主要以电子制造业为主导的企业转型为文化企业并快速崛起。该集团去年的销售收入超过11亿元，利润达5亿元，员工队伍发展到5000多人。其主题公园表现出强劲的竞争力，正在全国范围内全面开花，并开始走向世界。目前，华强文化的原创动画片，输出到海外100多个国家和地区；环幕立体电影系统及影片打入包括美国、加拿大在内的40多个国家；输出到伊朗的主题公园预计明年开业，输出到乌克兰的主题公园，也已经完成全部创意设计方案[①]。实现了我国自主品牌文化主题公园向国外的输出。

另一个通过"加科技"谱写飞速发展传奇的典型代表是雅昌企业（集团）有限公司。雅昌曾是一家仅有30多人的小型印刷制版公司，借助科技的力量，迅速在艺术领域独占鳌头。在北京、上海、深圳分别设立了艺术综合服务中心，成为首批"国家文化产业示范基地"企业，逐步在全国乃至世界上形成影响。在2011年第62届美国印制大奖颁奖盛典上，雅昌集团一举获得6项金奖，展现了深圳的创意印刷实力，是创意和先进的制作技术使这家靠传统印刷发展起来的企业正朝着世界艺术书创意中心目标迈进，引领着印刷业的新方向。在不断创新的过程中，雅昌独创了"印刷＋IT技术＋文化艺术"的商业模式，拥有了中国最全的艺术品数据库。借此，雅昌将艺术品行业最主要的参与者拍卖行、画廊、投资者、画家、印刷出版公司，都聚集在一个平台上，而雅昌的业务也由此扩张到互联网、数字资产管理、摄影、出版以及展览等产业中。

华强文化勇当"文化＋科技"模式的领头羊；雅昌担起"文化＋创意"高端印刷行业的龙头重任；腾讯创业之初大胆选择"文化＋金融"的创业之路，通过引进风险投资快速发展，成为即时通信领域的航母级企业；华侨城更是走出"文化＋旅游"的全新模式，在全国率先提出主题公园的全新概念……新商业模式是文化企业经理和策划人最需要研究和学习的。

2. 先进业态洞察（嫁接）能力。"将先进业态与文化产业完美嫁接，是深圳文化产业加快品牌工程建设的重要经验。"雅图公司董事长谢敬说，雅图的奇迹，靠的就是文化与科技的巧妙融合，变相关业界的产业优势为自身优势，文化品牌就能借科技的力量登高行远[②]。这句话道出了文化产业与高新

[①] 苏海强：《着力提升文化产业核心竞争力》，《深圳商报》，2011年10月11日。
[②] 刘洪恩：《着力打造国家级领军文化企业》，《深圳商报》，2011年10月12日。

技术产业间的关系。文化+科技，科技为文化所用，前提是得有先进的科技业态环境。所以，分析深圳产业发展的脉络——从"三来一补"初具规模，到致力推动高新技术产业，再到科技、金融、物流、文化几大支柱产业并重，再到现在提出"设计之都"和发展战略性新兴产业……深圳的产业结构不断优化，先进业态如春笋般呈现，为文化产业发展创造了得天独厚的产业沃土。光有这个前提还不行，还要高层经理具有对先进技术的捕捉和利用能力。作为行业领军人才，不仅要成为本行业的行家里手，还要熟悉相关行业的发展态势，尤其要提高对新技术、先进业态的敏感、捕捉和利用能力。我们常说经济全球化、一体化，产业发展也呈现互相关联、互相渗透、互相促进的趋势，这对于高层经理既是挑战也是难得的机遇。

3. 产业链条整合能力。企业能否低成本运作并可持续发展，关键取决于其对上下游产业的整合能力。产业园区是实现产业价值整合的载体和途径。这部分内容旨在提高领军经理产业价值链整合能力。

在深圳，文化产业园区星罗棋布，且各有特色。罗湖区在怡景动漫基地、水贝珠宝项链街区、深圳古玩城等的带动下，在动漫游戏业和以黄金珠宝、古玩、饰品等为主的工艺美术业方面呈现优势，逐步成为全国饰品文化潮流基地；南山区由华侨城LOFT创意园、蛇口创意文化产业园领头，在数字内容、创意设计、动漫游戏等方面积聚发展潜力；宝安区以F518创意产业园、永丰源瓷文化产业园、汉玉雕塑产业园、观澜版画基地为带动，重点打造工业设计和工艺美术创意产业集聚区[①]。

大力发展文化产业园区，是实现文化产业内涵式增长、集约化发展的有效途径。同一座园区内往往集中了绘画、雕塑、影像、动漫、建筑、平面设计和工业设计等各种门类的创意文化企业，因此形成了一个包括艺术家、设计师、文化人和一些上下游企业在内的完整创意产业链。园区内互利互惠、优势互补、有机联系、共同发展。园区之间优势互补、相互呼应，进一步促进了文化资源合理配置，推动了产业融合、集聚和产业链的整合，提高产业集中度和单位面积的经济效益。例如位于梅林的"中康路8号"，是众多深圳设计师的共同家园。这里聚集了超过50家创意企业，不仅有雕塑、绘画、建

---

① 刘琼：《着力增强文化产业可持续发展能力》，《深圳商报》，2011年10月14日。

筑、摄影、广告等行业的公司，还有做模型的、出效果图的、搞装饰的、影视制作的，甚至一些材料供应商也开始在这里扎堆，一条完整的产业链已经悄然形成[①]。

据了解，国家级创意产业园区的规划建设已写进了"十二五"规划。在"十二五"期间规划建设国家级创意产业园区，主要是吸引一批国内外知名的文化企业总部以及研发中心、采购中心、营销中心等文化创意高端环节入驻，同时打造一流的产业公共技术平台和服务平台，充分发挥产业聚合效应和辐射带动作用，使之成为下一个五年深圳文化创意产业快速发展的重要"引擎"和"加速器"。

以上三种培养模式有着内在的联系。第一种模式侧重创新创业意识和能力培养，第二种模式着眼于领导力培养，两种能力都是对经理的基本要求，普遍适用于各层面经理群体。第三种模式则聚焦于企业高层管理者，意在具备前两种能力基础上，进一步培养领军人才的系统思维、战略眼光、前瞻能力、国际化视野，属精英人才的提高培训。第三种模式是前两种模式的递进升级。

[①] 刘琼：《着力增强文化产业可持续发展能力》，《深圳商报》，2011年10月14日。